SAY EVERYTHING

网络大未来
说一切

博客——不可阻挡的个人媒体革命

［美］斯科特·罗森伯格（Scott Rosenberg）著　曾虎翼 译

东方出版社

目录

在"9·11"事件发生时，我们很多人选择了通过网络寻求联络和真相。广播媒体上，被采访者代表群众发出的哀悼之声听起来既矫揉造作又缺乏真情实意；人们当时都迫切地想表达自己的观点，同时也希望自己能作为一个独立的声音被人听见。

第一部分　先锋

《暗夜》令人震撼的地方，不在于它暴露了赤裸的灵魂，而是在于，这部影片仿佛暗示贾斯汀·霍尔可能从此以后再也不会敞开心扉了。在自我暴露上，霍尔总是喜欢走极端。当他最初开始在网上写东西的时候，"透明"（transparency）一词尚未被赋予其现代意义：公开、无秘密、有问必答。但"透明"却从一开始就是贾斯汀·霍尔的行为准则，是他将自己的网站变成了一个玻璃房子。

在一个不敢妄加预测的年代，戴夫精确地预见到，有一天，在激情而非利益的驱使下，很多人都会在他们的个人网站上为自己说话。而作为一个懂得自我引导式进步的人，他公开向大家展示，自建博客的做法确实能达到一定的预期效果。他曾设想会出现一个轻松、充沛、免费的自我表达的氛围，当时这个设想遭到了很多人的讥笑，被认为是不切实际、太过理想化和过度吹嘘。然而今天，他的设想竟成了现实。

加勒特之所以会发现"瑞贝卡的口袋"，是因为瑞贝卡从她自己的网站上点击了加勒特网站的链接，因此在加勒特的引用日志里留下了记录。以这件事为引子，两人几周后便开始约会。2001年，两人喜结连理。瑞贝卡后来写了第一篇关于博客的历史故事，记录了那个时代的理想主义情怀，因为在那个时代，两人就是通过各自的日志文件相识的。

001

第二部分　博客兴起

067 第四章　推波助澜

2000 年 2 月，"连线新闻"注意到，博客"几乎是一夜爆红"，而且博客的数量也开始"以前所未有的速度增长"。那年年初，Blogger 有大约 2 300 名注册用户；4 月 14 日，Blogger 官网发布新闻称它的活跃用户已经达到了 1 000 人。在当时，人们依然认为博客是一项纯手工、劳动量大的工程。而这个数字对于当时来说，简直就是个天文数字。

089 第五章　政治博客运动的兴起

"9·11"恐怖袭击让政治博客的声音，一夜之间突然变大了：它让稚嫩的政治博客写手突然开始疯狂地发表帖子和链接，而且还吸引了一大批新手加入这一行列。在美国各地的地下室和家庭办公室里，人们声嘶力竭地咆哮着他们的愤怒和悲伤，他们四处询问、到处打听消息。还有很多人发现，电视新闻和纸媒报道根本无法满足他们的需要。

114 第六章　写博生财

盈利博客的兴起可以被视作是一种合理的、自然的发展过程——因为几乎所有的新媒体都会走向职业化。Blogger 的创始人梅格·奥瑞汉在 2002 年就曾经这样说过："只有摸索出一个财务模式来支持职业博客的创造与维护，我们才有可能看到最棒的、下一代的博客出现。"不过，一旦人们开始通过博客赚钱了，那博客的性质也就永远改变了。

138 第七章　博客圈大爆炸

随着博客数量暴涨，多数读者也开始发现，他们经常会无意中看到一些他们很喜欢的博客。然后你就会通过一个博客发现另一个博客，从某种程度上说，你读的博客越多，就越想读。直到最后，当你面对博客的汪洋大海时，绝望地一摆手，喊道："太多了！"博客圈内贪心的信息瘾君子会四处搜寻工具，帮他们在更短的时间内看更多的帖子。

161 第八章　真实的代价

"最开始，我以为可以在我的空间里畅所欲言，而且人们也拿我没辙，包括我的家人和朋友，"阿姆斯特朗后来写道，"当然，到头来，我被家人疏远了、丢了工作，还得罪了朋友。我过了太久之后才明白，虽然个人发表的文章有很大的力量，同时它也隐藏着很大的危险。我自以为可以畅所欲言，结果却让我陷入了四面楚歌。我现在终于弄明白，这太不值了。"

第三部分 博客干的好事!

最开始,职业记者对博客的态度,以及他们对它的报道都带有一种围观的味道。 后来经过很长的时间,他们才开始慢慢积极地对博客进行诋毁和贬低。编辑和记者们发现,他们的权威竟然遭到了博客写手的质疑,而他们的文章也受到了相应的挑战。 结果,他们带有戏谑和轻视的忽视态度便引爆了一场旷日持久的大辩论,即"记者与博客写手之争"。

如今,不管你想在网上做什么或说什么,最后你都极有可能是借助博客实现的(或部分实现的)。 不管你要搜什么,总会有某个博客写手能告诉你。如果出于某种原因还真没有的话,你还可以自己想办法,然后把你的发现记录下来,以便读者们贡献自己的知识,改正你的错误。 这种包纳一切知识的过程虽然稍显随意,但却为网络带来了相当丰富的信息,就像风带着种子恣意播种在某片野外草地上一样。

在历史上,媒体形态和技术的接续都遵循着一个可以预料的模式:每个新发明到来的时候,都会嚣张地宣称自己会接替前任。 但当尘埃落定之时,人们才发现,多数情况下,新的发明并没有消灭它的前任:它只是重新定义了前任而已。 虽然现在都流行 Facebook、MySpace 和 Twitter 了,但人们还是会继续写博客、读博文——但人们写博的模式可能与以前不同了。

我从 15 年前就爱上的这个无法无天、充满活力的网络,至今依然生机勃勃。对于那些资历尚浅、钱仓未丰的人来说,网络就是一个家,专门收容他们天马行空的点子和不可能实现的创意。 他们的点子还会源源不断地,从四面八方涌向这个家。 而他们在念出自己创意的名字时,依然会有一种傻乎乎的感觉,就如同"博客"曾经给人的感觉一样。

003

2001 年 9 月 11 日的早上，詹姆斯·马里诺（James Marino）坐在百老汇大街 568 号的办公桌前，透过办公室一扇高高的窗户望去，曼哈顿南部的天际线尽收眼底。 那天，他早早地来到办公室，开始打点他的副业——一个网址为 Broadwaystars.com 的网站。 这个网站专门搜集一些纽约剧场的奇闻趣事和八卦消息，然后以博客的形式发布，新闻按时间顺序排列，最新的消息放在最顶端。 早上 08：49 的时候，他在网站上发了几条新闻链接，包括对艾滋病慈善义卖活动的盘点、Variety① 网站上的票房下跌的消息，以及强纳生·拉森（Jonathan Larson）的音乐剧《倒数时刻》（*tick，tick…BOOM*！）的原声专辑即将发行的报道。 该剧的作者同时也是音乐剧《吉屋出租》（*Rent*）的作者。

马里诺点击"发表"后，便将视线从显示器上移开，抬头看了看窗外。他顿时惊呆了，傻瞪了一会儿后，他开始在网页上写道：

世贸大厦刚刚发生了一件极其恐怖的事情。一架飞机刚撞上了大厦的西北塔楼。这景象太可怕了，简直是触目惊心。——詹姆斯

发表于 2001-9-11，08：56：32

同许多纽约人一样，那天早上马里诺一直在观望。 与此同时，他还在不停地发帖：

我的天啊！我刚看到另一座塔楼爆炸了。第二架飞机从相反方向（由南

---

① http：//www.variety.com/，该网站是一个娱乐类综合性网站。——译者注

至北）撞进了东南塔楼。

发表于 2001-9-11，09：06：06

　　我的办公室在一栋 Soho 大楼的 10 层，南面有很大的窗户，所以我可以看到整个曼哈顿市区。从我所在的地方可以看到西北塔楼上有一个大洞，是第一架飞机由北向南撞出来的。而东南塔楼则是从南向北受到了撞击。据报道，有一架或多架飞机遭劫持，然后撞进了双塔，飞机上还有乘客！

发表于 2001-9-11，09：06：06

　　马里诺在世贸中心的雷曼兄弟公司工作过 4 年；1993 年世贸中心地下车库汽车爆炸案发生时，他也刚好在楼里。

　　一座塔楼（东南塔）刚刚坍塌，我哭了……很难受，不知道该怎么说。

发表于 2001-9-11，10：02：52

　　第二座塔楼刚刚发生爆炸，然后也坍塌了。这完全超乎我的想象。我现在十分愤怒、无助。

发表于 2001-9-11，10：33：07

　　接着，马里诺离开了他的办公桌，前往他哥哥在纽约西区的公寓，最后回到了位于威斯特彻斯特县（Westchester）的家里。那天晚上，他继续在网站上写道：

　　我想今天我一下子便失去了大约 100 个朋友。我没法一一去清点有哪些人。我处于崩溃之中，我从未如此难过，也不曾这般流泪。我不知道我还能不能够回到原来的状态。但是至少我回家了。谢谢你们的留言。

发表于 2001-9-11，19：31：01

　　多数纽约人都对那天飞机撞楼后的一段时间记忆深刻。那些记忆被记录在了无数网页、电子邮件、论坛帖子和上传的图片上。但是大部分的记录都是在事件发生后的数小时、数天，或数星期之后才被发到网上去的。在地面的一片混乱之中，有人在想办法逃到安全的地带，有人眼睛紧紧盯着电视新闻，还有很多人的网络因为网络拥堵而中断了。

　　而 Broadwaystars.com 上的帖子则同步记录了"9·11"事件的全过程，不断更新着一个又一个令人心碎的时刻。虽然这些记录的语气与马里诺这个网站典型的"八卦、尖刻"的调调格格不入，但它们并没有经过刻意雕琢，所以也不是非常通畅。相反，它们呈现出了一个目击者对事件最自然的描述，

002

这种描述没有经过任何新闻节目主持人或采访者的修饰，而是一种对灾难的赤裸再现。

马里诺记录下了他所见到的一切。 如果你将他的网页往下拉，你会发现，在08：49 的时候，世界还是原来的样子；而08：56 的时候，世界已是另一番模样了。

＊　＊　＊

灾难发生后，大多数美国人都是从电视上得知这个消息的。 那天的电视反复播放着飞机撞进大楼的镜头。 电视台也只能播放那些大画面了——它根本没法告诉你，你在世贸中心工作的朋友是否已及时逃出，或者你的姐姐或叔叔有没有安全到家。 电话系统几乎当场瘫痪。 各大新闻机构的网站也瞬间被挤爆。 但是电子邮件依然通畅，一些小的网站也还能挺住。 虽然互联网的主干道堵塞了，但人们还是可以通过它的分支渠道进行交流。

马里诺在08：56 发的帖子是那天网上最早报道此事的帖子之一，它有可能是最早的一个。 （美联社的第一篇相关报道是在08：55 上线的，但多数网站在几分钟之后才开始报道。 那天08：58 的时候，著名博客群 Metafilter 上贴了一条链接，内容是 CNN 网站首页的"一句话新闻公告"，但那个时候，CNN 还没能发布一篇完整的新闻故事。）

在那天早上晚些的时候，一名游戏记者兼网络名人贾斯汀·霍尔（Justin Hall，他从 1994 年起，就开始在一本公开的网络日记上记录他的生活点滴）写道：

> 此刻只有两种媒介依然有用——电子邮件（日本和伦敦的朋友给我写道："你还好吗？"而唯一与人保持联系的方式便是——小数据包传输）和电视（广播媒体的重生。它是唯一一个还能向我们传送大楼坍塌的照片和录像的渠道）。

在旧金山，埃文·威廉姆斯（Evan Williams，他提供一项名为 Blogger 的服务，该服务帮助无数人——包括马里诺——建立了他们自己的博客）想做些有用的事，于是他着手建了一个网页，这个网页可以从 Blogger 用户的博客中自动抓取有关袭击的帖子，然后将它们按时间顺序排列。 马里诺的帖子就列在第一位。

伍德赛德镇（Woodside）是一个如世外桃源般的小镇，里面住的全是靠炒期权股发家的硅谷富翁。 一天，当地居民之一、一个名叫戴夫·温纳（Dave Winer）的软件开发者早早地起床了。 他开始在他的博客"编辑新闻"（Scripting News）上发一些链接和新闻头条。 温纳没有电视机，但在大

003

约早上9点（西部时间早上6点）的时候，他收到了他在博客圈的朋友——比尔·塞兹（Bill Seitz）的一封电子邮件。邮件里，塞兹提醒他注意一下新闻，并建议他看看帝国大厦的网络摄像头里的视频。这个摄像头安装在这座宏伟建筑的观景台上，人们可以通过网络看到这个摄像头拍摄的实时画面。09：17，世贸东塔刚刚坍塌，塞兹就捕捉到了一张画面，并把它放在了自己的博客上；09：57的时候，他又贴了第二张照片，上面写着标题"再也没有世贸大厦了"（No More WTC）。

温纳的爸爸——里昂·温纳（Leon Winer）是佩斯大学（Pace University）的一名教授。温纳突然想到，佩斯大学就在世贸中心附近。当他尝试与爸爸电话联系失败后，他在"编辑新闻"首页的顶头放了一张他爸爸的照片，向网友寻求帮助或相关消息。后来才知道，那天早上，待里昂走到纽约中央车站时，地铁系统已经关闭了，因此他只好步行数公里，穿过第59街大桥以及整个皇后区，最后才搭上回家的班车——温纳将这一切都汇报给了他的读者们。

那天下午，温纳收到了一封来自《纽约时报》（New York Times）记者艾米·哈蒙（Amy Harmon）的电子邮件。艾米·哈蒙当时正在搜集资料，准备写一个关于人们在这场灾难中运用网络的故事。她想了解"人们收集和分享新闻的动力、当时的反应，以及因特网起到了什么样的促进作用"。最开始，温纳没法通过电话联系上她，于是他在网上对艾米·哈蒙的问题进行了回答：

我认为这是一次报道重大新闻事件的机会，《纽约时报》主页上也全是关于此次事件的报道，两者是同样的道理。我们希望了解到底发生了什么，它意味着什么，以及今后会怎样。今天，世界变了。它对我们来说，还非常陌生。

* * *

2001年9月的时候，人们都认为网络内容已经是"穷途末路"了。在20世纪90年代末的互联网泡沫中，大量的财富涌入了互联网；但只有一小部分幸运者赚到了钱，股市的"抢座位"游戏结束后，大部分传媒公司都损失惨重。就在美国网络股市的气球被吹得快要爆炸的时候，时代华纳（Time Warner）以其市价一半的价格买下了美国在线（America Online），这可能是有史以来最不是时候的一桩交易了。

于是，传媒大亨们开始自顾自地舔舐伤口、咒骂互联网，并认定这一切是一场噩梦。虽然互联网不会消失，但他们也不相信互联网能改变什么。摆在他们面前的道路十分明朗：重新回到他们熟悉的世界中去，在那个世界

004

里有大众出版、广播、"眼球效应"和广告销售。 与此同时，互联网泡沫的破灭不仅连累了许多新兴公司，而且也让很多新的点子付诸东流了。 威廉姆斯的公司——Blogger 在 2001 年上半年的时候，还处于用户数量的稳步增长中，后来竟然不得不裁掉所有的员工，只留下他一个人运营整个公司。 有些小的网页发布者虽然还没彻底倒闭，但也已是命悬一线了。 这就是我们当时在 Salon. com（*Salon* 为最早的电子杂志之一）的情况，这本杂志的网站是我在 1995 年帮忙创办的。 尽管当时我对新媒体依旧十分着迷，但还是禁不住想到：或许当年放弃那家报社的工作也并非什么明智之选。

当时，网络出版业十分萧条，但这丝毫没有浇灭人们在网上发布内容的热情。 很显然，人们发布网络内容的热情并不完全是出于利益的驱使。 当飞机撞上双塔的时候，人们脑子里最不会想到的就是钱。 他们第一时间想知道的是，他们认识的、爱的人是否安然无恙；接着他们会想了解到底发生了什么，以及为什么会这样。

在所有对"9·11"事件当天和之后的媒体消费的研究中，最深入的一份报告宣称，在最初新闻传开后，其后一段时间里因特网的使用率实际上是下跌了。 该报告认为"9·11"事件既没有让很多人开始认识因特网，也不是许多人抛弃其他媒体，选择互联网作为信息来源的"突破性时刻"。 但是，那些选择了互联网的人却或多或少地察觉到了一点突破：在"9·11"事件发生时，我们很多人选择了通过网络寻求联络和真相。 广播媒体上，被采访者代表群众发出的哀悼之声听起来既矫揉造作又缺乏真情实意；人们当时都迫切地想表达自己的观点，同时也希望自己能作为一个独立的声音被人听见。那些在网上发帖的人不仅感觉到了事件的严重性，而且十分肯定，如果在那个时候记录下他们自己的想法，其意义显然是难以估量的。

"只有从那些成功逃脱或痛失亲友的人口里，我才能真切地感受到这场灾难。"尼康·丹顿（Nikon Denton）在 2001 年 9 月 20 日的《卫报》上写道。 他此前是一名记者，随后转行做了网络创业家。 "一些最真实的见证实录，和记录灾后情况的私人日记被发表在了网络博客上。 这些故事里，总会时不时冒出一些狂欢酒醉或放浪形骸后的趣闻逸事。 它们虽然不符合主流媒体的高品位标准，难以被主流媒体采纳，但它们却有一种粗俗的真实感。"

大卫·温伯格（David Weinberger）是一名作家兼网站顾问。 他在一封有关时事通信的电子邮件里写道："100 年前，当'缅因号'军舰沉没的时候，消息要通过电报线传到报社，然后才能赶上第二天的报纸。 当'亚利桑那号'战列舰在珍珠港沉没的时候，是无线广播宣布了沉船的消息。 当肯尼迪遇刺的时候，电视新闻播报员竟然哭了，而我们则学会了坐在沙发上等待更多坏消息到来。 如今，破天荒地，我们国家和世界终于可以同自己对话了；当无辜的人饱受折磨时，我们也能像个普通人一样，去哭、去安慰、去奔走相告，最重要的是，能一起分享我们的故事。"

在《卫报》上，丹顿写道："在网络博客里，万维网已经发展成了一种成熟的媒体。"CNET①网站上的一个专栏头条也有过类似的结论："博客模式成熟了！"在今天看来，这些说法或许有些难以置信。因为这么多年来，博客——这种充斥着网站链接、新闻和个人故事，并频繁更新的网站形式，在公众看来，依然只是一个通篇幼稚言语的媒体。事实上，在《卫报》的那篇文章发表后不到一年，丹顿就自己创立一家名叫"Gawker Media"的公司。公司运营着一个博客网站，这个网站里全是一些青少年七嘴八舌的八卦博客。

回头想想，"9·11"事件完全算不上是博客成熟的标志。相反，它标志着其他媒体开始觉醒，并注意到了网络的新产物。网络最新的怪兽级产物——一个陌生又新奇的东西诞生了。报纸、广播和有线电视开始关注博客，并向人们介绍这个东西。结果吸引了更多的网民去访问那些博客写手的网站，并掀起了新一波的写博热潮。

面对"后'9·11'"世界，许多新的博客写手怒气冲天，呈现出一种好战的姿态，并骄傲地自封为"战争博客写手"。当他们学会如何发帖、如何查看链接的时候，他们觉得自己简直是在探索一片全新的领域。这不仅对他们来说是新鲜的，对他们之后一代又一代的博客新手来说，亦是如此。但其实，博客已经存在了好多年了。从某种意义上说，自万维网诞生起，博客就已经出现了。

* * *

从人们最开始发布网页起，他们就面临着一个问题，一个对他们的新媒体来说独一无二的问题——你如何才能让读者知道哪些是新东西呢？报纸和杂志都是一堆按时间顺序排列的信息，每份新的报纸或杂志都是往期刊物中没有的内容。电视和收音机能提供实时播报，它们的报道仿佛是一个连续的"现在时"。但网页则只是服务器上的一堆数据文件而已，它们或者无人问津，或者随时可能被篡改。

在互联网的起步阶段，那些从纸媒世界逃出来的难民们刚开始征服新媒体，便迫不及待地开始倒腾网页上的文件了。当他们要发表新的材料时，他们会草草地将旧的材料覆盖了之。于是他们很快意识到，昨天的新闻就这样被他们丢弃了。他们既不会整理，也不会记录历史事件的原始底稿。不仅如此，他们还开始在自己的网站主页贴上许多小小的"新"字图标，以便引

---

① http://www.cnet.com/，著名的电子产品测评、新闻网站。——译者注

导访问者去阅读最新的文章。　但是"新"只是一个相对的概念。　"新"的东西什么时候开始不新了呢？　对于那些一天访问一次的访客，和每个小时访问一次的访客，你又如何判断哪些消息对他们来说是新，哪些消息是旧呢？

　　在网页发布的早期阶段里，谁都没想到，告诉人们哪些是新内容竟会如此麻烦。　但一个唾手可得的解决方法出现了：互联网的创造者在创造之初，就已经将这种方法嵌入了互联网的 DNA 之中。

　　蒂姆·伯纳斯－李（Tim Berners-Lee）是日内瓦欧洲粒子物理实验室（CERN）的一名英国籍软件工程师。　1990 年，他发明了万维网，并搭建了世界上第一个网站 http：//info. cern. ch。　他梦想有一天，他的这项链接网页的发明能将世界上的主要学术信息联结在一起，然后通过更广阔的因特网世界广泛传播，进而促进知识的整合。　在他的四处鼓动下，其他大学里对他的发明感兴趣的人也建立起了自己的网页服务器，并开始建立网站，然后通过电子邮件告诉伯纳斯－李他们都干了哪些很酷的事情。　每当互联网上新增一个这样的计算机节点，伯纳斯－李就会将这个节点列到他的网页上（info. cern），并附上链接。

　　这个"万维网服务器"页面的结构很简单：新加入的节点会被放在列表顶端。　这个排列方法对于重复访问者来说非常方便，因为他们不用将页面滚到最底部，就可以知道有哪些最新信息了。

　　在选择新链接排列方式的时候，伯纳斯－李借鉴了计算机科学里的"堆栈"概念。　"堆栈"是一种数据结构，在这种结构里，新添加的数据会被堆放在顶端，旧的数据会被压下去；同样，输出数据时也是从上至下地导出。因此，"堆栈"的工作原理也被称为"后入先出"：你最后添加的东西成了你最先挪动的东西。　同理，在某个页面上，网页发布者最后添加的新闻和信息，也就成了你最先看到的东西。　这种设计自互联网诞生之时便存在了，它就像一种遗传特性一样，在日后互联网发展的每个关键时刻，都会展现在世人面前。

　　记者们对这种方式有着本能的排斥。　他们习惯于按照编辑进度来排列信息，而不是按某一套固定规则来排列。　"只有我们才能告诉你什么是重要信息，"他们说，"而不是时钟。"当然，他们的偏好是可以理解的。　但是新闻堆栈的模式还是迅速流行起来了。　对互联网世界来说，这种新信息的呈现方式简直就像是与生俱来的一种特性，而不是什么纸媒世界的舶来品。　如今，它在我们眼里，就是网络媒体最基本、最普遍的组成元素。

　　只有寥寥几个先锋程序员用过伯纳斯－李的服务器网页。　但是随后出现的一个博客雏形却捕获了大批的观众。　1992 年的时候，马克·安德森（Marc Andreessen）还是美国伊利诺伊大学"国家超级计算机应用中心"（NCSA）的一名计算机科学专业的学生。　当他知道了伯纳斯－李的发明后，便立刻爱上了互联网，但他认为互联网最需要的是一些照片。　于是他和几个同学很快就写出了"Mosaic 浏览器"程序，这个程序可以让你浏览包含文字和图片的网页。 伯纳斯-李的浏览器最初是为史蒂夫·乔布斯（Steve Jobs）的"Next"操作系统而设计的，而安德森和他伙伴们写出的 Mosaic 浏览器则可以供 Windows 操作系统和麦金塔电脑（Macintosh①）的普通用户同时使用。安德森现在回忆的时候说，当时他们之所以自己开发浏览器，是因为他们认为"每个人都应该使用互联网"，而且他们也没有耐心等伯纳斯-李整出更多学术性的解决方法来。 结果，他们的程序很快就火遍了天南地北。

人们下载了 Mosaic 后，就开始四处猎奇了。 这都得感谢安德森。 1993年年初，Mosaic 的原始版发布之后，他就自己为 NCSA 搭建了一个"最新消息"的网页。 "不管是谁，不管是在哪个页面，也不管发表了什么话题，我们统统高亮显示。"安德森回顾道。 就像之前的伯纳斯-李一样，安德森会把最新的链接放在列表的顶端，因为列表顶端是人们会首先去看的地方。 当他将 Mosaic 发展成 Netscape（网景浏览器）时，他对 Netscape 进行了一点小的调整，以方便那些拨号连接速度慢的用户上网。 用 Netscape 浏览网页时，页面的顶端会最先显示，就算剩下的页面还没加载完毕也是如此。 如此一来，用户总是可以以最快的速度看到最新的内容。 每款 Netscape 浏览器都会内置一个按钮，这个按钮能直接链接到"最新消息"的页面。 因此，这个页面不仅成了首批互联网用户首选登陆的网站，而且它还不知不觉地将"反向时间排序列表"的简单妙用介绍给了千家万户。

随着互联网日渐火爆，商家们便开始在网上设立"虚拟店面"。 这些店面都是模仿实体店的形式，用精巧的图形表示售票窗口、服务台和前廊。 网页发布者们则开始在他们的网站首页放置一些带有"火爆链接"字样的图标，这些图片都经过了精心设计，使他们的网站看起来花花绿绿的。 他们都错误地以为，帮助网民浏览网页的关键，在于让他们点击一些带有链接的图片，因为这些图片能让人联想到现实世界里对应的物品。

但是反向时间排序列表并没有完全消失。 实际上，在 20 世纪 90 年代，它的地位不断得到增强，如今已成了亿万博客的基本组织形式。 这种形式也是广为人知的——最新发表的帖子永远都置于页面顶端。 渐渐地，当博客用户从少数网页设计师和软件开发师普及至作家、政治活动家，最后到大众百姓的时候，这种组织形式也开始变得灵活机动、包容万象——人们几乎可以用它来表达任何想表达的内容。

互联网缔造者当初的设想，是希望网络能汇聚来自世界各个角落的贡

---

① 麦金塔电脑（Macintosh，简称 Mac），是苹果电脑其中一系列的个人电脑，是由 Macintosh 计划发起人 Jef Raskin 根据他最爱的苹果品种 Macintosh 命名的。麦金塔电脑于 1984 年 1 月 24 日发表。麦金塔是苹果电脑继 LISA 后第二部使用图型用户界面（GUI）的电脑，而麦金塔首次将图形用户界面广泛应用到个人电脑之上。——译者注

献，并由此打开人类创造力的闸口。 而博客的兴起则使人们又朝着这个梦想迈出了一大步。 伯纳斯-李的第一个浏览器是一个用来读和写的工具。 "万维网项目最开始的时候完全是一张空白页面，等着人们在上面写写画画。"他在回忆录中如此写道。 当互联网从办公室延伸至普通家庭、从美国延伸到世界时，从理论上讲，它就可以让无数人将无数的想法发布给无数人看了。互联网已经向人们发出了明确的邀请，邀请人们来畅所欲言——想说什么就说什么。

　　但人们会这么做吗？ 从很大程度上说，最初的互联网只是一个供人研究和进行有趣科学试验的场所。 伯纳斯-李和安德森的列表都只是在学术界有所发展，而且列表里很多都是技术类报告。 在人们最初看来，互联网只是一个装满了静态知识的宝库，一个技术狂人偶尔卖弄技术的地方〔例如剑桥大学计算机实验室里"泰贾屋咖啡店"①里装的摄像头，或 Netscape 的程序员路·蒙图利（Lou Montulli）于 1994 年发明的"钓鱼监视器"②〕。 后来涌现的网页浏览器与伯纳斯-李的并无太大差别，因为重新编写一个能写能读的工具的程序代码，要比修改起来麻烦得多。 而且每个人都在争先恐后地发布新的浏览器，不同的浏览器接连放出，这种不计后果的疯狂速度在后来也被称为"网景速度"。 由于他们并不急着给浏览器加入网页编辑功能，所以对于大多数网络新手来说，最初的网络体验实际上就是一种媒体消费的行为："浏览"或"冲浪"。 基本上，就是阅读的过程。

　　那时候，还没人敢说互联网将来会渐渐蜕掉学术气，进化成一种更个人的东西——这种东西既有随意表达的特点，也有坦诚倾诉的风格。 学术圈子之外最早开始接触网页的，是一个比较边缘的群体，这个群体里什么人都有，但都热爱网络，例如：软件程序员、科幻小说迷、杂志出版者、不合群的记者等。 他们制造了大量的网络内容，也就是如今业界所谓的"用户生成内容"（user-generated content）；而看到这些内容的人则往往对它们不屑一顾。

　　"由于各种原因，"1997 年，麦克尔·希尔奈克（Michael Hiltzik）在《洛杉矶时报》（Los Angeles Times）上写道，"互联网很快就变成了一片广袤的荒原——媒体都会经历这一阶段，但互联网的速度却比历史上任何一种媒体都要快。"知名编辑、专栏作家麦克·金斯里（Michael Kinsley）曾在 1995

---

　　① 网络摄影机（webcam）一般具有视频摄影/传播和静态图像捕捉等基本功能，它借由镜头采集图像后，由网络摄影机内的感光元件电路及控制元件对图像进行处理并转换成电脑所能识别的数码信号，然后借由 Parallel 或 USB 连接输入到电脑后由软件再进行图像还原。1991 年，世界第一个网络摄影机（称为 CoffeeCam），首度出现在英国剑桥大学的泰贾屋咖啡店（Trojan room coffee pot）。——译者注
　　② 钓鱼监视器（FishCam）是指那些放在水里，专门拍摄鱼儿活动的摄像头。路·蒙图利最初发明的时候，将摄像头的图像连接到了网上，用户可以通过网页直接查看鱼缸里的实时景象。后来很多人将这个技术运用在了钓鱼活动上。——译者注

年对《华盛顿邮报》（*Washington Post*）说过一句很著名的话："万维网上大部分都是'垃圾'。"1997年的时候，他又进一步解释道："当你第一次上网的时候，你会觉得'哇'，但当你第三次上网的时候，你就会想'什么东西都没有嘛'。我想说的是，如果互联网想要成功的话，就必须达到更高的标准。"事实上，当在论坛发帖和建立个人主页最开始风靡的时候，其内容十分粗糙，有时甚至非常低劣。那些主流媒体人士本来想上网瞧瞧，到底是什么东西这么火热，结果当他们快速浏览了一会儿后，觉得自己简直是在浪费时间——都是一些很业余的东西啊！他们认为，一旦专业人士参与进来，拿出看家本领，这些乱七八糟的东西就会统统消失。正是由于他们的错误判断，才引发了一场火药味十足的，关于内容质量、准确性、文采性标准和商业模式的大论战。虽然当时讨论的商业模式如今生机勃勃，但就论战的内容本身来说，商业模式并不是主要议题。

当时，那些进军互联网的媒体公司总是标榜他们对"交互性"十分有信心。而他们所谓的"交互性"，其实指的就是一些"你可以在屏幕上点击的按钮"。而真正用因特网的人则不敢苟同，他们会说："不是这样的，'交互性'是指发送邮件，或将你的想法贴到网上，供大家讨论。"准确点说，其实就是指"交流"。这种交流——读者也能成作者的实际可能性——可不是什么鸡肋特色，它是互联网的全部意义！它是这种新媒体的标志性特点——就好像动画之于电影，声音之于广播，或细长的专栏文章之于报纸一样。

然而直到博客开始流行之后，这种观点才从因特网上最理想化的一群人身上，传播到广大群众中去。在21世纪的头10年里，由于更简便的博客设置工具和免费主机服务的出现，开博的技术和经济障碍被一扫而空，因此大量的新手开始涌入博客圈：大学生、退休人员、日记作家、辩论家、政治狂热者、体育迷、音乐爱好者、投资人、传教士、教授、编织工人、枪支爱好者、医生和图书管理员等。他们的一个共同特点，就是他们的帖子背后深藏的热情。他们确实是业余者，但我们可以用一句很老套的话来形容他们：他们写博，是出于爱好。这种对博客的爱为他们带来许多新的收获，同时也将他们引入了新的险境。

就在我写这本书的时候，新世纪的第一个10年已临近尾声，此时的网络世界已经完全被一种新一代的社交网络——Facebook、MySpace——迷住了。Facebook、MySpace和其他同类不仅分散了人们的写博兴趣，同时，还凭着自己的分享与沟通功能，激发了人们更大的社交热情。就在人们纷纷争先恐后地享用它们所提供的服务时，他们也开始遭遇到一些以前未曾有过的问题：到底该将自己的生活多大限度地暴露在网络上？工作和家庭、朋友和同事之间要保持怎样的距离？该如何拿捏"分享"与"过度分享"之间的度？当网络上的内容如滚雪球一样越来越多的时候，我们该如何以一种健康的方式与时俱进？

如今，我们都在不断地将生活搬到网上去；而随着宽带入户、无线网络、数码相机、手机、其他手提设备、YouTube 视频等新技术的出现，互联网的疆域也得到了不断的拓宽。 然而，凭着自己的经验，早期的博客写手们早就将我们今天会遇到的困境——预料到了。 写博，除了技术狂热者外，也广受普通大众欢迎。 它是"社交媒体"的初始形态，后来出现的其他"社交媒体"形式都是从它衍生过来的。 透过博客的观察镜，人们才第一次看到，原来互联网是他们自己共同建造的。 它让许多对个人隐私"守口如瓶"的人发出了公开的声音。 它给了他们一张空白的页面，说："去了解看看。"看看，如果信任陌生人会有什么后果。 了解一下，如果你泄露了秘密又会发生什么事情。 当你在网上碰到一个让你怦然心动的人时，你们会有什么样的发展。 看看，当你对世界宣布你们分手的消息时，又会有什么结果。 试着通过博客找工作看看。 尝试一下因为博客上的言论而被炒鱿鱼的滋味。 揭露一下媒体谣言，或散布一些关于你自己的谣言。

然后再将你所了解到的东西统统写到网上。

第一部分
先锋

第一章

坦诚相见

贾斯汀·霍尔

    1994 年，贾斯汀·霍尔最先开始了"过度分享"。 当然，对于这种向网络世界过度袒露自己的冲动，我们还没有一个正式的称谓。 当时，霍尔还只是一个古怪的 19 岁大学生：他喜欢把生活的点点滴滴都记录在他的个人网站上；没有人会预料到，让他如此着迷的表露行为，竟然有一天会吸引那么多人。

    网络时代刚开始的时候，美国海湾地区的反文化风潮已渐近尾声，硅谷的经济也在蒸蒸日上。 就在这个风云际会的时代，霍尔开始记录他所看到的一切。 他的网站（www. links. net）成了一个综合性的个人公报栏和档案室，里面记录的全是一些琐碎的细节、个人感悟、网上其他年轻人的故事，以及他自己的裸照。

    霍尔长得白白净净、高高瘦瘦，有点像托尔金①小说里的精灵。 他脸上总是带着友善的微笑，一副完全不惧生人的样子。 如果你能把他身上的叛逆性格消除掉，你会发现他完全是一块做销售的料。 他甚至还有可能参与某一特定领域的竞选并取得成功：在这一领域里，没人会在乎他档案上的污点，例如一些激烈言论、违禁药品使用记录；或者不介意他经常故意惹怒他人，进而破坏他在人们心中的良好形象。 他经常步上演讲台，向公众演讲。 当他面对观众时，他会静静地微笑，一句话都不说，任由时间一分一秒地过去，让观众一头雾水。 他似乎非常喜欢让他人感到不自在。

    10 多年来，霍尔的网站就是人们了解他生活的窗口。 他会说："把什么都展示给公众看简直是太有趣了。"2005 年 1 月与往日并无不同，他用了一篇 4 字日志开始了新的一年——"我爱尿尿"。 他还讲了一个他与朋友比

---

① 《魔戒》三部曲的作者。——译者注

赛长胡子的故事。 他还说他碰到了"一个聪明、有上进心的女孩"，说她想与人合著一个有关天使的故事。

然而，就在 1 月中旬的时候，这扇窗口忽然关上了。 网站上标识归档日期的标签全都不见了，霍尔自 1994 年起的个人历史记录也随之消失殆尽。取而代之的，是一个搜索框，以及一部 15 分钟的短片，名叫《暗夜》（Dark Night）。

这部短片至今还能在 YouTube 上看到。 短片开头是霍尔的脸，占据了整个画面，一半在亮处，一半在阴影里。 接着，他说："如果亲……"突然，他睁大了通红的双眼，打住不说了。 他四处看了看，发出了一声愤怒的叹息，然后重新开始说道：

> 如果亲密的行为只发生在安静的环境会如何？如果你总是唠唠叨叨、寻寻觅觅、东张西望、号啕大哭、大声咆哮——那么你就永远无法体会亲密的滋味。

画面中，他的脸下方有一行字幕："2005 年的 1 月，我崩溃了一次。"

霍尔讲起故事来口若悬河，还有一种特殊的幼稚味道，但总的来说，他算得上是一个出色的故事家。 然而，片中的这个故事不仅断断续续，而且支离破碎、相当粗糙。 看来，霍尔是碰上某个女人了。 一个"能让我滔滔不绝的女人"。 他彻底掉入了爱的漩涡——爽呆了！ 但是由于他在网站上太过坦白地描述这一切，结果这段感情很快便夭折了。 霍尔在网站上暗示说，他的这位"新欢"似乎不太喜欢受人关注。

> 假设你从事着某项极具联系性的个人活动，这项活动对你来说就像宗教一样，仿佛是一场与圣人的对话，而且整个仪式只能由你自己独立完成。但结果却让人们对你敬而远之，你会作何感想？……我把我的人生都公布在了这该死的互联网上，而这种做法并没能让人喜欢我。它让人不敢信任我，而我他妈的却完全不知道该怎么办……

《暗夜》用电影《女巫布莱尔》（Blair Witch）的布灯风格和近乎野蛮的倾诉方式，充分展现了这部戏的心理戏剧张力——它简直就像是一个令人生厌的艺术系学生重新拍摄的一组英格玛·伯格曼（Ingmar Bergman）电影里的病人治疗镜头。 这段影片让人感到尴尬、窘迫，而且十分恐怖。 它会让你忍不住担心霍尔的精神状况——让你想要拿起电话说服他回头是岸。 虽然这部影片质感粗糙，但它的思想却并不幼稚。 霍尔毕生都致力于打造一个自传性的媒体，而最近他则在南加州大学学习电影制作。 《暗夜》虽然制作粗糙，但构思却十分精巧——它可不是什么"打开摄像机后就什么都不管"的

"真实电影"①。

《暗夜》令人震撼的地方，不在于它暴露了赤裸的灵魂，而是在于，这部影片仿佛暗示贾斯汀·霍尔可能从此以后再也不会敞开心扉了。 在自我暴露上，霍尔总是喜欢走极端。 当他最初开始在网上写东西的时候，"透明"（transparency）一词尚未被赋予其现代意义：公开、无秘密、有问必答。 但"透明"却从一开始就是贾斯汀·霍尔的行为准则，是他将自己的网站变成了一个玻璃房子。

只不过现在，他再也不想住在里面了。

* * *

1988 年时，霍尔才 13 岁。 那一年他第一次见识了因特网。 当时他已经有了几年的网龄，在那几年里，他会在芝加哥的家中，从他妈妈的电脑上通过拨号上网，访问一些私人 BBS，寻找一些游戏的攻略，并享受这其中的同志之情。 随后，他发现了一个服务器设在加州的全国性 BBS，但是他还没乐多久，就被他妈妈发现了电话账单上的超额费用；从此以后，他只好徘徊于一些本地的论坛了。

霍尔的爸爸已经不在人世。 他的爸爸是一个酒鬼，在霍尔 8 岁的时候自杀了。 贾斯汀坦坦荡荡、毫不畏缩地在他的网站上讲过这个故事。 他的妈妈是一个成功的律师，工作十分繁忙，常年奔波在外，所以，按他的话说，他是被"一群保姆养大的"。 1988 年，一个新人物出现了。 他是西北大学医学院的一名学生，当他发现了贾斯汀的上网热情之后，便向贾斯汀介绍了刚开始起步的因特网——它在当时还仅局限于大学这片小天地。 （那个时候还没有出现如今互联网的人性化界面，普通人使用因特网仍存在技术困难；就算是技术狂人，也得费老大功夫才能连上网。） "当时上网的并不只是一帮芝加哥的 15 岁小孩，"霍尔说，"全国各地都有人在网上，他们几乎无所不谈。"最后，Usenet② 吸引了他的目光。 Usenet 专门搜集网络论坛，在万维网还没有出现之前，它是青少年上网找刺激最喜欢去的地方。 "网上的人们越来越痴迷于诸如弗兰克·扎帕（Frank Zappa）的唱片、变性同性恋或嗑药经验之类的东西。 我当时也异常兴奋。"

---

① 真实电影（Cinéma vérité），为 20 世纪 60 年代法国发起的一派根源于纪录片的写实主义电影类型。Cinéma vérité 意为"真实的电影"，这个词汇翻译自苏联导演维尔托夫（Dziga Vertov）20 年代的系列电影 Kino-Pravda，原意为借由并列的影像（juxtapositions of scenes）获取被掩盖的真实。Cinéma vérité 流派的影片在摄影技巧上受维尔托夫的影响，但未必是要达到与他相同的目的。——译者注

② Usenet 即新闻讨论组，是 Users' Network 的缩写。它是 Internet 上信息传播的一个重要组成部分，也是 Internet 上一种高效率的交流方式，它通过由个人或公司负责维护的新闻服务器提供服务，并可管理成千上万个新闻组。——译者注

霍尔给西北大学打了一个电话，希望能得到一个因特网账号。结果他被告知：对不起，我们可不能随便给你。通常情况下，一个青少年会怎么做呢？他会借用朋友的密码。但西北大学的系统管理员最终还是发现了霍尔的伎俩，把他踢下线了。

1993年9月，当霍尔进入斯沃斯莫尔学院（Swarthmore College）学习后，他终于拥有了一个属于自己的因特网账户。当时斯沃斯莫尔学院的宿舍刚刚通网，这对于霍尔来说，意味着他可以"通宵查信息"了。那年12月，《纽约时报》的技术栏记者约翰·马尔科夫（John Markoff）写了一篇关于万维网和Mosaic浏览器的介绍，在文中，他是这样描绘的："它仿佛一张地图，可以让我们通往信息时代里埋藏着的宝藏。"霍尔在报纸上看到了这篇文章，然后将Mosaic下载下来了。"太令人兴奋了。现在，你只需轻点鼠标就能获得所有的信息！而且你还能把照片和文字放在同一个页面上！"

在那个时候，专家和资本家们都认为，在线通信的未来掌握在"三大"商业网络服务商（美国在线、Compuserve、Prodigy）、科技巨头（例如微软、苹果、IBM）和有线电视公司（例如时代华纳，当时该公司正在大力投资交互式电视）手中。那时的因特网人气低迷，只有书呆子和电脑狂才会使用。它不仅登陆困难，而且使用麻烦，而它的下属空间，如Usenet，既没人审核，也没人打理。整个因特网都很不成气候。

但这正是吸引贾斯汀·霍尔的地方。"大型网络服务商总让人感觉像是杂货店的报刊栏，而Usenet则像是伯克利的电报街（Telegraph Avenue），"他回忆道，"于是，当我第一次看到万维网的时候，我就知道我一定得尝试一下，因为我一看那些网页的质量就知道，要建一个网页并不需要太多金钱和精力。"

1994年1月22日，霍尔建起了他的第一个网页。他先下载了一个免费的服务器程序，然后安装在了他的Powerbook 180① 笔记本电脑上，最后通过斯沃斯莫尔学院的校园网发布了这个网页。就像许多早期的网页一样，"贾斯汀的主页"上也赫然写着"网站尚未完工"的字样，而且上面大部分的信息都是关于万维网技术的，其中包括霍尔列的一个建设网站用的工具列表。但如果你把页面往下拖一点，就会看到一个标题——《一些乱七八糟的个人东西》，下面放着一张留长发的霍尔在奥利弗·诺斯（Ollie North）身边傻笑的照片。标题下还有一些链接，内容是两支乐队——"简的嗜好"（Jane's Addiction）和"纵火狂的色情刊物"（Porno for Pyros）的盗版录音。最下面是一张奇怪的合众国际社（UPI，美国第二大通讯社）的黑白照片，照片中加里·格兰特（Cary Grant，著名影星）正在大把大把地往嘴里塞迷幻药。

---

① 苹果笔记本电脑的一个系列，现已停产。——译者注

即便在当时，就已经有人开始在网上写自传，或罗列自己千奇百怪的爱好了。霍尔介绍说，在他早期写日志的阶段，他最先是从一个网站上汲取的灵感。这个网站的建造者是宾夕法尼亚大学的一名程序员让吉特·巴特纳伽（Ranjit Bhatnagar）。从1993年11月开始，"让吉特的HTTP操场"开始提供一些稀奇的链接，以及一个"午餐盘"列表。每天，巴特纳伽都会仔细地记录他的午餐内容。当然，这个网站也采用了反向时间排序的方法。尽管"午餐盘"并不是什么大不了的东西，但它预示了一个趋势——人们开始用博客记录各种日常数据了。

虽然霍尔并不是第一个开通古怪个人网站的人，但他却是第一个吸引众多观众的人。他的网站（建立不久便更名为"贾斯汀的地下链接站"）很快就声名远播了。其中很大一部分原因是，他的网站采用了"最新信息列表"，提供了很多有价值的链接，尤其是一些非同寻常的链接；而最受欢迎的自然是那个色情网站的列表了（比起如今的黄色网站来，列表中的大部分网站其实都十分无聊，但也还不错）。霍尔对他的链接收藏很是得意；对于那些已经登上NCSA的"最新消息"页面的网站，他八成是不会采用的。但如果这些网站的某个角落里有一些有价值的花边消息，他也愿意带着人们去猎奇。

霍尔向所有收集链接的网站推荐了他的网站，进而提升了他网站的人气。"地下链接站"的名气另一方面也归功于霍尔通宵查信息、频繁更新网站的热情。但人们爱上他的网站，最主要的原因是人们喜欢这个网站鲜明的个性。虽然这个网站有时会比较幼稚、自我放纵，甚至是令人恶心，但它绝不无聊。

1994年，万维网的狂欢才刚刚开始，但霍尔已经清楚地意识到，在旧金山的海湾地区上网比在芝加哥或宾夕法尼亚轻松得多。霍尔读高中的时候，曾被一幅广告吸引了：它的霓虹灯箱占据了足足整个公车的侧面，而宣传的则是一本新杂志——《连线》（Wired）。他在当地的"淘儿音乐城"（Tower Records）买了一本后，就立刻爱上了它。"我在软件行工作过，所以我熟知所有的电脑杂志，而《连线》是唯一一本将人物作为封面的杂志。所以我拿到它的第一天，就给它的编辑路易斯·罗塞托（Louis Rossetto）打了个电话并在语音信箱里留了言。'你的杂志太棒了。我的名字叫贾斯汀，我住在芝加哥，我知道如何在网上找到会制作盗版地下电影的黑客和各大BBS。'"

"奇怪的是，"霍尔面无表情地说，"他从没给我回过电话。"

当他进入斯沃斯莫尔学院后，霍尔又一次将目标对准了《连线》；他最终看中了该杂志在旧金山办公室的一份暑期实习的工作。接着，他轮番给杂志的各个部门打了电话。"当时我对他们说：'让我进后勤部都行，我愿意帮你们倒垃圾！'我就是想跟这本杂志近距离接触。但是他们的反应却是

007

'不行'。 说不行就不行。"最后，他尝试了一下网络部，当时，那个部门刚开始筹划一个商业网站，名叫"热连线"（Hotwired）。 接听他电话的是朱莉·彼得森（Julie Peterson），她建议霍尔把他的网站地址用电子邮件发送给她；但他说，为什么你不现在就看看呢？ 于是她输入了网址，接着他就听见她笑了——她看到了加里·格兰特服迷幻药的照片。 于是他得到了一次面试机会，接着得到了实习机会。

当"热连线"的员工在一家泰国餐厅参加迎新晚宴的时候，霍尔发现他正坐在网站的编辑霍华德·莱茵戈德（Howard Rheingold）身边，霍华德是权威论坛——"威尔"在线论坛的资深会员，也是《虚拟社区》（*The Virtual Community*）一书的作者。 莱茵戈德扭过身问身旁的这名少年："为什么想来'热连线'呢？"

霍尔看着他的眼睛，严肃地回答道："为了能与你共事。"

莱茵戈德后来写道："这小子要么是个脸皮极厚、出类拔萃的马屁精；要么就是一个爱自作聪明、冷嘲热讽的人；或者他只是把自己的第一反应说了出来。 无论如何，我都很欣赏他的胆量。 他顿时化解了尴尬。"

贾斯汀·霍尔发现，"热连线"里全是有胆识的人。 在那里，他不再是一个孤单的网络迷，而是身处于热情的电脑狂之中。 即便在如此人才辈出的地方，他依然能崭露头角：19 岁的他刚成年，但已经是一名资深的网络人士了。 他亲自参与筹建过许多热门网站，但没有一个能走出商业世界的迷宫。

"热连线"的面世并非一帆风顺：眼看网站的启动日期—— 1994 年 10 月渐渐临近，罗塞托突然意识到这个网站对杂志的未来而言，意义重大。 于是他从莱茵戈德和《连线》杂志最初的网络领导人乔纳森·斯特尔（Jonathan Steuer）手中收回了项目的控制权。 莱茵戈德想要为网站启动举办一个"全球爵士即兴演奏会"，但罗塞托却并不想要这么高雅时髦的感觉，他要更闪亮一点的效果。 他设想"热连线"会刊登网络上的第一个条幅广告；而如果想看到网站的内容，你必须先注册，这样广告商就知道他们的观众都是谁了。 对莱茵戈德来说，万维网的精髓在于社群概念；而罗塞托则将网络视为品牌延伸的阵地。 "热连线"里年轻的理想主义者，包括霍尔在内，都十分讨厌这个注册的要求。 在他们看来，罗塞托为了一点蝇头小利，就背弃了网络的民粹传统。 罗塞托认为他们都是一群嗑药的人在异想天开，并宣称"免费上网的时代结束了"。 尽管如此，贾斯汀的那个独自经营、不图盈利的网站依然十分火爆，在"热连线"上线后的第一年里，他自己的网站有时甚至会吸引比"热连线"更多的访问量。

就整个网络的进化过程来看，那个时候如果你建一个网站，基本上你都会给它起个"某某的个人主页"的名字，然后放一点个人介绍，一些你写的文章的链接，一些你比较喜欢的网站链接，或者再放上一张你或你的爱猫的照片。 霍尔最开始建网站的时候也差不多。 但随着他网站上的个人趣事、亲戚朋友的故事、照片、个人作品、对于万维网的思考等内容越来越多，他的网站开始变得更有抱负、更独具一格。 贾斯汀喜欢贴链接，但并不只是为了分享他在别人网站上发现的有趣页面，同时也是为了将他的故事与别人的链接交织关联起来。

超文本——这个专业术语的意思，就是"能点击查阅的文章"（它也是万维网的基础）——一直以来都是另类人群把玩的东西，例如实验小说作家、著名麦金塔程序"Hypercard"①的玩家，或短命的交互式 CD-ROM 的作者。 在万维网的推广下，超文本也开始日渐流行。 于是贾斯汀·霍尔决定按超文本的理论家们所设想的那样使用它——不仅将它视为辗转于网站之间的捷径，而是作为一种能创造某种意义的，强大、精巧的工具。 "我真的以为我可以创造一个能反映一切、吸纳一切，并再现我思维模式的架构。"他说。

事实上，在霍尔疯狂地将他的生活倾倒在自己的网站上后，这个网站也开始有点像人的大脑了——里面是用各种参考链接编制起来的记忆，各种热门链接交织而成的梦，整个构造就仿佛是一个中枢神经网。 这让他的网站看起来非常新奇、有趣，有真正的网络味。 但这也让他的网站看起来十分凌乱。 如果你想迷失在贾斯汀的大脑里，那很简单；但如果你想在里面理清思路，就不那么容易了。 霍尔的网站渐渐有了回头客，但他们总是很难搞清楚该上哪儿看最新的材料。

超文本是迷人的，但是过量的超文本就不那么令人愉悦了。 对我们大部分人来说，按时间顺序理解故事，要比按空间顺序理解故事简单。 我们已经习惯了开头、过程、结尾——不见得非得是这个顺序，但起码是讲故事的人预先设定好的顺序。 1995 年年底的时候，霍尔的网站依然火爆非凡，但它也渐渐开始变得像是一个过度茂密的花园了。

* * *

那时霍尔早已离开了"热连线"——实习了 6 个月后，他就回到了斯沃斯莫尔学院。 但在他之后，还出现了许多拿"热连线"工资的"叛逆自大狂"（这是莱茵戈德的说法）。 1995 年夏天，卡尔·斯泰德曼（Carl Stead-man）正在该网站任"生产总监"一职，而乔伊·安纳夫（Joey Anuff）则是他的助手。 这两个年轻人都对万维网的模式有着许多想法和观点。 但令人费解的是，《连线》杂志的老板对这些想法和意见却充耳不闻——这也让他

①　HyperCard 是一个苹果电脑的应用程序，也是一套简单的编程环境。原生平台是 Mac OS versions 9 或更早的（也可在 Mac OS X 的经典模式下运行）。这个应用程序概念上很像资料库，能储存资料。但是与传统资料库不同，HyperCard 是图形式，有弹性而且易于编辑。——译者注

们非常沮丧。 于是那年 8 月，他们就利用下班时间，在"热连线"办公室后排的角落里，将他们的想法实施在了一个新的业余项目上——Suck.com。他们的构想是希望 Suck.com 的风格能走《幽默》（*Mad*）杂志的路线，同时方便新一代的白领们在各自的工位上访问。

在某些方面，Suck.com 与"地下链接站"完全相反。 霍尔全是用真名在网上讲故事，而 Suck 的作者多是披着笔名的外衣在论道。 （即便是他们在"热连线"的许多同事，最开始也毫不知情。）霍尔网站上的链接是为了体现个人的意义，Suck 则将链接视为一种文学表现手法——超文本除了本身的字面意思外，还能链接到别的内容，指代别的意思，因此就像是一个"双关语"一样。 这实在是非常讽刺。 霍尔的网站上洋溢着对新生万维网乌托邦式的狂热——按该网站某一页上的话说，这种狂热是源自"个人发表的巨大潜力"；而斯泰德曼和安纳夫则专门在网站上戳破别人的假话。 他们就像门肯（Mencken）一样愤世嫉俗：他们喜欢运用自己在大学里学到的文学理论，语言中糅杂着文学分析性词汇和晚间喜剧节目里的反话——例如"世界如此堕落，我们也不能免俗"。 他们在引言中写道："在 Suck，我们的原则是，不管是出于金钱、权利或自我满足，人都应该立志于从这个世界中系统地寻找任何有价值的东西。 而我们就要成为这样的人。"他们的时机也相当好：1995 年 8 月，Netscape 公开上市，随之便引发了第一轮的互联网投资热潮，而 Suck 就是在 Netscape 刚上市的时候启动的。

因此，Suck 的启动立刻在万维网上造成了不小的神秘轰动（按现在的标准来看，当时 Suck 的访问量其实少得可怜）。 但斯泰德曼和安纳夫最有影响力的创造也是他们最简单的创造。 在当时，大多数野心勃勃的网站都采用了杂志的形式——最开始是"热连线"，随后很快就有一大批网站跟风，例如 Urban Desires、Feed、Word、Salon、Slate 等。 他们的首页都是一个目录表，然后从目录链接到各个文章的页面；他们会定期更新网站，置换新的目录和新的文章。 斯泰德曼的工作是分析"热连线"服务器的日志，了解访问者是如何使用他们网站的。 通过这个方法，他很快就发现了一个网页发布新手都会发现的规律：只有当人们觉得他们能看到新东西的时候，他们才会去访问某个网站。 如果你的杂志在星期一的时候发布了一篇新内容，那么访问量就会在最开始的时候达到顶峰，然后在接下来的一个星期里一直回落。 所以 Suck 的创始人员抛弃了整刊发表的想法，决定每天都在网页上发表一篇新的文章。 通过这个做法，他们也向整个网络证明了一点——媒体想要引人注意，不能定期更新期刊，必须要尽其所能，尽快地创造和发布新内容。 毫无疑问，网站拼的就是吸引力，而不是订阅量。

1995 年年底的时候，斯泰德曼和安纳夫已经厌倦了通宵达旦的工作，而罗塞托也终于发现，这个新的神秘网络轰动原来是来自他自己的服务器机房。 于是他花了 3 万美元以及一些股票，从斯泰德曼和安纳夫手中买下了这个网站，给了他俩新的头衔，然后让他俩负责 Suck 的盈利计划。

1996 年，《连线》杂志举行了一次周年派对。 贾斯汀·霍尔也出席了。 席间他会了会旧友，吃了点免费的食物，还遇见了 Suck 的两位创始人。 他们"可能是屋子里与我在网页风格上最有共同点的人，不过他们还有一点点咄咄逼人的气势。"他在回忆派对的时候写道——但他们当时却奚落了他一番。 贾斯汀或许是一个万维网先锋，但在当时，如果你要想从他的网站上看到某篇文章，"你得点击无数个链接才能找到"。 而 Suck 则向世人展示了什么才是万维网的节奏。 那贾斯汀何不每天都给他的网站更新一下呢？

霍尔接受了挑战。 他习惯将他的个人故事保存在他服务器上的一个名叫"/vita"的文件夹里，这个文件夹里还有一大堆乱七八糟的子文件夹（每个文件夹都对应一个带网页的网址，例如"http：//www. links. net/vita/fam/mom/"）。 现在，他又添加了一个新文件夹"/daze"，用来存放按时间排序的日志。 每天的新日志会出现在 links. net 的主页上，并被保存在"/daze"文件夹。 他的第一篇日志是 1 月 10 日写的，文中说道：

"每日感悟"——一个有用的想法
昨晚，在《连线》的周年庆上，
我又遇见了重新负责 suck. com 运营的那两个人。
他们两个都是很友善的厌世者，
性格都很典型。乔伊说他以前很喜欢我的网页，
但是现在我的网页上有太多层链接了。

在 Suck 上，你很快就会被它吸引：内容一目了然，没有分层链接。
他们正在想办法让人们将他们的网站设为首页，
（这个网站每天都会更新）。

这个主意听起来不错，
我想我也会每天，
在 www. links. net 的页面顶端，
放一些新的东西了。

尽管日记里时不时需要链接霍尔的"/vita"文件夹里的内容，但采用了线性排版后，贾斯汀的网站便更像是一本传统的日记了。 此时的万维网上写日记的人虽少，却也在不断增加——例如网络杂志《晚餐后》（*After Dinner*）的创办人亚历克西斯·玛西（Alexis Massie）和卡罗琳·伯克（Carolyn Burke）。 后者是一名加拿大人，他的网络日记开始于 1995 年 1 月，被誉为

011

"网络日记第一人"。但是这些日记作者大都是自己独立维护网站，因为他们最开始的目的只是出于个人的考虑。由于贾斯汀起步早，再加上他的网站汇聚了许多有价值的链接，他本人又懂得自我宣传，所以此时，他俨然已是一名公众人物了。他的每日更新有两个目的：一来，他的读者能同步了解他的生活；二来，由于霍尔总是将自己置于网络社区的中心，因此公众也能悄悄地了解一下，海湾地区正在蓬勃发展的网络社区到底是什么状况。在《连线》实习了一段时间后，他就一直来回奔波于旧金山与斯沃斯莫尔学院之间。他在 Cyborganic 找了一个住处，这个住处其实就是市场南①库房区的一个小窝棚，而这整片区域住的也都是一些互联网界奇奇怪怪的人物。住定之后，他便开始疯狂地在网上发表故事，讲述他在那片区域碰见的各种人和事。

1996 年年初，万维网第一次与美国的政治体制发生了冲突。纽特·金里奇（Newt Gingrich）领导的共和党人，借着"文化战争"的东风，刚刚占领了国会；而那年又是选举年。这就是为什么处于无政府状态的新媒体能迅速在国会山掀起轩然大波的原因。与商业网络服务不同，没人负责管理万维网，也没人会为儿童的安全着想。商界和政界的网络质疑者警告说，万维网的开放性会招致麻烦，并引起人们对审查制度的强烈不满。而贾斯汀呢，似乎是要为这群人的观点来一个应景的诠释，竟然当下就干了出格的事情。他惊世骇俗的发型（他把自己的头发绑起来，竖成一个 8 英寸高的辫子，在辫子末端还打了一个结）、颜色怪异的 Technicolor 外套（他深受其导师莱茵戈德的着装品味影响）和令人毛骨悚然的直白文章等，所有中年美国人担心引网入室会带来的负面信息，他的网站上一应俱全。

1996 年 2 月，政客们通过了《文明通讯法》（the Communications Decency Act），该法案的目的就是要给那些向未成年人传递"色情或低俗"信息，或性行为描述的行为定罪。政客们说此法针对的是那些商业贩黄者。但是，在万维网的起步阶段，哪来什么商业贩黄者呢？或许是因为那时他们还没有探索出什么简单易行的赚钱方法吧。所以你能轻而易举找到的，只能是一些"涉性的内容"，而贾斯汀的网站就经常链接相关内容。

最终法院否定了《文明通讯法》，允许贾斯汀和其他网页发布者继续随心所欲地发布"任何内容"——此次冲突也激起了大批网页对言论自由的支持，网络的声援对贾斯汀的案子起到了极大的帮助。像许多其他的万维网爱好者一样，那个月，霍尔也发表了一篇对该法案慷慨激昂的讨伐词：

---

① 市场南（South of Market）是旧金山的一个街区，西北为市场街，东北为旧金山湾，西南为美国国道 101。该街区拥有巨大的仓库和多样化的服务，如汽车修理店、夜总会、住宅酒店、艺术空间、阁楼公寓、家具展示厅、公寓和技术公司。该区也毗邻南滩、米慎湾、金融区、凡内斯大道和南方公园等。——译者注

难道我就不担心我 5 岁的小侄子埃利亚斯会在网上看到一些不适合他看的内容？

我 8 岁的时候父亲自杀了，我不照样挺过来了？

我们周围充斥着野蛮的性和暴力。他的死对我的打击很大，但是我也没法想象，这事如果瞒着我会怎样……

你没法让人们闭嘴。如果他真的想说，他们一定会找到一个表达的途径。这就是因特网最棒的地方。人们可以选择表达，你也可以选择不看。

如果你想让人们闭嘴，你就得花更大的气力去阻止其他人表达。

与其如此，不如将精力花在你想做的事情上。

鉴于我没法阻止别人做一些乱七八糟的事情，那我只好自己做一些积极有益的事情了。如果人们想看一些性爱或裸体的照片，而他们能看到一些相对健康和让人舒服的内容的话，他们就不会觉得他们自己或那些事情很奇怪了。

我真该被逮捕。

在"相对健康和让人舒服的内容"这几个字上，霍尔链接了一张他自己的"裸照"——他写道："健康裸照"的例子。

在万维网出现以前，在公众场合暴露自己身体的人，都是一些小孩和喜欢在好哥们之间恶搞的"暴露狂"，当然偶尔也会有一两个真正的变态——哦，可别忘了还有表演艺术家。《文明通讯法》风波之前，性格刚烈的表演艺术家和政府之间就有过许多次冲突——其中最激烈的就是"美国国家艺术基金会四君子"风波（1990 年，首任布什政府的掌权者取消了美国国家艺术基金会对那些在性上无甚顾忌的表演艺术家的小额津贴）。 这些艺术家和他们的伙伴们亲身体会到，在公众面前坦诚地讲述自己的故事，原来也是有风险的。 但对于霍尔和其他会在网上暴露自己的早期自传家来说，他们有一个前人没有的优势：他们网站的成本只有区区几美元，因此他们并不需要什么津贴，就可以通过网络与公众沟通。

从表面上看，霍尔这种笨拙的暴露行为会让人想起臭名昭著的卡伦·芬利（Karen Finley）——她曾在舞台上将巧克力涂满全身，让保守派几乎崩溃。 尽管此举让她声名狼藉，但她的目的却颇有社会批判的味道，而且她还能从一个黑暗的角度剖析人类自我伤害的嗜好。 但霍尔只是一个网上的毛头小子，一个在网上记录自己遭受网络商业冲击的网络版"老实人"①。 这让

---

① 伏尔泰笔下的人物。《老实人》的主题是批判盲目乐观主义哲学，小说中的主人公老实人是一个天真淳朴的男青年，他相信乐观主义哲学，在他看来，世界是完美的，一切人和一切事物都尽善尽美，"在这最美好的世界上，一切都走向美好"。然而他一生的遭遇却是对他的"哲学"的一个极大嘲讽。
——译者注

贾斯汀的网站看起来像是一段由斯波尔丁·格雷（Spalding Gray）表演，然后被转帖到网上的青春独角戏。 格雷是一个说书人，他总是坐在一张桌子前，放一杯水，然后向观众讲述着他人生中的苦涩故事。 霍尔开始写博的时候，格雷正处于事业的巅峰时期，但霍尔对格雷的作品只是略有耳闻——他只看过一遍电影《游泳去柬埔寨》（*Swimming to Cambodia*）。 他们两人之间的交集纯属偶然，但同样引人注目：同格雷一样（他的妈妈自杀了），霍尔对于公开自述的渴望，一部分也是因为父亲自杀留下来的创伤。 格雷广为人知的一部作品叫《采访观众》（*Interviewing the Audience*），在剧中，他会邀请戏院的观众上台去配合他，并诱导他们讲出自己的故事。 同样，霍尔也总是喜欢花大把的时间，用大量的篇幅去劝导他人在网上自我表达。

最开始，贾斯汀认为他是一个链接搜集者。 他尤其喜欢分享一些"怪东西"的链接——比如一些地下的玩意儿、性、毒品、摇滚等——他都想把这些东西展示给人们看，但又担心它们会不符合一些高雅人士的审美标准。"但我也日渐明白，如果你什么都靠自己写的话，你只能创作出有限的'怪东西'。"他回顾的时候如是说。 "最好的'怪东西'总是来自他人——因为只有他人的东西对你来说才是奇怪的。"于是他放弃了自己编"怪东西"的想法，转而决定采用一种更简单、更聪明的方法，即按照"授人以渔"的传统，教别人怎么去做。

教人建网页不仅可以让霍尔平衡"话语权"，还可以分散人们对他的注意力——起初他对关注度如饥似渴，但现在他开始觉得这种事情很无聊了。（"总有一个德国电视摄制组如影随形地跟着贾斯汀。"他的一个同事回忆说。）"曾经有一段时间，我认为这样很好——谢谢你们对我的关注。 但现在，还是别讨论我了，说说你自己吧。"他说道。

在贾斯汀的网站开通之初，很多人发邮件给霍尔，问一些关于 HTML 的问题（HTML 是创建网站用的一种简单的文字格式编码）。 为了节省时间，他在网站上发布了一个快速入门指南。 之后，在 links. net 的每一页底部都出现了一个小图标：写着"发布自己的网页"的字样，链接到一个标题为"万维网的惊天大秘密：HTML 简单的要命！"的网页。

20 世纪 70 年代，当英伦庞克摇滚大热的时候，一本著名的杂志在封面上放了一张粗糙的吉他琴品素描，上面标着"这是 A 和弦，这是 E 和弦，现在你就可以组建自己的乐队了！"怀着同样的精神，霍尔也告诉他的读者们，实际上，"这是一个 < a > 链接，这是一个 < b > 标签。 现在你也可以创建自己的网页了！"

正是这种使命感不断地推动着霍尔的工作。 1996 年，电影人道格·布洛克（Doug Block）正在为一部讲述个人网页的纪录片搜集材料，当他采访霍尔的时候，霍尔一把抓过摄像机，将它对准了布洛克，反倒开始鼓励他建一个他自己的网站。 1996 年春天是他在斯沃斯莫尔学院的最后一个学期，霍尔在网上给他的读者写了一个通知：包吃包住的话，我就去你家告诉你如何建网页。 结果他一个夏天都在大巴上奔波，从宾夕法尼亚南下到得克萨斯州，然后又北上至堪萨斯，在各地的社区中心、咖啡馆和教堂里演讲，冒着大不韪向人们宣传 HTML 的"福音"。

布洛克的摄像机拍摄到了他向《威奇托鹰报》（*Wichita Eagle*）的记者宣讲的画面，画面里，他用超快的语速喷道："我真的觉得它是上天给我的福祉，是上天给我的力量，所以我想与尽可能多的人分享它……每所中学里都有一位诗人。 不管是在富裕的高中，还是在窘困的高中，总会有人喜欢写作、喜欢引导人们讲故事的。 如果你让他们接触到这项技术，那么，突然间，他们就会开始给以色列的人、日本的人，或他们小镇上素昧平生的人讲故事了。 而这——就是一场革命！"

* * *

在贾斯汀·霍尔这个网络先锋名气最响的时候，他简直就是一个人肉发射器，通过各种可能的频率四处传播。 他一到公共场合就开始滔滔不绝，网站上的故事让人应接不暇。 就连他那怪异的发型——先是从头皮开始把头发绑成一个冲天柱，然后让剩余的头发从顶端耷拉下来，活像一个定格的喷泉——也似乎寓意着贾斯汀的思想从脑袋流向世界的过程。 对于他的这种过度活跃的行为，说他作品丰富多产也好，滥无节制也罢，都是无法持久的。

1996 年夏天将尽的时候，霍尔停止了他的强尼·苹果籽（Johnny Appleseed）①式的奔波，在霍华德·莱茵戈德的新网站"Electric Minds"（电动思想，下称 EMinds）找了份工作。 这个网站融合了职业新闻和社区讨论组的功能。 EMinds 虽然只存活了不到 6 个月的时间，但就在这短短的时间里，霍尔的手腕出现了重复性劳损，让他痛苦不堪。 这都是由于过多地通宵打字造成的。 于是他暂别了网络一段时间，次年夏天到洪都拉斯旅游了一阵子，平时就用手写的方式记记日记。 随后他回到了斯沃斯莫尔学院，一直坚持到了 1998 年春天的毕业。 可接下来该怎么办呢？

如果霍尔的故事是一部经典的教育小说，是关于一个年轻人从菜鸟到老手的过程，那么现在，他就该开始他的"漫游年"了，也就是漂泊不定、寻

---

① 强尼·苹果籽原名叫做强纳森·崔普曼（Jonathan Chapman），1775 年生于马萨诸塞州，是一个致力于苗圃的专家。崔普曼在俄亥俄河流域，取得了上千英亩的农地，并从西部运了几十大桶的苹果种子，在其上种植苹果树，作为苗圃育种之用。之后每一年，崔普曼就像个传教士，徒步走上数千英里路，随走随撒苹果种子；苹果树也就像油麻菜般，漫长在全美遍地。由此他变成了美国家喻户晓的传奇人物，被敬称为"强尼·苹果籽"。每年 9 月苹果收成时，全美各地还会举办各种活动来纪念"强尼·苹果籽"的一生。——译者注

求目标的几年。 1998 年这一年，对那些为"对公众开放互联网"（路易斯·罗塞托对它不屑一顾）而奋斗的人来说，是非常令人丧气的一年。 霍尔依旧每天都更新着他的 /daze 目录。 但互联网泡沫却越吹越大，纳斯达克证券交易所也呈现出一片"繁荣"的景象。 而在众人眼里，万维网更是不辱使命，逐渐演变成了一个巨大的购物中心。 为了完成一部分斯沃斯莫尔学院的课程作业，霍尔写了（当然也在网上发表了）一首史诗，名为《怪人的命运》（*The Wyrd of Wired*），对"热连线"的早期工作人员与罗塞托之间的争斗进行了回顾。 在诗里，工作人员是一群具有远见卓识的民粹主义斗士，而罗塞托则是一个穿球鞋、有市场头脑的"年轻的媒体王子"。 现在看来，罗塞托似乎是占了上风。 那霍尔到底该何去何从呢？

在旧金山工作的那段时间里，好几个编辑都曾尝试让霍尔把他的能量发挥在比较传统的方面。 在"热连线"，编辑加里·沃尔夫（Gary Wolf）发现贾斯汀对简单的编辑任务并不感兴趣。 在 EMinds，莱茵戈德（他总喜欢说贾斯汀是他的"导师"，但实际上他才是贾斯汀的导师）试着劝他写过专栏。 "我没法让自己定期、定质地帮人写东西，因为我太过自我，所以太专注于将幻想的生活变为现实了。"他现在回忆起来的时候说道。 后来，当主流媒体的编辑开始寻找关于万维网的素材时，霍尔便开始不断接到各个专栏的邀请；但每次他说的内容都八九不离十。 他的专栏的第一期总是会讨论在网上发帖的原因和方法，之后便写不动了。 "因为我接下来该写什么好呢？'我妈妈还没有叫我回去'，或者'我碰到了一个心仪的女生'？ 这些都是我在我自己网站上写的东西啊。"

霍尔毕业后不久，他的那台笔记本——也就是最开始他用来发过无数日志的苹果 Powerbook 笔记本——在奥克兰的街上被人用枪顶着给抢走了。 于是他又换了一台新的、装有 Windows 操作系统的 PC。 这下他又可以回到游戏世界里去了：在万维网出现以前，他就天天流连于游戏世界（一直以来，Windows 上的游戏都比 Mac 上的游戏多）。 嘿，他想到，我不见得非得写关于我自己的东西啊——我也可以成为一个游戏作家。 他的时机也抓得很对：一个以技术起家的有线频道 ZDTV 刚刚成立，他就成了这个频道的游戏记者。 那里的人都很有才，薪水也较为可观，而且毫无悬念的是，他也非常上镜。

如此一来，通过贾斯汀的网站，这家全国性的频道便又吸引了一批不同的受众群。 可后来，ZDTV 的高层发现他们年轻的天才主播的个人网站上，充斥着露骨的两性内容，于是他们问他是否愿意把那些"成人"的内容从网上撤下来。 但是他怎么可能一一检查那成千上万的页面，然后逐条删除那些"成人"内容呢？ 就算他可以这么做，那删完之后网站上还剩下些什么呢？那些性、迷幻药、裸照和脏话都是 links. net 的精髓所在啊；要把它们全部剔除，那简直没法想象——就好像在法国禁酒，或演奏瓦格纳的作品而不用大

016

号一样。

据贾斯汀自己说，一个极其守旧刻板的观众，无意中看到了他的网站，于是写了一封义愤填膺的投诉信，直接导致他从 ZDTV 离职。 （信的内容大概如下：你们难道不知道，贾斯汀·霍尔这个家伙是一个搞同性恋、嗑药、出口成脏的变态色情摄影师吗？）但他以前的一名同事却有不同的说法，据那个同事称，是因为一次电视直播预演的时候出了件事情：霍尔不小心点错了窗口，"结果他的网站弹了出来，一张贾斯汀全裸的照片也扑面而来，简直是一览无余"。 不管真的发生了什么，霍尔的电视生涯都随即告吹了。后来他又在一个商务网站找了一个报道游戏的活，并慢慢习惯了当一个"20多岁的过气网络名人"的日子。

坦白点说，霍尔的网站确实包含了太多难登大雅之堂的内容。 但他却丝毫没有节制一下。 2002 年，他与一名新欢移居日本。 在那儿，他写了一篇日志，记录了一件较为敏感的医疗事件：

"你知道猫在交配后，它们的老二能肿成什么样吗？"

她摇了摇头，撅起小嘴。

"你听过猫叫春吗，我们附近的有些猫在交配时，会发出悠长、缓慢而又痛苦的叫声，那是因为公猫在射精时，它的老二会变得肿大而无法拔出。我想这对公猫、母猫都一样痛苦，所以它们才会号叫。"

"那么……"

"可能我的老二就跟猫的一样。"

接着后面跟着贴了 5 张特写——照片里，他的包皮一张比一张肿，让人觉得他是不是应该去看医生了。

有些人认为像霍尔这样的个人网站完全就是一种自恋式的自我放纵，而以上的那些材料就是对他们观点的有力佐证。 有时候你是辩不过这样的观点的。 但是霍尔却从来不缺读者。 当万维网开始流行时，加里·沃尔夫曾经写道："这简直就是偷窥狂碰到了暴露狂。"不管霍尔如何放纵自己，他总是能吸引到读者——不管他们是真的关心他的近况，或仅仅只是想看看他的尺度到底有多宽。

通常来说，"自恋"就是自私的意思。 心理学家对自恋有一套更详细的标准，他们认为自恋是一种特定的人格紊乱。 从临床上讲，自恋的人无法认同其他人也是有合法需求的独立行为人；其他人只是自己传奇人生中的道具而已。 而贾斯汀的文章有时候（尤其是早期）就很符合这种标准——例如，有一次，他在斯沃斯莫尔学院勾搭上了一名年轻女人，然后全然不顾对方的隐私，在网上详细地描述了他戏弄她的过程。 曾经，有人在斯沃斯莫尔学院科学实验室的洗手间墙上写了这样一个问题："大家觉得贾斯汀这个人如何？"回答包括："个性崇拜"、"自大狂"、"创业家"、"怪胎"、"从小没吃过母奶，所以需要关怀"。

霍尔的心理状况很容易分析：他总是先发制人，还没等你开口就开始唠叨"我的父母没一个给过我支持"，或者反思他父亲的自杀对他现在的倾诉癖有何影响，抑或是质疑他自己的写作动机。 他很习惯人们称他为"暴露狂"，而且经常欢欣喜悦、坦坦荡荡地在他的网站上详细分析各种对他暴露狂的指控。 渐渐的，他开始变得谨慎一些了，不再随便将他人扯进他的公开行为之中。 到最后，老实说，你会发现再用"自恋"来形容他似乎不太合适了。 他对外界总是如此毫无保留，又非常愿意倾听别人的故事，也很热衷于鼓励他人讲述他们自己的故事。 他虽然比较自我中心，但却从不排斥他人。而且他向来都是幽默感十足：1996 年有段时间，他主页的标题曾经是"海阔天高任哥狂"（One dudes ego run amok）。

但是说他是自恋狂，也并不为过。 对很多观察他的人来说，"自恋狂"的说法，只不过是在霍尔向全世界倾倒了过量的个人生活细节，让这些人感觉混乱与不自在后，给霍尔贴上的一个顺口的标签而已。 而霍尔的行为则表明：我这么做是因为我能这么做。 他们则反驳道：很快，大家都会纷纷效仿的。

当然，这不可能！ 网络科技的发明并不是用来自曝的。 大部分人也不想向世界暴露太多。 霍尔只是一个例外而已。

他也确实如此。 他的自曝瘾简直深到无以复加。 一方面，他是在试探万维网的纳新能力，就像司机在为一辆新跑车热身一样。 当时，互联网媒体正处于成长阶段，霍尔亦是如此。 那时，网络上有太多可能的身份亟待探索，太多试验有待实施，太多乐趣还没被挖掘；我们再也不用整晚通宵疯玩，再也不用嗑药抽大麻了，因为除此之外，我们还有太多的选择，多到让人头痛。 这一切对于万维网上的大人们来说，都太不可理喻了，因为他们所探询的，全是"增长机遇"，所操心的也都是"商业模式"之类的东西。 但现在回头看看，让人难以置信的是，那些大人们几乎全部走错了方向，而霍尔竟然歪打正着了。

1995 年 6 月和 1996 年，霍尔先后两次在美国报业协会和兰德公司合办的、主题为"新闻新方向"的大会上发表了讲话。 道格·布洛克的纪录片《主页》（Home Page）就记录下了他讲话的一段视频。 画面上，少数与会者（多为一脸严肃、西装笔挺、头发花白的人）摸着他们的下巴，漫不经心地记着笔记。 而霍尔则站在讲台上，点击着笔记本电脑里面的链接，并时不时在身后的投影幕上指来指去，嘴里像机关枪似的介绍着他网站上的内容："斯沃斯莫尔学院、热连线、旧金山、监狱、Cyborganic、霍华德·莱茵戈德、万维网、音乐、精神、梦想、画画、演讲。 这一部分是我网站上点击率最高的地方。 这是我与这个女人的故事——这个贱人！ 太极品了！"

头发飞扬、目光四射，霍尔看起来活像是一个跳舞的火星人。听众们目瞪口呆，茫然不知所以：他们觉得这事有搞头，但又说不上来是怎么回事。

　　当然，霍尔也把这两次演讲的内容发表在他的网站上，页面标签是"新方向之梅开二度"①（即便是这个时候，他还不忘记恶搞一下。）

　　如果每个人都能上网讲自己的故事，那我们就有了一个浩瀚无边、丰富多彩的人类故事库……当我遇见与网络有关的大老板和重要人物时，我问他们有自己的网页吗，他们都会给我指指他们的杂志。我一点都不关心杂志上评选的本周最热门的5大网站是哪些，我想知道，在网站的主人眼中，什么东西才是酷的。他们是如何挤进前5名的？他们的团队里有什么人？给我讲讲你们自己的故事。否则我就会失去兴趣，我想听到的是那些发自肺腑的故事，而不是什么唯利是图的想法。

　　霍尔还宣称，新闻业将会发生翻天覆地的变化。"对人手和经费的需求"正在日趋下降。"未来的新闻格局"正在孕育之中："给某人一台数码相机、一部笔记本电脑和一个手机，你就可以在世界上任何地方安排一个现场多媒体报道员。"届时，记者们会辞职在网上单干。利润将不会再从"大众市场媒体"中产生，而将来自"千千万万细碎的费用"。而且，"只有热爱其工作的人才能写出最好的内容来"，霍尔如此认为。

　　当时，人们认为以上的大部分设想都是不切实际的、疯狂的。但10年后，在轰轰烈烈的传统媒体叛变浪潮中，这些设想俨然已成了普遍的共识。

*　　*　　*

　　人们很容易将贾斯汀·霍尔看做是一个疯狂的小孩、可爱的怪物；人们也乐于听他在那儿胡言乱语，听完后便继续各干各的。因为他常常打扮得千奇百怪、话痨般唠唠叨叨，有时还有一点虚无缥缈的技术空想主义，所以他甚至会央求人们别太把他当回事。当大众媒体慢慢开始对万维网产生兴趣，并开始寻找发言人时，他们发现霍尔的话很适合剪到电视节目中，作为一种噱头；但他的古怪行为也让观众们认为，万维网还依然只是一个边缘媒体，太怪异而难成气候。

　　但是所有关于贾斯汀·霍尔的事情都不像看起来那样简单。例如，还记得他在演讲前面对观众笑而不语的策略吗？这实际上是有来历的。霍尔说他是从奥萨马·本·拉登（Osama bin Laden）那里学到的这一招——那么多

---

　　①　原本应该是 New Direction，霍尔将 Direction 的首字母并到了 New 的后面，使得 irection 在发音上有了"勃起"的意思。——译者注

人，他偏偏挑了奥萨马·本·拉登：他曾看过一篇报道，说基地组织的领导人在回答媒体提问的时候，有时会停顿好几分钟。"我觉得，这真是一个非常有意思的吸引注意力的技巧，所以我也开始学以致用，"霍尔说，"一大群人聚在一个房间里听一次演讲或参与一次讨论，而你则用一段不动声色的沉默做开场白，人们就会不知所措。有时人们会大声喊我的名字，问我有没有什么有趣的故事要讲。"

霍尔极具感染力的微笑总是让人捉摸不透。霍华德·莱茵戈德说过："你没法判断他到底是在开玩笑还是在说真的。事实上他大部分时间都是很严肃的，但他脸上那副自鸣得意的表情，总是让你以为他是在跟你开玩笑。"

多年来，霍尔一直都在装傻，总是用调侃的方式挑衅他人，就算他得罪人的时候，脸上都挂着笑。他是万维网1994级学生中的小丑，很多时候，他总是让人感觉他永远都不会毕业似的。他先是在加州，后来在日本干了一阵子的游戏记者，之后便加入了南加州大学电影学院。但刚一入学，他就再次卷入争议之中。他当时拍摄了几部短片，并将它们发到了他的网站上——后来他却发现，他的行为又违反了学校的规定。南加州大学宣称他们拥有所有学生作品的版权。哦，还有，如果你把你的作品放到网上，那么你就不能拿它报名参加戛纳电影节了。

"我与校长展开了一次大讨论，"他回忆道，"我说，你知道吗，在接下来的10年里，可能你会有10名学生入围戛纳电影节。但剩下的10 000名学生呢？他们也可以尝试不同的未来，拥有大批的追随者啊，难道他们就不能做自己想做的事情吗？"

2005年1月的时候，霍尔依然还有追随者，但比起20世纪90年代的鼎盛期来，人数少多了。所以当他突然将成堆的自传性网页替换成一部苦涩的影片时（这部影片没有笑话和欢乐，尽是满腹牢骚），自然就引起了人们的关注。《旧金山纪事报》（*San Francisco Chronicle*）甚至还在首页上报道了一篇关于他的故事："是该走上正轨了——31岁的先锋博客写手贾斯汀·霍尔隐退。"（实际上，那年12月，霍尔才刚满30岁。）但无论是《旧金山纪事报》的读者还是霍尔自己的观众，都不清楚为什么霍尔会停止他在网上由来已久的自我剖白。

1月7日是一个星期五，那天晚上，霍尔写了一篇关于某个第一次约会的日志，名为《无言》（*Wordless*）。他惊奇地发现，他与他的新女友竟然"这么快就已经如胶似漆了"："我的内心仿佛被滋润了，让我愈发地渴望更多的雨水……20个小时里，大部分的时间我们都沉默不语，隔着2英寸的距离看着对方，时而咯咯地笑，时而大笑，时而微笑，直到最后我们脸都笑疼了。"

在霍尔喜不自禁的文字下面，他的读者们开始留言：

我认识她吗？

……你？你无言？好吧。：p

哈哈。贾斯汀跟人上床了！没错！

星期六晚上，一个名为"Q"的匿名网友写道：

……最开始我还挺欣赏贾斯汀的，但最近，我开始对他数年不改的幼稚有些失望了。贾斯汀动不动就——"恋爱了！！"每次都是闪电开始，然后冒冒失失地亲密。最早关于简和艾米的帖子跟这篇写得简直一模一样……

不是说你跟一个刚认识的人进行一段深入的交谈，或在第一次约会上跟人掏心掏肺就能算是"亲密"了。与钻进乳胶裹尸袋里的陌生人（这是一种性虐待方式）上演劣质A片更不能算是亲密。这不过是相互信任的人之间玩的游戏罢了，就像高中时候你往后倒，然后必须相信你身后会有人托住你一样，确实会让人有些兴奋。

虽然这样的游戏可以让你体验到诸如"信任"等感觉所带来的兴奋和激情，但它们也不过是镜花水月罢了，并不实在。只有当你有足够的理由相信，你可以对这个人掏心挖肺时，你才会有实实在在的体验。比如说你有几个认识了1 000天的朋友，当你最开始告诉他们一点点东西的时候，他们的表现很对路，你这才敢跟他们说稍微大一点的事情，然后一年之后，你才能"真正放心"地给他们说最要紧的事情。

但似乎贾斯汀对"信任"的相关经验竟然全是虚妄的，例如："嘿，我刚与一个陌生人肛交了！""嘿，我都不了解你，但是我可以跟你讲一些很私人的事情！"这些话非但没法帮你与人建立起真正的信任，还会适得其反。这只能说明你不懂得尊重人与人之间的界限。只有界限才能让你与一个（或几个）人成为很亲近的朋友，与剩下的人成为不那么亲近的朋友，而亲密也因界限才有意义。然而这些话却能暴露一个问题：他在情感投资方面不够慎重，纯粹只是在放浪形骸。如果你知道100万美元的价值，你不会随随便便将它投资在一项你仅调查了一天的项目上。处处留情只能说明他不懂得感情的价值。

星期天早上，霍尔对Q的回复如下：

你的观点令人深省。正如你说的那样，我也觉得有时候我与人亲密得较为草率。

但是我也还有很多不为人知的地方。总的来说，我确实一直都在寻寻觅觅，但我并没有一一详述其间的动机和感情。我所经历的感情都深深地印在我心底。有时，我会觉得我的感情贫瘠得要命，这让我痛不欲生；难道人不

021

都有这样的时候吗？我从来都没有打算与谁过长地交往。或许我可以尝试更稳定的交往，以此来培养我与人交往的耐性。说不定还能收获更有意义的东西呢。我一直在寻找这样一个人，而我从中得到的教训就是……老实点！

一天之后，links. net 上面积累了整整 10 年的内容——这些由链接、图片和文字组成的、庞大而错综复杂的网络就是贾斯汀·霍尔大脑的外化，它们在网上盘根错节，就好像杰克逊·波洛克（Jackson Pollock）①画布上的画一样复杂——突然消失了。 最开始，网页上仅仅只有一个空的搜索栏。 （霍尔并没有删除任何页面，他只是去掉了首页上与这些页面相连的链接。 如果你想找到它们，你只需在搜索框内输入关键词即可。）几天后，《暗夜》这部影片就出现在了搜索框的上方。 又过了几个星期，搜索框和影片都不见了，取而代之的是一个布满问号的红心图片。

霍尔之前提到的约会对象是一个叫梅尔奇·哈蒙（Merci Hammon）的女人，他们是在南加州大学相遇的。 霍尔告诉她，他有一个网站。 "几乎人人都有网站，"她回忆道，"所以当时我也没觉得有什么。"但是，当她看到了那篇关于他俩约会的帖子下面的留言时，她胆怯了。 "感觉就像霍尔维护着一个全是关于他自己的名人八卦博客。 谁喜欢给自己找这种不痛快呢？"于是她跟他说，让他别在他的网站上写任何关于她的事情。

"她看了之后说，这太恶心了，"霍尔说道，"我可不希望人们围观我们的爱情。"

这些年来，他渐渐学会了慎重地记录他人的事情。 随着 Google 日渐流行，那些潜在的老板、现在的同事或其他利益方，很容易就能挖掘出他对他大学同学和调情对象的各种零碎的评论。 由于 links. net 历史悠久、链接重重，因此当人们搜索相关人的名字时，霍尔所提到的有关此人的事情就常常会出现在 Google 的页面顶部。 所以他试着尽量缩小他帖子的范围，以免伤及无辜。 因此，他决定只写一些表达他自己想法和观点的文章，并尽量少用第三方的真名。

但哈蒙的要求对他来说似乎过于苛刻了。 霍尔觉得，这段感情是很珍贵的一段感情。 如果不记录它，那么他就错过了人生中比较关键的一段经历。

"在我 19 岁的时候，我认为我一辈子都会用真名记录生活，而我也会因此而开写作之先河。 我所写的东西都将成为我的历史。 但我后来发现，如果要维持一段感情，就不能将之暴露在公众面前。 最后我决定，我还是选择感情。"

《暗夜》中所表现出的焦虑说明霍尔正在权衡这个决定： 而这段影片就

---

① 杰克逊·波洛克（Jackson Pollock，1912 年 1 月 28 日—1956 年 8 月 11 日）是一位有影响力的美国艺术家以及抽象表现主义（abstract expressionism）运动的主要力量。——译者注

是霍尔对过去画的一个休止符。

哈蒙说她当时并不知道，霍尔正是凭记录自己的私生活出名的。"我只是觉得我不希望让公众来评判我。"她有时候会碰到一些霍尔网站的老读者，然后发现，他们觉得他们比她还要了解霍尔，而且"他们觉得他们有义务（也乐于）跟我警告一些关于霍尔的事情"。但她说她却从未回过头去看links. net上的任何内容："如果贾斯汀想与我分享一些他过去的事情，他会这么做的。否则我就没有必要去探究他的过去了。我爱现在的他，也接受现在的他。"

在那篇初次约会的帖子发表一个月后，霍尔和哈蒙开始同居。一年之后，他们又合伙开了一家游戏公司。2008年6月，他们喜结连理。这一次，他们把互联网撇在了一边。

* * *

作家在描写他们自己、他们的家庭和朋友时，都像是在走钢索：如果你不讲真话，你可能会从一边掉下钢索；但如果你伤害了你关心的人或利用他们来成就你的事业，那你也会从另一边摔下。不诚实就会摔向左边，自私则会倒向右边。在过去10年里，坦承性的自传已渐成风潮，因此上述两种失败案例在书店里也屡见不鲜。而懂得讲究平衡和优雅的成功作品则相对较少。然而直至不久以前，也只有文学批评家和自言自语的自传者们才能体会到这种走钢丝的痛苦。对我们大多数人来说，我们很难有机会，跟我们亲友以外的其他人分享这种亲密的故事。

但是万维网改变了这种局面。如今，许多资深的万维网用户或许还对在网上暴露个人细节有点谨小慎微，而新一代的年轻人深受Facebook和MySpace的影响，早就将这点顾虑抛到了九霄云外了。这让许多过来人只好摇摇头，感叹"现在的孩子啊"。"他们懂不懂事啊？他们难道不知道，他们春假期间拍的裸照会如影随形地跟着他们吗？他们难道不知道，人事部经理是不会喜欢他们那些抽完水烟后写的心情感悟的？"

当然，以后的孩子可能会干脆不要隐私了——由于成天被手机摄像头和监控摄像机包围，未来的万维网使用者会认为，他们的一切横竖都是要被记录在案的，那就算暴露又有何妨？可能随着个人不当行为的不断被曝光，到时候人人都难以维持清白形象，大家也会慢慢的见怪不怪，以至于最后没人会再去费工夫隐藏什么了。

但是贾斯汀·霍尔，这个万维网上过度分享的鼻祖，却用他自己的故事告诉我们，我们如今正在经历的转变可能会走向一个不同的结果。其实我们刻意让自己与世界保持距离的习惯，并不是科技带给我们的新东西；它一直都是我们人类发展的一部分——从我们婴儿时期起，当我们开始意识到除了

023

我们的身体之外还存在着另一个世界时，我们就开始与之保持距离了。 而万维网不过是让这个保持距离的过程变得更加艰难了而已。 到头来，我们不过是在"分享"与"对我们有利的谨慎"之间，找到了一个折中的地带。 如果我们运气好的话，我们可能就不必像霍尔那样一找就是 10 年了。

据霍华德·莱茵戈德的描述，贾斯汀·霍尔有一个"很可爱的习惯"，他喜欢"把你赶到一边，然后坐在你的电脑前，帮你重新设置电脑上的一切"：更改你网页浏览器的设置或文字处理程序，用你从未见过的电脑功能重新整理你的桌面。 "你可以说他这是太随便了，他也确实如此，但这也是因人而异的，"莱茵戈德说，"你也可以说，他是一个非常开放的人。 他不仅非常坦诚，对你也毫无顾忌——他对他周围的一切都毫无保留！ 而且他还会坐在你的电脑前面更改你的默认设置。"

从某种意义上讲，霍尔更改了万维网的默认规则。 在万维网形成之初，他将它变成了一个年轻人自我暴露的竞技场。 他不仅上演了一场充满挑衅意味、又野蛮粗犷的秀，还吸引了一群追随者，从而用亲身经验告诉你，这两者兼得是何等容易。 他将众人眼中的学术性媒体缩小成了一个个人媒体，然后再将他的坦白与亲密行为毫无保留地摊开在了整个世界面前。

是万维网让这一切变成了可能，但贾斯汀·霍尔却将这一切变成了一种约定俗成的、再正常不过的规矩——或者说一种默认法则。 然而，10 年后，正如他在《暗夜》中所说的那样，他发现他"作为一个大人，似乎没办法既在网上暴露隐私，还能继续同自己喜欢的人在一起"。

只要有万维网，年轻的探索者们就会在这个充满诱惑、广袤无边的公共舞台上寻求联系、追求身份认同、探求价值。 但为什么会有人认为，这样做只能让这些年轻人长不大呢？

第二章

原汁原味的声音
戴夫·温纳

1994 年 10 月的时候，斯帕姆（spam，午餐肉品牌，与"垃圾电子邮件"同名）还只是一款廉价的午餐肉，而电子邮件则已是一颗冉冉升起的新星了。那时，只有在计算机领域，你才能捕捉到电子邮件的未来：一种能让你直接与某一行业的核心人物打交道的新型通信渠道。想要做到这一点，你只需弄到合适的人的电子邮箱地址即可。

因此，当旧金山的多媒体开发者马克·肯特（Marc Canter）计划宣传一个产品启动派对时，他想到，"我需要一份好的电子邮箱名单"。于是他向他的朋友——软件企业家戴夫·温纳——寻求帮助。温纳是业界比较能侃的资深人士，而且人脉广。于是他在他的 ROLODEX 名片架和以前的会议文件里翻来找去，最后整理出了一份 1 000 人的电子邮箱地址名单：这里面全都是个人电脑和软件行业里极具影响力的人物。1994 年 10 月 7 日，他将肯特的邀请发给了名单上的所有人，在启动派对后，又用另一封邮件继续跟踪活动效果——这不过是肯特利用多媒体做的一个小型媒体报道而已。

几天后，当温纳沿着 280 号州际公路开车前往旧金山的时候，他突然想到：为什么不借用同样的名单来宣传他自己的想法呢？于是他立刻掉转车头，打道回府，开始构思一些小文章。

他首先给 IBM 的一名高层写了一封公开信。接着他又发出了几封邮件，阐述他对手持电脑市场的想法。尽管有人在回复中提出了不同的观点，但他还是将那些人放回了邮件列表里。然后，他发出了一篇名为《比尔·盖茨 VS 因特网》的文章，内容如下：

用户又一次凭智慧战胜了我们。在我们这个行业，这种情况几乎每 15 年左右就会出现一次。每次都是我们最先背弃了原来的基础，接着用户发生反叛，最后促使软件行业推陈出新。但这次推出的是什么呢？当然是因特网了！

它十分神奇，但其潜力尚待挖掘。现在几乎每天都会发生新的事情。它骨子里就有一种叛逆精神……就在软件行业唯马首是瞻时（都在崇拜比尔·盖茨），用户已经开始另辟蹊径了。他们才懒得等比尔和我们呢。

如今，狗尾竟然带动了狗身子！为了避免沦为白痴，陈旧的软件行业不得不做垂死挣扎（甚至是无谓的挣扎）。

创造因特网的并不是任何一家主宰业界的大公司。因此，因特网的崛起必然会让那些大公司相形见绌：

比尔能让苹果电脑公司俯首称臣。他也可以让诺威尔（Novell）[①] 变得服服帖帖。微软确实是一家非常了不起的公司。但是 Marvel 却无法与因特网抗衡（Marvel 是微软当时独自开发、尚在孕育中的网络服务的代码名称）。一旦用户夺取了控制权，他们是绝不会放手的。他们会促使新产业形成，坐视旧产业凋谢甚至死亡，如此循环往复。这种情况在大型机向小型机，以及小型机向个人电脑转变的过程中都出现过。如今，这种情况又发生了。

9 天后，微软的创始人针对温纳的批评给他回了一封邮件。温纳信里随便自若的风格不像是行业杂志上的专利文章，倒像是朋友之间深夜的促膝长谈，所以盖茨的回复也比较随便。

你的邮件非常发人深省，因为因特网确实是一项非常重要的"外部"发明。但你又何必对大众曲意逢迎呢？……我认为，如果仅仅是因为对某事有异议，就对一个人发起污辱性攻击的话，这种做法是很欠考虑的。可能因为你看了一些关于我的更为极端的文章。就拿你写的这篇关于微软和我个人的文章来说，你是不是有点过了呢？……

"他的回复是典型的比尔·盖茨的做派，"温纳之后评价道，"他的回复尖锐刺耳、牢骚满腹、任性倔强……他连我文章的基本前提都不肯接受。这就是真真切切的比尔·盖茨，没有经过任何公关公司的修饰。"然后，温纳马上将盖茨的邮件转发给了他名单上的所有人。

那年，出人意料的是，人们很容易通过电子邮件联系到盖茨。1994 年 1

---

① Novell 是基础架构软件与服务的领先供应商，保障支持各类局域网、广域网和 Internet，不论是公司还是公众，从有线到无线，提供一整套跨操作系统的服务方案。Novell 公司已开始提供网络服务方面的软件，公司帮助客户克服在网络、IT 及电子商务环境中日益增长的复杂性。公司为网络提供极大的安全性，同时又帮助客户加速电子商务运作流程。公司能给予客户应变的能力去适应网络经济中的机遇与挑战。——译者注

月，就在贾斯汀·霍尔创建他的第一个主页的时候，《纽约客》刊登了一篇由约翰·希布鲁克（John Seabrook）写的名为《来自比尔的电子邮件》的文章，文章里，作者讲述了通过交换电子信息来采访名人的故事，这种事在当时尚属罕见。 希布鲁克发现电子邮件中有个叫"billg"（Bill Gates 用这个名字作为自己的邮件名）的人，在很多方面都比现实中的比尔·盖茨更有趣。

即便如此，对于一个《纽约客》的记者来说，得到软件行业最有权势的 CEO 的回信，也不是什么稀奇事，而温纳有的只是一纸非正式名单。 针对温纳发起的责难，盖茨的回复却向科技界说明，温纳的邮件名单实际上已变成了一个举足轻重的论坛；同时它也说明了，互联网新的、囫囵吞枣式的商业通信模式是可行的。 让那种由公关人员层层把关、律师严格审阅、以蜗牛般速度发行、内容滴水不漏的信息见鬼去吧！ 现在，市场上的人可以直接与对方对话了。 对记者来说也是如此——只不过现在，他们再也不能像以前那样，端坐于对话双方的中间，把手指放在麦克风的开关上，然后决定谈话双方能否听到对方说的内容了。

这一切都让戴夫·温纳喜出望外。 在他们业内，有很多人都对因特网充满了热情；但他对因特网的热爱还有一部分个人的原因。 对他来说，因特网不仅仅是技术领域的又一重大发明、一次前所未有的商业机遇。 他认为因特网的降临更是一次伤口的愈合，对一个古老错误的拨乱反正，对公平的恢复。

多年以来，温纳一直认为技术行业经常被媒体抹黑，而他自己也难以幸免。 他的公司—— Userland 是专门为苹果的 Mac 电脑设计软件工具的。 他的产品—— Frontier 可以让程序员通过编写短小的程序和简短的代码，来自动执行重复的任务。 Frontier 在 Mac 专家中非常受欢迎，因为他们发现这款软件非常适合出版业和教育业。 ［例如，当时我在《旧金山观察家报》（*San Francisco Examiner*）的新闻编辑室工作，我们在整个 Mac 工作组上安装了 Frontier，而这个工作组就是专门负责照片制作和图形处理的。］温纳知道在 Mac 软件世界里，有很多小公司都像他的公司一样，虽然在苦苦挣扎，但依然充满活力。 然而，业内媒体却将整个 Mac 市场抹黑成了一个行将入土的烂摊子。 这对温纳来说，不仅挡了他的财路，而且是一种彻头彻尾的污辱。

他在技术行业干得越久，就越发现大多数媒体根本不懂如何报道这一行。 业界刊物腐朽堕落，主流媒体的记者也是呆头呆脑的。 在业界，即便记者有时对他们的报道题材比较了解，但杂志社关心的也只是多卖广告而已。 20 世纪 80 年代，温纳还是一家软件公司的 CEO。 他讲了一件发生在当时的故事：某知名业内杂志的编辑和发行人造访了他的办公室；趁编辑出去上厕所之机，发行人告诉温纳，如果温纳能给他塞点钱的话，他就能保证让温纳的产品上杂志。 在主流媒体中，技术公司的广告商本来是不能如此明目张胆地索贿的，但记者们的报道能力又实在是太差了。 稍微强一点的只是弄错细节而已，那些差的，报道出来的活动可能牛头不对马嘴。 "随便问问哪个专家，但凡对他们的采访涉及一点复杂或微妙的话题，"温纳曾经写道，"没有一个记者写得好的。"

所以，温纳对他与同事和朋友一起整出来的新直邮列表，以及对他规避媒体的能力都十分得意。 于是他开始一周写好几篇文章，而这份他命名为"DaveNet"的名单也越来越长。 如果你收到了来自 DaveNet 的邮件，你就可以看到，这封邮件还同时发送给了 10 个随意挑选的收件人，这 10 人一组的名单每次都不尽相同；这个 10 人小名单就像是一场巨大的晚宴派对上，属于你自己的一张小圆桌（时不时地，你还可以看到 billg@ microsoft. com 这个邮件地址在里面）。 只要点击"回复所有"，你就可以与这个小组展开一次对话了（当然这个小组里每次都包括了温纳）。 但是与一般的因特网邮件列表不同的是，DaveNet 不允许单个用户直接回复给整个邮件列表。 温纳会从有意思的回复中选取几条，然后再由他发给整个小组。

小组的讨论很快聚焦到了一个话题上：万维网。 1994 年 11 月初，温纳帮助《旧金山纪事报》和《旧金山观察家报》中参加了美国报业工会的员工罢工，经过此事，他便开始渐渐明白，这种新媒体是怎么回事了。 协会的记者们（我也是其中之一）当时都在一个叫"旧金山自由媒体"的网站上发表文章（这个网站几乎是一夜之间建起来的，温纳就帮着撰写了一些脚本，让部分网站建设的工作能自动运行）。 突然间，他的 Frontier 工具又有了新的存在意义。 两周后，罢工结束，但是温纳却用类似的脚本搭起了他自己的网站，并选择在新年的第一天发布上线了。 网站建起来后，DaveNet 邮件列表依然是温纳的主要宣讲台；但在他的网站上，他也为 DaveNet 里的文章做了备份，同时他还利用这个网站测试一些新软件。 但是，他也看到，万维网前途不可限量。

"当我弄明白万维网的原理后，我猛然一醒，如醍醐灌顶，"温纳回忆道，"我的天啊，这东西简直太简单了。 我所学过的所有东西都能在这个领域发挥用处，而我也可以在里面做我想做的任何事情。"

而此时，温纳也来到了事业的十字路口：苹果电脑公司在自己的 Mac 操作系统中装载了能与 Frontier 竞争的软件工具，所以他同苹果分道扬镳了。 于是他决定退出软件行业。 尽管他认为他的产品十分卓越，但他还是没法与苹果电脑公司抗衡，因为苹果电脑公司拥有整个平台啊。 他本来是计划要收起软件开发的帐篷，专注于 DaveNet，并成为一名作家。 但因特网这个新平台又让温纳重新燃起了对软件的激情，因为他发现这个平台至今还没被任何人控制，哪怕是微软和苹果。 于是现在他有了新的使命。 "让人人都有自己的网站，"他写道，"我要帮你实现这一点。"1995 年 1 月，他通过 DaveNet 发布了一篇名为《亿万网站》（*Billions of Websites*）的文章。 在那时，即便是对因特网十分乐观的人，对这个数目都感到有些可笑，但温纳却非常严肃：

028

每个新网站都会衍生出更多的网站。如果我有一个网站，我就会怂恿我的朋友去开网站，这样我就可以在我的网站上添加他们网站的链接了。同样，他们也可以在自己的网站上加入我的链接。总有一天，我能组建一个朋友网，并自动了解我们之间都有哪些共同的朋友。这一定非常酷……网络的宽广度只受硬盘空间大小，以及人类填充硬盘空间的思维能力和感情的限制……每个作家都可以加入到网站上来。总有一天，不会太久，我相信每个作家都会……但如果技术界要洗心革面，成为网络业务的新领军人，那么他们就必须让网页发布变得异常轻松、简单。

1995 年年初的时候，对万维网的潜力兴奋不已的，不只温纳一个人。但温纳的独特之处在于，他是第一个将两种身份合并在一起的人：同时身为一名有读者群的作家，和一名有大把工具的软件开发者。 当他开始试着实现他的亿万网站设想时，他就迅速开始了螺旋式的前进过程，而这种螺旋式的渐进也成了他事业的特色：先写一段功能代码，然后再撰文描述一下，接着找一些用户过来试用，记录下试用结果，然后再继续添加代码，如此往复。照技术先锋道格拉斯·恩格尔巴特（Douglas Engelbart）的说法，我们可以称这种过程为"良性改进机制"（bootstrapping）①。 他从不怕把草草完成的文章发给他的读者看，自然也无惧将半成品程序给他的顾客试用了（通常是免费试用的）。 代码出了问题可以更正，文章出现了错误也可以发一封道歉信和勘误信来弥补。 "我们专做狗屎软件。"他对读者如是说：

我们知道我们的软件烂透了。但我们还是发布了它们！下次我们会做得更好，但即便如此，下次它依然是一坨屎。唯一完美的软件只会出现在你梦中。真正的软件只会常常崩溃、丢数据，既难学也难用。但这是一个过程。通过这个过程，我们会让它变得不那么狗屎。

编程是温纳的老本行，但写作对他来说却是新鲜事。 20 世纪 70 年代初期，温纳就读于布朗克斯科学高中（Bronx High School of Science）。 就读期间，他曾为一份地下报纸工作，并负责出版了 5 期报纸。 该报纸当时的主要目标是组织反越战抗议，和一些地球日活动。 之后，当他刚加入 Compuserve 的时候，便又将精力投入在该公司的"CB Simulator"聊天服务上。 但他从来也没想过要当作家：他没有写过一本日记或小说。 如今 DaveNet 却成了他写作兴趣的源泉。 很快他就开始拓展关注面：他的文章不再局限于软件和万

---

① 道格拉斯·恩格尔巴特认为，如果一个组织采用了比较好的改进机制，那么这个组织就能越来越好。——译者注

维网，同时也开始涉及旧金山 49 人队①、他在旧金山的新临时住所、他对两性关系的思考和一些歌曲。 这些歌曲包括 "Que Sera Sera" 和 "Respect" 等，它们仿佛就是他文章的配乐。

但他的科技类评论并不招所有人待见。 1995 年 2 月，在 DaveNet 的一篇名为《一个难搞的客户》（*A Tough Castomer*）的文章里，他公布了一封读者来信：

> 可不可以不要给我发那些无关紧要的邮件啊？我才懒得关心你的新房子、大雾、足球，或你和"热连线"的同事能否处得来呢！你太以你自己为中心了，一点实质性内容都没有。但如果你真有什么想法，我还是愿意听的。我只是不想看那些粉丝俱乐部一样的东西。如果每个你认识的人都把他们的日程安排发给你，你会感兴趣吗？

在温纳的文中，他表示：他决定将此封邮件视为"退群申请"，但这封批评信还是让他耿耿于怀。

> 在我小的时候，当我做了一些有创意或有趣的事情时，我父亲也是这么对我说的。他很严肃地问我，要是每个人都这么做了呢？
> 作为小孩，我不知道如何回答他的问题。但现在，我知道了。
> 那就太好了！
> 想想看，如果你能知道别人生活里都发生了什么，那该多好啊！要是人人都能写一些关于他们自己的事情，我们就能够加深对彼此的了解了。友谊的意义也会更深刻。我们可以更快地成长，做更多的事情，活得更加丰富多彩，给生活增添更多的乐趣。

如果说有什么会惹毛温纳的话，那就是让他住嘴。 谁都没法让他住嘴，相反，他还会鼓励大家都参与进来。

温纳不断地拓宽 DaveNet 的话题范围，一半是出于不服气，一半是出于兴趣。 很快，除了聊一些对业界的分析、软件讨论，扯一扯苹果公司如何命途多舛之外，他还讨论了诸如互联网审查、"奔四"感想、11 天的按摩课程、上周约会对象的电话留言等话题。 他建议人们在见面的时候，不要先说"嘿，你好吗"，而是试着说"嘿，我原谅你了"。 他还跟大家分享了他的新发现："世界上有两股相对的力量——爱与怕。"加入 DaveNet，你就会清

---

① NFL 球队：旧金山 49 人（San Francisco 49ers）。49 人队于 1946 年作为全美橄榄球联合会的一员参加比赛，并于 1950 年加入由美国橄榄球联合会合并而成的 NFL。为了赞赏于 1849 年去旧金山东部内华达州参加淘金浪的冒险者的先锋精神，他们决定选用"49 人"作为队名。

楚地看到一个人思想的方方面面。 有些读者告诉温纳说，他们很喜欢这些关于个人哲学的探讨；而其他人则从他的油腔滑调的通俗心理学言论中，看到了他的天真烂漫，于是不禁莞尔一笑。

不管怎么说，温纳的读者群都在不断扩大。 "热连线"邀请他在网站上发表一些 DaveNet 上的文章，他也欣然应允。 从 1995 年 6 月开始，除了将文章发表在"热连线"上以外，他依然会将它们发给他邮件列表上的人，并公布在他自己的网站上。 为"热连线"写稿也让他获得了一些写作专业人士的认可——在他早期的一篇专栏上，他也承认他十分渴望这种认可。 但这也意味着他的文章也要开始接受编辑了。

最开始，一切都还顺利。 当时配给他的是一个名叫珠恩·柯汉（June Cohen）的年轻编辑。 这个小姑娘是斯坦福大学的毕业生，在"热连线"负责"网络冲浪"的特辑（该特辑专门搜罗世界上有趣的链接，风格跟 NCSA 的"最新消息"网页类似）。 柯汉是一名资深的编辑专栏作家和幽默作家，她认为她的工作就是帮助温纳写得更像温纳。 通常他们都能心有灵犀一点通，但有时温纳的文章也会交由其他编辑修改，而随着他在"热连线"将近一年的签约期慢慢临近，他也开始对那些编辑的修改越来越不满了。 渐渐的，他也接触到了越来越多与他不合拍的编辑——那些曾在专业技术刊物任职过的人。 他觉得那些人只会把他的文章越改越平庸。

1996 年 5 月，他为"热连线"写了最后一期专栏。 "当我读到一篇我自己的文章后，竟然想写一篇澄清信时，"他说，"我就知道我得离开了。"

*　　*　　*

对于了解戴夫·温纳的人来说——他在硅谷和旧金山技术圈也是很有名气的——他没法与编辑们好好相处是再正常不过的了。 有时，与人相处对他来说，似乎就是天大的挑战。 加上他 6.2 英尺（约 188cm）的身高、肥大的肚腩、经年蓄留的胡须，因此只要他发表公共演讲，都有一种专横的味道。

例如，1996 年 10 月，温纳参加了一场在凤凰城举办的"Agenda 科技大会"。 当时他坐在一群业内精英之中，听主持人采访甲骨文公司的创始人、傲慢的亿万富翁拉里·埃里森（Larry Ellison）。 埃里森认为他们行业的未来，寄托在一种他称之为网络电脑的东西上。 它是一种经过改装、能将你连到万维网上的机器，但本身却并无太多其他用处。 台下的观众都对他的观点表示怀疑，而在场的斯图尔特·艾尔索普（Stewart Alsop）则充当了和事老，试着让埃里森讲一些实际的东西，多谈一点关于这台机器的细节。 这台机器在当时是空有名声，不见人影——而甲骨文也是只说不做。

于是温纳径自走到麦克风跟前，对埃里森和他的未来前景进行了驳斥。他问，为什么用户要买埃里森推销的产品？ 而埃里森则让他闭嘴，坐下来好好听。

这种不屑一顾的态度本应让温纳火冒三丈的，但恰恰相反，他在 DaveNet 上写了一封表扬信，赞扬埃里森是一个"心直口快的人"，"勇于坦白他自己的观点"、"太诚实"，以至于都懒得将言语修饰得婉转一些。 对于温纳来说，即便诚实的话比较难听，也比在遭人当众驳斥时保住面子更重要——或许是因为这本身就是他的标志性特点之一吧。 在与埃里森对抗这件事中——同他在类似场合与其他人冲撞一样——温纳骄傲地扮演起了诚实人的角色。 他鼓励人们不拘小节，勇敢地说出心中的话。 他也承认他骂过很多人。 但要是他能坦白地说实话，引起人们的注意，同时还能获得或者留住人们对他的尊敬的话，那简直是再好不过了。

"我这一生，只要人们肯听我说，我就能得到生命最高的意义，收获最多的幸福。"温纳在为"热连线"写的第一篇专栏中这样讲道。

在一个处处是"闭嘴"和"滚开"的世界里，这是何等珍贵的事情啊。人们总是懒得听别人说。所以当人们大声嚷嚷的时候，他们实际上是在说："听我讲！"有时候，保持沉默，让别人能说些什么，尤其是能让别人敢说真话、敢说出他们的真实感受，也是很困难的事情。

上面的文字是他在入选《新闻周刊》（*Newsweek*）1995 年 50 名"网络世界最具影响力的人物"之后写的，为此他颇感骄傲。 因为，他终于获得了人们的认可，成了一名值得倾听的演讲者，而且整个世界也似乎都在听他讲话。 但有意无意地，他也向读者表露，其实他经常挣扎于要不要"保持沉默"并让他人说话——这对他来说，是经常要做的斗争，但结果从来都是一半一半：有时候能克制住，有时候就不行。

温纳在 DaveNet 上向他的读者展现的性格越来越多，他在人们心中的形象也渐渐变成了一个集美国东西海岸特点于一身，独特的、不稳定的混合体——有时候他是一个欢天喜地的加州嬉皮士，有时候，他又是一个好辩的纽约犹太人。 所以你总是没法确定你会碰到哪一个戴夫·温纳。 久而久之，他的这种阴晴不定也让业内一部分人对他敬而远之了。 而其他人则喜欢跟着他转，一来可以看好戏，二来也能从他身上学到一些东西。 不管人们在他背后如何议论他，有一点是很少有人否认的，即他总能发现和培养新的东西。 他总有一些很有创意的"重大新发明"，而这正是硅谷梦寐以求的。

1996 年 1 月 12 日，Suck 的编辑卡尔·斯泰德曼发表了一篇针对 DaveNet 的讽刺文章，历数了温纳的种种漫不经心的怪癖和疯言疯语：

我正在飘飘飘飘飘飘飘升！
整体概况：我就是个矛盾体。那又怎样？耶！

032

我来了！
让我们 HIGH 翻天吧！

温纳将这种恶搞视作是对他的恭维，并在一封简短的 DaveNet 文章里感谢了 Suck，同时这篇文章还开玩笑地收录了更多他自己的疯言疯语——"哇噢！""看好了！""太酷～～～～～了"。 但大多时候，那些批评无不戳中了温纳的软肋。 每当有人在文章里说他"脾气坏"或"易怒"时（其实他们也经常这么说），温纳都暴跳如雷。 但他对这些评价的反应越是激烈，便越是印证了人们的看法。

任何人，只要是在网上打拼的，总难免会遭到一些看客的非难；而那些可能有用的批评，又总是容易掺杂一些个人谩骂。 温纳就把那些谩骂句句都听进心里去了。 他为"热连线"写的最后一篇专栏，就探讨了邮件列表中唇枪舌剑背后的心理原因（那些难以消停的言语冲突经常让邮件列表变得混乱不堪）。 当邮件列表起积极作用时，它们能促进人们之间的合作与理解，否则，它们就会像陷入"枪林弹雨"中的家庭一样，阴云密布：

我是对的，所以你错了。从小，我们家就讨论过这个。我认为这是一个关于人性的大命题……

不要每次都参加这种电子邮件里的煽动性的集会，哪天试着做个旁观者，不要瞎搅和。想想看，如果有谁面对面地跟别人说那些话会怎么样。

提示：这些是人们想说但不敢说的话。

电子邮件列表就像下水道，里面全是我们不能与他人分享的东西，因为我们怕他们会殴打、解雇或抛弃我们。但在网上，我们可以向世界袒露我们的伤痛，用一个虚拟身份来宣泄我们的种种不满。比如这个人就说错话了。大家快来围观啊！……

要了解一个人的内心思想，唯一的途径就是去倾听。他们的语言可能组织得比较让人迷糊，但有一件事是可以肯定的——他们正在试着说些什么。每个人，不管长者或幼童、白丁或鸿儒、男人或女人、穷人或富人，都有可以诉说的内容。每个人都有理由相信自己是对的。

关键在于，当人们说你错了的时候，忽略他们。我知道这并非易事。但当他们说你错了的时候，他们其实是在告诉你，为什么他们懒得听你说。

DaveNet 上的文章经常会出现好几个 PS（附加说明）。 在上面这篇文章的下面，温纳又补充了一个想法：

再 PS：一个消除谩骂的建议——在网上给各方一个可以陈述观点的地方。他们可以随心所欲地往上面添加观点。我想网页可能比邮件更适合进行

033

辩论。

当然，温纳倒是有一个数字演讲台了。 那其他人呢？ 那亿万网站在哪里？

* * *

1996 年 2 月，像其他许多网络写手一样，温纳觉得有必要拿起武器，抵制《文明通讯法》审查互联网上"不雅"内容的行为。 他构思了一个项目，名叫"24 小时民主"，该项目会邀请人们写一些小文章，表达他们对自由的看法。 而在此项目出炉前几个星期里，戴夫就是通过邮件列表进行项目策划的。

"我们没法做成任何事情，"温纳回顾道，"什么事情都能引起争吵。不管你发表什么内容，都会让一些人变得神经兮兮的，谁都可以成为他的敌人。 根本没有沟通的余地。 但我们还是很需要沟通的。"由于太厌恶这种现象，温纳最终退出了邮件列表。

在历尽艰难之后，该项目终于取得了成功，它收到了无数人的投稿，其中大部分人都把他们的稿子放在了自己的网站上。 为了展示如潮水般涌来的文章，温纳建了一个特别的网页，上面会把每一篇新的投稿罗列进去，这样人们就可以清楚地看到稿件的动向了。 同时他还模仿蒂姆·伯纳斯-李和马克·安德森的做法，将最新的新闻和投稿放在了列表的顶端，并将该页面称为此项目的"新闻页面"。

"24 小时民主"的项目只是一次性的，但它的新闻页面也给了温纳一个灵感。 他想到了为使用 Frontier 脚本编写软件的开发者们建一个类似的页面。 于是，1996 年 4 月 27 日，温纳动工了。 "Frontier 新闻和更新"就是他的杰作。 该网站主要发布软件的最新版本、软件文档，并报告软件的漏洞。 不过最开始的时候，温纳还会把 DaveNet 的文章链接放在网站上。 但大约到了 9 月份，他便开始丰富新闻页面链接的内容了。 通过链接，他还引着读者看了"热连线"上一篇关于邮件软件的技术专栏文章、对苹果不幸遭遇的分析、其他公司新产品发布的消息等，他还列了一批使用 Frontier 的网站名单："温斯顿·塞勒姆在线"、"第十八届世界特技飞行锦标赛"、"曼谷邮报"等。

"Frontier 新闻和更新"就是我们今天所谓的"垂直博客"，它可以让人发表评论，同时也搜集了许多有趣的链接（这些链接指向的都是讨论某一特定话题的专业社区）。 温纳觉得这种格式实在太有用了，于是他在 Frontier里面嵌入了一个能发布这种"新闻页面"的工具，起名为"Frontier NewsPage Suite"，然后于 1997 年 1 月发布。 NewsPage Suite 除了能简化发新帖的流

034

程，它还能让你轻松地从邮件收件箱中选择邮件，然后直接将它们发到你的网站上去，让你的网站变成一个读者反馈循环站。 在 2 月的某一天，温纳将原来的"Frontier 新闻和更新"页面的名字改成了"编辑新闻"，并开始逐渐地拓宽网站的涉猎范围。 DaveNet 依然是他发表长篇文章的途径，但"编辑新闻"则汇聚了各种链接、粗糙的观察报告和昙花一现的东西。 很快，网站上的内容迅速丰富起来：这一页是某人贴的"Okie from Muskogee"的歌词，那一页是讲 annoy.com（"最令人讨厌的网站"）。 对于一些读者来说，网站纷繁杂乱的内容让他们经常摸不着头脑；通常要花很长的时间才能理解这其中的逻辑。 1998 年，一个软件开发者艾力克·辛克（Eric Sink）给温纳写了一封信：

我总算看明白了你的网站。我已经关注它很久了。一开始，我并不是很喜欢你不断地发一些似乎无关紧要的花边消息。就在某天，我意识到，scripting.com 其实就是一个每天更新的列表，只要是 *戴夫* 觉得有用，管他三七二十一，都要往里塞。

刚开始的时候，一些非软件开发人员无意中看到"编辑新闻"这个网站，也是看得一头雾水。 一方面，"新闻页面"的标签就很让人迷糊：这不是和 CNN 很像吗？ 另一方面，当网页设计师越来越沉迷于那些边框、背景图片等精巧的玩意儿，以及其他花里胡哨的东西，并刻意显摆他们对浏览器的开发能力时，"编辑新闻"的样子相比起来就有些太寒酸、太"实用"了。 其实最开始的时候，温纳曾公开邀请过网页设计师参与网页的设计，很多人也响应了，但他还是选择了保留他最初的风格。 整个网站就是一栏文字和链接——但它加载得很快，而且那些经常访问的人总可以看到很多更新。同许多那年开始关注这个网站的人一样，我有时候也不得不绞尽脑汁去想，这个网站到底在说什么。 但是我还是会经常登陆上去看看。

其他人也是如此，而且访问人数也越来越多。 温纳发现他的"编辑新闻"的访问量十分可观，以至于当他在网站上贴某个网站的链接时，那个网站也会跟着突然涌入大批的访问者。 他也非常大方地与人分享他的浏览量，什么内容都链接，多多益善。 他不仅对他的朋友以及那些说他好话的人大方，对于那些看他不顺眼或他看不顺眼的人，他也同样不会吝啬。 月复一月，"编辑新闻"网站上的帖子也越来越多，有时候一天就能有好几十个新的内容。

同时，他的 Userland 也重焕生机。 温纳和他的同事们又开始热火朝天地发布软件更新和新的软件，最开始是为 Frontier 发布更新，后来又发布了一些能搭建网络博客的工具。 你可以在"编辑新闻"网站上追踪每一次新软件发布的进度。 温纳做起生意来毫不遮遮掩掩：有时，他会大大咧咧地在网站上讨论产品的发展方向；还有些时候，他会逗他的读者，告诉他们有一个重大产品即将面世，然后再大张旗鼓地发布。

温纳并不会总是告诉你，他对他贴的那些链接有什么想法；有时，他会硬生生地放一个大标题在那儿，却又不给任何说明。有时候，他会放上一个链接，丝毫不在乎这会暴露他的无知：他曾经无意中发现了一些新网站，然后问道："什么是 X-ACT 啊？""真有意思，什么是 Alexa①？"有时他还会在他的博客上公开招募商业合作伙伴："有谁愿意同我们合作这个项目？Excite？雅虎？网景？微软？有意的话请通过 dave@ scripting. com 与我联系。"有时候他会发表一个想法，之后又想到了更好的，于是把刚才写的编辑一番，或直接删掉。（他的这种做法也引起了很多争议，有人批评温纳，说他总是先破口大骂，认错后又把原文改得委婉一点，结果总是让那些早先发表评论的人看起来有"反应过激"的感觉。温纳则说，他每天晚上的时候都会重新审查一遍当天的帖子，有时候做一下微调，偶尔还会重写一下；在这之后他就不会再做任何改动了。）

对于习惯了老式新闻风格的读者来说，像温纳这样一会儿是读者满天下的权威作家，一会儿又扮演有雄心壮志的企业家，有时会让他们既觉得新鲜，又颇为不安。毫无疑问，"编辑新闻"为你奇妙地展现了一幅20世纪90年代网络应用软件发展的画卷——它描绘了技术标准之争、微软与网景之间的瞬息万变的"浏览器战争"，为亿万人创造软件的梦想，以及漏洞、服务器崩溃和网络服务中断的种种现实。同时，它还为温纳的软件做了极佳的公共广告。而且如果换个角度来看，那些在早期可能会被斥为引发利益冲突的事情，如今竟然就是软件行业所谓的"自食其力"的绝佳例证——既能用你自己的产品去发现漏洞，还能展现它们的性能。没过多久，一小部分敢于在技术上冒险的作家也采用了 Frontier News Page Suite，效仿"编辑新闻"，开始玩起了他们自己的网站。

但 Frontier 对大部分人来说，安装和使用都太麻烦。不过，那些非技术用户还是开始活跃了起来：他们在网上聊电视剧八卦、发宠物照片、慷慨激昂地讲政治等等，想到什么说什么。然而，他们还是得借助一些网络服务，例如 Geocities 和 Tripod，这些服务随着网络的发展应运而生，并信誓旦旦地要帮用户省去搭建网页的痛苦。不过它们的诺言并没有全部兑现。确实，谁都可以轻轻松松地发布一个简单的页面。但更新起来就痛苦了！这些简单工具的本来用途是创造互联网业后来所谓的"用户生成内容"，但不幸的

---

① Alexa（www. alexa. com）是一家专门发布网站世界排名的网站。以搜索引擎起家的 Alexa 创建于1996 年 4 月，目的是让互联网网友在分享虚拟世界资源的同时，更多地参与互联网资源的组织。2002 年 5 月 Alexa 放弃了自己的搜索引擎转而与 Google 合作。Alexa 每天在网上搜集超过 1 000 GB 的信息，然后进行整合发布，现在它搜集的 URL 数量已经超过了 Google。——译者注

是，它们没法让用户整理他们发布的内容，保证信息的更新，因此这些工具的第一版无疑是失败的。 它们依然不能让网站显示"最新消息"。 结果，没过多久，个人网页就沦为了一个毫无头绪、嘈杂混乱的场所，而整个网络世界也尽是废弃的网页和过时的信息。

温纳对他所预言的"亿万网站"的未来依然有信心。 "在网上写东西可以像写邮件一样简单，"他写道，"我知道这个境况一定能实现。"但他也意识到，要实现这个境况，他不能仅仅是帮助用户发布网页，还得教会用户们使用业界所谓的内容管理系统（CMS）——这个工具能编辑和发布储存在数据库里的文字（以及照片、艺术、视频和其他文件）。 最初，内容管理系统是由大型商业出版社，如报纸和杂志等开发的软件套件，以便它们轻松地更新网页。 因此在当时，这套系统是非常昂贵的。 该系统不仅能为网站上的内容搭起一个架构来，还能帮作家、编辑和设计师们把点点滴滴的内容，拼接成一个完整的发布作品。 在 1997 年或 1998 年那个时候，让个人用户用上自己的 CMS 系统听起来简直是痴人说梦。 但随着写博，也就是后来所谓的博客运动日渐流行，这种妄想竟然成了现实。 如果说个人电脑是屋子般大小的大型机的缩小版，那么用来发布博客的程序就是 CMS 的个人精简版。

在竞争日渐白热化的博客市场，温纳和他的公司也花了几年的时间，打磨了好几款不同的博客发布工具。 继 News Page Suite 之后，1999 年，一款专为小团体或社群打造的附属博客的工具—— Manila 也面世了。 紧跟着 Manila 之后又出了 EditThisPage. com 和 Weblogs. com，这两款免费服务比较相似，都能让用户在温纳公司的服务器上搭建博客。 之后又诞生了另一个名为"Radio Userland"的程序。 这些程序中，每款都集中了一些有用的创新，但每款也都有一些新手需要克服的缺陷。

但这些软件都有一个共同的架构，体现了温纳对博客的看法——博客是一个人最真实的声音。 大部分 CMS 在发布博客的时候，都有一个步骤，即让用户在发布之前对文章内容做最后的审查。 温纳的产品则统统将这一步删除了，而这一做法也成了后来博客发布工具的共同准则。 他的软件是能让用户自己做主的软件。

对温纳来说，这种自主权是写博"最关键的要素"： "只要一个人的声音能畅通无阻地表达出来，那么不管有没有其他要素，是否遵守规则，它都能被称为是一个博客。"博客就是一个你能畅所欲言的地方。 在博客里，没人能盖过你的声音，也没人可以让你闭嘴。 所有之前的在线交流形式，比如WELL、早期的拨号 BBS、Usenet 和热闹的邮件列表小组，这些吵吵闹闹的讨论群总是将所有的参与者放在一个平等的对话位置。 有些比较有能耐的和事老或许可以阻止一些破坏性的行为，但绝对无法将它完全根除。 而有的时候，一些颇有裨益的对话却总是容易被噪音和断章取义的结论所淹没。 或者，当你把某个半夜 3 点灵光一闪、突然领悟到的宇宙奥秘发在网上时，它们却迅速消失在了 Mac 和 PC 孰优孰劣的激烈争吵中。 如果你既想控制你的说话内容，还想左右你的谈话环境的话，以上几种形式都无法满足你。 而博客则仿佛是在喧闹中为你独辟了一个幽静之处。 那"互动"怎么办？ 虽然博客过了好几年才实现让读者评论的功能，但读者总可以给作者发邮件吧？温纳会定期地公布一些有趣的回复，就像他公布 1994 年与比尔·盖茨的邮件一样，只不过这次，他会仔细地筛选那些评论。 可能读者反馈会像潮水一般涌来，但作者总能牢牢掌控一切，决定哪些该公布，哪些则可以忽略。

如果你的博客给了你一个演讲台，和一个没人能关掉的话筒，那么你就可以畅所欲言了。 温纳则在他的博客里对未来进行了设想，在他的设想中，每个人都能讲述他们自己的故事，没人能阻止他们。 但他在博客里说的更多的是一些日常琐事，比如抱怨他的网络供应商，或表扬 Dell 加快了新笔记本电脑的发货速度。 这种大想法和小报告鱼龙混杂的情况有时是比较恼人的，而且确实也有读者批评过温纳这一点。 但很快，博客的这种混杂风格——专业和个人内容交织、哲学和短暂的观点共存的格局就被人们习惯了。 虽然不是每个博客新手都会模仿"编辑新闻"的风格，但还是有相当一部分的人效仿，最后竟然让它坚定不移的折中主义风格成了一种标准。 你是唯一重要的权威专家；如果某个读者不喜欢你的选择，那他还有很多别的网站可以看嘛。

不久，温纳就看到，他对博客的第一个希望实现了：人们终于可以"绕过"媒体的高门槛、撇开讨厌的编辑，轻松地用博客与其他人直接交流了。但他的另一个期望——用博客来减少网络上的摩擦——又实现得如何呢？ 后来证明，这个期望要更难实现一些。

温纳最开始对"削减摩擦"的设想是这样的：一旦我们都理解自己不喜欢别人乱嚷嚷时，我们就不会对别人瞎叫唤了。 由于温纳本身像吸铁石，总是容易引起别人的攻击，所以他想将网络上的音量调低就再自然不过了。 但即便是博客渐渐开始占主导的时候，温纳的那片网络小天地里依然争吵不息，丝毫没有减弱的迹象。 1998 年 10 月，他为 Userland 的产品开了一个讨论组，这个网络论坛既是博客达人们的聚散地、温纳产品的支持论坛，还是可以评论"编辑新闻"的场所。 开始几个月，他发现这个论坛就像一个"奇妙的大学社群"，但很快便江河日下了。

Userland 讨论组里最激烈的一次争吵发生在 1999 年 9 月，当时讨论的是一个昙花一现的网络公司，名叫 Third Voice。 Third Voice 的产品，可以让人们在任何网站上发表评论和作注释。 这些评论实际上是一层贴在网站上的透明薄膜——看起来就好像一张便笺纸贴在屏幕上了，只有 Third Voice 的用户才能看见——而网站主人对此却无能为力。 这个设计让许多人兴奋不已，其中也包括温纳。 在 Userland 小组里，一个叫罗杰斯·凯登黑德（Rogers Cadenhead）的开发者发了一篇帖子，称 Third Voice 的新发明与网络的真义是一致的，都是在于能让用户更多地控制他们的阅读内容、阅读方式，以及阅读对象的样子——也就是阅读对象的"呈现方式"。

在回复中，温纳写道：

如果有 Third Voice 的用户看到这个帖子了，那就去看看罗杰斯的主页吧。看到那个小男孩了吗？想不想跟他上床啊？

我想知道，罗杰斯会不会介意你们在他的网站上留言？反正网站的呈现方式又不是他说了算。

温纳的回复中还放了一个凯登黑德个人主页的链接，在他的主页上有一张他小时候的照片。凯登黑德的回复相当克制，而且也很有技巧：

我是自然不会同意的——不管我多大，你们谁都休想与我发生性关系。如果非要问原因的话，那我就贴一张我现在的照片，或邀请我的妻子加入到讨论中来。

对于 Third Voice 的用户在我网站上写的那些下流评论，我无能为力，就像我对你在这儿写的这些低俗言论无计可施一样。它们既不是我发表的，我也不能对储存它们的服务器动手脚。

如果 Third Voice 成了那些恋童癖话痨的不二之选，那我当然要反对使用它的插件了，就如同我反对 AOL 的公共聊天室一样。

不过我是不会反对的，因为 Third Voice 无权将公众在我网站文字上作的注释给那些想看的用户看。

但其他人在给温纳回复的时候就没有这么客气了。知名网站设计师彼得·默豪尔兹（Peter Merholz）自己也有博客，在回复中他说道："现在就是说'你他妈给我闭嘴'的时候了，怎么又没人说了呢？"温纳承认，这次他为了说明观点，是有点故意挑衅，但他还是坚持他的立场。在最后的回复中，凯登黑德写道："我不想多说。你头脑发热的时候撂下了'与小男孩发生性关系'的话，现在你就应该好好反省。"

在写这本书的时候，我采访了温纳。我告诉他，如果我是凯登黑德的话，我也会觉得受到冒犯的。他解释说，人们应该清楚他当时是想"让人们看到 Third Voice 的危害"，强调"随便什么人都能在网站上写写画画是不应该的"，同时表示他当时口不择言是有意为之，因为照片中的小男孩——年轻时候的凯登黑德——已经"不存在了"，所以没有人会对他造成骚扰。不过，他也坦承，如果今天再发生类似的争议，他会保持沉默。

Third Voice 风波一年后，温纳关闭了"Userland 讨论组"，同时附上了一封哀伤的信：

039

我依然得花大把的时间来回复那些咄咄逼人的留言……如果你有怨气，换个地方撒，我们会竭尽全力做得更好……还有，不要给我发邮件道歉、谩骂或让我来满足你的需求或情绪。为此我几乎献出了我的所有。我要离开这个讨论组，好好休息一下，所以我最不想看到的就是你们的私人邮件。请谅解。

随后，温纳建议讨论组的老朋友们都解散，自己建自己的博客去。

在应付讨论组里的抱怨的同时，他也发现，作为不断发展的免费博客服务网站（EditThisPage. com 和 Weblogs. com）的经营者，他正面临着艰难的抉择。他本人长期以来一直呼吁要言论自由；现在，不可避免地总有人要试探他对言论自由的承诺。

2000 年 3 月，这个不可避免的事情落在了一个叫格雷格·劳斯（Greg Knauss）的人身上。他是 Suck 的临时撰稿人，自己的网站也有好几年历史了，这些年来，他对温纳可谓是既崇拜又怨恨。"我欣赏他的才智，"劳斯说，"但是他近乎病态的虚伪又让我痛心不已。"总的来说，劳斯认为温纳自己总喜欢抨击人，却又容忍不了别人说他半点不是。所以他决定设立一个"戴夫测试箱"：他在 EditThisPage. com 上开了一个账号，为这个新博客取名为"温纳日志"，然后用温纳自己开设的服务来取笑他。劳斯说他就是专门来"试探温纳的底线"的，要"把他种种自相矛盾的地方公之于众"。

温纳成功地通过了劳斯的测试：他没有删除"温纳日志"。事实上，就像几年前对 Suck 的恶搞一样，他甚至还在"编辑新闻"上放了这个博客的链接，只是口气稍微有些嘲讽的意味。劳斯从试验完成后的几个星期开始，就再也没有更新过博客了。但"温纳日志"的事情并没有告一段落；一个笔名为 Zaphod 的人问劳斯要密码，劳斯就给了他，于是这个博客便又复活了，只是这次，它更邪恶，而且背后写博的人还不止一个。温纳有时候差点就把它给关了——2000 年 5 月的时候发生了一件事：该博客竟然对 Userland 早前的一幅促销海报进行了恶搞。这件事让温纳怒不可遏——不过这个网站之后依然存活了好几年。

温纳为之奋斗多年的博客技术，如今已成了他的折磨。"温纳日志"背后的写手们就是他一手造就的恶魔，如今他们都开始纷纷出动，对他进行攻击，让他疲惫不堪。但就算他们对他的攻势愈发猛烈，他依然坚持他的原则不动摇。人们经常说温纳是一个空想主义者，但现在的博客世界哪里像是一个乌托邦，分明就是一个小型地狱。

在采访中，我问温纳为什么总是容易与人起冲突。"如果非要说个原因的话，可能是因为我太没心眼了吧，"他如是回答，"我不是一个很习惯于冷嘲热讽的人。我一般都比较容易把人们的话当真，而人们则很喜欢利用我的这个弱点。"尽管他觉得他现在不那么容易上当了，可他又担心他也同时

040

失去了一些东西。 "我想这可能就是创意的源泉吧，人不能总是疑神疑鬼。当你干什么事情都畏首畏尾时，你就已经错过了很多机会。"

*   *   *

当戴夫·温纳不找茬或不被人找茬时，他其实是一个很有魅力的演讲者。 他总能用他的热情吸引观众，他平易近人，而且也真心地愿意倾听他人说话。 2007年，有一次他在位于旧金山市区的雅虎公司办公室里，向一群客人（我也在场）介绍一个小型免费网络软件项目。 当有人要求他添加一个新功能时，他停顿了两秒，从他的表情中，你都可以看出他正在搜肠刮肚地寻找各种拒绝的理由。 但接着，他看了看地面，说道："这么多年的经验告诉我，不要同用户争论。 所以基本上我的回答都是'好的'。 我花了好多年才练就这一点。"

有时候当他写到自己时，其实是非常有自知之明的，就像一个久病成医的人对自己的病情了如指掌一样。 2007年，他讲了一个他与做互联网电话的企业家杰夫·帕尔弗（Jeff Pulver）之间的故事。 事情起源于他在网上给杰夫写的一篇文章。 当时，杰夫自称为"iPhone弃民"，因为他很讨厌苹果的新潮手机不允许用户选择运营商的做法。 "他应该买个iPhone，"温纳写道，"只要无甚大害，你就应该做那些你最不喜欢做的事情。 你会很有收获的。"杰夫采纳了温纳的建议，并公开感谢了他。 温纳则在博客中表达了他的诧异。 "人们从不听我的话的啊，"他写道，"从来都是我好言相劝却无人听取，这次不一样啊。"

戴夫·温纳，"实话实说者"——这是温纳自封的一个称谓，有时候他会以局外人的身份审视自己，暗暗发笑；有时候他又会以一种自以为是的方式来"实话实说"，而那些最激烈的争吵，往往都是由此种情况引发的。 温纳说他并不喜欢这种争吵，我想他说的的确是实话。 但在他的整个职业生涯中，这种口角之争却从未消停过。 每次爆发争执的时候，有的读者一笑置之；有的则断定他是一个混蛋，然后继续看下去。 他的朋友往往是今年同他吵架，明年互不往来，后年又重归于好。

做一个实话实说的人是很有诱惑力的：你可以把你所想的毫无保留地说出来，而且这种身份还能帮你有效抵御各种反击。 当人们赞许你的时候，你可以满心欢悦，当人们抓狂的时候，你也可以跟自己说，"他们只是无法面对事实而已"。 但实话实说有时候也会演变成尖酸刻薄。 当你觉得你是在仗义执言时，你就不会顾及他人的感受了。 这类人的原型是易卜生作品《人民公敌》（An Enemy of the People）里的主人公斯多克芒医生。 小说里，他就站在屋顶上大声揭露他们小镇的腐败行为。 尽管他百折不挠的立场遭到了全镇人民的反对，并惨遭排挤，但伸张正义的满足感却给他带来了巨大的宽慰。 而他越是受排挤，他就越是相信"世界上最强大的人往往也是最孤独的人"。

戴夫·温纳这种易卜生式的自我满足感，驱使他在 DaveNet、"编辑新闻"以及其他网络沟通的试验和创新活动中摸爬滚打了 15 年之久。 除了给世界制造了各种各样的博客形式，他还为 RSS 的流行起到了巨大的推动作用。 RSS 是一种能将博客拆分成一篇篇文章的技术格式，你可以通过订阅或重新混排的方式浏览。 他还是播客这种非正式音频博客的领潮人；同时，在21 世纪的头 10 年里，他还迷上了政治博客，为风行全球的社交软件贡献了许多新的想法。 但一直以来，他都始终坚持在做两件事。 第一，温纳始终致力于提供或推广网络工具，让个人的声音能完整顺畅地表达出来。 第二，他从不压抑自己说真话的冲动，就算是听起来比较粗鲁也在所不惜。

2007 年夏天，他参加了一个技术狂的聚会，大会名叫"Gnomedex"，在美国西雅图的一个讲堂里举行。 台上，一位名叫杰森·卡拉凯尼斯（Jason Calacanis）的企业家正在就"因特网的环境危机"发表演讲，演讲中他十分痛心地指出，几乎所有有用、受欢迎的新技术最后都被"癫狂的商人"和垃圾信息给毁了。 卡拉凯尼斯说他最近又投资了一个新项目——一个名为 Mahalo 的人肉网络搜索引擎。 他声称，这个引擎能避免垃圾信息和其他欺骗性链接的骚扰（这些东西让 Google 和其他同类自动搜索系统头痛不已）。

Gnomedex 的参会者认为，他们的大会是用来讨论想法，而不是推销产品的。 所以当卡拉凯尼斯的演讲开始出现为新公司做广告的苗头时，一些听众就开始窃窃私语，并在他们的笔记本上通过聊天软件互表不满。 坐在后排的温纳再也按捺不住自己了。 他与卡拉凯尼斯的友谊时好时坏，他们当时甚至还在合作筹办一个他们自己的大会。 但现在，温纳觉得卡拉凯尼斯是在一个不应该自吹自擂的地方，公然地吹嘘他自己的公司。 于是，温纳大叫了一声："那会议垃圾信息呢？"

这突如其来的责问让卡拉凯尼斯顿时愣了几秒。 接着，温纳又重申了一下他的不满。 与 10 年前的拉里·埃里森不同，卡拉凯尼斯并没有让温纳闭嘴。 相反，他挤出一丝干笑，翻了一个白眼，嘀咕道："戴夫总有话说，不简单啊。"接着又继续讲了下去。

如果没有博客，事情可能就到此为止了。 演讲完后，两人都坐在同一排，相隔不过几英尺，各自拿着笔记本电脑开始在博客上报道此次大会，进而使两人之间火药味巨浓的网络口水战开始不断升级。

温纳向来反感技术界的业内大会沦为公司的叫卖场。 就像他说的那样，"我讨厌演讲广告"。 因此，他觉得他有权利，甚至是有义务把那些背后的窃窃私语搬到台面上来。

卡拉凯尼斯则发表了他自己的回复：

042

我不明白为什么戴夫要冲着我嚷嚷。我们是朋友，对吧？应该算是吧？如果你不喜欢我的表达方式，你为什么不会后再跟我说："嘿，我觉得你的演讲太商业了，建议你别这么做。"

　　此时，他们之间的争吵已经吸引了一大批网络围观者，甚至连一些媒体，例如"连线新闻"都报道了此事。两人都在博客上摆出架势，十分警惕地注视着对方。稍后，温纳在博客上发表了一个类似道歉的博文——"我真希望我没有这么做。我保证，这类事情再也不会发生了"。而且人们曾一度认为他俩可能就到此为止了。

　　但会后 6 天，温纳又发了一篇博客：

　　今天，我收到了杰森·卡拉凯尼斯的一封简信，要求我不要在我的博客上提到他。在这里，我公开告诉大家，我的回复是"不"。杰森，你太过分了。我的博客写什么内容由我自己决定。

　　也不知道是出于有意还是无意，卡拉凯尼斯竟然挑衅了温纳最倔强、最固执的原则。结果引得温纳在网上大肆批判。

　　想同我断绝往来的最佳方法，就是告诉我，我应该私下发表观点……当我听到错误的东西时，你是不可能指望我低调处理的。否则，我的博客就失去了意义。我不允许任何人告诉我该说什么和不该说什么。想让我住嘴的话，友谊可以说是最烂的理由。

　　从某种程度上说，他们之间的龃龉都是一些鸡毛蒜皮的小事。人总会遭到责问。各种大会上也都是一些自吹自擂的 CEO。两人交火时，我也在 Gnomedex，在我看来，温纳和卡拉凯尼斯都有对和错的地方——两个人的自我意识都非常强大，他们其实都可以将事情一笑了之的，但偏偏他们都选择要将小事扩大成一场咆哮战，一个坚称要捍卫原则，另一个则惊诧于对方不懂基本的礼节。

　　但此次争执却清楚地暴露了一点：这两个冤家都是网络知名资深博客写手，都有"各自在网上陈述观点的地方"，都可以"畅所欲言"，就像 10 年前温纳建议"消除谩骂"时所设想的一样；但这种话语环境对充满火药味的对抗几乎起不到任何缓和或阻止作用。相反，博客让人们开始没完没了地辩论观点，对一点点分歧吹毛求疵直至大打出手，同时它还保证，任何争吵都有可能以双方的痛苦和疏远收场。

　　这种局面与博客创造者最初的设想相去甚远。

　　在一个不敢妄加预测的年代，戴夫精确地预见到，有一天，在激情而非

043

利益的驱使下，很多人都会在他们的个人网站上为自己说话。 而作为一个懂得自我引导式进步的人，他公开向大家展示，自建博客的做法确实能达到一定的预期效果。 他曾设想会出现一个轻松、充沛、免费的自我表达的氛围，当时这个设想遭到了很多人的讥笑，被认为是不切实际、太过理想化和过度吹嘘。 然而今天，他的设想竟成了现实。 在某些领域，自我表达的氛围甚至超出了他的预期。

但人们还有另外一个梦想：等哪天我们有了自己的演讲台，我们就能避免那些让无数网络社区瘫痪的毫无意义的争吵，摆脱口水战的破坏性循环，过滤商业化和垃圾信息的噪音，并逐渐营造出文明交流的氛围来。 有时候，在不断发展的博客世界里，我们偶尔能从杂乱中捕捉到一丝平和的痕迹。 但更多的时候，我们都只能拉把椅子看别人恶斗。

"我当时所设想的天堂怎么会是这样？"温纳问，"明显与我设想的不一样啊。"

多亏了网络，我们再也不用征求谁的批准，就能发表任何东西了。 这也为我们带来了各种各样的机遇。 但即便如此，它却依然无法满足我们人类的控制欲。 在激烈的争论中，我们总是喜欢不断地重申我们的观点，更有甚者，我们还会攻击我们的对手，直到最后，彼此之间只剩敌意。 而网络媒体以及相关应用工具本身又不能抑制我们的这种冲动。 无论博客的发展会导致何种结果，我们都不可能指望它能让我们免于琐碎与争吵。 有时候人们自由表达的权利或许会带来一些和谐，但它同样也有可能制造喧嚣。

044

第三章

窥其链接而知其人
约恩·巴杰、过滤器

　　由于万维网必须通过电脑才能运行，所以 20 世纪 90 年代中期，那些第一次用到它的人，常会认为它是冷冰冰的复杂技术、令人讨厌的高深科技，只有学工程的人才懂得使用。 但是第一拨自己动手搭建网站的网页发布者们却迅速发现，在网上做一些简单的事情其实并不难。 贾斯汀·霍尔就认为 HTML "简单得要命"，如果你不会被一点术语和代码吓倒的话，你就可以很快上手了——就像这个时代最畅销的手册的标题说的那样，你可以《7 天玩转 HTML》（*Teach Yourself HTML in Seven Days*）。 如果再了解一点将文件从一台电脑转移到另一台电脑的技术，那你就可以轻松地发布一个网页了。

　　换句话说，早期的万维网是由大量的人力组成，再以少量的技术为胶水黏合起来的。 （万维网的基础——因特网协议要复杂得多，但好在你不用了解太多就可以使用万维网。）但由于万维网的规模和复杂度日渐增加，于是大批大批的程序员又加入了进来，重新对计算力量进行部署，以帮助人们更好地使用这个新媒体。 他们创造出了许多网络蜘蛛，让它们从一个链接爬向另一个链接，对网上的内容进行分类，以便使像 Infoseek 和 Altavista 这样的搜索引擎发挥作用。 这些 "机器人"——网上按程序指令四处转悠的电脑程序——是技术专家们为了实现更宏伟的前景而派出的先遣部队。 技术专家宣称：在不久的将来，网络上就会出现 "私人经纪人"，它们能帮你过滤邮件、安排你的约会行程，还有购物机器人帮你购物，同时还会出现其他程序，它们则可以在网上帮你四处搜寻你想要的信息。

　　数十年来，人工智能领域的研究者们就一直许诺，让我们不用操心，将来电脑就能帮我们做出明智的决定。 20 世纪 90 年代中叶，他们就开始想，他们的梦想会不会在新生的万维网中实现呢？ 想想似乎是有可能的。 但就目前来说，除了搜索引擎之外，网上任何重要的工作仍是由人完成的。 而且越来越明显的是，目前最紧要的工作，就是帮用户适应新媒体的疯狂发展。

1996 年的时候，我采访过科幻作家威廉·吉布森（William Gibson）。在对未来的想象方面，他的贡献比谁都大。 他描绘了这样一幅未来世界图景：在那个世界里，人们在电脑生成的"网络空间"里度过的时间，同人们在由自己血肉身躯构成的"肉体世界"里度过的时间一样多。 由于他为他的新书开了一个网站，所以最近他也开始遨游万维网世界了。 他告诉我他很喜欢他所看到的一切："在我看来，我们似乎早就取得了全球业余电视广播执照，但现在我们却还停留在寄送贺卡的初级阶段——不过这就已经很酷了。你可以把你的东西放在网上，全世界的人都可以得到它。 同样，你也可以去拿他们的东西。 我觉得这样很好。"但是他也看到，万维网的局限性很快会大规模地体现出来："我想很快就会有人以代人预览网页为职业了。 其实人们也确实有这方面的需要——否则网络就会成为一个时间无底洞。 你可以一直坐在电脑前，找啊找，看啊看。 到头来可能什么都找不到。"

或许有一天，就像一些程序员梦想的那样，一个网络机器人会帮你"预先浏览"网页，然后直接给你看最有用和最有趣的材料。 但就目前来说，这个工作依然只有人类才能胜任。

讽刺的是，"预览网页"的先锋之一（也就是我们所熟悉的博客），以及赋予它"博客"之名的人本身也是人工智能研究的追随者。 约恩·巴杰（Jorn Barger）称他成长在一个"全是 50 后的时髦家庭"——他的家位于俄亥俄州的黄温泉市［安狄欧克学院（Antioch College）的所在地］，周围住的都是一些离经叛道之人。 他说，20 世纪 70 年代的时候，他"也同很多人一样，用同样的方法找寻自我"。 那时，他是一个既懂得计算机编程，又沉迷于知识的博学之人，后来还疯狂地迷上了詹姆斯·乔伊斯（James Joyce）。"乔伊斯曾谦虚地称，他的思想只有杂货店小伙计的水平，"巴杰说，"当他看到什么混乱的东西时，他都会将它们分门别类整理好，而我也有类似的强迫症。 高中的时候，我就非常沉迷于《罗格同义词词典》。"

从 1970 年开始，在分类强迫症的驱使下，巴杰开始了一项宏伟的人生项目——他开始着手"从科学的角度研究心理学"。 他有一个尚未成熟的想法——人类行为的整个过程最终都可以被描述和描绘下来。 于是，在这个想法的指导下，他开始试着用图表的描述方式来梳理人类的思想和感情。 在搜集原始数据的时候，他没有在实际生活领域中寻找，而是将目光投向了文学小说领域。 "文学，"他认为，"就是对心理的描述。"首先，他做了一些文件索引卡，每张卡片上都描述了一种人类行为，这些行为全都出自他喜欢的作家所写的故事——这些作家包括弗拉基米尔·纳博科夫（Vladimir Nabokov）、罗伯特·斯通（Robert Stone）、托马斯·品钦（Thomas Pynchon）、沃克·珀西（Walker Percy）等。 然后，他开始设计一个名为"Anti-Math"的符号系统，这个系统是一个专门用来记录故事结构的理论框架。 他将这些想法糅合在一起后，又给他们起了足以将人工智能领域的专家都震住的名字：

"机器智慧"。

同这个时代的很多年轻人一样，当巴杰第一次接触到像《打陨石》（Asteroids）和《导弹任务》（Missile Command）这样的视频游戏时，都有一种"顿悟"的感觉。但在顿悟之余，他想的并不是"我要多弄些钢镚儿来玩这个游戏"。相反，他开始在 Apple II① 和当时其他流行的个人电脑上自学编程，并接了几份将街机游戏移植到微型电脑上的编码工作，因为他觉得这些工作经历对他的人工智能研究会有帮助。当时人们很难理解他的 Anti-Math系统，所以他想，如果他能将这个系统做成一个类似视频游戏的东西、通过屏幕上的彩色动画来表示的话，人们可能会更容易理解一些。

Anti-Math 将巴杰引入了 20 世纪 80 年代大热的人工智能领域。当时，人工智能领域的学科带头人都在尝试创造一种能像人类一样思考的电脑——他们把工作重心都放在了软件和编程上，而巴杰很快就发现这种做法只能适得其反。他认为我们一旦解决了人工智能最艰难的部分——人类心理的思维模型之后，一切问题都会迎刃而解。幸运的是，他已经在这方面努力了很多年了。由于之前几次尝试的工作量太过庞大，因此最后都无疾而终；这次他决定在他的索引卡上下深功夫，在文学作品中挖掘各种人物类型和思维模式，这样程序员就能以它为参考，为电脑赋予人工智能了。

把在索引卡上列举所有关于"人类历史"的有趣类别、所有的感情故事，以及互动性小说所需要的各种合理的事件设置（精灵族遇到兽人族，坏人发动反攻，男孩亲吻女孩），然后将它们铺在地板上（起码得是体育馆，要知道，到时候肯定会动用很多卡片的），将那些最相似的都放在一起……再从整体上看看，呈现的是一种什么样的结构啊？

在巴杰网站的档案栏里，你依然可以找到他当时工作的一些残留碎片，包括"Anti-Math"和《慰藉：浪漫心理学教程》（ Solace：a textbook of romantic psychology ），这本书收录了数千条文学著作中关于爱的语录，并将它们分类整理成了一个色情语言指南。巴杰写道，《慰藉》的目标是"开创一个社会科学的新模式"，使电脑模拟人类行为成为可能。

罗杰·尚克（Roger Schank）专门研究人类心理中，故事叙述的重要性。巴杰十分钦佩他的研究。因此当尚克跳槽到芝加哥的西北大学后，住在同一个城市的巴杰立刻给尚克写了一封信，请求尚克给他一份工作，并表示只要能同他一起工作，哪怕是"削铅笔"他都愿意。巴杰在尚克的"学习科学研究所"（Institute for the Learning Science）工作了几年，但 1992 年的时候他被

① Apple II 是苹果公司制作的第一种普及的微电脑。它的直系先祖是 Apple I ——一种有限的、以电路板组成的电脑。许多电子玩家基于此电脑创新了许多功能，使 Apple II 达到商业上的成功。——译者注

炒鱿鱼了——按巴杰的说法，是因为他要求尚克给他一个展示他想法的机会，然而他的想法与尚克的理念是背道而驰的，所以被解雇了。 与此同时，巴杰也开始迷上了 Usenet——它是一群新闻小组，在万维网诞生以前，它就是因特网上公开讨论和辩论的场所。 巴杰不能在西北大学发表的想法，在 Usenet 上他却可以找到大批的听众，想法越奇特就越是有市场。 在那几年，巴杰发了将近 1 万条帖子——当然，都是关于乔伊斯和别的他喜欢的东西，但同时还包括其他话题：从互联网口水战的历史到 ASCII 艺术的"常见问题解答网页"（ASCII 艺术[①]是一种由标准字母表和打字机符号组成的图形），再到为比尔·贝克比（Bill Bixby）举办的一次纪念俳句[②]比赛等，无所不包。在 Usenet 上，他也经常同别人争论；按他的话说，他发现他已经成了一名"混蛋秒杀者"。

当万维网出现后，大批用户便都叛逃了 Usenet。 但巴杰却并没有花太多时间在万维网上，因为他的古董电脑无法显示图形。 1997 年，他终于买了一台苹果电脑，这下总算弄明白大家都在兴奋些啥了。 "那个时候，"他之后写道，"万维网已经发展成了一个让人摸不着头脑的藏宝洞，里面一片漆黑。 我迫切地需要有人能帮我'开一盏灯'，好让我看清楚哪儿是哪儿，有什么好东西是我喜欢的？"巴杰一直都认为自己是一名收藏家和分类家，按他的话说，就是喜欢"搜集好东西，然后整理出来供大家分享"。 在 Usenet 上，他尝试过好几次去挑选"精华"帖子，并试着整理其中的"优秀"信息。 如今，在日渐蓬勃的万维网上，他也同样觉得可以这么做。

1997 年 12 月 17 日，巴杰在自己新建的网站上发表了第一篇帖子。 他建的这个网站就是受了温纳的"编辑新闻"的启发，用的也是温纳的 Frontier News Page 发布工具。 他想给他的项目起一个能吸引人的名字，但温纳软件的用户常用的"新闻页面"这个名字对他来说没有什么意思："首先，我完全不想报道'新闻'，所以我需要一个不同的称谓。"所以他上了 Altavista——在 Google 出现以前，它就是最有用的搜索引擎——并开始换着组合方式输入由"网页"、"链接"、"列表"、"日志"和类似词条组成的单词。 最后，他相中了"网志"（Weblog）。 这个词在当时已经有了一些使用率，多数是指由网络服务器的程序生成的大型日志文件——该文件记录了每条由个人浏览者发起的网页请求。 但当时只有系统管理员才会关心

---

① ASCII 艺术这种主要依靠电脑表现的艺术形式，是指使用电脑字符（主要是 ASCII）来表达图片。它可以由文本编辑器生成。很多 ASCII 艺术要求使用均衡字体（固定宽度的字体，例如在传统打字机上使用的字体）来显示。ASCII 艺术用于当文字比图像更稳定和更快显示的场合。包括打字机、电传打字机、没有图形的终端、早期的电脑网络、电子邮件和 Usenet 的新闻信息中。ASCII 艺术的例子：：－）微笑、：－（皱眉、；－）眨眼。——译者注

② 俳句，haiku，也称发句。是日本诗歌的一种形式，由排列成 3 行的 5、7、5 共 17 个音节组成。渊源于传统的 31 音节的短歌（即短诗）的前 3 行。——译者注

这类文件，因此与这个名字混淆的概率较低。

　　"网志"这个词很有灵气，它能让人产生丰富的联想——既有航海的臆想，还有《星际迷航》（*Star Trek*）的味道。 正是这种灵气，让它在随后的一年半里，从一大堆形容一个新现象（个人网站开始按反向时间顺序放置链接和评论）的称号竞争中脱颖而出。 他将他的新网站起名为"机器智慧网志"（Robot Wisdom WebLog），其中，巴杰还玩了一点小花样："我把'WebLog'中的'L'大写了，因为'blog'听起来很丑。"

＊　＊　＊

　　巴杰虽然创造了"网志"这个词，但他并不是第一个开始搜集链接的人。 在万维网早期，每个人都承诺可以帮你在网上找到"好东西"。 "更强信号——更少噪音"的标语也成了以推荐链接为特色的网站〔例如"热连线"或"网络冲浪者文摘"（Netsurfer Digest）电子邮件新闻〕的召集口号。在广播领域，"信噪比"是用来测量广播信号强度的；如果信号太弱，你就只能听到杂音。 现代广播则采用了各种过滤器来增强它们的信噪比。 所以，早期的网志写手们就开始将他们的工作自比为"过滤器"——在万维网上的"信息矿山"中筛选"宝石"的工作。

　　1995 年，一家刚起步的软件公司的年轻产品经理迈克尔·希比（Michael Sippey）开始在网站上推出一个叫"显而易见的事情"的栏目，它每周都会刊登一篇关于因特网和技术界的文章。 同戴夫·温纳的 DaveNet 类似，如果你想看的话，他会把他的邮件发给你，除此之外，你还可以在 theobvious. com 上阅读它们。 "这是我做网站的方式，"希比说，"我发现，我思考问题的方式就是将它写下来。"希比的追随者越来越多，1997 年年初，当温纳将他的 Frontier 新闻网页更名为"编辑新闻"时，希比就已经开始搜集有趣的链接，并将它们放在 theobvious. com 上一个名叫"过滤器"的栏目下了。 "这是我理解事情的方式，通过它，我就可以把我的笔记搜集起来与大家分享了。"他回忆道。 最开始，希比的链接都放在主页的侧边栏里；随后，它们被放在了名叫"去粗取精"的帖子里，每周一帖。 在这个过滤器诞生之初，它从外形和措词上都与现在的博客不尽相同，但也是在它的作用下，博客写手在人们心中渐渐变成了网络上海量资源的人肉过滤器。

　　"编辑新闻"和"显而易见的事情的过滤器"都是在巴杰的"机器智慧网志"之前出现的。 Slashdot 也是如此。 它是一个专门讨论软件的 BBS，由密歇根州霍普学院（Hope College）的一名计算机科学专业的学生——罗勃·马尔达（Rob Malda，网名为 CmdrTaco）于 1997 年 9 月设立的。 Slashdot 每天都发好几篇"转给白痴看的新闻"，新闻内容都是摘自技术界的突发新闻和相关链接，并按反序时间排列。 毫无疑问，巴杰是第一个使用"网志"这个词的人，但他绝对不是"第一个写博客的人"。 因为用专利系统的术语来说，在他之前有太多"现有技术"（prior art）了——太多人都在做类似的事情，而且都在他之前。

即便如此，2007年的时候，仍有几家媒体宣称那年是博客诞生的10周年，而且"机器智慧网志"是第一个博客。 结果，这些文章引得人们纷纷出来抗议，并宣称自己才是"第一个写博客的人"。 在当前看来，很多以前的网站其实都是博客，而且它们都比巴杰的网站早——这里面不仅包括那些最知名的，而且还包括一些不那么有名的，例如史蒂夫·博加特（Steve Bogart）在1997年年初开的NowThis.com、哈诺德·史都斯尼克（Harold Stusnick）在1997年9月开的"Offhand Remarks"，以及1996年7月就初具博客雏形的游戏类网站"Blues News"。 别忘了还有贾斯汀·霍尔，他可是从1996年1月开始就已经每天发表日志了。 而霍华德·莱茵戈德专贴个人链接、把最新的新闻放在顶端的网站则要更早——1995年4月！

当然，如果你真的要找第一个写博客的人的话，你可以一直往前追溯到万维网诞生之前。 事实上，许多评论员为了让博客的历史显得更悠久一些，他们也确实这么做了。 在人们还没有见过"HTTP"这几个字母之前，桌面消息发布的功能就已经让乔·艾弗里基（Joe Average）拥有了一个演讲台。可能真正第一个开始写博客的人，应该是那些在公共有线电视频道上出现的人（比如《反斗智多星》①里的韦恩与加斯），或者业余广播员。 也没准是I·F·斯通（I. F. Stone）这位令人讨厌的个人出版鼻祖。 如果伟大的小说连载家狄更斯如今还活着的话，肯定也是一个博客写手。 真的，如果你回看美国革命时期的小册子作者，或18世纪的英国咖啡馆文化，难道他们不都是在写博客吗？ 还有萨缪尔·佩皮斯（Samuel Pepys）②呢？ 或许最原始的博客写手，应该是最早在多尔多涅（Dordogne）③洞穴的岩壁上刻刻画画的人呢——没有最早，只有更早，而最先呈现给我们的，永远都是最新的消息。

那些寻找"第一个博客写手"的人其实都是出于商业目的，而且他们的做法注定是徒劳，因为博客并不是一夜之间发明的，而是慢慢进化而成的。但只有定一个具体的纪念日了，媒体才能报道，以弥补错过最初博客诞生的

---

① 《反斗智多星》（*Wyan's World*）是一部喜剧片，讲述的是韦恩与加斯的故事。他俩共同在地窖里主持了有线电视节目"反斗智多星"，然后以特殊的肢体语言与幽默联手搞笑受到了观众欢迎，最后还受邀到电视台主持节目。——译者注

② 佩皮斯于1659—1669年间以日记的形式完整记录了自己生活和工作中的见闻琐事，大到1665年的大瘟疫和1666年伦敦大火灾，小至家里的浴室和Kenelme Digdby爵士制作小蛋糕的精确配方。——译者注

③ 法国多尔多涅省的拉斯科洞窟于1940年9月12日被四个孩子偶然发现，后因参观者众，岩画损坏，从此对外关闭。洞中共有千余处绘画和雕刻，均为标记和动物形象。唯一的人物形象是一个被野牛撞翻在地的人。表现最多的是马，共有355处。——译者注

遗憾。 博客的发展过程其实比较模糊——它最开始出现的时候根本没有任何报道——而宣布博客已有 10 年历史的做法，也只是媒体在试着解释新世纪里博客风行的现象时，恶补的功课而已。

虽然说"机器智慧网志"凭着发明"网志"一词而名垂历史，但其实凭着巴杰的古灵精怪，"机器智慧网志"本身也非常有影响力。 他本人并不是什么坦承式的日记家；所以你不会听到诸如他和谁上床了，或中午吃了什么之类的消息。 但如果你坚持看"机器智慧网志"的话，你很快就会感受到他的激情和快乐了。 你会了解到他非常喜欢乔伊斯（最初他还开过一个名为"乔伊斯历史里的今天"的专题报道）以及歌曲创作者兼歌手凯特·布什（Kate Bush）。 他还一直很虔诚地同步观察着主流文学媒体和地下媒体。他不仅关心网页设计和科学，也了解政治、电影，但在每个领域，他都不会盲从前人的经验，只会根据自己的兴趣另辟蹊径。

巴杰早期比较热衷于阿娜·伍格（Ana Voog）的杰作。 阿娜·伍格是一个音乐家和表演艺术家，与 Jennicam① 的珍妮弗·林莉（Jennifer Ringley）一样（珍妮弗更出名），她也将摄像头对准了自己，全天候地在网上直播自己的生活。 很快，网络上便掀起一股争相观看"摄像头女孩"的狂热，但这种狂热更多地带有一点下流的意味。 不过伍格并没有因此而去迎合那些人的口味；她在网上展现自己的生活只是为了做一个关于透明度的试验，而赤裸也不过是这个试验中顺其自然的一个环节而已。 巴杰非常欣赏这种纯粹的美学观点，并宣称是在伍格（以及乔伊斯）的启发下，总结出了他的第一准则：永远都不要审查你自己。 "我的原则是，只要我看到的东西是我喜欢的，我就不会去过滤它。 就算我喜欢的是一些愚蠢的电视广告，我也不会说，这广告太蠢了。"

要过滤的是网络，而不是你自己。 巴杰的网志设置原则算不上新鲜；他不过是在遵守一条备受推崇的法则：用批判的眼光看网络。 曾经有很长一段时间，他的邮件签名档的内容都是："我的网络我做主。"巴杰有着很强的自我驱动力，而且很得意于他的与众不同。 他的网站从不针对特定读者，也从不打算变成一个大杂烩。 他只会搜集他自己的财宝，然后将它们展示出来，任你欣赏。

*　　*　　*

10 年之后，如今已很难回忆起当初第一次看到巴杰满目链接的网站时，

---

① Jennifer Ringley 在宿舍安装了摄像头，并且将宿舍的情况对外"直播"而毫不避讳自己的私生活，当时吸引了三四百万的访问量，更有人为该站点付费。2003 年 12 月 31 日，Ringley 关闭了该站点。——译者注

是何等的茫然不知所以。 网民们更熟悉那些沿袭了传统媒体模式，由一个人维护的网站。

1998 年 1 月 17 日，巴杰的网志上线不久，马特·德拉吉（Matt Drudge）就在他的网站"德拉吉报告"（Drudge Report）上发了一篇帖子，揭露说《新闻周刊》封杀了一篇关于白宫性丑闻的报道。 他的网站专门聊一些关于政治和娱乐的八卦。 因此，经过这个年轻人在他洛杉矶公寓里的一番自弹自唱，美国公众第一次听到"莫妮卡·莱温斯基"（Monica Lewinsky）这个名字。 由于德拉吉的网站在很多记者和新追随者中已经小有名气，所以克林顿的性丑闻很快就在新闻圈传播开来了。

马特·德拉吉既不喜欢写一些坦白性的日记，也不爱搜集一些奇奇怪怪的链接。 他只是一名老派的八卦专栏作家，并自封为网上的沃特·温彻尔（Walter Winchell①）。 1994 年，由于担心他的漫无目标，他的爸爸给他买了一台帕卡德·贝尔（Packard Bell）电脑。 于是他很快就学会了在电脑上发邮件新闻。 他当时在哥伦比亚广播公司（CBS）电视台里的礼品部工作，由于该电视台位于好莱坞，因此他总可以挖到一些名人八卦和右翼政客的新闻，然后将它们与网站的访问者分享。 由于他总可以挖到一些独家新闻，因此美国在线和"连线新闻"经常会采用他的故事；后来他便建了这个自己的故事网站，并渐渐开始将他搜集到的八卦放到上面去。 1997 年的时候，德拉吉就已经在华盛顿臭名远扬了：那年克林顿白宫的助理悉尼·布卢门撒尔（Sidney Blumenthal）还发起了一次赔偿额高达 3 000 万美元的诽谤诉讼，起诉德拉吉诬蔑他虐待妻子。 此事在当时引起了极大的关注。 而 1998 年莱温斯基案更是立刻让"德拉吉报告"风生水起。

当专家们四处追寻"第一个"博客写手的时候，他们经常会搜到德拉吉的名字。 这虽然可以理解，但却并不正确。 他的网站喜欢用花边消息做标题，按"连线报道"的方式排版，在当时已经是美国媒体界的榜样；而如今他则经常被冠以"当代的沃尔特·克朗凯特"（Walter Cronkite）之称，甚至是"美国最强大的记者"之类的称谓。 德拉吉能够号召相当数量的网民，他网站的访问量如海啸一般巨大，对很多新闻网站来说，能被"德拉吉报告"的网站设为站内链接，那简直就是天上掉下来的馅饼。 但由于"德拉吉报告"里关于德拉吉本人的事情并不多，所以这个网站还不能算做是网志。

从著名的"椭圆形办公室口交案"，到 2008 年大选中约翰·爱德华兹（John Edwards）400 美元发型的故事，德拉吉就是靠着不断兜售公众人物的龌龊隐私，来获得事业上的成功的。 但他自己却是一个极不喜欢被曝光的人，这种不喜欢甚至到了一种病态的程度。 所以当我提出要为本书采访他，

---

① 美国 20 世纪三四十年代的政坛风云人物，也是一名举足轻重的记者。——译者注

他却置之不理时，我一点都不觉得惊讶。 因此，当我在一本酷爱打听隐私的杂志《纽约》（*New York*）上，读到一篇菲利普·维斯（Philip Weiss）写的人物简介时（德拉吉同样也拒绝了他的采访），我笑了，因为文中说道，即便是德拉吉最亲近的人——他的同事、保守派作家安德鲁·布雷巴特（Andrew Breitbart）也称"我都有一年多没有同他说过话了"。 维斯写道："（德拉吉）已经完全将他的个人生活与外界隔绝开来。 他的熟人每次碰到他时，交谈都非常简短，而且只谈正事；而就算是他的朋友（如果他真有朋友的话），大部分时间也只能通过聊天软件与他交流。"

德拉吉绕开传统媒体，揭露莱温斯基案的事情，给了媒体一个极大的教训：他们的游戏规则正在解体——那样一个毫无资质的年轻人，凭几美元的成本就改写了游戏规则。 但几年后，当博客开始引起主流媒体注意时，德拉吉却坚决否认"德拉吉报告"也是一个博客。 他是对的——他的网站与博客的唯一相同点就是：作为发布人，他能自主决定发布内容。 他的网站版面横七竖八、乱糟糟的，与博客"新东西置顶"的设计完全不同。 他提供了大量的链接，但却只有零星的评论或标注。 从他的网站上，你只能看到他是如何赶在主流媒体之前，以内部人的身份大量爆料政治和娱乐人物，进而迅速成名的，除此之外，你无法了解任何关于他本人的东西。 就像某个媒体观察员评论的那样，他对他的读者来说，最主要的还是"一个了解常规新闻的渠道的人"。 虽然他总是很得意于他的局外人立场，但通过他经常戴的那顶浅顶软呢帽，我们可以看出他其实非常想成为一名传统的毒舌局内人。 他那晦涩难懂的 2 000 字自传——《德拉吉宣言》既暴露了他立志成为一名"玩家"的野心，也表达出了他在达成所愿后的满足感。

"德拉吉报告"的内容与传统媒体不尽相同，但它也没有传统新闻编辑室那样人力资源充足，但从本质上讲，它的模式却是非常传统的。 像大多数广播员和编辑一样，德拉吉也会先圈定一些大致范围，然后再根据广大读者的喜好选择内容。 事实上，他也跟他的读者说了："这些东西都是我认为对你们来说最有趣的东西。"这是一种可行的成功计划，而且它也确实起到了作用。 他的低成本网站为他带来的丰厚广告收入，终于使他从洛杉矶的廉租房搬到了迈阿密一套漂亮的公寓里。 据估计，该网站 2008 年的毛收入为 100 万美元，其中成本几乎可以忽略不计。

但是博客精神——霍尔、温纳、希比、巴杰，以及许多效仿他们的博客狂热者们的博客精神——并不在于此。 这些人会在光天化日之下嚣张地说："这些都是我喜欢的。 说不定你也会喜欢。"这些人不同现有的媒体世界争收视率和影响力，而是抱着必胜的决心、保持着嚣张的气焰要另辟一片天地。 他们立志要开创一个新世界——在这个世界里，旧世界的某些法则依然保留着，但其余的则早被丢光了。

053

　　1998 年，我们现在所谓的博客写手们第一次意识到，原来他们已经形成了一个群体——一个从事着某种特定活动的特殊群体。　他们虽然不是零零散散的电脑狂，但就规模来说也还不足以形成一股潮流或运动。　对他们大多数人而言，他们共同创造的这个小小虚拟世界，就像是一个小的朋友圈子。

　　杰西·詹姆斯·加勒特（Jesse James Garrett）在加州长堤市一家公司的网站担任编辑。　他每天工作的时候都有很多闲暇时间，可以用来浏览网页，寻找有趣内容的链接，配上评论并通过电子邮件发给他的朋友。　1998 年年初的时候，他觉得最好能把这些标注过的链接贴到网上去，于是，在麦克·希比的"过滤器"网站和 Suck 的启发下，他在他的网站上开始了一个新项目，名叫"Infosift"。　"我想看看，我能不能将我在办公室空闲时间里做的事，变成一些有用的东西——也就是说看我能不能从单纯地阅读因特网变成制造因特网。"加勒特如是说。

　　就这样，从 1998 年的夏天到秋天，加勒特只要有闲暇时间，便一直泡在网上。　渐渐的，他发现他经常会看到一些布局上同 Infosift 一模一样的网站——其中包括"编辑新闻"、"机器智慧网志"，当然，还有很多新冒出来的网志，有些是通过温纳的 NewsPage 软件搭建的，有的则是用一些临时自制的软件平台搭建的，还有些则完全是由设计者用一行一行的 HTML 代码编成的。　其中有一个网站名叫 CamWorld，是由网络开发师卡梅隆·巴雷特（Cameron Barrett）在 1997 年 6 月建成的。　巴雷特当时正在密歇根州的一所本地社区大学里教入门级网络课程。　上完课后，他会把所有的课件都放在网上，同时还附上一些链接，以便他的学生使用。　与此同时，他也在网上看到了"编辑新闻"，并非常喜欢这个网站。　于是他将温纳网站的模式复制了过来。　在为网站起名字的时候，他恶搞了《麦客世界》（*Macworld*）一把，颇为自恋地编了一个"CamWorld"的名字。　但很快他就发现，这个名字会让人产生误解：人们以为这个网站是测评摄影器材，或搜集像 Jennicam 这样"实时录像"的网站的。

　　1998 年 11 月，加勒特开始与巴雷特互通邮件，讨论他们各自发现的这些像网志一样的网站。　在邮件中，他还透露说他已经开始制作一份这些网站的列表了——当他为 Infosift 寻找新链接的时候，就会把他看到的类似网站保存到书签栏里，以备日后使用。　巴雷特问能不能给他看一下，于是加勒特就把这个列表发给了他——这个列表里全是网址，同时他还提醒巴雷特，因为没有时间，所以这些网址都是没有被筛选过的，质量良莠不齐。　巴雷特拿到加勒特的列表后，往里面添了一些自己的链接，然后一股脑儿全放到了 Camworld 上。　这就是博客史上的第一个"友情链接"（blogroll）——博主喜欢的，且认为与他志同道合的一类网站。

054

这个史上第一份网址列表虽然是由加勒特列出来的，但巴雷特却是第一个发布它的人，因此加勒特向巴雷特转交列表的事情才有了意义。 "卡梅隆觉得如果将这些列表公之于众的话，它们会更有意义。"加勒特说。 一旦网上有了一个公共列表，那么人们就会希望自己的网站也能登上去了——一是冲着登榜的认可感，再一个是奔着由此带来的点击量。 许多人自己也建网站，经常更新一下内容，而且也是按反向时间顺序排列链接。 在他们看到巴雷特的友情链接后，便纷纷写邮件给巴雷特，申请加入链接。

"当时有很多这样的网站，一个一个分散开来，就像海水退潮后在沙滩上留下的坑，"加勒特说，"到了 1998 年年底的时候，我开始意识到，可能有些更重大的情况要发生了。 其实在那年，许多网站都各自发展出了友情链接的模式——整个情况有点像趋同进化。 当不同种类的动物开始朝着统一方向进化，以解决某一特定问题时，这就说明动物的生存环境有某种能左右进化的特质。 在我提到的情况中，这个生存环境就是指网络环境。"

在巴雷特整理的网站中，有一些受到了巴杰的"机器智慧网志"的影响，也称自己的网站为"网志"。 而那些受到温纳的"编辑新闻"影响的，则采用了"新闻页面"的叫法。 剩下的还有称自己为"过滤器"或"链接列表"之类的。 最开始很容易分辨哪些网站可能在 CamWorld 的列表里，因为只要是加勒特认为"与他的网站很像"的，都一律放进去。 但是只有那些有特点的列表会受人欢迎，因此有一些网站迟早是要被剔除出去的。 早期友情链接的基本挑选规则，是挑选那些业余的、一个人维护的网站，这些网站上的列表里所囊括的网站还得是带标注的。 这就意味着很多时候，那些火爆的网站组，例如 Slashdot、传统的报道技术新闻的邮件报，它们都会引导读者去看一些有趣的链接，这些邮件报包括理查德·福特（Ric Ford）的"Macin-touch"、凯思·道森（Keith Dawson）的"科技前沿的宝贝"（Tasty Bits from the Technology Front）以及亚当·恩格斯特（Adam Engst）的"TidBITs"，还有采用博客版式、从报纸上精选新闻的网站，例如报道科技新闻摘要的"圣·约瑟的水星新闻"（San Jose Mercury News）、"早安，硅谷"（Good Morning Silicon Valley）等。

漏选第一批友情链接的还包括那些写网络日记的网站（贾斯汀·霍尔，一些受欢迎的日记作家，如亚历克西斯·玛基等）和杂志风格的个人网站，例如德瑞克·波瓦泽克（Derek Powazek）的网站（他的 Fray.com 十分精美，专门报道一些生活中的真实故事）。 新网站与旧网站之间的区别，以及加勒特所谓的"与我的网站很像"的那些特点都在于：网站更多地开始采用反序时间排列方式，链接起着核心作用，趋向于关注网上的信息而不是个人经历。

加勒特将这种转变总结为一种静态形式向动态形式的转变。 "最初，如果你做的是一种个人性质的网站，我想你多半是出于爱好，就像是做木工活一样：你要对这个漂亮的小东西精雕细琢。 你会根据你的爱好来塑造你的网站——例如在里面谈论关于《巴比伦五号》（*Babylon* 5①）的一切。 如果你将网站做成了一个博客的话，这就说明我们的认识是对的——博客确实是一个动态的媒介。 博客的意义不是将一个东西推向世界，而是在你和世界之间打通一个渠道。"

很快，这些渠道就丰富了起来。 一是因为网民们看到这样一个新鲜事物后，都激动万分，认为它非比寻常；二是因为人们之间也开始互相交换链接了。 在 1998 年，甚至是 1999 年，就算是平时时间并不充裕，只要手上能有一个像 CamWorld 上的链接表，人们就可以每日与整个博客世界保持同步。渐渐的，一条不成文的规定流传开来：如果你要在你的博客上放一条你在别人网站上看到的链接，为了表示感谢，你应该标上出处。 比较典型的做法是附上原文链接，并标上"来源"（via）字样。

"来源"链接不仅表现了一种礼貌，而且通过这种频繁的交叉链接，原作者也可以获得更多的访问量。 每次当你点击一个链接，并从一个博客跳转到另一个博客时，你访问的那个博客的作者就可以从他服务器的日志上，查到你是从哪儿来的了。 他虽然不能知道你是谁，但是他可以根据你的点击动作，知道你是从谁的网站链接过来的，进而了解是谁在引用他的网站。 这些引用日志，就像是你的浏览器自动在你浏览过的网站门口留下的电子名片。每张名片上都留有引用网站的地址，这样原帖作者就知道有新的帖子引用了他的链接，或许他还能看到一些友好或龌龊的评论呢。 由此一来，这些引用信息就交织成了一张社交网络，上面既有朋友，也有竞争对手。

1998 年，西雅图市华盛顿大学的网页设计师瑞贝卡·布拉德（Rebecca Blood）在偶然之间发现了"编辑新闻"和"CamWorld"，并通过这两个网站接触到了早期的博客圈。 本来，她自己每天也会给一群朋友发一封带有链接的邮件，但 1999 年 4 月的时候，她决定不发邮件了——她开始将这些链接放到一个新博客上去。 最开始她启动"瑞贝卡的口袋"（Rebecca's Pocket）的时候非常谨慎，完全不敢大张旗鼓或大肆宣扬，但是博客上线一周后，也就是 4 月 30 日，她发现杰西·詹姆斯·加勒特在一篇古怪的连线报道《日本相扑协会提倡减肥》里，引用了她 4 月 27 日发表的一个链接。 加勒特还标注了一下——"归为'概念不明确'一类"，并附加了链接说明"（引自'瑞贝卡的口袋'）"。 加勒特之所以会发现"瑞贝卡的口袋"，是因为布拉德从她自己的网站上点了加勒特网站的链接，因此在加勒特的引用日志里留下了记录。 以这件事为引子，两人几周后便开始约会。 2001 年，两人喜结

---

① 1994—1998 年在美国热播的《巴比伦五号》科幻电视连续剧，是一部想象力丰富却又富有现实教益的电视连续剧，某种程度上，它与其说是一部科幻剧，不如说它隐含着编者对今天纷乱的世界和文化冲突平息、人类和平共处的期望。——译者注

连理。

布拉德后来写了第一篇关于博客的历史故事，在这篇 2 000 字的文章里，她记录了那个时代的理想主义情怀，因为在那个时代，两人就是通过各自的日志文件相识的。 她在文章中说，博客写手们从新的角度对媒体进行了批判：他们的链接和线索不仅暴露出了专业新闻记者的缺陷，而且还为读者们提供了他们看不到的信息。 同时她还表明，每天更新博客的做法，让她发现了她的真正兴趣之所在：这些考古文章的链接是从哪里来的啊？ 哦，对了，她从小就对考古十分感兴趣，但却从来没有在这方面努力过。 而且她发现，通过为公众写文章，使她更加坚信，她的观点是很有价值的。

对于布拉德来说，博客不仅可以用来改变个人，也可以用来改变社会。她写道："博客编辑们以每天写几句话的方式说明，媒体应该是一项公开的、由公众共同参与的事业。"

或许"每天几句话"的意义有点被夸大了，而且面对新博客群体的自我膨胀，已经有很多人开始提出质疑。 1999 年 5 月，媒体上出现了第一篇关于博客的报道。 针对这个事情，Smug. com 的创立者莱斯利·哈珀德（Leslie Harpold）（她是较早一波个人博客热潮的代表）发表了一篇名为《相互吹捧》的文章。 文中她忠告那些意气风发的博客写手们："就此打住！ ……少数博客好就好在它们是经过精挑细选的……如果博客像多袋休闲裤一样成为大路货的话，那么博客就会失去原有风格，它的秘密宝藏也会迅速被抢夺殆尽的。"那年 6 月，一个名叫本·布朗（Ben Brown）的杂志编辑在他的 Teethmag. com 上发表了一篇幸灾乐祸的日志，名为《给所有博客写手的公开信》："你们也太自我陶醉了吧？ ……网志算什么？ 不过是换汤不换药的旧东西而已……对不起，老兄——你就是个白痴，每天也就只会写一两段话罢了。 你不是设计师，不是作家，更不是编辑！ ……拜托，看在我和因特网的分上，别他妈把你自己吹得跟什么创新家似的。 打从互联网诞生起网上就有链接列表了，你们算个屁啊！"

也许他们并不都是伟大的创新者，但至少他们所做的事情对他们而言是特殊的。 除戴夫·温纳和约恩·巴杰之外，几乎所有在 1997、1998 和 1999 年年初开博的人，都是这蓬勃发展的互联网行业中的年轻从业者。 虽然在白天的工作中，他们要帮公司建设那些无聊的网站、管理办公室的电脑网络或写一些程序代码。 但在业余时间里，他们就可以把自己的一部分，以及他们的想法发在博客上了。 同许多互联网小事件的参与者一样，他们编写链接的最初目的，就是要让他人感到快乐和佩服。 这些可能都没什么大不了，但这些经历却能给他们带来一种特殊的满足感，这种满足感是互联网历史上从没有过的、独一无二的。

长久以来，人们的日记都是写给自己看的，他们只需花上一点时间和精力而已。 但是出版文章给公众看就不一样了：就算是在纸媒上刊登一篇简短的新闻报道或杂志文章，你都需要先投稿和付邮费呢。 而因特网的崛起则为出版业开拓了一条新的门路；突然间，只需花服务器上的一点空间和拨号连接的微薄费用（现在的花费更低），你就可以将你的文章发表给公众看了，而读者人数可能会达好几百万之巨。 实际上，这里我们要强调的是"可能会"三个字。 最开始的那些博客每天点击量少得可怜。 从理论上讲，如果一个帖子特别值得关注、有趣或奇怪，那么它就有可能被足够多的人看到，并四处引用，最终让这个不知名的网络作家当一回传说中的"15 分钟名人①"。 但就像人们常常开玩笑说的那样，大部分网志写手都只是"15 人中的巨星"罢了。

　　但是，他们并没有因为网络的不可预测而灰心丧气。 基本上，只要能挑选一些有趣的链接给读者看，琢磨一些时髦的或讽刺性的标题，然后与他们的读者分享的话，他们就很满足了：这些读者中，既包括他们的友情链接这个小圈子，也包括任何在网上游荡，并被他们的网站所吸引的人。 他们大部分人并不会以网站的点击量多少来衡量自己是失败还是成功。 再加上他们都没有在网站上放广告，所以追踪访问量对他们来说也没有太大的意义。

　　对于那些刚开始注意博客的专业记者来说，博客写手这种一不图轰动，二不在乎读者群多少的精神，让他们完全无法理解。 如果你的网站都没有多少人看，那你干吗要费劲地去制造媒介、写网页和发链接呢？ ［报纸记者和电台记者抱这种态度，实在有点讽刺，因为这帮人也非常瞧不起那些新晋专业网刊（例如我工作过的 Salon.com），说它们太关注"点击量"了。 这里所说的"点击量"是指一种可以反应读者阅读量的小报表。 那些老一辈的媒体人对网络作家和编辑嗤之以鼻，说他们只会沦为访问量报表的奴隶。 但很显然，在网上，你既不能过分关注访问量，也不能全然不顾访问量。］

　　由于传统记者所在的行业本身就是靠发行量和排名赚钱，因此他们在职业中长久养成的思维模式，也就让他们只能局限在趋利型的大众传媒业里了。 他们完全无法理解，为何要为一小堆读者花大把的时间来写文章。 这难道不只是一个业余爱好吗？ 那这样做还有什么意义可言呢？ 那么，一旦你意识到，你的博客既不能让你发财，也不能让你出名时，你会因此而放弃吗？

＊　　＊　　＊

　　1998、1999 这两年，约恩·巴杰的"机器智慧网志"产量惊人。 在那

---

　　① 15 分钟定律是艺术家安迪·沃霍尔做出的预言。他认为只要 15 分钟就能成就一个名人，然后再用 15 分钟把名人变成普通人。但在网络世界里，这个定律却不尽准确。借助网络传播而在 15 分钟内成名的凡人，也有出名时间远超 15 分钟的幸运儿，比如犀利哥。——译者注

时，大部分的新博客写手都是每天或每两天才写一次，而他几乎每天都要写好几篇，以飨那些访问频繁的读者。 最终，他将他的博客分为了两类：一类是更新不频繁、内容稍长的文章（对他来说，稍长的文章就是几句话，或一两段文字），另一类是较短的链接，仅有寥寥几字做注释。 但渐渐的，他连较长的一类都抛弃了，完全转向了一种极端的电报风格。 而最后网站上竟剩中间的一栏简短的链接。 他将这种行为称作"优化链接文字"，而网站上的内容则看起来像是一串用来破解一些奥秘的心印①。 以三条为一组，你在他的网站上随意挑选一些内容看，都保证会让你大吃一惊。

简述威廉·布莱克②（Wm Blake）的一生和遗产（《爱尔兰时报》）
历数美国在线公司的 WebTV 竞争者的几宗罪（"圣·约瑟的水星新闻"）
纳米管纤维的工业化学原理（BBC）

或

波波卡特佩特火山 （Popocatepetl） 最近非常活跃 （墨西哥网络摄像头直播）
灵长类动物的乱交和免疫系统之间的神秘联系 （UniSci）
关于琳达·拉弗蕾丝 （Linda Lovelace） 的敏感更新 （《深喉》③ 的女主角）（《纽约新闻》）

只要巴杰能写搏，他就会源源不断地往"机器智慧网志"里添东西，不仅量大而且质高。 因为没有工作，所以他的收入仅能维持基本生活。 "我宁愿吃一些粗茶淡饭，"他告诉一名采访者，"也不愿意受一些白痴摆布。"但随着博客世界不断发展和进化，巴杰开始发现他越来越不合群了。到最后，即便是如此节衣缩食，他依然难以维续。 大约从 2000 年开始，他的帖子越来越少。 从 2001 年 12 月开始，他沉默了数月。 他向他的读者们

---

① 佛教禅宗语。谓不用语言文字，而直接以心相印证，以期顿悟。——译者注
② 威廉·布莱克（William Blake，1757 年 11 月 28 日—1827 年 8 月 12 日），英国诗人、画家，浪漫主义文学代表人物之一。——译者注
③ 在 1972 年，一套色情片《深喉》（Deep Throat）刀仔锯大树，以 20 万美元的制作费，带来了 47亿美元的票房，成为美国最赚钱的电影之一。片中有大胆的爱欲场面，故事讲述女主角没办法拥有高潮，后来经医生诊断才发现她的阴蒂长在喉咙，只有口交才能满足她。当年正漫延性解放思想，此片题材敏感，加上《名利场》及《纽约时报》大力吹捧，认为是"必看"之作，使各州的戏院场外大排长龙。电影引起了各界人士的关注及争论，其中以政治家、妇女团体、潮流先锋最为激进。在 1973 年，一班律师及政客成功地禁止此片的上映。而片中的女主角琳达·拉弗蕾丝从此成为反色情运动的标志人物。——译者注

解释说他没钱了，并希望能获得一些捐赠和建议："我心中对拜金主义有着巨大的抵触情绪，但暂时又没有克服的方法。是使用替代货币呢，还是退居洞穴好了？"

随后几年里，他的网站停停断断的次数和时间越来越多，2005年时，这种状况恶化到了极致：《连线》杂志上刊载了一篇保罗·博汀（Paul Boutin）写的报道，称他在旧金山的大街上见到了"无家可归、身无分文"的巴杰。（这个博客先锋后来承认说，趁博汀不在场的时候，他还举了一个牌子，上面写着"发明了'网志'这个词，但一分钱都没赚到"。）但当时，巴杰却称这篇报道是一篇"诬蔑性的故事"。他说他没有露宿街头，而是住在了一个名叫安德鲁·奥尔洛斯基（Andrew Orlowski）的英国技术记者家里。这个记者的家在海湾地区，2002年的时候写过一篇赞许"机器智慧网志"的文章。至于那个牌子嘛，巴杰说只是一个玩笑，那是他用来搭讪的工具。奥尔洛斯基说："他很腼腆。但我并不相信他真的露宿过街头。他可以一天只花1美元。"

怪异爱好、退隐之心以及经济问题，都有可能使博客写手慢慢隐没于博客圈。但是，在巴杰一例中，却还有另外一个因素在起作用。1999年12月26日，他贴了一个链接，内容是"伊斯雷尔·沙哈克（Israel Shahak）写的一篇关于'犹太人原教旨主义'历史的文章，很长，却通俗易懂（不过内容也很恐怖）"，同时他还附了一段长长的摘录。沙哈克是一名很坦率的人，因反对犹太复国主义而备受争议。在网上，很多人都有可能会引用这些坦率、有争议的人物说的话。但是1月份的时候，一个名叫里昂纳多·格罗斯曼（Leonard Grossman）的人在他的网站上发表了一篇长长的文章，对巴杰的帖子提出了质疑：

这篇文章中交织着很多政治和历史观点，煞是奇怪。同时，文中还带有很多毫不相干却煽动性十足的引言，并称这些引言都是摘自犹太法典和其他犹太法律资料［例如"哈拉卡律法"（Halacha）］。此文对以色列正统派犹太人中的一些现行做法进行了解释，但解释很难令人信服。虽然这些观点都只是根据帖子中的只字片语得来的，但也从一方面说明了那篇文章本身就很具有煽动性。

格罗斯曼并没有对巴杰的动机下任何结论，但是他还是写道，"我是怎么知道有问题的呢？因为我相信我自己的胃——如果什么东西让我看了会觉得胃不舒服，我就知道肯定有不对的。"同时，格罗斯曼还找了一些证据，来反驳巴杰摘录片断中的某些细节，并讨论了博客写手们是否有义务审查他们转发的材料。这篇批评文章十分冗长，但也非常严肃——这篇文章更像是你会在某本学术期刊上读到的东西，而不是在充满火药味的网络论坛上能看到的。 但由于巴杰在博客圈内的地位，格罗斯曼的文章还是得到了广泛的传播与讨论。

面对突如其来的恶名，巴杰一时难以接受。 于是在一个讨论此次争议的消息板上，他写道：

博客写手们每发一个链接，都是在拿他们的声誉作赌注。如果谁引用了一篇全是人身攻击的文章，那他就会失去我对他的尊重。（格罗斯曼的文章就全是人身攻击。）

由于格罗斯曼的分析十分仔细、措辞谨慎，而且尽量避免了个人偏见，不对巴杰本人做太多的批评，因此巴杰的回复就显得非常暴躁。 结果反倒是巴杰的声誉开始下滑了。

一直以来，我都是"机器智慧网志"的固定读者，而且我也记得我经历过此次争议。 当时我的感觉就是，巴杰的表现证实了我对他的判断——他是一个脾气很古怪的人（同时，我对在网上理性地讨论关于以色列的问题再也不抱任何希望了）。 作为一个美国犹太人，我本身并没有太遵守一些犹太人的习俗。 而且长期以来，我对以色列，以及它给中东地区带来的连绵苦痛都非常不解。 我对巴杰以及其他任何人批评以色列政府及其政策的行为，没有任何异议。 （比如说，当时我在 Salon 任总编，这本杂志就经常因为发表批评以色列的文章，而被批为"反犹太主义"，但我其实觉得那些文章并没有什么问题。）但是对于这些我每天都看一会儿的网站，我还是希望，博客主人的动机和学术诚实度能值得我信任。 之后，我还是继续在看"机器智慧网志"，而且我想很多巴杰的老读者们也是如此。 只不过后来我再看的时候，便又多了一份警惕。

从 2000 年下半年开始，巴杰的博客上开始出现越来越多的攻击以色列的链接。 他似乎是铁了心要证明，他是不会向批评低头的；而且他可能觉得让步意味着对自我的"审查"。 即便如此，他的博客我还是照看不误。 但到最后，似乎巴杰已经从对以色列现状的批评，转变成了对犹太人的攻击。2000 年 12 月，他引用了伦敦的《泰晤士报》上的一篇文章，并附了以下评论："犹太教是不是一个目无法纪又带有种族歧视的宗教啊？"果然不出所料，各种批评纷至沓来，但他却辩称他只是在提出一个问题，而不是在下结论，并声称他的批评者们纯粹是想吓唬他。 于是他又接着发表了第二个问题："犹太人是不是不懂如何礼貌地表达啊？"

到了这个份上，人们就可以反问了：巴杰是不是一个反犹太分子啊？

他是一个奇怪又复杂的人。 我也说不准。 安德鲁·奥尔洛斯基说巴杰"本身并不令人讨厌"。 这可能也是真的。 但是当我在看他 2000 年的帖子的时候，我感觉，博主与读者之间的联系已经断裂了。 我上网的时间很宝贵，所以我是不会浪费时间去看那些动机可疑的人发的链接的。 所以很遗憾，最终我将"机器智慧网志"从我的书签列表中删除了。

当我有时偶尔又看到他的网站时，我觉得我的决定是正确的。 2008年，你可以在巴杰的网页顶头看到如下这句话：

犹太主义带有种族歧视，与民主水火不容。

* * *

1998和1999年的早期博客写手们都是网络的人肉过滤器，他们认为你们可以，也会通过他们对链接的选择来了解他们。 他们不用在网上写冗长的人生故事；他们会用一个又一个的链接，来向你展示他们的智慧。

2006年，在一篇自传性的文章中，巴杰指出，1999年12月的沙哈克文章是"机器智慧网志"由盛转衰的转折点。 （此时，他的文风已经变成了句句短小、随意断句的样子，同贾斯汀·霍尔的网络日记有得一拼了。）

我的独立性
总是会让人很不爽
我越说得清楚
我就越是变得孤立……
我曾试过用博客
来消除隔阂
当网上充斥着低劣内容时
我以为我的博客
会给我打开一扇机会的窗户

只要我能把握
异教邪说与传统观点的平衡
我的博客读者就会不断增加

但在我引用了沙哈克
和其他关于以色列的批评后
我博客上的平衡
就在斥责声中
被悲惨地打断了

自此以后，几乎再也没有人敢引用我的链接了从一方面讲，巴杰是对的：自从网友们在他的关于以色列和犹太人的帖子和链接中，察觉到一丝不对劲之后，他们就不再引用他的链接了。 但我并不认为这是因为大家"不敢"这么做了。 我想这是因为大家都认为，在博客世界里，你的链接会反映出你个人的品行。 很多人认为，巴杰的网站曾经充满了种种古怪又令人愉悦的东西，但现在他却变得让人十分反感了。 他们并没有私下通气，但就是在差不多的时间，他们突然就不再引用他了。

对于巴杰来说，他一定会认为，这种排斥是因为，对于网络世界上那些墨守成规的人来说，他太特立独行了。 似乎他从他自己整理的那堆索引卡里找过答案，而从文学作品中抽取的人类行为模式概述中，他也似乎找到了一个与他的遭遇完全吻合的模式。 他是一个受到排斥的自由思想者，是人民的公敌，能让那些思想保守的人对他敬而远之。 但他却从没想过，他只是"将他的声誉押在了他的链接上"，而且输得一败涂地而已。

第二部分
博客兴起

第四章

推波助澜
埃文·威廉姆斯、梅格·奥瑞汉

1999 年 5 月，海湾地区一个名叫彼得·默豪尔兹（Peter Merholz）的网页设计师在 Peterme. com 的侧边空白处贴了一个留言条。 他是一个机灵又爱捣乱的人，当时他已经为这个网志写了一年的稿子了。 留言条上，他写道：

> 不管怎样
> 我都决定将"网志（weblog）"读成"我-志"（wee'-blog）。或者简称为"博客"（blog）。

他觉得这个想法无关紧要，因此没必要专门用一篇日志来表达；默豪尔兹把网站的左侧栏当成了一个杂物栏，专门放一些暂时有用的东西和即兴产生的想法。 由于他觉得这个想法很"傻"，所以他就把这个想法放在了这个栏目里。 这是对"网志"这个词的一种随手拈来的恶搞，而在那个时候，"网志"这个词也刚在博客圈内流传开来。

但这个新造的词并没有像野火一样蔓延。 但是融洽的博客圈在看到默豪尔兹的笑话后，就开始互相传播这个词了。 这个词简练、有趣，就连它蠢的地方都成了它的优势（约恩·巴杰认为这个词的读音很"白痴"）。 "博客"这个词虽然没有经过商业推广，但默豪尔兹却引以为荣；他得意地说，"这个词听起来像是人呕吐的声音"，因此是不会有任何公司的管理层赞成推广这个词的。 但默豪尔兹却觉得这个词非常贴切，因为"这些网站（包括我的在内）都像是在往外吐信息"。 而且，由于这个词是新造的，用法还没有定性，因此你可以随便怎么用，不用顾忌语法规则：例如它既可以用作动词，也可用作名词。

但要不是因为一帮在旧金山市场南地下室工作的、20 来岁的无名网络狂们热切地拥抱了这个词的话，"博客"可能至今依然还是一个陌生的新词。

1999 年，埃文·威廉姆斯和梅格·奥瑞汉（Meg Hourihan）开了一家新公司，立志要设计出一些新奇而又强大的软件，以促进团队协作。1999 年 8 月的时候，他们开始了一个业余项目，名叫 Blogger。这个他们花了一个星期编出来的软件，是一个免费的、可以使个人博客更新自动化的工具。它很快就一炮而红了，而"博客"这个词也因为它的走红而开始深入人心。

在同类软件中，Blogger 既不是第一个，也不是最高级的一个，就连使用起来也不是最简便的。但正是它，最终将写博这个网络圈内的神秘休闲活动，变成了谁都可以上手的大众活动。在技术领域，这类成功有时会被称为"计划性扩增"或"按比扩增"，或直接就说"扩增"。Blogger 花了好几年时间才达到这个规模。在这个过程中，随着互联网业的兴衰，Blogger 也跟着几经起伏，但最终却达到了上千万注册用户的规模——这样一个规模简直让人难以置信，就算是对它的创始人来说，这样的成就也有点出人意料。

一方面，这是因为当时互联网业十分沉迷于"电子商务"的赌注，以及当时普遍认为是媒体未来的大"内容"投资。但另一方面，是因为 Blogger 最开始设计的时候，针对的根本就不是普通用户。这着实比较讽刺。Blogger 最开始定位的用户是一些专业用户：HTML、字体和网页设计的狂热爱好者，是那些认为自己是"网络狂人"的人，是像埃文·威廉姆斯和梅格·奥瑞汉这样的人。

*   *   *

1997 年，当埃文·威廉姆斯移居加州的时候，他已经开过了两家公司，但都倒闭了。25 岁的他浑身散发着创业家的气质，而且他也经常以创业家自居。他在内布拉斯加的一个农场长大，从小就十分淘气，而且他一直坚信，他会"开创我自己的事业"。当时，他的爸爸在管理农场时，用的是一台 IBM 的电脑，而他也在高中的时候学过编程。但直到 1992 年，他从大学退学，并开始寻找第一个创业机会的时候，他才真正开始迷上电脑。当时，他从 CD-ROM 里找到了创业机会（在万维网出现以前，CD-ROM 就是电子出版界的未来之星）。他从他爸爸那里筹了一点钱，开了一家名叫"Plexus Tech"的公司，1993 年的时候开始正式发布产品。

他的第一个产品是两张 CD-ROM 光盘，内容是对内布拉斯加最受欢迎的阿斯科足球队的介绍。"那个主意当时还不错，"埃文回忆道，"但是有电脑，而且电脑带光驱，还喜欢阿斯科足球队的人却并不多。"1994 年介绍上网的视频光盘就成功多了。

后来，当互联网泡沫蔓延到内布拉斯加的时候，Plexus 就将它的业务转到了网页服务器托管和相关服务上了，而埃文也开始学习编程。"我们想设计几款软件，但我们又不知道我们到底在干吗。我们当时还只是在想办法糊口，并试着筹划一些项目。 但我们真正落实的并不多。"渐渐的，Plexus 便破产了。 他的第二个公司 Evhead（这是他小时候的外号）也遭遇了同样的命运。 "当时我真的一蹶不振了，"埃文说，"我让我爸爸损失了很多的钱。这太让人痛心了。"于是，他决定离开内布拉斯加——"我周围没有我可以学习的人"——进军美国西海岸。

1997 年，埃文在奥莱理（O'Reilly①）找了一份工作。 这是加州赛巴斯托波市（Sebastopol）的一家科技类图书出版公司，该市位于旧金山北边，大约 1 个小时车程的距离。 埃文"第一份真正的工作"是帮奥莱理的网站写代码，这份工作让他见识到了"一个公司是如何运作的，以及你如何在办公室办公"。

埃文只在奥莱理工作了几个月。 这份工作让他走出了内布拉斯加，并结识了一些业内人士。 但现在，是时候重操旧业，筹划下一个公司了。 于是，他移居旧金山，当上了自由职业者，并试着四处交际。 在那时，想起步并不难：在 20 世纪 90 年代末期的互联网泡沫中，软件开发者总有接不完的订单。 当然，还有参加不完的派对。

1998 年 7 月初，埃文参加了一场业界联谊派对。 这个派对在旧金山的市场南仓库区内的一个酒吧举行。 在一间波浪形的隔间里，他见到了四个年轻的女孩。 于是，他向他身边的那个女孩做了自我介绍。 那个女孩叫梅格·奥瑞汉。 她是一家保险软件公司的顾问。 嘿，他也是一个顾问啊——他是做独立网页开发的！ 网页开发？ 很酷啊——她告诉他，这才是她真正想做的事情。 于是他向她展示了他为他的 Palm Pilot② 新配的键盘装置。 而她则向他抱怨了她的老板们对网络是如何的一窍不通。

过了一会儿，女孩们便都起身离开，招了一辆出租车准备回去。 她们互相看了看，其中一个说："我们白来了。 一点收获都没有。 我们是来结识人的啊，结果我们一个男孩都没有碰上！"

"那个叫埃文的小子不错啊，"另一个说道，"我们把他叫上吧。"于是她又回到了酒吧，把埃文拉了出来，让他跟她们去下一个场子玩。 于是他便挤进了出租车的后座，这一次他又坐在了梅格旁边。 他们后来去了第二个酒吧，就在马里那（Marina）。 直到那时，他们才真正开始交谈。 "他是我遇到的第一个同我一样喜欢网络的人。"梅格回忆说。

作为一个带有电脑狂气质的英语专业学生，梅格对网络的热爱十分特

---

① 奥莱理媒体（O'Reilly Media）是以出版电脑资讯书籍闻名于世的美国公司，由提姆·奥莱理（Tim O'Reilly）创立于 1978 年。该公司既是出版开放源代码书籍的先驱之一，也常承办许多开放源码社群的研讨会议。出版图书的选题范围现在也扩大到数学、心理学、旅游、日常生活和职业发展等。——译者注

② Palm 手机的一种型号。——译者注

别——同时，她也有比较实际的商业头脑。 凭着她对 Microsoft Word 的熟练操作，20 世纪 90 年代初期的时候，她在波士顿的一家投资公司找了一份桌面出版的活。 当公司决定尝试在方兴未艾的万维网上发布新书简介时，她立刻抓住了这个机遇，趁机学习了一下网页发布的知识。 她下载了一份 HTML 入门教程，并打印出来，自学了如何加网页标签，之后便在网上发布了首批的新书简介。 但是很快这个工作就开始变得无聊了，于是她便换了一份工作，在加州的马林县干起了技术支持兼顾问的活。 虽然她接触网络的时间还不长，但是在新公司里，她已经算得上是专家了。 很快，她就开始辗转于客户会议，告诉保险公司的副总们，未来人们肯定只会直接从网上购买保险的。 但是那些副总们听得云山雾罩。 "那份工作太疯狂了，"梅格现在回忆的时候说道，"我什么都不懂——我才 25 岁啊。 但我知道，如果我可以不用面对推销人员不择手段的兜售和各种态度，而直接从机器那儿购买商品时，我是绝对不会再向人买东西了。"

于是，威廉姆斯和梅格那天晚上坐着聊了好久，谈的全是网络。 最后，他们互相交换了邮箱地址。 很快，他们便开始约会了。 梅格之后便辞了工作——她厌烦了出差，而且想开始在网上干她想干的事情。 但是她还不能完全单打独斗，所以她还是同旧金山的一家小的网络咨询公司签了合约，只接一些她感兴趣的项目。 但当时，这家小公司正在被一家叫 Proxicom 的大公司收购，而梅格也很快发现她的运气实在背。 在一次电话会议上，当她试着据理力争，却被勒令闭嘴的时候，她知道一切都结束了："我小小年纪就上了蒙特梭利学校。 但我却不是一个好下属、好员工。"一个经理曾经跟她讲："你很有潜力，但你也得学着跟白痴在一起共事。"

1998 年的秋天，互联网狂热也席卷了海湾地区。 按理说，这两个踌躇满志的年轻网络模范可以随随便便在某家即将上市的公司找一份工作，然后坐在家里数股票期权就行了。 但威廉姆斯和梅格却另有想法。 数年后，梅格在她的博客"Megnut"上写了一篇文章，追忆了当时的情况：

一个朋友给我讲了一个故事：有天晚上，他在一个派对上碰到了一个网页设计师，他问，"你有自己的网站吗？"她说没有。所以，我意识到，有一部分人是仅仅玩互联网的，但另一部分人才是真正玩万维网的。对于那群玩互联网的人来说，他们都在由大型硅谷公司注资的起步公司里工作，他们有股票，讲的是股票，做梦都是关于股票的。他们还有 IPO①。4 个月的"网络"工作后，他们会比那些从一开始就在网上打拼的人更有钱。但他们没有个人网站，不想要个人网站，也不会理解个人网站。他们不喜欢把自己的事情告诉别

① 首次公开募股（Initial Public Offerings，IPO），是指企业透过证券交易所首次公开向投资者增发股票，以期募集用于企业发展资金的过程。——译者注

人。但是玩万维网的人会告诉你他们见到的第一个网站,以及第一次见到网站的感想:没错,就是它!我要干的就是这个!于是,他们会把自己的一切都放到网上,用故事描述,用设计点缀,用图片来注释。他们创造的东西都有看头,都值得阅读,令人艳羡、让人喜爱。

梅格和埃文都想做一些有意义的事情。 他们看了看那些大同小异的网络商店、飞速扩张的咨询公司以及其他在新黄金热中崛起的公司后,对对方说:"这些地方,我一个都不想进。"虽然他们的浪漫恋情很快便告吹了,但他们还是非常喜欢走在一起,而且他们对在起步公司的生活,都有着共同的、年轻的热情。 当埃文告诉梅格,他准备开发一个基于网页的项目管理工具时,梅格的眼睛顿时为之一亮。 于是她很快便从 Proxicom 辞职了,而且她也不顾朋友们的劝阻,毅然卖掉了公司的股票。 "我说,我不在乎——这太蠢了,它们对我来说一点意思都没有。"于是,Pyra Labs 由此诞生。

在新公司的开办上,埃文和梅格有一些共同的设想。 首先,他们不会采用流行的互联网暴富模式(这个模式就是先获得大量的用户,然后压根儿不考虑如何盈利就贸然上市)。 埃文对资金链断裂的痛楚早有深切的体会。因此,Pyra 要实实在在地诚实经营,而且要有一开始就盈利的计划。 1998年 11 月,他在他的个人网站上发表了一篇文章,并给它起了一个挖苦人的标题——"新证据揭露了许多新兴网络公司失败的惊人真相"。 在文中,埃文写道:"大部分新兴网络公司失败的原因在于……他们做的事都太蠢了!"例如在超级碗的电视直播中,花上百万美元做广告,让人们去访问他们的网站,这种做法极无成效。 Pyra 的创始人决定坚决不犯这种傻。 在他们看来,"只要你把网站建起来了,人们总会来看的",这句话算得上是哪门子商业计划啊?

埃文和梅格还认为,未来属于能通过浏览器运行,在网上被普遍运用的软件工具。 像 Hotmail 和 Yahoo Mail 就是电子邮件的榜样:要想使用它们,你无需下载邮件程序、安装,并在单独窗口运行,你只需在网站上注册后就可以在浏览器里查收和发送邮件了。 Pyra 则计划在基于网页的应用程序尚未成气候时,开拓出一条更宽阔的路子来:它的服务对象是新的网络设计师和开发者阶层,因为这个阶层朝气蓬勃,而且了解新软件平台的威力。 它的做法是为这个阶层提供一个基于网页的程序,用以管理一个项目涉及的所有信息和通信,并将它们全都存放在网上,在世界任何地方都可以轻松调用。 埃文和梅格相信他们的产品(他们给它起名为 Pyra App)一定会成功,因为他们在自己做网页项目和顾问工作的时候,就常常需要用到这套工具。

1998 年 12 月,他们在梅格公寓的起居室里开了一家店。 梅格的公寓位于内日落区,只比海特区高一个山头。 屋里的暖气坏了,所以每当雾气从太平洋直吹过来时,他们都会冻得瑟瑟发抖。 但是屋里却有两张桌子和一个白板，由于他们干的完全是他们想干的事情，很快，屋子里便充满了想法相互碰撞而发出的光芒。 实际上，由于他们有太多的想法、太多亟待分享的链接和好主意，结果他们很快发现了一个问题：如何协调他们之间的工作呢？ 这不应该是什么难事，因为毕竟屋里只有他们两人工作啊。 但是，电子邮件还是出了问题。 "如果我通过电子邮件给埃文发一点东西，"梅格说，"它就会不见。"而且他们也不可能一发现什么好链接，就马上打断对方的工作。他们也没法使用 Pyra App，因为那时，它还不存在。 所以他们觉得他们需要建一个网站，来储存和分享他们的一些随意的想法。

那时，埃文刚给他的个人网站 Evhead. com 添加了一个类似博客一样的版块。 在当时，博客写手们非常流行手动更新他们的网站：需要更新时就直接往文件中输入一串 HTML 代码。 在第一批的博客写手中，很多都是很厉害的网页设计师，他们闭着眼睛都能写 HTML 代码。 但埃文是一个软件开发师，他的思路是设计一些工具来自动执行一些日常工作，并将文字储存在数据库里。 所以他写了一个小脚本，这个脚本能自动将新帖子添加到 Evhead 的博客上去。 这个脚本简单到不能再简单了：它就是一个网页，上半部是 Evhead 的博客，博客下面是一个文字输入框，下面再放一个"保存"的按钮。 这个文字框只有在埃文以管理员的身份登陆后才会显示出来。 这就像是一个他自己发帖子专用的私人投递箱，发起新帖子来异常简便——或者，用一个业内术语来形容，就是"零摩擦"（friction-free）。

埃文很快发现，他的新发帖工具改变了他和博客之间的关系。 "我突然想到，"他说，"这个网站不一样了。 以前，它只是我平时有时间的时候，偶尔用来创作的工具；现在它变成了一个与我大脑相连的输出渠道。 它成了一种习惯。 每当我在网上看到任何有趣的东西，或当我有新的想法，或读到了一句我喜欢的话——'嗒'！ 它们就进了这个文字框，然后被发到了网页上。"

后来，这间起居办公室里的各种点子越来越多，于是埃文便干脆将这个脚本复制了一份，安装在了 Pyra 的独立开发服务器上。 他给它起了一个名字：Stuff. Pyra，但他们通常只叫它"Stuff"。 两人将这个即兴博客变成了他们自己的共享 BBS，专门在上面放一些可以在闲暇时间回顾的东西。 这个东西，就是后来各大公司所用的"内网"的原始版，它最大的优点就是极其简洁。 于是，这个博客很快就被塞满了各种东西，例如：阐述为什么这个世界需要 Pyra App 的文章链接，关于起步公司各种警世箴言，和关于产品设计的想法等。 除此之外，这个博客上还有一些别的更活泼的话题，例如记录他们在这个小小办公室里放过的音乐，或某个深夜出去喝酒的经历等。

大多数起步公司都喜欢在风投资本家面前，展示他们的宏伟商业计划，以期获得投资。 但是 Pyra 则相反：埃文从惠普公司那里拿到了一个订单，帮它开发供公司内部用的网页程序。 整个软件开发的过程中，Pyra 都是靠自

072

己的资金在运作。 正因为如此，Pyra 虽小，却能保持诚实。 1999 年 4 月，梅格和埃文雇用了第一个员工——一个名叫保罗·鲍什（Paul Bausch）的程序员。 保罗以前就在埃文的 Plexus 工作过，后来为了能同他的女朋友近一些，搬来了西海岸。 但是在梅格的起居室里，已经放不下第三张桌子了，所以 Pyra 就搬进了一间真正的办公室——汤森德大街上一间漏水的库房地下室（一家汽车零件公司刚刚从里面搬了出来）。 这个办公室还有一个额外的赠品：网速超快的 T1 网络线路。 这个连接是之前楼上的一个住户留下的，而网络的运营商也似乎从没指望过那个住户会付账。 当保罗加入进来后，他便很快就通过"Stuff"了解了 Pyra 的运作计划。

不久，Pyra 便开始在网上有了些许知名度，而为了让公司的产品更吸引人，埃文和梅格决定将公司的网站变得更加生动一些。 他们已经在 Stuff 里面放进了无数的信息，但这些东西也只对办公室内部人员开放；那么为什么不把其中的一部分内容放到公网上去呢？ 他们只需在输入框旁边放一个打钩框，如果你写了一篇新帖子，而且觉得它可以放到公网上去，那你就只需在打钩框里打个钩就行了——这样，一个脚本就会自动将发送到"员工专用"的 Stuff 服务器上的文章，复制一份到 Pyra 的公共服务器上。 由于保罗自己就写了一个类似脚本，将他的网站变成了博客，所以当时他很快就把代码写了出来。 1999 年 5 月底的时候，很多 Stuff 上的内容开始源源不断地从 Pyra 的办公室流向公网，最终汇聚在了一个叫"Pyralerts"的新博客上。

那个夏天，他们的公司差不多已经准备好要发布一个未完成的 Pyra App beta 版了。 但接着每个人都发现，Stuff 和 Pyralerts 也是一件非常有趣、有用又有活力的事情。 "我们想，其他人可能也会喜欢它们的。"梅格说。

就像海湾地区互联网行业的很多辛勤的工作者一样，埃文、梅格和保罗有时候也会在星期五的晚上，去参加由业内杂志《业界标准》（*Industry Standard*）举办的屋顶鸡尾酒会。 "当时我们是觉得可以借此机会去认识人，"保罗回忆道，"但很多时候，我们都只是扎堆在一个角落，自己喝自己的。"在 6 月份的一次派对上，他们同样也在扎堆喝酒，这时埃文建议，他们可以将 Pyralerts 的发帖脚本变成一个产品。

保罗否定了这个想法。 "它太没技术含量了，太简单了。 它不过是一个小小的脚本而已，没什么大不了的。"

埃文回忆说："当时，我们就一笑了之了。 我们知道其他人用了它后，一定会爱不释手。 但它也不是什么很了不起的东西，小脚本一个。"而且他们暂时也想不出什么方法，能从财务上验证该产品的可行性——因为那时还没有想出商业模式呢。 这让梅格心急如焚。 当时，她手上主要的任务是完成惠普公司的订单，因为公司员工的薪水都靠它了。 （"你是一个比我更出色的顾问，"埃文对她说，"比起我来，你更会管理客户一些。"）同其他人一样，Stuff 风格的发布工具的吸引力也让她激动万分。 但是她也非常警惕，担心一些事情会影响 Pyra 推出一个真正的、能产生利润的产品。 埃文也很认同她的观点，但他还是没有放弃他的想法。 为了以防万一，6 月份的时候，他注册了 Blogger. com 的域名。

那年仲夏的时候，他们的公司发布了 Pyra App 的 beta 版。 它获得了些许认可，也吸引了一些网站的转载，但是却并没有在业界激起什么大的波澜。 埃文和梅格意识到，他们得努力引起人们的兴趣和关注。 或许，他们可以考虑将 Stuff 产品推出来（也就是埃文起名为 Blogger 的新玩意儿），让它来替 Pyra App 抛砖引玉。 如果，他们把它当作一个能与 Pyra 产品兼容的小模块，然后推向市场的话，是不是可以等那些网络狂人尝到这个免费、易用的东西的滋味后，再诱惑他们购买功能更丰富、体验更完整的 Pyra 产品呢？

但埃文当时却焦虑万分。 因为他清楚地记得，当时的公司有点缺乏重心——想法很多，但很少有坚持到底的——而这也是他在内布拉斯加开的第一家公司失败的原因。 他知道他们必须十分谨慎。 但是他也知道，如果 Blogger 能顺利推出的话，它一定会大获成功的。

尽管他们写的这个小脚本微不足道，而且同它的技术构成一样，非常简单，但它却对人和网络产生了深远的影响：它扫清了人的大脑和网页之间的障碍。 毫无疑问的是，它的其他用户也会像埃文和他的同事一样，从这个小脚本中获益良多的。

*　　*　　*

Pyra 在汤森德大街的办公室坐落在旧金山市场南区的边缘。 1999 年的时候，这个仓库区宽阔的大街上，来来往往的全是年轻的网络从业人员。 如果你沿着汤森德大街一直往上走，你就会看到"加州火车快轨"（Caltrain）的车站、一个破旧的拖车场和一条浅浅的死水河。 两条老旧的钢铁吊桥横在河的入水口处，桥中间夹的是中国船坞码头（China Basin Landing）。 它是一个占地面积广，但却早已废弃的货运码头，如今它已经被改装成一间一间的办公室。 几年后，这片区域还会建起一个新的棒球场，和一个以生物科技为主的大型办公楼群，使这片区域的样貌大为改观。 但在当时，那还只是小镇上一片萧条的区域。 我的公司 Salon 就在中国船坞码头里面租用过一个办公区，至今我依然记得，有天我朝窗外望去时，就看见桥下几个警察在河渠里打捞一具尸体。

如果 1999 年 8 月中旬的某个下午，你再从同样一扇窗户往外看的话，你会看到一个短发女人急匆匆地从桥上走过，强忍着泪水，怒不可遏。 那就是梅格·奥瑞汉，当时她正在考虑是不是要离开她的公司。

那时，梅格刚从东部同她家人休假了一个星期后回来。 她一进办公室，埃文就迫不及待地把她拉到电脑前，向她展示他和保罗在梅格休假的时候做出来的东西。他们已经把 Blogger 搭了起来，并将它作为一个独立的产品发布了。他们只花了几天的时间，就重写了脚本，以方便任何人使用。现在，任何人都可以登陆 Blogger. com，免费注册一个账号，然后用它来写博客了。这个东西的好处在于，你可以在你的现有网站和现有域名下使用它——事实上，你也只能用它了。你可以在一个地方写，在另一个地方发布：你可以通过 Blogger 创造和管理你所有的帖子，而且你还可以在你的家里，通过网页发布它们。这个功能的好处在于，它能有效地吸引那些早期的万维网用户，因为那些人一直需要更新他们的个人网站，但又不想放弃他们的网站地址，所以他们就会非常喜欢 Blogger 提供的便利。

梅格却一点也兴奋不起来。事实上，她觉得自己遭到了背叛。她才离开了几天，她的同事就变得无法无天了，"想干什么就干什么——简直就像两个小孩一样"。埃文辩解说，他以为在她离开之前就已经说好了要推这个想法的；但她却并不认为他们达成过任何一致。于是她摔门而出，试着消消火气。

最后，她还是回来了。回来后，她将埃文拉到一边，跟他说，他们必须把工作分担一点出去。当时 Pyra 已经有两个独立的产品了，但依然只有 3 名员工。她不分白天黑夜，也没有周末，累死累活地做惠普的活，而他和保罗却只用干一些"有趣的事"。

当然，那次两人是又吵又闹，一把鼻涕一把泪的。但最终，两人还是同意要为 Pyra 筹措一些资金，雇用更多的人来干活。

从某种程度上说，那个时候是最适合开展与博客相关的业务的。在 1999 年年中的时候，曾出现过一次博客服务业的短暂繁荣：那个时候，不同地方的不同人几乎同时都想到了一个绝好的主意，然后在彼此毫不知情的情况下，都开始动手干了起来。

在西雅图，华盛顿大学的大一新生中出了一个编程奇才，名叫布拉德·菲茨帕特里克（Brad Fitzpatrick）。他编了一个小程序，专门用来发布博客风格的新闻内容。1999 年 4 月的时候，他和他的室友就开始经常用这个程序给对方发一些短的留言。"现在，你就可以准确地知道什么时候我在干什么了。"他的室友在自己的第一帖中就给了他这样一个承诺（或威胁）。菲茨帕特里克给他的程序起了一个名字—— LiveJournal。这个程序很快就火了起来，最开始是在他的校园里流行，后来，2000 年的时候，在整个网上都风靡起来。那时网友们最爱用这个程序来寻找其他写网络日记的人。LiveJournal 有几个很引以为豪的功能，例如朋友列表。这个功能几乎就是后来大热的社交网络 Facebook 和 MySpace 的雏形。但是比起早期的网络世界来说，LiveJournal 还只是在大学生中流行而已。而且，由于 LiveJournal 的用户并不大喜欢引用外部的链接，因此这个服务依然只是网络世界里一个孤立的现象。

在早期的博客热潮中，还有两个参与者：Groksoup 和 Pitas。 1999 年 5 月的时候，保罗·科德罗斯基（Paul Kedrosky）就将他在 Groksoup.com 上的个人博客，变成了一个免费博客服务网站，任何注册用户都能免费使用。 科德罗斯基是一名股票分析师，当时正在英属哥伦比亚大学教商业策略这门课。 在业余时间里，他还喜欢玩一些编程项目。 渐渐的，他也玩腻了自己的博客，然后想，如果能为他人编一个写博程序的话，可能会更有意思一些。 同时，那年 7 月，就在 Pyra 启动 Blogger 前不久，多伦多一个自学成才的程序员安德鲁·史密尔（Andrew Smales）也开了一个网站 Pitas.com，这个网站也可以让用户免费注册博客。 与最初的 Blogger 不同的是，这两个服务都不需要你有自己的网址和服务器空间；他们可以在 Groksoup 或 Pitas 服务器上为你开一个自己的网站。

Pitas 这个名字源于中东的一种口袋面包——皮塔包（Pita bread），并不是 "pain in the ass"（眼中钉）的缩写。 它的运营只有一个人，而且成本也比较低。 11 月的时候，史密尔又推出了一个叫 Dairyland 的服务，这个网站针对的也是在线写日记的人。 这些网站都取得了一定的成功。 但它们既没勾起爱追新猎奇的科技类媒体的想象（因为那时的媒体正在忙着数网络经济中诞生的百万富翁人数呢），也没能引起著名博客写手的兴趣，因为那时他们都有了自己的网站，所以用不着。 史密尔说他从来都不知道该如何推广 Pitas 和 Diaryland，也不知道他自己打造的两款服务还能有什么别的前途。 "我对商业简直是一窍不通。"他说。 同样的，尽管 Groksoup 的用户最开始有好几百人，最后也达到了好几千人的规模，但是它最初只是创作者的一个爱好而已，而且它在技术上也有一些瑕疵；因此，当 2001 年骇客黑了这个网站后，科德罗斯基干脆就关门大吉了。

Blogger 就不一样了：它的势头越来越劲。 它比较对网页设计专家和软件开发者的胃口，这些人都是属于开博比较早的人。 埃文、梅格和保罗自己每人也有一个博客，再加之他们本身也是这个圈内的人，因此他们设计的这个程序就比较符合圈内人的特点。 1999 年 11 月的时候，Pyra 发布了一个升级版的 Blogger，该版本解决了一些以前的问题，并添加了一些新功能。 2000 年 3 月，当 Pyra 团队参加在得克萨斯州奥斯丁市举办的 "西南偏南大会"（South by Southwest）时，他们受到了那些崇尚独立精神的人的热烈欢呼。埃文也由此成了博客世界的一个标志性发言人；他那凌乱的黑发、比例偏大的脑袋和胳膊都让他散发出一种与众不同的魅力。 虽然他本人寡言少语，但听众都觉得自己对他非常了解——因为他们在他的博客上见过他。

但如果 Blogger 不曾遭到一些抨击的话，它是断然不可能达到现在这般成就的。 媒体对博客的报道越来越兴奋，一些质疑者也开始齐声发出嘲讽之言，比如格雷格·劳斯。 1999 年 11 月，他在麦克·希比的网站上发表了一篇名为《网志顶个球》的文章：

博客是场"革命"。它们是"新闻媒体"。它们是"艺术"。人们都说它们是最潮的东西。对于这种现象，我唯一的反应就是：得了吧……有人竟然敢妄称，10年后博客依然会生机勃勃，而且博客读者的数量将是现在的100倍。这是怎样的一种自欺欺人，又是何等的自我陶醉啊！

每当一种现象从圈内扩展至圈外的时候，那些老一辈的人都容易产生被孤立的感觉——就好像，当某些特立独行的小众乐队开始流行之后，他们原来的粉丝就会索然无味地离他们远去一样。正如埃文后来说的那样："当只有少数几个圈内人在做某件事的时候，你才会觉得这件事非常有意思；而当有5万个懂技术的青少年和他们不怎么懂技术的奶奶都开始参与进来时，你就不会再这么认为了。"对于一些从1998年就开始以链接的方式写网志的先锋来说，基于Blogger服务的博客与他们所喜欢的那类博客完全是两码事。那些新加入博客圈的人，并不会去像前人那样去过滤网络内容，他们通常只是把一些生活中的随感或琐事贴到博客里而已。从这方面来讲，Blogger实际上是在淡化网志最鲜明的特色：它使得网志和在线日记之间的界限越来越模糊了，而这种界限也从来只有最骨灰级的网志写手们才看得出。

在瑞贝卡·布拉德写的网志简史中，她认为这种转变的原因在于Blogger的简单界面：这种简单界面并没有要求作者在每篇文章里都贴一个链接。因为埃文认为，Blogger不应该向它的用户强加任何特定的格式。他只想给用户一个漂亮的工具，然后看他们如何使用它。有一些最不满Blogger的批评家，曾试着在"网志"（以链接为主的网站）和"博客"（通过Blogger建起来的新网站）之间划出一条界限来。当然，就像非要保留"email"（电子邮件，原来写作e-mail）一词中的连字符一样，这种努力最终只能是徒劳。蜂拥而至的博客新手们，必然会将博客元老们那些晦涩难懂的学术争论淹没在博客的浪潮中。

Blogger的成功也带来了技术上的麻烦。Blogger的服务器好像察觉到了人们对它的关注，于是非常诡异地选择在"西南偏南大会"的那个周末，高调宕机了。通常情况下，开发者们都必须不断地为服务器打补丁，不断地重启服务器，以应付不停涌入的新用户。2000年2月，"连线新闻"注意到，博客"几乎是一夜爆红"，而且博客的数量也开始"以前所未有的速度增长"。那年年初，Blogger有大约2 300名注册用户；当然，不是所有的用户都在踊跃写博，但开始使用这款软件的人数也还是相当可观的。4月14日，Blogger官网的新闻页面上发布了一个消息，称它的活跃用户已经达到了1 000人。在当时，人们依然认为博客是一项纯手工、劳动量大的工程。而这个数字对于当时来说，简直就是个天文数字。

同年2月，埃文和梅格的计划成功了，Pyra拉到了第一笔投资。他们从一群现在所谓的天使投资人那里，成功地筹到了50万美元的投资，这个数字对于当时投机盛行的因特网行业来说，简直是小得可怜。 这些投资人包括提姆·奥莱理，埃文曾经为之工作过的科技出版商；杰瑞·麦考斯基（Jerry Michalski），技术专家，同时也是 Pyra 的非正式顾问；以及梅格的父母。 当时还有一家 Condo Nast 的子公司 Advance. Net，它的老板杰夫·贾维斯（Jeff Jarvis）以前是一名新闻执行官，对网络非常痴迷。 在迷上 Blogger 后，他的公司也投了一点钱进去。

那年 4 月，在互联网泡沫的刺激下，股市刚好达到它的峰值，然后在股市开始呈下跌趋势的时候，那些投资也终于到账了。 好消息是，Pyra 终于有了一些运作资金，于是他们便聘请了一些新员工。 但坏消息是，他们不得不在一次金融萧条中开创一番事业。 而这次的金融危机从持久度和强度上，都远远超出了人们的预期。

从理论上讲，Pyra 当时的主攻业务依然是最开始的两个大头：Pyra App 和 Blogger。 新的投资者也没有让公司非得二选一不可。 但是威廉姆斯和梅格却渐渐觉得，他们应该定下来，只专注于一件产品。 梅格觉得她面临的是一个"苏菲的选择①"式的两难境遇；放弃哪个都像是要丢掉一个亲生孩子一样，让人难以割舍。 但实际上，真要选起来的话，非常好选。 那时，人们还是没能清楚地理解雄心勃勃的 Pyra App 到底有何意义。 这个产品没有"卖点概要"（elevator pitch）——你没办法用简洁、易懂的语言来解释它的目的。 但 Blogger 就不同了。 它很容易理解，而且发展迅速。 你可以通过它的增长曲线图看出，它正在呈几何式地增长。 是的，它还缺一个商业计划，但如果想要拿它赚钱的话，还是有方法的。 由于商业大气候越来越低迷，因此在博客上打广告的主意越来越难说服人了。 但 Blogger 还可以通过预收费的方式，为专业用户提供"专业"服务。 总的来说，虽然 Blogger 目前还没有盈利，但由于实际用户众多，因此为这样一个已经运行的服务配上商业方案，要比逼迫用户用一个未完成的产品轻松得多，即便后者有一个明确的商业计划，也无济于事。

所以 Pyra App 最后就搁置了下来。 Pyra 不再提及此产品，而扩大后的团队也开始将精力全部集中于改进 Blogger 上。 德瑞克·波瓦泽克是一个资深的网页设计师。 他曾经在"热连线"工作过，专门为戴夫·温纳的专栏进行人工编码。 现在，他也加入了 Pyra，任设计总监一职。 他为 Blogger 设计了一个非常醒目的商标：橘红色背景上一个白色的斜体字母 B，这个标志一直沿用至今。 马特·豪伊（Matt Haughey）则负责协调波瓦泽克和保罗·鲍什之间的技术问题，同时，他还与另一名开发者马特·汉漠（Matt Hamer）一

---

① 该典故出自一部影片《苏菲的选择》（Sophie's Choice）。二战期间，苏菲有一男一女两个孩子，在进入集中营时被迫选择两个只能留一个，在极短的时间内要作出这么重大的抉择，苏菲精神接近崩溃，当她选择了留下儿子时内心已经伤透，然而两个孩子都未能存活，简直把苏菲的精神逼到绝路。——译者注

起处理 Blogger 的核心代码。 每个人都知道，他们正在做的不仅仅只是一个博客服务，他们还是在打造一个群体——而波瓦泽克和豪伊在这方面都有各自的经验。 波瓦泽克的 Fray.com 是一个具有先锋性质的个人故事网站，而豪伊则在 1999 年年中的时候创办过一个颇具影响力的群组博客，名叫"Metafilter"。 当他从洛杉矶搬到旧金山，加入 Pyra 公司的时候，他把 Metafilter 的服务器也一并放进了车厢，沿着 5 号州际公路①一路开到了新家——Pyra 公司，并用上了超快的 T1 网线。

那个夏天，即便业界乌云密布，但对 Blogger 的团队来说，依然是一段非常迷人的时光。 在成功满足了互联网圈内人士的需求，并从圈内知名度中获利之后，Blogger 现在已经准备好要拓展用户群开疆扩土了。 9 月，Pyra Labs 推出了 Blogspot，一个博客托管服务。 现在，你无需拥有自己的域名、网页托管账户就能直接开一个 Blogger 博客了；你可以直接在 Blogspot 上开一个免费的账户，从注册到开始写博只需不到 1 分钟的时间。 有了 Blogspot，Blogger 就可以直接与 Pitas、Groksoup、戴夫·温纳的 EditThisPage.com 以及 Weblogs.com 竞争了（它们是 Userland 在 1999 年年底的时候开的两个免费网站，专门用来炫耀新的 Manila 软件的功能的）。 Blogger 将它的"一框一按钮"的简单界面与 Blogspot 的"免费易用型"博客托管服务有机地结合起来。 这种组合对那些非电脑狂来说，极具吸引力，因为他们可能会觉得 Userland 系统太难学，而且也从没听说过 Pitas 或 Groksoup。

对于那些有自己域名的资深 Blogger 用户来说，Blogspot 看起来像一个乡下亲戚。 但它对新手来说，却是完美的。 而且，它也让 Blogger 的注册率迅速飙升。 但同时，这也让 Blogger 的服务器开始不堪重负。 渐渐的便开始出现大面积服务减速、服务频繁中断的现象，而每当服务器卡壳的时候，就会招致更多的用户抱怨。

Blogspot 上线没多久，梅格·奥瑞汉看了一下公司的账本，发现公司目前的财力只够发几个月的薪水了。 尽管他们有一个受人喜爱的产品、令人震撼的注册量，但盈利方面却不尽如人意。 他们也早就开始准备一个预收费制的 Blogger Pro（专业版 Blogger）服务，但至今仍未就绪；在他们能开发出稳定的技术，保证提供更好的服务、更少的宕机概率之前，他们还不想随便招揽付费用户。 他们设想过开一个新项目，名叫"star-blog"或"asterisk-blog"［" * blog"——在电脑代码里，asterisk（星号）表示的是"全部适用"的意思］；他们为这个项目注册了很多的域名，例如"babyblog.com"、"momblog.com"和"foodblog.com"等。 他们的想法是围绕不同的主题，打造一些新的用户群体，以期吸引广告商。 但公司当时一无财力、二无时间，总也

---

① 5 号州际公路（Interstate 5，简称 I-5）是美国州际公路系统的一部分。北起华盛顿州与加拿大的边界，南连加利福尼亚州圣迭戈与墨西哥的边界。——译者注

无法落实这个项目。

Pyra Labs 有很多的想法。 它需要的是钱。 但是 2000 年秋天的募资环境跟 1999 年冬天完全不能比。 尽管那个时候还没有进入全面萧条期，但是投资者们已经看到，他们投资的证券开始出现下跌的势头，因此，他们对因特网投资也开始报以一种新的警惕态度。 基本上，他们只有看到一个公司能源源不断地进账时，才敢出手投资。 但 Pyra 没有半点收益。 Blogger 是免费的，因为它最开始就是用来推销 Pyra App 的（这个产品的目标人群就是付费商务客户）。 （温纳也推出过类似服务，不过也是免费的，因为他的目的是推广 Manila。）让人们为原本免费的东西付费无疑是自杀，尤其是当市场上还有那么多免费替代品的时候。

那个秋天，埃文开始拼命地筹钱。 但他却一次又一次地吃了闭门羹。那个时候，很多奄奄一息的"以消费者为导向"的网络公司都开始做最后一搏——提供"企业级"产品：也就是重新改装他们的软件，以吸引那些从理论上说仍有可能买单的大公司或组织。 那么 Blogger 该不该走"企业路线"呢？ 公司内部众说纷纭。 鉴于纯粹投资的可能性越来越小，埃文开始想合伙或收购的路子。 当时有一个可能成功的机会——一个叫 Moreover 的公司有意收购 Pyra Labs，这个公司是专门做内容整合的。 （该公司的创始人之一是尼克·丹顿，他后来开创了 Gawker Media 博客发布网络。）当时梅格和埃文对 Moreover 给出的条件并未动心，但至少它能保住 Blogger 团队的工作。 梅格想接受，但埃文反对，不过最后他还是让步了——因为他说，他不想成为一个导致朋友们失业的"混蛋"。 但是，就在最后时刻，Moreover 的董事会退缩了。

与此同时，Pyra Labs 银行账户上的余额也在渐渐干涸。 时间越来越少，他们的脾气也越来越坏。 埃文和梅格的关系向来矛盾不断；多年以后，他们的朋友还会问，两人分手之后竟然还在一起开公司，他们当时是怎么想的啊？ 现在，他们每天都会展开一次咆哮大赛，而且经常是当着所有员工的面。 保罗·鲍什和马特·豪伊都记得，每到此时，他们就会想："哦，妈妈和爸爸又开始吵架咯。"

每天早上，两人都会坐下来，然后梅格就会告诉埃文公司目前是什么情况——"今天我们还剩 8 万美元"，"我刚付了工资，现在我们还有 6 万美元"。 他们开始砍掉自己的工资，并开始透支信用卡，以保证继续给每位员工发工资。 梅格开始怀疑，可能威廉姆斯根本不知道怎么去筹钱——因为第一笔投资简直就像是天上掉下来的。 或许，他的电话打得不够勤，或关系找得不够多？ 为什么他本应该四处拜访潜在投资者的时候，却在办公室里瞎晃悠？ "我每次都是早上来，"她回忆道，"他就总是睡在沙发上，可能他整晚都在整一些 Blogger 的新功能。 而我就会说，搞什么鬼啊！ 现在你没法查邮件，是因为你累了，想睡觉了，而这又是因为你昨天一晚上都在写代码？——我们还是一分钱都没搞到手啊！"

但是，讽刺的是，在外人看来，Blogger 的形势正一片大好。它的增长令人咋舌——2001 年翻年后不久，它的账户数就达到了 10 万个。而且还有一个叫丽贝卡·米德（Rebecca Mead）的《纽约客》记者亲自上门采访，写了一篇关于博客的报道。但即便在一片大好形势中，也有挫折的时候。那篇《纽约客》的文章于 2000 年 11 月的时候发表了，名字叫做"您有新博客了。"（这个标题模仿了当时传遍大街小巷的美国在线的广告词："您有新邮件了。"）结果，这篇文章虽然有意思，但它的关注点大部分都在梅格和杰森·科特克（Jason Kottke，网页设计师，同时也是知名的博客先锋）之间轰轰烈烈的浪漫爱情上。那些新的注册用户无疑是好事，但 Blogger 却负担不起。于是它经常宕机，而且就算重启后，服务也慢得跟蜗牛似的。Blogspot 成千上万的博客全都托管在一台惠普台式机上，这台电脑又破又不中用。当公司出现财政困难的时候，公司最后开始向用户求救，希望他们能捐钱买一台新的电脑。于是用户们纷纷慷慨解囊，"服务器筹款运动"总共募资 1.2 万美元。这些钱够买两台新电脑了——但这些钱还是没法挽回公司的颓势。

2001 年 1 月中旬，两个创始人做了最后的努力，试图拉一些投资；他们裁掉了所有的员工，但是没有一个人走开——尽管没有薪水，他们还是希望公司能起死回生。临近 1 月尾声的时候，最后一次可能的收购也告吹了。于是梅格跟埃文说，既然他没法筹到钱来挽救公司，那么就应该让她来当CEO，最后试一把。他告诉她，他还是希望继续当老板。当他们最开始成立 Pyra 的时候，公司财产是 6/4 分成，埃文占多数，所以埃文是老板。于是梅格跟埃文说："那好吧，我不干了。"于是她踱到办公室中间，向每个人宣布了这个消息，然后夺门而出。于是剩下的员工也告诉埃文，他们也不想待下去了。

1 月 31 日，埃文在他的个人博客上写了长长的一篇文章，标题是"只剩我一人"。那是一封通知信，直截了当，也痛苦异常。

我们的钱用光了，我的团队也散了……这个团队成立的时候，我是多么引以为傲啊。现在，当这么优秀的团队解散的时候，我的心都快碎了。我彻底失败了，梦想也随之破碎。作为这个公司的 CEO，当然，我认为我要负主要的责任。

Pyra 是一个全是博客写手的公司，所以很自然的，在随后的几天里，几乎每个相关的人都发表了一篇事后分析。马特·豪伊哀叹说，他们太年轻了，缺乏商业头脑：

现在想来很蠢，但是当你自己做网页和网络程序的时候，你会很奇怪地觉得，你似乎拥有了上帝的力量。你能制造日出日落，只需轻轻一击就能干掉别人的程序，你能创造一些全新的世界，在这些世界里，会有成千上万的人安营扎寨。所以，很自然的，当谈到赚钱的时候，你就会自负起来，既然我可以用代码写出任何东西，那在商业上肯定也是如此了，对吧？

错！设计师擅长设计东西，程序员会编代码，当每个人都各施所长时，这个时候就应该让一个商人来管商业上的事情。想找到一个能理解设计师和程序员工作的商人，肯定是很难的，但我还是希望我最开始的时候能耐心点找，找到后，就把那些我们不擅长的烦心事交给他们去做吧。

保罗·鲍什在文中讲述了为什么 Blogger 对他来说如此重要：

从一开始，比起 Pyra（指 Pyra App）来，我就更喜欢 Blogger 一些。当办公室没人的时候，我就会轻声地对 Blogger 说，"别着急，我不会让他们在你身上放广告的"，或"我不会让他们卖了你的"。我如此安慰我自己。Blogger 同 Stuff 一样，身上都有一种神奇的东西。它将我们与人们联系了起来。然后，通过他们再与其他的人连接。

而梅格则表达了她的痛楚：

1 月 16 日，Pyra 的所有员工都正式下岗了。每个员工都同意接收最后的一次工资。而且每个员工都愿意继续每天都来办公室，继续干没有薪水保障的工作，这都是因为我们对我们的产品和团队有信心。当我与每个员工都谈过话后，便走进办公室的洗手间大哭了一场。在我回家后，我又倒在床上，哭了一次又一次……

无数个失眠的夜里，我都睡在床上，看着墙上的钟"滴滴答答"从 3 点走到 8 点。数不清的日子里，我每天都徘徊在同样的路上，每天都进行一些没有结果的争吵，默默忍受着同样的痛苦与心碎。

日子过一天少一天，因为，要么是你已心死了，或者你觉得受够了。因为你觉得反正也活不了……

星期一，我从我自己创立的公司辞职了。

现在，我依然泪流不止。

* * *

在硅谷的眼里，那些起步公司总是会碰到一些比较关键的时刻，例如世界突然就抛弃了它们、钱用光了，或精明能干的创业家突然面临一个危险的

082

决定：是不是一切都结束了，该赶紧抽身、收拾好东西准备干下一个项目了？ 或者还是应该坚持干原来的项目，撑到有一天世界恢复元气，终于明白我们的价值？

在多数人看来，埃文·威廉姆斯就应该在 2001 年 2 月的时候收拾起 Blogger 的摊子。 公司当时是半死不活的状态：感觉就像一个僵尸公司。 银行账户空空如也；消费者虽然一大堆，但基本上没有从他们身上赚钱的法子。 但是埃文还是认为，就算是只剩他一个人，也要保持 Blogger 的运行。 一方面是出于自己的傲气，以及他对博客未来的坚定信念；另一方面，也是因为他觉得自己有义务对这群消费者负责，因为当公司出现服务器危机的时候，是他们不离不弃，而且在最后需要的时候还解囊相助。 还有一方面，纯粹是埃文的性格使然。 就像他在"只剩我一人"的帖子里不切实际地，或者故作糊涂地说的那样："我很乐观。 （我一直都是个乐观的人。）而且，我还有很多很多的想法。 （我总是有很多想法。）"

Blogger 原来团队的公开解散让整个技术界都知道了，原来 Blogger 离彻底关闭竟只有咫尺之遥。 埃文的收件箱里马上塞满了祝福的邮件、同情的话语和各路伸出的援手。 其中一个人便是丹尼尔·布莱克林（Dan Bricklin），他是软件行业的传奇人物，因在个人电脑开始起步之初发明了试算表（Spreadsheet）而闻名天下。 现在，布莱克林开了一家叫 Trellix 的公司，专门制造一些发布网站的工具。 他最先是从戴夫·温纳的"编辑新闻"上看到 Blogger 的。 由于他自己就经历过许多起步公司常常面临的困境，因此他对埃文的遭遇可谓是感同身受。 于是他建议两人找机会见见面。 "我本人对博客是很有信心的，而且也非常喜欢 Blogger。 所以我不希望 Blogger 在这场互联网浩劫中沦为陪葬品。"布莱克林后来写道。 一顿寿司大餐之后，两人大致商量了一份授权交易，即授权 Trellix 向其消费者提供 Blogger 的软件，而 Trellix 则向 Blogger 注资 4 万美元现金。

Trellix 的合同，以及那一年其他零零散散的交易，让埃文有了喘息的空间。 但是 Blogger 依然没有摆脱困境。 它从以前每个月 5 万美元的开支，缩减到如今的几千元房租和宽带费等；即便如此节省开支，经费依然难以维续。 最后，埃文不得不完全关闭办公室，将服务器搬到他的家里去。 每每回首，他都觉得这是一段情绪波动剧烈的日子："我不知道该如何付房租，我也没时间想这事，因为服务器经常宕机，我得整晚地研究 Linux 操作系统，以便解决问题。 除此之外，服务器还经常被黑，我还不得不修复这个问题。 我经常想，可能明天或下个星期，一切就会好起来。 但这种奇迹从未发生过。"

埃文所面临的一些问题，基本上都是一家失败的公司（在埃文的案例里，应该说是"差点失败的公司"）常常会碰到的问题。 Pyra 的解散留给了埃文无尽的苦痛和无数的怨恨。 以后，梅格、保罗和其他人可能会赞扬埃文

083

独守服务器、拯救 Blogger 的做法，但现在，他们对他依然怒气冲冲。 如果干脆破产了可能还洒脱一点，但现在，他还要为公司的事跟人争来吵去。 当时，梅格认为她在这家摇摇欲坠的公司里拥有更多的股份，于是便请了一名律师来打官司。 这就意味着埃文还得支付一笔法律开支。

但是，在这些个人和财务波折中，有一种情况却是持久不变的：Blogger 依然在不断地吸引新的用户。 互联网业的萎靡和随之而来的大经济环境萧条让很多人有了大把的闲余时间，而开一个博客是不费钱的。 所以，即便是在困难时期，全世界终于也有相当一部分人用上了宽带，Blogger 和 Blogspot 也因此吸引了大批的用户。 而且由于博客成了互联网业唯一一个保持增长的新业务，所以它又吸引了更多的媒体来争相报道。 2001 年 5 月，《业界标准》杂志发表了一篇关于埃文的报道，文章标题称他为"理想主义者"。 同时，该杂志还对他和 Blogger 最后的幸存表示了祝贺。 3 月后，该杂志破产了。

如今回首，才发现原来 2001 年的夏天就是埃文和 Blogger 的最低谷，从那以后，日子就一天一天好过起来。 但由于"9·11"事件使稍稍复苏的网络广告市场又遭受了一次打击，结果，许多幸存下来的互联网公司也因此陷入了更深的困境。 人们为了发泄他们的愤怒、悲伤、想法和恐惧，于是都奔向了 Blogger，使 Blogger 成了这场悲剧的受益者。 2002 年年初，埃文终于准备好要推出蓄势已久的 Blogger Pro 服务了。 用户只需支付少许费用（一年35 美元），就可以享受这项服务提供的额外功能。 除此之外，Blogspot 用户还可以花一点小钱，将博客上的广告移除，这样埃文就又有了一些进账（但其实利润也相当微薄）。 同时，公司还从一个巴西媒体公司接了一个单子，帮他们创建一个 Blogger 网页。

终于，Blogger 从死亡的边缘爬了回来，发展成了一个真正的业务，不仅用户数在不断攀升，而且还能保持令人羡慕的低运营成本。 这就意味着，埃文终于可以围绕这个产品，着手重建公司了。 那时，他已经同杰森·谢伦（Jason Shellen）结成了商业伙伴。 这个人在 Pyra 的垂死挣扎期，就开始提供一些非正式的帮助，而且随着公司起死回生，他在商业拓展方面也越来越积极。 现在，埃文也有能力聘请几名额外的技术人员了。

显然，Blogger 开始呈现蒸蒸日上的势头，于是，随着 2002 年慢慢过去，埃文和谢伦便开始了对未来的探讨。 现在，他们有大约 70 万名用户；那么他们该如将这个数字推到 1 千万，甚至是 1 亿呢？ 很显然，找人合干要比单干容易多了。 当他们向他们的投资人提姆·奥莱理及其同事寻求建议的时候，奥莱理问他们，想同哪个公司合作？ 谢伦回忆道："我们说，有三个公司我们很喜欢——苹果公司、亚马逊（Amazon）和 Google。 于是他们回答说，'这些公司里都有我们认识的人'。"

奥莱理的人做了引荐之后，那年 10 月，Google 的一个集团发展经理杰里米·温诺库（Jeremy Wenokur）便邀请埃文和谢伦去 Google 位于加州山景城的办公室参加了一次会议。 当时他们并不知道结果会如何。 Google 是一家搜索引擎公司，那它想从 Blogger 那里得到什么呢？ 当然，埃文是很崇拜 Google 的。 Google 在互联网时代的废墟上，做成了一个既聪明又成功的业务；它的搜索引擎会根据引用数量和引用权威性来降序排列网页，如今，它已成了全世界网络用户的必备工具；而且，现在它雄心勃勃，计划用遍布全球的超级计算机"整理全世界的信息"。 就像很多小公司在接到大公司传唤时的做法一样，埃文和谢伦为此次会议做的准备就是：两人一起绞尽脑汁地想 Google 和 Blogger 的"合作方式"。

谁知 Google 的人一点也不想讨论合作的话题。 他们想直接收购 Blogger。

当时，Google 尚无收购史。 埃文也不是很确定到底 Google 看中了什么。"突然间人们似乎都有了自己的看法，于是我们就把那些想法整理出来，因为我们自己没有什么主意。"他回顾道。 当时在博客圈内，对此次合并有一个非常流行的猜测，这个推测是根据作家史蒂文·约翰逊（Steven Johnson）在 2002 年的一篇文章中提出的"Blogger 效应"理论得出的："Google 有了博客写手们帮忙，就能了解到什么样的网页应该与其他页面相关联了……在他们的帮助下，Google 可以将网上零零散散的内容整理成更连贯、更有用的数据。"商务分析师分析了此次 Google 对 Blogger 的收购计划后，更加相信约翰逊的理论了。 "啊哈！"他们说，"这下，Google 里的那帮天才们就可以为他们刚刚组装起来的大脑赋予一些智慧了。"

但埃文并不认为 Google 的管理层考虑了那么远的问题："我想他们可能只是想到，我们现在可以买一些东西了，那就先从小的团队开始收购吧。 我们只需花微量股票就能买下来，但我们喜欢的是这个团队的精神。"

谢伦回顾说："他们以为，或许我们是想利用一下 Google 的财力，这种有效率的创业家精神不正是他们喜欢的吗。"谢伦回忆说，后来，当 Blogger 团队第一次同 Google 的创始人布林以及他的合伙创始人拉里·佩奇（Larry Page）碰面的时候，这两人表示：他们非常担心其他大型网络公司（例如微软或雅虎）会收购 Blogger，然后再将 Blogger "封起来"——也就是说，将 Blogger 与外面的网络世界隔开。 他们认为这种做法对 Google 和网络本身都不利。

再过几个月，互联网界的起步公司做梦都会想被 Google 收购，但当时，埃文在答应被收购之前，还是反复考量了很久。 最后 Blogger 的一切都发展得很顺利，而埃文也很庆幸他当时保持了独立。 虽然在大公司里工作总会有些不如意的事情，而且，另一方面，Pyra 也并非孤注一掷——当时还有一个更传统的风投可供他们选择。

当然，从现在看，用 Pyra/Blogger 换 Google 的预上市股票，是任何理智的生意人都不可能拒绝的肥肉。 但是两人都说，他们接受 Google 的收购，看重的并不是钱。 他们看重的，是 Google 能更有效率地将 Blogger 以及写博推广给亿万用户。 Google 就是他们苦苦追寻的助推器。

这桩交易最后在 2003 年 2 月的时候落槌定音。 现在埃文是一个大款了——至少从理论上说是的。 （这笔交易的细节并没有公之于众，但是在 2004 年 Google IPO 后，它的股价已经远远超过了当时签合同时的价格。）最初的一些投资者，以及少许原来团队的成员——包括梅格·奥瑞汉和保罗·鲍什——都从此次交易中获益匪浅。 最初，梅格自认为自己是一个"互联网爱好者"，而不是什么对股票如饥似渴的互联网投机者；现在，她自己也分享到了一点网络财富。 但是大部分 Pyra 的员工工龄都不长，因此没资格索要股份。

埃文以 Blogger 团队的领班身份加入了 Google。 这次收购就意味着产品的重心发生了巨大的转变：以前 Pyra 还没被收购之前，为了保持公司运营，不得不通过 Blogger Pro 的服务向用户收钱，现在，这个做法就完全没有必要了。 在 Google，"我们只需关注用户增长就行了，"埃文说，"规模就意味着主流。 除非我们规模庞大，否则我们就同 Google 没有关系。"

不过，那个时候，博客市场也发生了大的转变。 最开始，Blogger 是靠吸引精于技术的网络狂人而起家的，现在，它将这一部分用户输给了新一代的博客工具——其中，最流行的就是 Moveable Type 以及后来的 Wordpress。这两个工具都能给那些严肃的博客写手更多功能和更灵活的自定义空间。 而 Blogger 此时则变成了大众型的博客工具：你什么相关技术都不用了解，就可以开一个你自己的博客了。 现在，有了 Google 的财力支持，Blogger 就不再按服务收费，而是专注于添加新的功能。 如此一来，Blogger 本来就非常强劲的增长势头如今更是如虎添翼——从 2000 年年初的 3 千人到一年后的 10万人，再到收购时的 100 万人（其中大约有 1/4 是活跃用户），越增越多。

但 Google 既没有想要将 Blogger 整合到自己的服务中去，也没有像子虚乌有的谣言说的那样，在 Google 的搜索结果中，优先显示 Blogger 的网页。 收购 Blogger 后，Google 一点都不急着改造它，就像埃文说的那样，"让它自己在我们充满营养的环境里茁壮成长吧"。

这对 Blogger 和它的用户来说是好事，因为他们可以利用 Google 传奇性的系统专业技术，来保证服务的速度和稳定性。 但是大公司对埃文来说，却不是什么好的环境。 他爱做的是开创性的东西。 他跟自己说，他还在 Google 干最后一年；后来他干了一年半。 当 Google 2004 年 8 月上市的时候，他的股票就可以交易了——而且价值连城。 当年 10 月，他离开了 Google，然后立刻开始着手准备他的下一个公司。

* * *

当埃文拒绝接受 Blogger 的死亡，于是同他心爱的产品宅居在家，直到它又能安全面世时，他实际上是走了一着险棋，而且异常精彩地走对了。 并不是所有起步公司的苦苦支撑都能有一个童话般的结尾的。 更多时候，这种孤注一掷的结果往往是死路一条：到时候不仅消费者离你远去了，而且你的信用卡账单也会将你压垮。

但最终，并不是埃文从 Google 那儿赢来的钱，才让 Blogger 的故事对互联网界的未来产生了如此深远的影响。 而是因为埃文用自己的经历告诉我们，在后互联网泡沫时代，想要推出一个成功的网络服务，你需要做的其实并不多。 当他一个人窝在公寓里的时候——而且有些时候可能还只穿了睡衣——埃文不仅继续让 Blogger 保持了运行，而且还发展了更多的用户数，最后一股脑地交给了新的东家。 在 Google，办公室漂亮，固定工资也丰厚，各种福利也很好，就连其他办公设备都很有一个"正规"商业的样子。 但是，想要在网上做出一点厉害的东西来，以上这些东西统统用不着。

埃文为后来新的一拨网络公司树立了榜样。 在 Google 收购 Blogger 的时候，这些网络公司还只是一涓细流，后来却发展成了滔天大浪，而这个大浪就是我们现在说的"Web 2.0"。 这些公司如果想要做成一些有价值的事情，他们不需要砸好几百万的钱在里面；一些有价值的东西通常需要的只是一个好的主意，而且想要维持下去也简单，不用像那些大公司那样添置那么多办公设备。 博客开始在技术界外渐渐流行开来，而那些新用户也开始将这种精神带进他们各自的领域。 或许，不用筹集很雄厚的资金，你就能做一个新的出版物。 如果你想建一个政治组织，或开一个营销资讯所，你或许并不需要去花钱租房子、设计漂亮的标识。 这样一来，写博不仅成了一种表达方式，而且还能让你转变思维，进而考虑那些游击式的办公场所。

Blogger 的成功使写博最后变得家喻户晓。 "网志是什么烂玩意儿"，确实如此。 如今，格雷格·劳斯不得不承认，当初他写的那篇充满讽刺意味、贬低博客运动的文章真是"大错特错"了。 "我轻信了那些'不要相信宣传'的鬼话，"他说，"我从来没有想到，原来那些最积极的博客倡导者所编造出的浮华梦境，其实是如此的卑微，让我茫然不知所以。"

Blogger 将博客传播给了大众市场，从而使许多博客先锋（从贾斯汀·霍尔到戴夫·温纳）的共同设想变成了现实——他们相信，如果软件开发者、设计师以及网络公司能造出既简单又强大的工具，并任由人们使用的话，总有一天，成千上万的人都会把他们的文字放到网上。 而其中的关键就在于，这种工具能让你大脑里的思想轻轻松松地变成帖子，到达网上。

但想要简化这个过程并不简单，而且很难保持。 这么多年来，Blogger 和它的竞争者一样，不断地在添加新的功能（例如帖子标题、RSS 种子、分类或标签等），这些功能虽然非常有用，但也为写博赋予了更具野心的使命。 与此同时，埃文·威廉姆斯却返璞归真了：他新开的公司 Twitter 可以

087

允许人们像写博一样，分享自己的最新情况；但每篇帖子，或者说每条"推"最多只能有 140 个字符。

在 2007 年的一次大会上，埃文·威廉姆斯称，如果新网络服务公司最开始的条件简陋一点的话，反倒容易赢得客户，并快速成长。 典型的例子就是 Blogger：Blogger 最开始的规模之小，恐怕是很多商人一辈子都难以接受的。 但如今，无论你往哪儿看，都能很快发现 Blogger 的身影。 现在网络上有很多博客，它们要么是像埃文·威廉姆斯曾经那样踌躇满志的年轻人所写，要么就是写给这些人看的：里面全是给想要自己开公司的人看的各种技巧和竞争故事，因为这类人可能还没结识到合适的人，或者完全不知道该如何开始。 当埃文·威廉姆斯最开始创业的时候，他曾试过向内布拉斯加足球队的球迷们兜售 CD-ROM，但那些球迷根本就没有设备去播放光盘，最后血本无归。 但今天，如果你在 Google 上搜索"阿斯科足球"的话，你就会搜到一大批讨论此话题的博客，你想要的信息，上面应有尽有。

第五章

政治博客运动的兴起

约书亚·马歇尔

    2000 年 11 月 8 日的早上，太阳正从东方冉冉升起。 美国人一觉醒来，气恼地发现昨天举行的总统选举竟然还没结束。 对美国人来说，他们的总统选举从来都是没有什么悬念可言的。 这次，选举统计停滞在了佛罗里达州的几百张争议选票上。 现在没人能肯定到底是小布什还是戈尔会成为下一届总统——甚至都没人知道该什么时候以及如何做决定。 人们一下子慌了手脚：编辑和制作人赶紧撤回了所有关于此次竞选结果的报道，因为显然以前的结论下得太仓促了；现在，他们只能眼睁睁看着精心策划好的竞选报道计划泡汤了。 那些新闻爱好者既为这种戏剧性事件感到兴奋，又因各种不确定因素而显得不知所措。 而责任心很强的美国公民则开始思考，他们的选举制度何以溃烂至此？ 当时就好像整个政治宇宙都掉进了虫洞里，连时间仿佛都静止了。

    当计票工作最后演变成法律纠纷和相互指责时，新闻媒体也有了一种濒临崩溃的感觉。 面对各种纷至沓来的谣言，报道速度缓慢的纸媒显然跟不上节奏，自然就落后了。 各种细节信息也让广播媒体叫苦不迭，因为他们显然不知道怎么对争议票数进行数学分析。 如果你想及时了解佛罗里达州的疯狂状态，你就只能上网了。 在网上，你可以找到关于佛罗里达州各县的投票数据，以及各种法律伎俩的信息。 那些新闻回放、来历不明的小道消息都可以让你大饱眼福。 而且，你还可以听到双方阵营里的不同灵通人士对这场逐渐扩大的战争有什么说法。

    在华盛顿特区，一个名叫约书亚·米加·马歇尔（Joshua Micah Marshall）的年轻记者觉得，他也有话想说。 他是《美国展望》（*American Prospect*）的一名高级编辑。 这是一份立场摇摆不定，发行量也很低的政治杂志，有点像《新共和》（*New Republic*），只不过更开放一些而已。 当时，他对《美国展望》的观点很不满——比起他的老板们来，他更喜欢克林顿/戈尔阵营的温和态度。 而且，有时候编辑之间的党派偏见也让他十分烦恼。同时，他也更希望能试验一把在线报道和写稿的新形式。 作为布朗大学历史系的毕业生，马歇尔通过网页设计的兼职工作也赚了一点钱。 他懂得在网上发布消息的基本步骤，而且也有了一个自己的网站。 在他的网站上，除了一篇自我介绍以外，还有一些他在《美国展望》、《新共和》、*Slate* 和 *Salon*上发表过的文章的链接。 他曾经看过几个政治新闻类的博客，因此也在心里盘算要开一个自己的政治博客；他知道，他只需要挑一个名字、设计一下模板，开始写作就可以了。 而现在，时机正好：佛罗里达州发生的故事实在是千载难逢的开博良机，让他难以抗拒。

2000 年 11 月 13 日，选举夜过后没几天，马歇尔就在他的新博客"论战纪要"上发表了第一篇帖子。 （他的博客名字源于圈内的一个笑话，暗指莫妮卡·莱温斯基风波中一个早被遗忘的典故。） "论战纪要"的第一篇帖子就揭露了律师希尔多·奥尔森（Theodore Olson）的背景。 在佛罗里达州票数重计过程中，希尔多·奥尔森负责帮小布什进行辩护，之前他就参与了反克林顿的白水事件①（Whitewater），后来他更是荣升小布什政府的副司法部长。 那个星期，马歇尔高度赞扬了戈尔提议在全国范围内进行票数重计的做法，重新分析了小布什的顾问卡尔·洛夫（Karl Rove）在选举前的最后一个星期部署资源的策略，而且还时不时地更新了此起彼伏的法律暗战，因为战况可能会左右最终的选举结果。 他写文章的口气既显得很有学问，又比较随意，同时还带有一点偏向性。 他的文章与你在电视新闻上听到的内容有点类似。 其实不管什么时候，政治狂热分子聊新闻、满嘴跑火车的架势都大同小异。

如果那个星期你恰巧看过"论战纪要"，你可能会想，这个作者真聪明：有些东西他在长篇报道里没法写，于是就全扔到网上来了。 做法值得肯定，但还算不上开天辟地。 当时人们并没有想到，几年后，这个网站上的帖子竟然能将一名参议院多数党领袖赶下台，影响总统立法计划上的中心议题，并逼迫美国一名首席检察官辞职。 当马歇尔最开始写博的时候，也没人会预料到，他即兴写出的东西会为调查新闻学找到新的研究方法，并增进博主与读者之间的协作。

几年后，政治博客热潮席卷美国，右翼分子最先加入，左翼分子紧跟其

---

① 白水门事件又称"白水开发公司案"，该公司位于克林顿的家乡——阿肯色州小石城，是一家专营房地产的公司，克林顿有这家公司 50% 的拥有权。该公司与阿肯色州一家储贷担保公司有过关系，而其老板与克林顿是密友。担保公司后来因涉嫌"银行诈骗"破产，公司老板入狱。由于此事使美国一些纳税人损失惨重，于是美国联邦调查局进行调查，发现第一夫人希拉里曾经从该担保公司获得过一笔非法红利。这笔钱先存入白水开发公司名下，然后希拉里再利用法律漏洞把该钱转出，用作克林顿竞逐连任阿肯色州州长的费用。美国独立检察官斯塔尔自 1994 年起就负责调查白水门案。后来调查工作改由罗伯特·雷接替。克林顿在此案中被控"妨碍司法"、"作伪证"等罪行。——译者注

后。 以前人们觉得博客写手是集"好管闲事的人"、"记者"、"活动家"和"臭狗屎"等多种身份于一身的人；而现在，博客写手身上却罩上了流行的光环。 在这股政治博客的热潮中，马歇尔既不是最受欢迎的，也不是知名度最高的写手。 但他的不同之处却在于，他总是在博客的框架下，孜孜不倦地探索政治新闻的创新报道形式。

* * *

在那时，马歇尔的新项目并没有太多可以借鉴的模式。 虽然"德拉吉报告"启发了很多政治网站，但是它更多的是在搜集标题，而不是在写博客。网上的政治辩论也大都局限在一些论坛或邮件新闻里。 但是，在这些网站中，某些最流行的网站的做法却并不值得称道（例如右翼网站 FreeRepublic. com 和左翼网站 MediaWhoresOnline）——它们上面都是一些具有攻击性的帮派分子，他们既不愿意，也从没抛弃过党派之见。 同时，博客世界依然还只是网络狂人的专属领域，是给懂一点技术的业余新闻爱好者准备的，而不是给那些职业记者玩的，因为记者们本来就有表达的渠道。 像政治博客这样的特例简直是屈指可数。

丹·吉尔默（Dan Gillmor）的博客便是一例。 丹·吉尔默是"圣·约瑟的水星新闻"的一名记者，专门关注硅谷的动态。 1999 年 11 月，他采纳了戴夫·温纳的建议，开了一个博客做试验。 当他开始写一些技术类文章给技术人才看的时候，他发现了这样一个现象：那些看他专栏的人，通常比他还能理解业界一些扑朔迷离的问题。 这并不是说吉尔默是个白痴，他聪明得很。 不仅如此，他还非常谦虚地接受了这个现象，他曾简要地说过，"我的读者懂得比我要多"——这种态度在美国新闻界可并不常见。 这么多年来，他总会把他的邮箱地址附在专栏文章的下面，这样读者就可以把自己的想法、点子告诉他，指正他的错误，偶尔也可以恭维一番。 而他在"圣·约瑟的水星新闻"下开的博客更是拓宽了这条沟通渠道。 按他的话说，就是将原来的"说教模式"变成了"对话模式"。 从那时起，在他的博客里，他就经常会问读者："嘿，我正在写一个故事。 我是这样想的。 我这个方向对吗？ 这样写有没有问题？ 这样好不好？"

吉尔默的文章在狭小的博客界和看他文章的科技记者中激起了轩然大波，但是他的同事和外面的世界压根就没注意到。 "人们完全不感兴趣，"他回忆道，"我想'圣·约瑟的水星新闻'里几乎没人知道它的存在。"吉尔默的博客并没有引得很多记者争相效仿：在很长时间里，对人们来说它都只是一个奇怪的试验而已。 1999 年的时候，那些新闻界的老板们都太忙了，没时间去考虑如何从网络财富中分一杯羹。 他们想的都是从网络公司挣广告利润，根本没有理会小众的博客。 ［虽然现在你还是可以看到很多早期博客写手最初写的一些帖子，但是吉尔默的博客已经完全从网络上消失了：这些年，无数次地更换技术平台、重新设计网页、转变编辑方向，使"圣·约瑟的水星新闻"的保存页面被统统抹掉了。 就算是在 Internet Archive（因特网档案）这样一个保存过去网页快照的网站里，你也找不到任何痕迹，因为"圣·约瑟的水星新闻"不允许外界复制他们的材料。 所以，如果你想将你网上的内容留给后来人看的话，你千万不能依赖你的员工，你非得自己保存不可。]

吉尔默作为一名专业记者，他的做法太超前了。 技术媒体之外，第一批写博的资深记者并不像他一样，是科班出身；那些人的名字也不会出现在主流媒体的新闻标题下。 他们都是这样或那样的局外人。 这群人不喜欢新闻编辑的颐指气使，他们更喜欢网上吵吵闹闹的对话氛围。 对他们来说，博客更多的是一种业余爱好，甚至有些时候，还带有一点玩票性质。 第一个引起主流媒体关注的是米奇·考斯（Mickey Kaus）。 他是一名哈佛大学法学院出身的记者，曾经写过一本关于福利制度改革的书，而且在《新闻周刊》和《新共和》工作过，但在两家都没干多久。 在莫妮卡·莱温斯基性丑闻开始的时候，考斯曾为 Slate（微软旗下的网络杂志）写过很短一段时间的专栏豆腐块。 但是他与 Slate 的合作时断时续，并不连贯。 1999 年 6 月，在某个"中断"期间，考斯开始在他新开的个人网站"Kausfiles"上写些评论文章，每周两三篇的样子。 9 月的时候，他给网站添加了一个名叫"Hit Parade"（流行歌曲唱片集的意思）的二级网页，里面放一些豆腐块文章。 "当时，我并不知道那就是一个博客，"他回忆道，"我们并不把它叫做博客。 像别人一样，我还以为这种把新内容放顶端，旧内容堆下面的格式是我最先发明的呢。"

考斯的独立只是暂时的；后来，"Kausfiles"便被 Slate 吞并了，Slate 花钱请考斯写稿，还给他在网上建了一个专门发表文章的网页，但从来不编辑他的内容。 虽然从表面上看，考斯是一个自由派的人，但他的作风和脾气都非常暴躁。 如今，从克林顿弹劾案到佛罗里达选票重计风波，党派之争是愈演愈烈，而他也近乎倔强地想激怒他的每一个左翼读者。 这些读者来他的网站不为别的，就是想验证一下他们对他的主观偏见是否正确。

如果考斯是自由主义者中喜欢招惹其他自由派的人，那安德鲁·萨利文（Andrew Sullivan）就是右翼分子中的考斯：政治立场不同，但同样特立独行。 安德鲁·萨利文是一名在英国出生的同性恋作家兼编辑。 1991 年，只有二十几岁的他就掌管了《新共和》，后来他便开始了他的自由职业者生涯。 2000 年秋天的时候，萨利文开始写博，时间比马歇尔早几个星期。 萨利文有一个朋友罗伯特·卡梅隆（Robert Cameron）开了一家网页设计公司。 在他的帮助下，萨利文为他的专栏建了一个专门的网站。 但由于他自己对技术一窍不通，所以每次要发新帖子的时候，他都要找卡梅隆帮忙。 有一天，卡梅隆给他打了一个电话，告诉他有一个叫 Blogger 的东西。 "用这个吧，"卡梅隆说，"这样你就再也不用找我帮忙了。"

当他开始用 Blogger 把以往发表在纸媒上的专栏文章搬到网上时，他突然想到他还可以把那些原始材料也放上去。 在他主页的下拉窗口里，他放了一个横条图片，上面写着"每日一菜"的字样。 在这个版块里，他开始为那些在《新共和》上发表的短篇专栏文章写一些短评。 很快，他就发现 Blogger 的格式让他难以抗拒，欲罢不能了。 而且当读者开始给他的评论留言时，他也有了像丹·吉尔默那样的新发现：那些纷至沓来的评论邮件简直就是无价之宝。 后来，他如此写道：

其实读者只有几百个，而且回复我的也仅有几人而已。他们在了解了我的兴趣之后，就开始给我发一些链接、想法和材料，这样我就可以添到博客上去了。后来，我网站上的材料几乎有一半都是读者给我建议的。有时，这些读者对各种话题的了解程度比我深刻得多。记得有一次，正当我苦苦揣摩佛罗里达州选举噩梦的复杂性时，我收到了佛罗里达州一名政治学教授的邮件，文中他给我详尽地解释了各种细节。如果我只是简简单单地按传统的方法写文章的话，我是无论如何都得不到这些信息的。实际上，我也搜遍了各大新闻媒体，试图寻找一些关于选票打孔纸和投票机器的细节。后来，我发现，"对等新闻模式"比起传统新闻模式来，有着巨大的优势。它可以动员无数人的知识和资源，而不用只听少数几个人在那儿言之凿凿地发表自己的观点。

萨利文是一个专业的记者，有良好的家世和很高的公共知名度。 但他的网站却依然难以入流。 2000 年年底，当约书亚·米加·马歇尔发布"论战纪要"网站的时候，政治博客就像 3 年前的技术类博客一样，少之又少。 总的算来，写政治博客的人寥寥无几，且分散在政界各处：例如鲍勃·索摩比（Bob Somerby）。 他曾经做过喜剧演员、教师，是《巴尔的摩太阳报》（*Baltimore Sun*[①]）的专栏作家。 从 1998 年起，就开始在他的"Daily Howler"（"每日一吠"的意思）网站上发表自由评论了，而这个网站也渐渐开始偏向博客风格。 自由派学者弗吉尼亚·波斯特莱尔（Virginia Postrel）在 1999 年的时候开了一个网站来宣传新书；2000 年 12 月的时候，她在网站上添了一个博客，叫"The Scene"（场景）。 2001 年 8 月，田纳西大学一名比较温和的保守派法学教授——格伦·雷诺德斯（Glenn Reynolds）在 Instapundit.com 上开了一个博客，之后便立刻开始写一些简短的、闲闲碎碎的帖子。

---

① 《巴尔的摩太阳报》是美国马里兰州发行量最大的主流日报，提供当地和区域性的新闻信息。——译者注

所以，政治博客圈的气候也正在形成，只是速度有点慢而已。 但是，如果想要听到那些政治博客的声音，你就必须得屏息凝神，仔细去听。

＊　＊　＊

2001 年 9 月 11 日的恐怖袭击让政治博客的声音，一夜之间突然变大了：它让稚嫩的政治博客写手突然开始疯狂地发表帖子和链接，而且还吸引了一大批新手加入这一行列。 在美国各地的地下室和家庭办公室里，人们声嘶力竭地咆哮着他们的愤怒和悲伤，他们四处询问、到处打听消息。 还有很多人发现，电视新闻和纸媒报道根本无法满足他们的需要。 于是新闻博客便开始向这些最不满、最心急的人招手了。 而一旦你发现了一个这样的博客，你就会通过它上面的链接找到许多其他的博客。 在这个过程中，有相当一部分新的博客读者便随之加入了 Blogspot，成了博客写手。

在这些新加入的博客写手中，声音最大、数量最多的都是那些直言不讳的人，但他们在观点上却趋向于保守。 这些新人是没有耐心等约书亚·米加·马歇尔在"论战纪要"上写一些字字斟酌、观点偏自由的文章的。 安德鲁·萨利文的观点偏右，而且言语尖酸刻薄，因此更对他们的胃口。 但大部分人看的都是雷诺德在 Instapundit 的博客。 许多保守派媒体已经有了类似于博客的网站专题——比如《华尔街日报》（*Wall Street Journal*）的每日观点（Opinion Journal）网站上每日更新的"网络精选集"栏目，或 National Review Online（"国家评论在线"）上的"号角手"（Corner）。 但相比之下，Instapundit 的主人雷诺德更新的速度更快，而且对不断膨胀的保守派博客圈提出了个人的看法——在某些领域，例如对外政策方面，他是主流保守派；但是在社会话题上，他更带有自由派色彩（他反对枪支控制，但赞成同性婚姻）。 他的观点很有影响力，但他的博客风格则更具感染性：他总是大方地分享链接，不知疲倦地更新博客。

"9·11"事件后的一个星期，洛杉矶一个名叫马特·韦尔奇（Matt Welch）的作家开了一个博客，而且起了一个与当下最狂热的情绪相得益彰的名字——"战争博客"（Warblog）。 韦尔奇已经在自由媒体耕耘了好多年，例如 WorkingForChange.com。 按他的话说，他就是一个"在蓝州（支持民主党的州）媒体的深水中浸淫多年的人"。 在看了《洛杉矶时报》（*Los Angeles Times*）的专栏版和其他媒体上的一些评论后，他怒不可遏。 他认为那些观点"令人痛苦地不恰当"，因为他们对恐怖袭击的反应，"竟然是称美国为一个恐怖主义国家"。

"我开博客，"韦尔奇说，"就是要站起来，对那些与我共事了 15 年之久的人说一句'住嘴'！"

韦尔奇开博后的第一篇文章就宣称："欢迎来到战争博客……我，郑重呼吁展开一场剿除恐怖主义的全球战争。"很快，他的"战争博客"标签便成了"9·11"博客群的代名词。 这群新一代的"战争博客写手"愤怒、骄傲，同时对他们的新媒体的潜力相当自信。 在他们的博客里，他们对刚发现的博客新世界充满了敬畏之情，对他们抛弃的旧媒体世界则充满了鄙夷——最终，他们还会为这个旧媒体世界贴上一个歧视性的标签"the MSM"［主流媒体（mainstream media）的缩写］。 似乎他们这是头一次发现，原来引用其他链接和原文材料竟有如此大的威力。 他们一方面沉醉在摆脱权威的自由之中，一方面也得意于他们不同于自由派的行为。 有些人可能也模糊地意识到，他们其实并不是第一个体验到这种自由与力量的人，但在那个时候，这都不重要了。 他们觉得他们所投身的事业实在太重要了，过去的一切事情都可以统统抛在脑后。 就像基地组织的攻击重设了世界历史的时间一样，他们的博客也在"零纪年"复位了万维网的日历。

韦尔奇一直期望共和党和民主党之间能摒弃恶俗的党派偏见。 这次，他认为"9·11"事件的冲击"使很多人的政治观点（从某种程度上说，也包括我在内）发生了巨大的改变，'9·11'事件迫使他们开始以更开放的态度，去看待以前不接受或不了解的想法和思想家"。 他赞扬他的战争博客写手们都有"对批判性思维的渴望"和"能让人开怀大笑的幽默感"，表扬他们"愿意同读者交流、鼓励读者、抵制文化战争，以及由20世纪90年代的左右派之分而衍生出来的其他思潮"，而且十分欣赏他们"勇于承认错误的态度，以及像大学生一样，毫不留情地互相审查的做法"。

事实上，虽然多数新开的博客都是偏右的，但它们的议题却并不局限于某一特定的政治立场。 而且由于"9·11"事件极大地冲击了许多习惯的政治思维，所以就连整个政治领域本身也突然充满了各种变数。 杰夫·贾维斯（Jeff Jarvis）是纽豪斯/前进传播公司（Newhouse/Advance）的执行官，同时还投资了Pyra的Blogger项目。 当飞机撞上世贸大楼的时候，他正在前往世贸中心的最后一班通勤列车上。 "当飞机撞下来的时候，我离南楼只有一个街区之遥，"他回忆说，"就像你在电视上看到的那样，当时我全身都是灰。"当时，他并没有赶快逃跑，而是留下来为纽豪斯的连线报道写了一篇报道稿。 当时他已经看了一段时间博客了，但从没想过要自己开博。 他的想法很快就变了："第二天，我还有更多想要说的。 就这么简单。 我需要一个渠道。 我想，那就写几个星期的博客吧。"

贾维斯说他原本是一个自由派的反战主义者，但是"9·11"事件却将他变成了一个激进的战争博客写手；他为新博客起的名字就是"战争日志：第三次世界大战"。 "以前有一个老笑话：所谓保守主义者，就是遭打劫过的自由主义者。"他会如是说。 查尔斯·约翰逊（Charles Johnson）也有过类似经历。 他是一名成功的爵士吉他手，也是洛杉矶的一名网页开发师。"9·11"事件之前，他自称是"中间自由派"，2001年年初的时候，他为他

095

的公司开了一个比较随性的博客"绿色小足球"；但"9·11"事件后，他的博客便带上了好战的保守主义色彩。

战争博客写手中有学者、军人、记者和程序员等，他们大多是美国人；但战争博客写手中也有一些同根同源的海外声音——其中一人便是澳大利亚记者蒂姆·布莱尔（Tim Blair）。 战争博客圈扩张得飞快，因为很多博客写手都没有耐心用宽容的态度理解穆斯林世界的冤屈；他们拥护小布什总统，挖苦那些批评小布什的人，而且还助长了美国自以为是的情绪——这种情绪在美国入侵伊拉克之前达到了顶峰。

同时，那些老派的博客写手则对右翼分子的群情激愤大为不解。 正是因为他们发明并改进了博客工具，战争博客才成为可能；他们一直都希望看到博客世界朝一个新方向发展。 但现在呢？ 2002 年 1 月，Metafilter 的站长马特·豪伊在给杰西·詹姆斯·加勒特的博客邮件列表写信的时候，如此写道：

"战争博客写手"就同 1998 年在网上吵架的人一样，简直如出一辙……他们也是喜欢大把地贴链接（通常都是三四十人引用同样的故事、同样的链接）。他们之间的交叉引用错综复杂，而且每当有关他们的文章冒出来的时候，他们都会引用同一篇文章，而文章中没被提到的人则继续互相鼓励，再接再厉。

……这是不是所有博客写手的必然成长过程呢？ 我们要不要等他们自己发现他们的行为原来是这么的无意义呢？ 是不是就像冲浪的人刚开始尝试长板冲浪（或就像 16 岁的小孩刚拿到驾照一样，最开始的时候总喜欢开很快）的时候一样，你总会赞美那些资深博客写手，引用他人的链接，拼命想挤上别人的链接列表，疯狂阅读你最爱的博客，从它们上面寻找链接，并狂热地查看你博客的被引用数据？

……似乎历史注定就是要重演一样。

后来，瑞贝卡·布拉德在她写的"布拉德的博客历史规律"一文中对这一行为进行了总结："你发现博客或开了自己博客的那一年就是'博客井喷年'。"安尼尔·达什（Anil Dash）是纽约的一名网页设计师，她从 1999 年 7 月起就开始写博了。 对这种现象，她下了一个结论："正是你看到的第一篇博客，替你开启了你自己的博客媒介。"

战争博客写手的黄金时期非常短暂。 有些人曾幻想，战争博客写手会为网络上的政治对话掀开新的一页，届时将没有那么多党派偏见，人们的观点也会更开放、更理性。 后来才发现，就像也有人幻想"9·11"事件会终结那些下三烂的政治伎俩，消灭挖苦和讽刺，消除大众对名人性生活的兴趣一样，这终究是不可能的。

几年后，在一篇名叫"再见，战争博客"的文章中，韦尔奇如此总结：在战争博客运动中，那个圈子内部泛滥着让人恶心的狭隘主义。 当一些有事实依据的观点同他喜欢的阵营的立场相左时，那些平时摇着大旗，抗议媒体偏见和错误的博客写手们往往会对这些观点充耳不闻。 "后'9·11'时代"的激荡局面曾让他欢欣不已，但这个局面最后却如昙花一现，让他扼腕叹息："有那么几个月，读者和作者能够感觉得到，他们当时的想法同他们以前所排斥的世界之间，竟然碰撞出了一些新鲜的东西。 你没法预测别人会说什么，更不知道你自己会说些什么。"

*　*　*

但左派也并非不存在。 "9·11"事件后，网上立刻就有一些美国本土的声音开始质疑，入侵阿富汗、清剿塔利班、通缉奥萨玛·本·拉登是否为明智之举。 然而，当小布什政府决心扩大"反恐战争"的规模，白宫开始擂响进攻萨达姆·侯赛因（Saddam Hussein）的战鼓时，战争博客写手们发现，原来网上还有志同道合之人。 "9·11"事件后，博客为那些拥护小布什政府政策的博客写手们提供了宣泄的渠道；同样，现在博客也可以为那些质疑小布什拥护者的人提供泄愤的途径。

2002年，一个新的、充满活力的自由博客群体登上了历史舞台——他们后来也被称为民主党的"网根"（netroot）。 那年4月，一个网名叫Atrios的匿名活动家［2004年他终于自曝身份了——一个住在费城的经济学家邓肯·布莱克（Duncan Black）］开了一个博客"Eschaton"（末世）；他曾经在MediaWhoresOnline的论坛上写过文章，而且对那些尖酸刻薄的粗鲁回答十分敏感，经常反唇相讥。 差不多相同时候，一个名叫杰劳姆·阿姆斯特朗（Jerome Armstrong）的兼职证券交易员也开了一个博客。 这个博客是他一年以前就建好的网站，叫"MyDD"——原本的意思是"我的参考资料"（My Due Diligence）。 网站上全是一些股票信息和市场分析报告。 现在，他将这个网站改成了博客，开始写一些政治类文章。 ［阿姆斯特朗后来将之更名为"我的直接民主"（My Direct Democracy），简称依然是"MyDD"］。 一个月后，一个网名叫"Kos"的人开了他自己的博客，名叫"Daily Kos"（每日科斯报）。 他也是MyDD的一个粉丝，平时好斗嘴且志向远大。 科斯（Kos）是他在军队里的简称，因为他的全名——马科斯·莫里萨斯·朱尼加（Markos Moulitsas Zuniga）太长了。

就像战争博客写手曾经从右翼的角度对电视新闻频道和纸媒进行了批判一样，这些进步的新博客写手也从左翼的角度给出了他们相应的抨击。 在阿姆斯特朗网站的一些页面顶头，你可以看到这样一段题词："别憎恨媒体——让自己变成媒体吧"。 但是，Atrios、科斯和他们后来引导的博客军团追求的是更宏大的目标。 他们同战争博客写手一样，都非常自信、咄咄逼人，但他们还有一点不同之处——他们对政治游戏的策略非常关注。 他们的网站虽然都是一些自我表达的内容，并借此来试验创造媒体的可能性，但这都不是他们最在乎的东西。 在他们看来，博客写手们平时只会发文讨论一下政治事件而已；但关键却在于改变政治势态——打倒共和党人。 就像科斯说的那样："我讨厌的一点就是整个写博的活动到最后什么效果都没有——都不了了之了，真是神奇。 这不应该啊。 博客只是工具、手段，仅此而已。"

最开始，博客还是没法直接产生政治影响。 2002 年，新自由派博客的直接影响力也只体现在了两个与政治不太沾边的领域里。 首先，他们挑战了他们的右派同行，因为那些右派博主认为，"9·11"事件以后右翼就主宰了网络阵地。 接着，他们搜集了大量的信息和论据，以反对布什政府整个夏天和秋天都在讨论的关于入侵伊拉克的提案。 在当时一片喧嚣的拥战呼声中，这种不和谐的声音很难被听见。 他们并没有赢得媒体的认可，右派对他们也嗤之以鼻，而且丝毫没有影响多数民主党领导人想赶快发动战争的冲动。 直到后来，随着入侵伊拉克的灾难性后果慢慢显现出来，这些战争批评者才重新得到了重视；现在看来，他们之前的种种怀疑是非常有预见性的。

事实上，虽然战争博客写手和他们的左派对手都迅速向人们展示了他们新创造的、相互联系的发言台，也让人们看到了这个发言台所散发出的民粹主义力量，但双方都没能吸引多少来自世界的关注。 在电视和纸媒记者看来，网上的任何事情都只属于另一个世界。 博客可能比较有趣，但这种有趣也只局限在博客写手之间。 他们的博客没有太多实质内容，更别说影响力了。

直到 2002 年 12 月，当共和党参议员、多数党领袖特伦特·洛特（Trent Lott）丢官事件发生后，人们才对政治博客的态度有所改观。 此次事件也让约书亚·米加·马歇尔收获了一群新的读者和一种新的关注（他是所有政治博客写手中第一个受到关注的）。 在战争博客写手统治网络的时候，马歇尔的中间自由派倾向让他难以合群。 但他也没办法同民主党右派的活动家们和谐相处：与他们不同的是，他最开始比较谨慎地支持过美国入侵伊拉克，推翻萨达姆·侯赛因的决定。 但后来，由于小布什政府的入侵证据开始站不住脚了，于是他很快就转变了立场。

面对读者的偏见，很多成功的政治博客写手通常都喜欢随声附和，以取悦读者。 但是马歇尔赢得读者的方式更传统，路途更艰辛：他会先掌握一手关键故事，再结合一些原创报道和睿智的注释，最后糅合成他自己的文章，并以此吸引观众。

*　　*　　*

斯特罗姆·瑟蒙德（Storm Thurmond）是南卡罗来纳州一名德高望重的共和党参议员。 2002年12月5日，星期四，当时人们正在一栋参议院办公大楼为他举办100岁生日晚会。 密西西比州的参议员洛特（Lott）走上讲台，面对在场大约500人的友好人群，包括瑟蒙德的家人，开始赞扬他的同事："当斯特罗姆·瑟蒙德竞选总统的时候，我们投票给他了。 我们为此感到十分骄傲。 如果当年其他美国人也同我们一样选他的话，那么这些年出现的各种问题就不会存在了。"

　　当时还有很多记者在场。 其中有不少记者听到了洛特的发言，而且都知道他指的是1984年瑟蒙德代表民主党与哈利·杜鲁门（Harry Truman）竞争总统一职的事。 那场选举当时只在少数几个州进行了，其中就包括洛特所在的密西西比州。 同样，这些记者也一定注意到了，洛特显然对瑟蒙德的种族隔离政策和反对民权立法的做法相当恭维。 但是现场只有一名美国广播公司（ABC）的记者着重报道了洛特的发言。 他将洛特的话编进了当晚的新闻里，同时还在星期五早上的《政论摘要》（*The Note*）中简要地提了一下，《政论摘要》是ABC主办的一份网络每日摘要，在那些政治新闻爱好者中非常受欢迎。 《华盛顿邮报》（*Washington Post*）的作家托马斯·埃德萨（Thomas Edsall）也在星期六的报纸第六版上发表了一篇短篇报道。

　　要说媒体忽略了洛特的发言，其实也并不完全恰当。 他们只是把他的话处理成了一篇小八卦，并没有写成一篇大报道。 但是，网上的反应却要激烈得多。 两个主要的政治网络杂志 Salon 和 Slate，都在星期五的时候专题报道了洛特的故事。 但让这个故事越传越广的，却是一堆博客。 星期五，Atrios 和约书亚·米加·马歇尔都开始在他们的博客上讨论这篇故事，而且一直持续了整个周末。 格伦·雷诺德斯也看到了这篇故事，他这样写道："特伦特·洛特活该被 Atrios 和约书亚·米加·马歇尔骂。"而右派的批评则更加严厉。 或许是因为保守派意识到，洛特的争议持续越久，共和党就越难在黑人选民中恢复形象。 所以，没过多久，雷诺德斯和安德鲁·萨利文都开始公开呼吁要洛特下台了。

　　在这场博客风暴中，马歇尔写的关于洛特的帖子脱颖而出。 马歇尔先是对洛特的隔离主义情结进行了尖刻的攻击——"那又怎样，不过是又一次说明，国会山的共和党人席位中都是这些自以为是的人罢了。"接着，马歇尔开始四处搜寻关于洛特的语录和文件，以证明洛特的话与他毕生的政治主张是何等的相得益彰。 "显然这并不是什么错误陈述、夸张或口误，"马歇尔写道，"这就是他的信念。"马歇尔的指责一部分是基于他自己的调查结果，还有一部分则是来自其他出处，而更有一部分则是他的读者通过邮件给他发来的。

　　那几天，任何看"论战纪要"的人，都可以实时了解马歇尔的报告进展。 他的工作同其他记者并无二致，但是他并没有像其他人那样，在整合了所有调查后，再出一份经过润色的最终报告。 相反，只要他确认了材料的真实性，他就把它们发到博客上。 当然，他还可以随意地在材料中插入他自己的评论——这点与媒体编辑室里的专业编辑不同：他们会把将"事实"新闻页面与谈"观点"的专栏分开。 他编写报告的速度快、透明度高。 这就意味着任何读者只要把掌握到的新信息发给马歇尔，马歇尔就很有可能会用到它。

那些对博客持怀疑态度的人总是批评说，博客写手们从来都不核对一下信息的准确性。 通常来说，确实如此。 但这次不同了。 举个例子，马歇尔得到一个消息说洛特在 1980 年的时候就对瑟蒙德说过极其类似的话。 但他一直等到确认后才发布这个消息，结果被同样了解该消息的《纽约时报》赶在了前面。

新闻媒体五六天后才意识到，洛特的隔离主义情怀确实值得报道。 一旦媒体意识到这点，洛特的死期就不远了：在两个星期里洛特做了 4 次道歉，一次比一次绝望，最后他宣布辞去参议院多数党领袖的职务。 保守派专栏作家约翰·波多雷茨（John Podhoretz）就称，是博客写手们将洛特赶下台的，而他的文章标题则是——"因特网的首次胜利"。

但事实要比这篇标题复杂得多。 这回，大新闻媒体和互联网跳起了一次双人舞——双方相互怂恿、相互竞争；而且还有大量的信息穿透了专业与业余之间的薄膜，来往于博客与新闻编辑室之间。 如果不是 ABC 报道洛特的事情在先，那么这起风波就绝对不会产生；但没有博客写手们的关注，洛特也是断然不会被赶下台的。 博客写手们并不需要像媒体那样，用大量的"新闻线索"（势态新发展、新陈述或新反应）来证明它们有理由发表（或播出）一篇新报道。 哈佛大学肯尼迪政治学院在详细分析了此次风波后指出：美国的大众媒体在此事上的态度上虽有些许不协调，但总的来说却惊人的一致，即让这个新闻沉下去；而博客写手们做的，则是不断地让这个新闻浮上来。 传统媒体非常拘泥于一个死板的概念——新闻生命周期，这个周期会决定哪些新闻是新出炉的，哪些则是旧新闻；但是在博客上，新闻的生命周期是由博主自己定的。

为什么华盛顿的新闻媒体最开始不报道洛特的故事呢？ 是不是因为记者在保护他们与权贵政客之间的关系？ 是不是因为他们早已习惯了洛特对美利坚联盟国①的一往情深， 所以当他们听到洛特的那席话后，心里只在想〔正

---

① 美利坚联盟国（英文：the Confederate States of America），又称邦联州、CSA、邦联或 Dixie（通俗说法）——是 1861—1865 年由美利坚合众国分裂而出的国家。它位于北美，由今天美国南部的一部分地域组成。在其短暂的国祚内，一直为自身存亡与合众国作战，故联盟国并无确切的北部边界。其南部边界与墨西哥北界一致，东西边界则是墨西哥湾和大西洋。联盟国大部分时间与联邦进行内战，多处于防御态势。然而，罗伯特·李将军麾下的北弗吉尼亚州军团（Army of Northern Virginia）曾短暂入侵联邦领土。——译者注

如弗吉尼亚大学的拉里·萨巴托（Larry Sabato）在那份哈佛的报告中说的那样］"又来了"？ 或者，是不是他们早就决定好，那毕竟是瑟蒙德的生日晚会，所以一定要报道一些轻松活泼的话题，不让一点点龌龊小事坏了气氛？不管原因如何，此次媒体对洛特事件的迟钝反应越发让博客写手们觉得，主流媒体总会让重大故事从他们的鼻子下溜走。

马歇尔对洛特事件坚持不懈的报道，让他在电视和纸媒上都争取到了一些曝光的机会。 《纽约时报》的专栏作家保罗·克鲁格曼（Paul Krugman）甚至表示，"论战纪要"是"任何对政治感兴趣的人都必须阅读的网站"。这种"实至名归"的赞叹在当时还是十分罕见的，所有的这些报道都让"论战纪要"的访问量大增。

这是好事，因为马歇尔一直对他的博客抱有怀疑。 虽然他的博客让他的名气和口碑大增，但他微薄的银行存款却并没有任何改观。 但是，这对他来说，也并不是最关键的问题。 "不管怎样，我的生活都很困难，"他回忆说，"写博客也不会分散我什么工作精力。 相反，我常常在脑海中与我自己对话：这对我的事业有帮助吗？"多年前，为了成为一名自由记者，他放弃了学业。 但他却总想着要完成布朗大学的博士论文——这篇论文研究的是"17 世纪中叶，新英格兰地区的英国定居者和印第安人之间有组织的暴力事件，与经济关系之间的联系"。 2002 年秋天，他决定是该动手写了。 于是他计划少写一点博客，争取完成历史论文。 结果先是大选风波，接着又来了洛特事件，那年冬天和次年春天，美国还开始准备发动伊拉克战争。 最后，2003 年 3 月 18 日，就在美国袭击萨达姆·侯赛因的前夕，马歇尔终于完成了论文的最终版草稿。

这件事对他来说，一定是一个心理上的分水岭——虽然他的天分与才华是毋庸置疑的，他却属于那种很难做完一件事的人。 在新世纪开始的前几年，他一直在给 *Salon* 写稿子，那时我还是 *Salon* 的总编。 虽然每次当约书亚·米加·马歇尔的名字出现在我们的新闻预算表里，我都知道我又可以看到一篇调查翔实、观点精彩的文章了，但我却总也算不准他会什么时候交稿。 马歇尔总说还要落实最后一个信息来源，打最后一个电话，从最后一个关键角度进行探讨。 老实说，在这点上，他同许多优秀的调查记者并无太大不同。 但是，对于任何一个有出版计划、交稿时间和编辑的公司来说，他的这种做法是注定要引起一些矛盾的。

如果没有计划，没有交稿时间，也没有编辑的话（比如写博），很多作家都会一事无成或一团糟。 可偏偏有些人在这种情况下却是如鱼得水。 马歇尔就属于后者：原来博客才是他最理想的写作形式。 在他的帖子里，他可以随意地糅合不同的报道方式：例如放一些观点、大段的分析，有时还可以扯到一些不相关的书评，加一点个人注解等。 他可能会同时着手好几桩新闻报道，但一次只会把主要精力放在一两个故事上，对它们进行深入挖掘。 他

101

和记者们通常的做法一样：先是追寻线索，然后分析线索，最后在媒体界四处挖掘消息，直到挖出一个关键的知情人为止。 但是他的做法比较公开，他总是一点一点地来，让读者都能了解整个过程。 按照做新闻的传统常识来说，你是肯定不能这样做的，因为这样会打草惊蛇，把好的信息都透露给竞争对手；而且马歇尔也不能完全做到纯"透明"。 但是他的方法有一个可以克服这一切困难的制胜特点：他越是公开他的思考方向，就越方便读者们贡献他们的线索。

＊　　＊　　＊

早期的政治博客先锋都不会让读者在他们的博客上留言。 这一方面得归咎于早期的博客发布技术：在 2000 年那个时候，不管是像安德鲁·萨利文这样用 Blogger 的人，还是像马歇尔和考斯这样直接自己编写基本 HTML 格式的人，都不能轻而易举地让读者在博客上留言。 但在随后两年里，这种情况渐渐有了改观。 许多新的博客工具都开始自带评论功能，其中最值得称道的是 2001 年 10 月面世的 Movable Type。 这款服务自动在每篇博客文章下面都加了一个小小的"评论框"。 马特·豪伊的 Metafilter 算是开创了一个比较简单的博客评论模式。 像 Slashdot 和其他技术类新闻网站的评论模式都比较讨厌：它们采用的是一种"线程式"对话模式，每个留言者都能开一个枝状讨论栏，最后让整个留言板看起来像纵横交错、密不透风的树枝，混乱不堪。而 Metafilter 则用了一种简单的"线性"讨论版式，允许用户直接将评论放在帖子页面的底部。 Movable Type 就是采用的这种模式，而这种模式最后也成了博客的通行标准。

但是很多博主还是选择了关闭留言功能。 有些人觉得评论功能会削弱博客作为个人专用发言台的地位，因为博客界有这样一个观点（也是戴夫·温纳力挺的观点）——博客应该是你自己的网络城堡、你的个人空间，任何人都不能把你的声音压下去。 还有一部分人干脆就认为留言是件麻烦事，而且他们觉得，真正的对话，应该是在博客间以链接的方式回应对方的观点。

但是从 2002 年开始，评论已经从一种由大胆的博客写手提供的附加功能，渐渐变成了典型博客的标准配置。 而将评论功能发挥得最淋漓尽致的，就是新兴的自由博客，例如 Atrios 的"末世"、MyDD，以及日渐火爆的"每日科斯报"。 这些博客上的留言数经常是成百上千条，因为许多读者懒得开自己的博客，但又想对那些让他们火冒三丈的小布什政府的做法进行批评，所以他们便选择了留言的形式。 读者们喜欢参与评论里长长的讨论，也非常期待看到各种留言。 当博主需要关博一晚或难得休息一天时，他们会发一篇"开放的主题"——基本上就是一篇空白帖子，纯粹供读者留言用。 其实，博主这么做就是在跟读者说："你们爱说啥说啥吧。"

科斯发现他的核心读者是一群这几年来辗转于各个网站的热心评论者。这群人最开始常常去一个早期的政治博客，名叫"政治连线"（Political Wire），博主是特甘·戈达德（Taegan Goddard）。 戈达德最开始是欢迎这群话痨的，但后来他渐渐觉得这群人无休止地叽叽喳喳影响了他的网站气氛，所以他就把评论功能给关了。 于是这群人又移师到 MyDD，结果很快就"悲剧重演"了。 在阿姆斯特朗关掉 MyDD 的评论后，他们便辗转到了"每日科斯报"上。 科斯在美国军队待过几年，所以早就准备好了一个强硬的调控政策。 他不想当骑墙派，于是在口水仗中选了一边，然后删除了所有的右翼评论，封掉了那些"大老党"（GOP）①的账号。 后来，他如此解释道：

从"政治连线"和 MyDD 在建设社群的失败案例上，我汲取了教训。因此我果断地将那些共和党评论员拒之门外了，因为前两个网站的社群氛围就是被他们破坏掉的。我十分积极地为自由政治爱好者营造了一个"安全地带"，尽管自由派和保守派都有人指责我搞"审查机制"，但我的社群依然在日渐壮大。

2003 年年底，科斯又采取一步措施，巩固了他的博客在新自由博客中的精英地位：他将"每日科斯报"的软件后台从 Movable Type 转移到了一个叫 Scoop 的系统上。 他后来写道，他之所以这么做，是因为他看中了 Scoop 强大的评论管理功能。 Scoop 还允许访问者发表"日记"——也就是在"每日科斯报"的二级页面上写他们自己的博客。 "其实我并没有料到会有人写这种日记的"，科斯写道，谁知道他的读者们竟然接受了这种形式。

久而久之，他的网站在自由博客中的大佬地位便愈发牢固了。 在 2002 年中期选举后，杰劳姆·阿姆斯特朗就把 MyDD 雪藏了起来；由此，"每日科斯报"作为自由派和民主党人聚集中心的地位便又得到了加强。 而在战争时期，莫里萨斯的军队履历更是让他的威信大增。 虽然他有时候写的一些口无遮拦的帖子会招来批评（例如 2004 年，黑水公司雇员在伊拉克费卢杰市被焚尸后，又被挂出来示众。 对于此事，他的回应竟然是"让他们去死吧"），但却并无大碍。 就像 2005 年科斯在一次采访中说的那样："我虽然是一名战争抨击者和左翼博客写手，但由于我是一名实实在在的老兵，因此人们也没法说我是什么反战者、伪善的人等等。"

新的 Scoop 软件在理念上更接近于一个大的社群网站，例如 Slashdot，而不是像大多数博客工具一样，只是单一的写博手段。 在它的支持下，"每日科斯报"从一个单一的博客，变成了一个博客写手之家。 这个转变并非刻意

---

① "大老党"是"美国共和党"的同义词。——译者注

为之。 得益于科斯的读者燃之不竭的反战热情［他们称自己为"科萨克族"（Kossacks）①］，"每日科斯报"的用户数也迅速攀升起来。 如果说"9·11"事件激发了一批右翼博客写手的写博热情，那么入侵伊拉克则催生了一批左翼博客写手，而且这场战争还引爆了两股截然不同的怒火。 很显然，在"后零伤亡时代"，随着美军遇难人数不断攀升，人民也开始不满小布什政府在处理战争创伤上的无能了。 而且，尽管美国国防部长唐纳德·拉姆斯菲尔德（Donald Rumsfeld）坚称他没有"将美国拉入战争泥潭"，但伊拉克当时不正是处于这种局势吗？

但是相比起对白宫的愤怒来，许多博客写手要更厌恶主流媒体一些。 他们认为华盛顿媒体的知情人士以及他们背后的老板，太轻信小布什政府对萨达姆政权的指控了。 后来，萨达姆政权倒台后数月过去了，美国不仅没有找到"大规模杀伤性武器"，还被曝出白宫曾篡改过情报线索，因此小布什政府的指控自然也就不成立了。 于是，报纸开始仔细回忆、拼凑过去的许多细节：不回忆则已，一回忆，就让左翼博客写手和他们的读者们跌进了痛苦的深渊。 他们发现这些细节都能有力地推翻小布什政府的战争理由，而且很多他们现在整理的信息，早在入侵行为之前就在各大进步的博客上传开了。 在美国，保守派总是抱怨媒体偏向于自由派，尤其是像《纽约时报》和CNN这样的媒体；而左翼自由派则觉得，强大的福克斯新闻台（Fox News）和《华尔街时报》也越来越喜欢偏袒右派了。 但是在伊拉克问题上，自由派发现所有媒体都出现了系统性的失误：安·库特（Ann Coulter）在福克斯新闻台上对政府决策的大肆吹捧固然不对，但《纽约时报》和《华盛顿邮报》的表现也同样令人失望。

2001年，一个特立独行的网络记者肯·莱恩（Ken Layne），用一句话对专业记者和博客写手之间的矛盾进行了总结。 像许多战争博客写手一样，莱恩对一名英国外事记者罗伯特·费斯克（Robert Fisk，他被公认为是一名彻底的反美人士）有着一种特殊的厌恶情绪。 "9·11"事件后不久，费斯克就在一篇报道中称，世贸中心遇袭前不久，一名阿富汗叛军头领被暗杀了，而世界各国媒体"基本上都忽略了"这一条消息。 闻之，莱恩引用了《纽约时报》、《洛杉矶时报》和BBC的新闻，以证明媒体根本就没有忽略这个消息。 接着，他拽拽地丢了一句："这都是2001年了，我们可是能对你的狗屁进行事实核查的哦。"

---

① Kossacks一词改编自"Cossacks"（哥萨克人）。哥萨克人是俄罗斯和乌克兰民族内部具有独特历史和文化的一个地方性集团。现多分布在苏联顿河、捷列克河和库班河流域等地。属欧罗巴人种东欧类型，使用俄罗斯语南部方言，属印欧语系斯拉夫语族。15—17世纪，沙俄境内封建剥削和政治压迫日益加剧，引起大批农民和城镇工商业者向边疆流亡，主要涌向南方。这些流亡者自称"哥萨克"（突厥语意为"自由自在的人"）。他们性格豪爽，英勇好战。——译者注

这种对媒体报道仔细剖析、逐条反驳的做法很快有了一个名字——"费斯克行为"，至少在右翼博客圈内是这么叫的。 其实这个名字也只在这个圈子中流传而已。 至于"对你的狗屁进行事实核查"嘛，我想，任何党派的人都会非常支持这个做法的。

最开始，将"科萨克族"聚集到一起来的，是他们对小布什政府的愤怒和对媒体的狂怒。 后来这群人，包括科斯在内，也开始对他们支持的政党颇有微词了。 他们觉得，民主党以前总是不敢站起来对抗小布什政府。 如今，他们生怕对手指责他们对恐怖主义服软，竟然在伊拉克问题上做出退让，允许小布什政府出兵。 科斯觉得他们必须得做些什么，而且他也知道该怎么做了。 如今，在科斯眼中，他的博客就是一个能在民主党内发起改革运动的工具。 所以他和阿姆斯特朗都挂出了政治顾问的招牌。 他们的第一个客户就是霍华德·迪恩（Howard Dean）。 他是佛蒙特州的前州长，曾直言不讳地反对过伊拉克战争。 由于他是第一个赢得"网根们"的精神和物质支持的总统候选人，后来也因此而声名鹊起。

但是在迪恩的竞选中，科斯和阿姆斯特朗并没有发挥太大的用处——他们只提供了 6 个月的咨询。 但是由于有了他们早期的参与，迪恩也因此成了第一个用博客来竞选总统的人。 虽然此事很快就被媒体报道烂了，但事实不容否认。 迪恩的竞选在 2003 年年中的时候最引人注目，不过在那年冬天的初选中就以惨败收场了。 在整个选举过程中，迪恩主要利用了两股情绪：一是选民们对伊拉克的混乱局面日渐不满，二是人们对网络带来的新机会——重新审视政治选举基础的机会——相当兴奋。 从几年前开始，竞选者就开始运用电子邮件拉选票了。 共和党人在几十年前就尝试过通过直邮的方式有针对性地拉票，因此他们在这方面可谓是经验老到，如今管理起电子邮件列表来，自然也是得心应手了。 但是迪恩的竞选经理乔·崔比（Joe Trippi）和那些精通网络的年轻人为迪恩想的招数要更有创意一些：他们为那些活跃的"迪恩支持者"提供了许多博客，并采用了 Meetup 的服务。 Meetup 是一个新的网络服务，它能帮网上一群志同道合的人安排现实生活中的聚会。 这样，那些支持者就能找到自己的同路人了。 而且迪恩的竞选也从一定程度上，实现了竞选者和支持者之间的双向沟通，这点在当时是其他竞选者不能比的。

这一切都让博客写手们非常兴奋。 但真正吸引全国媒体眼球的，是迪恩搬出的自下而上的民粹主义竟然真的帮他通过因特网筹到了一笔相当可观的款项。 但是迪恩的民粹主义牌和捐款都没能让他在爱荷华州的选举中获胜。事后，一些分析家认为，迪恩麾下的这群年轻的、爱上网的志愿者在爱荷华州的宣传，其实起到了负面作用，因为他们让那些本地人都望而却步了。 同时，迪恩的志愿者们也在大众媒体残酷的竞选生态中上了一堂心理素质课：在一个"竞选之夜"派对上，由于麦克风的问题，结果导致一个小状况变成了一次臭名昭著的新闻事件，也就是后来所谓的"迪恩的号叫"——在一段视频中，迪恩突然发出了一声奇怪的号叫，结果惹恼了他的支持者。 媒体认为他没能恰当地控制住自己的压抑，而迪恩的对手更是有了一次幸灾乐祸的机会。

迪恩的竞选从来就没有真正赢得希望，而此次的失败更是为11月份的民主党败北拉开了序幕。 原先网上和博客上的各种兴奋似乎并没有起到什么作用。 而那些老派的政治顾问也仿佛吃了一颗定心丸——原来世界变得也没有那么快嘛。 但是，在2004年的惨败之后，迪恩竞选班子里的大将们便作鸟兽散，分散到了政坛的各个角落，继续为他们的政党贡献自己的光和热。 然而，2005年的时候，迪恩竟接任了民主党的全国主席一职。 刚才他们还只是党内叛乱分子，一转眼，他们就变成了党内的核心力量。 但与他们共事的人却再也不敢小觑政治博客的重要性了。

但是，对于2004年年底的自由博客写手来说，伤痛仍在继续。 他们的竞选人失败了，乔治·W·布什（George W. Bush）依然稳坐在总统位置上。小布什连任后的头几个星期，他的政权达到了权力的巅峰。 但是还不到一年，他的计划便开始处处遇阻，权力也受到了限制，而他的支持率更是出现了急剧下跌。

当然，总统在第二任上总是容易走下坡路的。 你可以将小布什的颓势归咎于伊拉克不断恶化的形势。 而且，小布什在卡特里娜飓风事件中表现出来的拙劣应灾能力也让他丢分不少。 但让人难以置信的是，约书亚·米加·马歇尔的"论战纪要"也发挥了重要的"倒布"作用。

* * *

大选过后，白宫便开始着手一项有史以来最具野心的政治议案："改革"社保制度——允许（其实是鼓励）美国公民将个人所得税的很大一部分钱转移到私人投资账户中去，因为以前的个人所得税都是直接进了社保项目。 许多共和党人和民主党人早就开始担心有一天社保基金会出现赤字，至于赤字到来的时间，人们倒是有不同的看法。 20世纪90年代初的时候，两党曾联手挽救过社保系统，而且当时也取得了成效。 但由于小布什总统第一任上台后就实行了减税政策，因此早前积累的余下的社保基金就被挥霍一空了，而这些积蓄原本是要用来资助未来的社保福利的。 其实，大部分保守派共和党人都不希望修补社保基金漏洞，想任由它烂下去——自从他们的仇家富兰克林·德拉诺·罗斯福（Franklin D. Roosevelt）在20世纪30年代开创了这个带有社会主义性质的项目后，他们就一直想将它扼杀掉。 但是这个项目却有效地为美国人民提供了基本养老金，因此一直大受欢迎。 早前一些"大老党"成员在竞选的时候曾试过想废除社保制度，结果付出了惨痛的代价，以至于"社保系统"已经成了政界的"雷区"：试图破坏它只会引火上身。

　　但2004年大选后，小布什开始觉得自己有点刀枪不入了。　即便有一个日渐恶化的战争缠身，共和党还是继续掌控了白宫和国会。　如果说有哪个时机最适合共和党瓦解社保系统的话，那就是当下了。　"60年来，我们第一次觉得我们可以赢得社保战役——如果赢了，我们就能彻底改变美国的政治和哲学面貌。"彼得·威尔纳（Peter Wehner）写道［他是布什的战略顾问卡尔·洛夫（Karl Rove）的副手］。

　　几年后，当2008年股市探底的时候，有些美国工人如果还能记得小布什这项计划的话，大概会擦擦额头的汗，心有余悸地想："幸好我们躲过了这一劫。"但是在2004年牛市的时候，把你的社保积蓄交给华尔街的股票经纪人打理还是很有吸引力的。　新胜伊始，小布什就迫不及待地宣布，社保计划将会是他第二任的中心议题；而且在圣诞节后国会重开时，此项计划也将成为他的第一优先项目。　就在美国政府计划在1月的时候实施"全场紧逼战术①"时，马歇尔几乎是同时开始了对该项目的研究。　他后来写道，他觉得"废除社保项目非同小可，对民主党人来说，这是一件极其重要、关乎核心价值的事情"。

　　这与融资无关，这关乎美国人能否保住"社保项目"的问题。这个项目提供了有保障的退休保险。一个好的养老计划有很多关键要素，但它却是无可取代的。

　　社保项目的核心问题是一个非常重要，也异常复杂的问题——这场危机到底有多严重？　整个社保系统会不会像小布什计划的支持者说的那样，在2018年的时候土崩瓦解呢？　或者该计划的支持者有没有夸大赤字逼近的形势，以及由赤字引发的长远问题的规模？　日复一日，马歇尔耐心地解释着统计数据的微妙之处，分析着争论双方的各种假设，并否定了"大老党"的谎言，认为他们的计划并不是想要挽救该项目，而是要摧毁它。　他指出，在过去，一些民主党人曾支持在保证目前社保福利的基础上增开私人账户；但小布什现在主张的，却是用新的私人账户取代部分社保基金。　同时，他还比较了一下小布什政府推销社保"改革"的做法，和以前争取公众对入侵伊拉克的支持的相似之处：

　　那些支持白宫的人的做法，就同当初借口"寻找大规模杀伤性武器"一

_____

　　① 全场紧逼人盯人防守战术，是由攻转守时每个队员立即看守住邻近的对手，并在全场范围内紧紧盯住对手，以个人积极的防守和全队的协同配合，破坏对方进攻，达到转守为攻的目的的一种攻击性、破坏性很强的防御战术。——译者注

107

样。他们无非是想通过散布谎言和恐慌，逼政府赶快废除社保项目。

他认为，在这两件事上，政府的做法都是先通过串通好的公关行动获得舆论支持，然后再发起攻击。只不过这一次，攻击目标不是凶残的阿拉伯独裁者，而是一个广受拥护的政府项目。

在 2004 年 12 月—2005 年 1 月之间，想要看懂社保之争的最佳途径，便是阅读"论战纪要"。当共和党人开始对他们的行动进行微调时，马歇尔则借机控制了论战的话语权。多年来，共和党人一直称他们的计划是用"私人账户"将社保"私有化"；但是他们后来发现人们并不喜欢这种称呼，他们便迅速改口，试着让他们自己的官员以及报道此事的记者改用"个人账户"一词，但这一努力收效甚微。当《纽约时报》和其他媒体都接受了白宫的说法，认为"私人账户"一词有偏袒之嫌时，马歇尔写道："是不是每次白宫授意一条新词，记者们都要屈膝接受啊？"于是，他和他的读者们玩起了一个游戏——专门搜集"大老党"们平时用的一些模棱两可的术语，读者每找到一个官员们自相矛盾的说法，就能赢得分数，达到一定分数后就可以获得免费 T 恤衫了。

马歇尔还邀请他的读者参与了报道社保案的核心过程。最开始，他的焦点是国会内的一小部分民主党人。与民主党内大部分的立法者不同，这部分人对小布什的提案表示赞同，或表示不排除支持一些不同的方案。当时共和党人控制了国会，所以从理论上讲，即便民主党全部投反对票，该提案一样能通过。但是马歇尔却认为，要是民主党能联合起来反对的话，或许可以给国会里已经有点害怕踩到"社保雷区"的共和党人一些压力了：

如果能让共和党人为此项社保案负全责的话，就会极大地增加他们的政治风险。没有了"两党表决"的掩护，许多共和党人会谨慎得多。民主党人不能让共和党人有任何借口。

12 月 16 日，马歇尔让全国的读者告诉他，他们各区的立法者在该计划上是什么立场："你们的众议员和参议员们在废除社保项目上是支持还是反对？不管你是从媒体报道，或是通过打电话亲自询问得到的消息，都请告诉我。"

这件事发生在美国假日季开始前夕，也就是白宫准备开始公关行动前的几个星期。那时"论战纪要"的读者们已经联系到了一些政客，从他们的回应上可以看出，他们被问得有点措手不及。当各地情报纷纷涌入的时候，马歇尔就开始准备要发帖了。他当时着手准备了一份花名册，名叫"懦弱的小团体"——这个花名册上登记的都是一些摇摆不定的民主党人，而且马歇尔还会根据他们最近的表态来判定，谁会光荣登榜，谁会被除名。那段时间，他每天都会发帖子公布谁刚被加到名单里了，而谁又被除名了：

停住！把你喝的吐出来！
内布拉斯加的参议员班·尼尔森（Sen. Ben Nelson，民主党人），想不想退出名册啊？

同时，他也开始搜罗共和党人中的"良知派大佬"（Conscience Caucus），即那些开始反对小布什提案的议员。 后来，他还加了一个"见风使舵"的类别（这个列表里的人"或多或少公开表示过，只要总统能保证他们的政治安全，他们就愿意废除社保项目"）。 在社保案上，"论战纪要"提供的细节，以及它展示出的热情，是其他媒体无可比拟的。

这下，小布什的如意算盘就打不成了。 "懦弱的小团体"这个名单从来就没有超过 12 个人，如今还在不断缩减，而"良知派大佬"的名单则与日俱增。 2 月 2 日，小布什在国情咨文中对他的提案进行了大肆宣扬——那时候他依然没有提供该计划的完全细节——并决定开展一次 60 天的巡回游说，去全国不同的城市举行市政会议，发表演讲，将他的提案推销给美国人民。"忽悠开始啦！"马歇尔写道。

虽然小布什对他的社保计划踌躇满志，但全国除了那些死忠的保守派政策分析师之外，其他人对这个提案的热情都十分有限。 即便是小布什已经上路开始推销他的主意后，美国众议院筹款委员会的共和党主席还是给他的行程下了一个结论——"没戏"。 然而，从 2000 年佛罗里达州选票重计开始，2001 年他通过了减税计划，2002 年授权了伊拉克战争，2004 年又获得连任，布什政府每次都能碾碎对手，以极小的比率获胜，然后声称赢得了全国广大人民的支持。 在 2005 年的社保案中，这种情况极有可能重演。

然而，这次他失败了。 小布什的几连胜终于结束了。 总统和他的幕僚们越是吹嘘他们的计划，民调结果就越难看，而国会中支持此计划的共和党议员们就越是心灰意冷，因为他们大多数可能马上就要在布什之前被赶下台了。 暑假开始前，国会还是没能通过社保"改革"。 当立法委员们休假回来时，全国上下都在指责政府在卡特里娜飓风的救灾行动中表现不力，因此没有几个共和党人还敢代表总统再提社保案的事。 按马歇尔的话说，小布什是试图在"利用人民拯救社保项目的愿望来摧毁这个项目"。 但他的诡计没能得逞。

*　　*　　*

后来证明，小布什的社保计划风波成了美国政府的一个转折点——它是美国政界的中途岛战役、盖茨堡战役，这场交战彻底扭转了美国政界的风向。 "论战纪要"只是这场战争中的一个参与者而已。 但在越发嘹亮的反对声中，"论战纪要"的声音无疑是最早、最一致和最有效果的。 那个时候，它依然只是一个小网站，据他自己称，每月的访问量也只有 60 万人左右。 对于这样由一个人支撑的网站来说，这是一个很可观的数字。 然而对于任何一家"真正"的媒体来说，他的网站依然只是虾兵小将而已。 但是，它的影响力却比它的访问量大得多，因为它的读者都是聪明、人脉广泛的政治局内人、记者，以及酷爱新闻的普通老百姓；尽管它的成功报道很多是归功于它的读者，但是影响力还是日渐强大起来。 2005 年 4 月，马歇尔写道："要不是有成千上万的人在看他们当地的报纸，告诉我他们看到的一切，从市政会议上向我发回现场报道或提前警告我国会山上即将发生的事情，我是不可能在过去几个月里，写出那么多关于社保计划的报道的。"

此次的社保案并非是马歇尔第一次动员他的读者：以前他就干过两次类似的事情。 有一次，"论战纪要"发现传媒大亨辛克莱广播集团（Sinclair Broadcasting）准备在节目中播出一个关于参议员约翰·克里（John Kerry）的"快艇①"风波的报道，而且观点相当偏颇。 于是马歇尔便授意他的读者带头抵制当地的广告商。 后来，他又带着读者报道了他所谓的"迪莱条例案"。 这是一起非常复杂的事件——众议院里的共和党人想通过国会修改任职规则，以便汤姆·迪莱（Tom DeLay）在受到指控的情况下（如人所料）依然还能继续任职。 于是马歇尔让他的读者们联系他们的议员，质问他们在"迪莱条例案"的秘密会议上投的什么票，竟然会让这个"迪莱条例"通过了；奇怪的是，"大老党"的议员们面对他们的选民们都支支吾吾的。

但这次的社保案与马歇尔的读者们的自身利益是直接相关的，这次他动员的规模之大、时间之长，均属罕见，而且最后还取得了成功。 他的做法涉及了新闻报道与积极参政之间的灰色地带，这个地带至今仍未被开发。 作为一个移师网络的专业记者，他也坦白地承认他有些紧张："这种做法都快超出我的'自在区'了。"另一方面，他又觉得这个话题非常独特：民主党的精魂危在旦夕，而社保案也确实值得关注。

虽然他同很多政治类作家一样，也很有野心想要在这个全国性的大辩论中扮演某个角色，但马歇尔的做法和科斯却不大一样：他没有选择成为一名政界知情人士。 但是，他通过一条不同的途径，发挥了更大的影响力。 从 2005 年开始，"论战纪要"就陆续开始扩张了。 他雇请了许多员工，增加了一些博客，并成立了一家新的调查机构，名叫"论战纪要揭丑者"。 它继续参与了各种政治事件，例如说客杰克·埃布拉莫夫（Jack Abramoff）的丑闻案。 马歇尔的网站还率先揭露了布什是如何将首席检察官阿尔贝托·贡扎勒

---

① 在 2004 年大选中，"快艇老兵说真相"（Swift Boat Veterans for Truth）频频在媒体上，攻击民主党总统候选人约翰·克里所宣称的他在越战中的英勇行径是撒谎。——译者注

110

斯（Alberto Gonzalez）领导下的司法部政治化的事件。 这件事情的起因是一群联邦检察官遭到了解雇，因为布什希望他们为自己亲手挑选的一批亲信腾出位置来。 然而美国的司法部本来是不应该有什么党派之分的，应该是绝对独立的。

跟以前一样，马歇尔在写报道的过程中，先是自己四处搜寻一番信息，然后再邀请读者贡献各地有价值的情报。 当司法部按国会要求，发布了"海量"相关文件后，"论战纪要"就将这些文件统统放在了网上，并邀请读者参与进来，对好几千页的第一手资料逐页查阅。 凭借着对贡扎勒斯事件的报道，马歇尔赢得了 2008 年"乔治·波尔卡新闻奖①"的"法律报道奖"。 这个奖有两重意义：一是对他工作的肯定，但更重要的是，它说明博客政治记者已经作为一个重要力量，登上了全国舞台。

马歇尔开创了一种新的新闻报道模式——按他的描述，就是用一种渐进的、"反复的"方法，对那些"徐徐展开的复杂故事"进行抽丝剥茧般的描述。 有时候，它更像是电台广播，而不像是纸媒报道。 他感兴趣的都是那些可能会产生大的影响，但暂时还未表现出来的小事情。 （嗯，例如有没有人注意到，曾经有一批联邦检察官集体辞职了，想过是为什么吗？）接着，他就会深入挖掘，在这儿添加一点信息，在那儿强调一下某点联系，公开地对一些令人迷惑的事件转机进行不同角度的分析，而且还会时不时暂停调查，对前期的工作进行回顾，梳理各种细节信息。

独立博客的好处就在于，如果你像水门事件中的伍德沃德（Woodward）和伯恩斯坦（Bernstein）②一样，正在着手调查某件新案子的话，你就不用在每次想发表一篇文章来解开某个谜团的时候，都跟你的编辑斗智斗勇了。 对于那些想快速了解一下故事概要的人来说，博客并不是最理想的形式；但如果你长时间关注他的博客报道的话，你就能从一个独到的角度对一个慢慢展开的故事进行详细的了解了。 如果你坚持追踪马歇尔对一些事情的报道，你就会发现，你掌握信息的速度要比其他媒体快得多；就像社保案和联邦检察官解雇案一样，你还可以清楚地看到，这些故事是如何一步一步通过媒体食物链，慢慢爬上报纸头版和全国新闻媒体的。

最开始，政治博客写手的目标读者是那些政治瘾君子。 后来，他们就开始为这些读者奉献高分贝、不断更新的帖子，并提供了一些重大新闻的"远程预警"服务。 如果你心中对某些政治瘾君子存在着"刻板印象"的话，那么我就告诉你，其实这些瘾君子都是局外人，并不是什么内部人士：他们只是华盛顿以外的普通老百姓，但又对政府的事情很感兴趣而已。 但有时，这

---

① 乔治·波尔卡新闻奖（The George Polk Awards）是美国纽约长岛大学每年为新闻业者颁发的奖项，是美国新闻界一项殊荣。——译者注

② 伍德沃德和伯恩斯坦是当年调查水门事件的两名记者。——译者注

111

些瘾君子也有可能变成消息灵通的局内人，他们追求的是先人一步了解情况；但当有人在博客里表露出强烈、粗野的反权威立场时，他们也顶多只会翻个白眼，表示不屑罢了。

独立揭露丑闻的事情其实并不罕见：早在"论战纪要"这样的博客之前，就有了像 I·F·斯通的《周刊》这样的刊物：它可是调查类新闻中的传奇性刊物啊（全凭一个人通过电子新闻邮件揭露丑闻）。然而，多年以来，华盛顿的达官们一直都将博客视为"危险领地"，尤其是那些老朽的华盛顿局内人。对他们来说，博客正在不断模糊一些已有的界限——人与人之间，作者与读者之间、记者与活动家之间，以及编辑和出版商之间的界限。这种现象让他们既有些惧怕，也有些迷惑。

2004 年，在一场鸡尾酒会上，马歇尔遇见了他的一个偶像——如今已故的亚瑟·史列辛格二世（Arthur Schlesinger，Jr.）。当时，他诚惶诚恐地试着向这位肯尼迪时期声名显赫的元老以及自由派历史学家解释了他博客的性质。"出于礼貌，"马歇尔写道，"史列辛格的夫人让我为他们解释一下什么是博客。"

虽然我经常会被问到这个问题，但是你想向一个没什么网络知识的人解释什么是博客，还是非常困难的。

最后我告诉他们，博客就是一个以个人日记形式发表政治评论的东西，偶尔还穿插一些新闻报道。

我说着说着，再看看每个人的表情，发现他们都是一副愕然的样子，就好像我是在说什么东西就像是一个犀牛形状的洗碗机，你偶尔会往里面扔几片三明治一样。

4 年后，华盛顿的政客们开始渐渐理解了博客，但却对它依旧没有好感。2008 年的共和党总统竞选人约翰·麦凯恩（John McCain）同华盛顿媒体的关系相当好。但是 2007 年 12 月，在一次市政厅会议上，他嘟哝了一句："我讨厌写博客的人！"虽然他的语气并不强烈，但却表露出了他对这群后起之秀长期以来的不满："他们以为他们是谁啊，谁让他们说话的？"

华盛顿的记者们常常需要花尽心思，才能从那些叛逆的政客口中刺探出一些消息来。如果干得好，他们就能在公关机器的鼻子底下，偷偷地透过权力的渠道，偷来一些有料的八卦；如果干不好，他们就会像傻子一样，在政客的操弄下，把一些被人预先设计好的故事搬到媒体上去。但是博客写手就不用担心这种风险了。在小布什总统的顾问丹·巴列特（Dan Bartlett）卸任后，他们曾对《得克萨斯月刊》（*Texas Monthly*）坦率地解释了白宫是如何利用那些支持者的博客的：

112

我们透露消息的做法就像是在给你的支持者打点滴。确实是一个非常有效的沟通方式。他们会把你说的话原封不动地放到博客上去。我们在这方面可下了不少工夫。

但多数博客写手从未靠近过权力核心，自然也就没有受过道德的考验。他们只是喜欢站在安全距离以外过过嘴瘾罢了。

在这个复杂的政治情报生态系统的演化过程中，马歇尔对网络博客和传统新闻哪个都不怠慢，这些年来，他常常挣扎于新旧世界的选择之间。 2004年，《纽约时报》的记者马修·科兰（Matthew Klam）写了一篇关于政治博客崛起的文章，文中他写道："（马歇尔）一方面对大媒体难以割舍，还是希望它们能报道一些新闻；另一方面，他又讨厌它、鄙视它、羞辱它，而且还想让你或他自己觉得大媒体是世界上最邪恶的东西，让你觉得它们是在破坏美国的媒体。"马歇尔曾经对一名记者说："如果我能顺顺当当地成为《纽约客》的记者，可能我就不会这么做了。"与其他博客写手不同的是，对他所谓的那种近乎疯狂的"博客不败论"，他总是敬而远之。 他从不吹嘘这种新媒体是何等的神奇，相反，他只是一心一意地做他的网站，树立他的威信，提高他的公信力，扩大他的读者群，在网站上打广告以维持网站运营，谨慎地扩张网站规模（他只聘请了一些实习生和少量的工作人员）。 虽然"论战纪要"一直保持着稳定、健康的发展势头，但是马歇尔还是抵制住了引入外来资本的诱惑；他只会把广告收益投在网站上，偶尔从读者那儿募集一些扩张经费。 从这方面看，他不像一个利欲熏心的网络野心家，成天光吹嘘一些数字民主之类的东西；他反倒像是一个小镇商人，不求飞黄腾达，只希望能独守他自己的一亩三分田就好。

然而随着岁月的流逝，马歇尔也越来越清楚地看到，旧新闻世界里那些曾经让他神往的东西——标题署名所带来的荣耀，为杂志写文章所获得的丰厚报酬等，都渐渐失去了它们的魔力。 在马歇尔看来，博客最异于其他媒体的，是它的自主性。 在断断续续的自由撰稿人生涯里，他渐渐厌烦了每天向讨厌的协调编辑推销自己的想法，让那些朝令夕改的编辑们层层审阅自己文章的日子。 他讨厌这种让人低三下四的工作制度。 是"论战纪要"解放了他。 在他那些即兴写出来的、创意十足的博客报道中，你甚至可以感受到，他在解放后释放出的令人眩晕的力量。 正如他在 2004 年说的那样："这个博客终于让我找回了失去的自由。"

第六章

写博生财
罗伯特·斯科布、尼克·丹顿、杰森·卡拉凯尼斯

《无线电帝国》（*The Empire of the Air*，另译《空中帝国》）是肯·伯恩斯（Ken Burns）拍摄的一部关于无线电广播发展史的纪录片。在片中，一名叫海伦·凯利（Helen Kelley）的退休广播员向观众娓娓追述了当初无线电广播改变她生活的故事。说着说着，她笑了笑："打那以后我就再也没有碰过钢琴了，因为不用自己弹就能听到音乐啊。"

某天晚上戴夫·温纳也在看这部片子，当他看到上面这一段时，他觉得这组镜头"非常关键、发人深省"。于是他写道：

> 我兴奋得叫了起来：就是这个！这就是我们现在要批判的情况。无论别人比你厉害多少，你都不能用别人的作品来代替你的创造力，因为就像呼吸、吃饭、走路、欢笑和关爱一样，创造也是一种非常重要的人类活动。

对于温纳和网络上的许多其他理想主义者来说，这种情况——也就是无线广播主宰生活的情况——无异于是人类的第二次堕落①。虽然社会大众由此开始了媒体消费，但媒体制作的权利却只局限于少数专业人员手中。当时不仅无线电频段少得可怜，播出时间也十分有限。在一般人看来，个人媒体制作是一种很边缘的行为，干这一行的都是一些业余无线电爱好者、地下室里的蜡纸油印工、超8毫米胶片电影的拥趸者，和爱在公共有线频道上抛头露面的怪人。

许多早期的博客写手认为他们当时是在扭转这种颠三倒四的情况，试着去颠覆广播模式，恢复媒体制作在日常生活中的地位。他们的目的并不在于

---

① 人类的第一次堕落是指基督教教义中，人类违背上帝旨意后被上帝逐出伊甸园的故事。——译者注

钱，而是希望能重新让家庭成员们像收音机出现以前那样，围坐在客厅钢琴旁，弹上两首曲子。 最开始，写博客的都是一些业余爱好者，简单点说，就是完全出于爱好的人。 那时候，除了爱好别无其他：没有盈利途径，不能选择博客广告网络，也没法通过在博客上嵌入谷歌的文字广告链接来获得收入。 在很长一段时间里压根就没有"职业博客写手"这一说。 这种职业听起来就像"容易失眠的嗜睡症患者"或"和平主义杀人犯"一样，荒谬可笑又自相矛盾。

对于许多博客先锋来说，这种业余行为正是写博的魅力之一，它是一种内在的力量，而不是什么有待改正的错误。 但"业余"不代表"不专业"，没有酬劳也并不是因为人傻。 从一开始，就有很多人在他们的博客上很有见地地谈论各自的专业问题。 在众多网络用户中，软件开发者是最先在温纳的启发下开始写博客的。 后来发现，博客竟是电脑程序员询问某些具体的代码问题，通告软件新版本发布，或就某些技术类争议的细节问题唇枪舌剑的完美方式。 因此，也就难怪那些致力于开源运动（兴起于 20 世纪 90 年代）的程序员，会采用博客作为一种分享专业知识的便利工具了，因为他们的研究方法就依赖于整个网络世界的公开合作。 但很少有人会料到，博客竟然同时也在软件行业的核心企业——微软公司里生根发芽。 微软，这家利润极高的企业可是开源程序员心中的"邪恶帝国"啊。

微软虽不是什么开源与合作的天堂，但它却网罗了大批人才。 在世纪之交的时候，微软正在同美国的司法部门就反垄断案进行艰苦卓绝的斗争。 当时，该公司的很多员工发现，他们完全没法将自己与媒体所描述的微软形象等同起来。 约书亚·艾伦（Joshua Allen）是微软第一个开始写博的程序员。2000 年的时候他在戴夫·温纳的 EditThisPage 网站上注册了一个账户，为自己的博客取了一个名字"软件改善生活：我在微软的故事"，然后开始写博客。 他的博客既不正式也不官方，只是微软在被重重包围下的一个微弱的求和声音而已。 艾伦是这样解释他的意图的："我想说我就是微软的一名员工，你们有话可以跟我说。"很快，那些讨厌微软的开源程序员们便开始上他的博客去同他拌嘴了；同时还有许多读者，通过温纳以及其他知名技术类博客上的链接找到了他的博客，也参与了讨论。 这种关注度既让人兴奋，也惹了不少麻烦。 "虽然没有明文规定说不准这样做，"艾伦之后写道，"但我还是觉得有点害怕，成天紧张不安……如果某个同事走过来说'我看过你的博客'，我的第一反应一定是'见鬼！ 他怎么看到的？'"艾伦不仅吸引了微软外部的目光，同时也引起了公司法务部门的注意。 他的上司开始收到各种抱怨电子邮件："艾伦在以比尔·盖茨的名义做什么啊？ 怎么还不炒了他？"

但是微软对艾伦的做法并没有过多干涉，而没过多久，微软的其他开发者们也开始写博客了。 有时他们会声援公司的公众立场，有时会发表自己的疑问，有时甚至还会相互驳斥。 虽然这些博客会时不时引发愤怒的网民对微软这个"邪恶垄断帝国"的不满，但更多的时候，它们却能让那些读者们反思，他们对这个几千号人的公司的妖魔化是不是有点太草率了？ 有的读者会想，哎呀，看起来艾伦也挺通情达理的啊，没准微软也没有我想的那么糟糕呢。

微软的博客让这个冰冷的公司终于有了一丝人情味。 这次，他们没有像以前那样动用强大的公关机器，也没有开展什么营销活动，仅仅是通过博客，就向世人展示，原来只要你靠近一点观察，这个"吓人"的庞然大物就会分解成一群和蔼可亲的个体。 其实，一篇名叫《线车宣言》（*The Cluetrain Manifesto*）的文章（它是由 1999 年的一篇网络宣言演变而来的，次年被写成了一本书）早就预料到了大公司们会发生这种转变，而且也呼吁过这种转变。 "做市场就是要同消费者对话。"文中写道。 同时，此书还向企业们奉献了自己的"95 条论纲①"：

> 市场是由人组成的，而不是由不同的人口类别构成的。
> 与人沟通，就应该说人话。要用人自己的声音说话。
> 不管是在传递信息、观点、想法，或是发表不同意见或幽默的旁白，说话的声音都要洪亮、自然、发自内心。
> 人们会通过对方的声音来了解一个人。
> 而因特网就开启了人与人之间的对话，这在大众媒体时代是不可想象的。

《线车宣言》告诉那些专业营销人员、广告公司创意人士，"市场即对话"已成了一种不可逆转的趋势。 它还警告这些人：千万不可"伪装"人的声音。

大部分公司都只知道用迷惑性的、单调、毫无幽默感的话语来陈述它们的使命，撰写它们的宣传手册；在公司电话占线的时候对用户说一些诸如"您的来电对我们很重要"之类的冷冰话语。腔调一成不变，谎言照说不误。……但学着说人话并不是让你说一些花言巧语，公司也休想用一些"倾听顾客声音"的空话来糊弄我们。只有当公司请真人来代表他们发言时，他们的声音才能有人情味。

《线车宣言》的文章和书出版的时候，网志还没有流行起来，"博客"一词在书和文章中更是无从寻觅。 它预见有一天，全球各地的思想将跨越层

---

① 该说法源自马丁·路德的"95 条论纲"。——译者注

层制度的障碍，喷涌而发，汇聚到一起来——这不正是博客写手们相互对话的情形吗？ 毋庸置疑，他们是拥护《线车宣言》的，而且也开始用它的精神武装自己，同官僚的冷漠作斗争。 在很多人看来，这就是一次典型的摩尼教①式的对撞，是博客写手们的温暖笔触与大人物的扬声器之间的斗争。 但如果你仔细阅读《线车宣言》的话，你就会发现它的论据更狡诈。 因为《线车宣言》的作者认为，根本就没有什么"大人物"。 他认为，一旦个人有了表达的途径，那么所谓的机构无非也就是一群人凑在一起罢了。

但谁都没想到，第一个遭遇《线车宣言》现象的大公司竟然是微软总部，而微软非但没有勒令它的员工停止写博，还对其听之任之。 截至2003年春天的时候，已经有100多名微软员工开始写博了。 于是，微软开始从最初的消极忽视变成积极鼓励：为此，它雇请了罗伯特·斯科布（Robert Scoble）。 他是硅谷一名人脉很广、作品多产的博客写手，曾经在戴夫·温纳的Userland Software工作过。 通过他的博客"斯科布的影响力"（Scobleizer），斯科布编织了一张巨大的关系网，而微软看中的，正是这一点。 但是微软并没有让斯科布把他广受欢迎的博客归到微软名下，而是继续让斯科布通过业余时间打点它。 他在公司干的事情，则是领头为微软开发了一个新的官方视频博客——"9频道"（Channel 9）。 视频里，他在微软公司园区四处转悠，逮住一些开发者和经理采访，问他们一些关于新项目的情况，让外界的人能了解这个庞然大物里都在发生些什么。 "9频道"的名字来源于美国联合航空公司（United Airlines）的一个语音频道，那些恐飞的人在航班上可以通过这个频道收听到飞行员和机场控制中心之间的对话，以消除恐惧心理。 于是，微软希望技术界通过这种非正式的方式，在了解公司内部的情况之后，能消除对微软的不信任感。

微软选择斯科布是很明智的，因为他既有技术背景，也有新闻报道经验。 对凡事都很好奇、唠叨起来不知疲倦的他，体现了博客写手的典型特征——八面玲珑。 他那些随意写下的文字并不是给大人们看的；他骨子里还有一种孩子般的热情，而且令人担忧的是，有时他还有点老实人的单纯。 但批评家却总拿他没辙，因为别人还没来得及批评他，他就已经认错了。

后来，斯科布坦率地承认，在他与微软的"联姻"上，他的博客起了很大的作用；而现在，他则开始担心他的博客会不会使他下岗了。 在斯科布还没有开始在微软上任前，斯科布在微软的一个朋友就告诉他，已经有人下了一个关于"斯科布死期"的赌局，看斯科布多久后会因为自己写的内容而惹

---

① 摩尼教，又称作牟尼教或明教，是一个源自古代波斯宗教祆教的宗教，为西元3世纪中叶波斯人摩尼（Mani）所创立。这是一种将基督教与伊朗马兹达教义混合而成的哲学体系。摩尼教认为，物质世界出现前，黑暗物质与光明精神互斗；物质世界出现后，则是黑暗入侵光明，所以摩尼教反对物质，认为是黑暗。——译者注

祸上身。 "写博就像是在雷区跳舞。"他写道:

> 我发现我必须交一些学法律、学人力和学新闻的朋友。
>
> 我会不会哪天一走眼就踩到地雷了呢?这是很有可能的。我想这就是为什么每天都有 18 个读者来看我博客的原因吧。 "今天斯科布会不会栽跟头呢?"

但是,他的运气不错。 不仅如此,他还将这群硅谷有头有脸的读者带到了微软这个怪兽里面。 他用博客和摄像机为这个公司赋予了人性的色彩,这是任何昂贵的公关活动都难以企及的。 2005 年,《经济学人》(the Economist)杂志挪揄说,斯科布的头衔应该是 "首席人性化长官"。 他在微软才干了一年,就已经有 1 300 多名微软员工开始写博了。

虽然斯科布成功地改善了微软的公共形象,他自身的威信却受到了影响。 当他开始就职微软的时候,这个软件巨鳄刚开始向世人展示它酝酿已久的下一代 Windows 操作系统(代号 Longhorn)的一些新特性。 比尔·盖茨和他的大将们向世界承诺,Longhorn 中将添加许多令人惊叹的创新技术,例如炫目的新图形界面和重新改头换面的文件管理系统。 微软坚称 Longhorn 将彻底改革计算技术,而最兴奋的,莫过于罗伯特·斯科布了。 刚加入微软没多久,他就写了一篇《公司网志宣言》,在文中,他告诫那些为公司代言的博客写手们,不要 "雷声大雨点小"。 不幸的是,Longhorn 便应验了这句话。而斯科布也被卷进了这场吹牛风波之中。 因为在将近一年的时间里,他孜孜不倦地在博客上对微软的新操作系统大吹特捧,每个赞美 Longhorn 的博客都被他列在网站上,而且他还经常拿着相机拍摄那些开发者们,让他们展示 Longhorn 的新特性。 谁知,2004 年 8 月,微软承认 Longhorn 的开发已经严重滞后。 为了按时发布该系统,公司不得不砍掉许多早前吹捧无数的创新特性。 (后来,Longhorn 更名 Windows Vista,于 2007 年 1 月发布,此后一直问题不断。)

斯科布自己的公司让他颜面尽失。 但是,这个时候就是他发挥认错功力的时候了。 "如果你搞砸了,那就承认吧。"他在《公司网志宣言》中建议道。 这次,他得采纳自己的建议了。 当读者的牢骚向他砸来时——"斯科布最好向我们解释清楚,Longhorn 还有什么意义",一个博客写手如此要求——他没有为自己辩解,而是坦然地接受了各种抱怨:

> 现在当我说到 Longhorn 的时候,再没有人会相信我了。在过去的 18 个月里,我报道了许多关于 Longhorn 的消息,也吊足了人们的胃口。而现在,一切都变了。

118

他知道他的诚实是他最大、也可能是唯一的资本。 从某种意义上说，为了拿微软的薪水，他出卖了他的诚实。 想要重新赢回诚实的名声，他不得不再打出他的独立牌。 一方面，为了公司的生存，他必须动用一些外交手腕，说一些外交辞令；另一方面，想要吸引读者，他也不得不率性直言。 两者兼顾，风险极高。 此后，斯科布继续卖力地维系着两者的平衡，直至2006年6月从微软离开。

虽然也有其他技术类公司像微软一样采用了博客公关的方式，但技术界以外的大公司对博客依然一无所知，或持怀疑态度。 "企业博客"，或后来家喻户晓的"商业博客"也只有相对少数的笃信者比较提倡，例如营销界的网络狂和企业里的特立独行者。 而商业界也只有零星几个公司启用了博客，其中多数为技术研究所，例如太阳计算机系统公司（Sun Microsystems）或像美国西南航空公司（Southwest Airlines）这样的起步公司。

但是对那些小公司和独立专业人士来说，博客的风险就小很多，而效果也比较立竿见影。 其中一个模式就是用博客来摘录你积累的智慧和经历过的激烈事件。 这种模式的早期典范就是由一名微软前开发者乔尔·斯波尔斯基（Joel Spolsky）创办的"乔尔谈软件①"——它里面全是风格散漫的博客体文章。 在他的技术文章中，他常常会穿插一些从前在以色列军队中的回忆，以及一些他喜欢的意第绪②（Yiddish）民间故事。 令人意外的是，这些编程世界中精彩的故事竟然让他的读者与日俱增，同时也吸引了许多消费者关注他成立的一家小型软件开发公司。

在网络世界里，不管软件开发者做什么，很快就会有人跟风。 当写博变得越来越简单时，几乎所有领域的专业人士就都开始写博了。 当然，律师和经济学家更是趋之若鹜，因为他们的专业就是要不断地跟人争论。 最后，图书管理员、教育工作者，甚至是裁缝的参与也就不足为奇了。 那些积极推荐小企业管理者写博的人，总是喜欢举"英式剪裁"这个博客的例子。 这个博客是萨维尔街③上一个名叫托马斯·马宏（Thomas Mahon）的裁缝开的。 马宏用他客户的名字（查尔斯王子、布莱恩·费瑞）吸引了许多读者。 他还向读者们介绍了挑选布料的微妙之处，不厌其烦地向他们解释"成装定做"

---

① 乔尔·斯波尔斯基一个世界闻名的软件开发流程专家。他的网站"乔尔谈软件"（www. joelonsoftware. com）在全世界程序员中非常流行，被译成了30多种语言。——译者注

② 意第绪（语）这个称呼本身可以来代表"犹太人"（跟德语的"犹第绪"来比较），或者说是用作表示"德国犹太人"的称呼。在"意第绪（语）"称呼早年（13—14世纪）的发展阶段，它也是被当作"德国犹太人"的意思；在早先时期，有时候"意第绪"亦如它以后所表示的意思，也被视为一种语言的表示法"意第绪语"。——译者注

③ 伦敦萨维尔街（Savile Row）是英国的服装定制一条街。它不仅仅代表了英国一个时期的建筑，更多的是象征了女士和绅士服装的一种特别高标准的手工裁剪水平。因此，"Savile Row"有时被称为裁缝界的"香槟"。——译者注

（就是将已经做好的西装样板根据你的身形进行修改），和他卖的真正定制、全手工裁剪的"完全定制"西装之间的区别。从一定意义上说，"英国剪裁"就是马宏利用写博的时间，在网络世界里为自己的服务打的一个大广告。同时，读者们还感受到了马宏对他作品的激情，并了解了不少他的手艺。他还为男士着装提出了很多有用的专业信息，即便他的读者中有人可能永远都不会花4 000美元去定制一套西装。

斯波尔斯基、马宏和其他类似的博客写手不会去卖广告，也从不指望能从写博中赚一分钱。但是，他们的博客却为他们带来了实实在在的好处，帮他们招揽了许多新客户，使他们从同类竞争中脱颖而出。据技术类专栏作家乔·乌德尔（Jon Udell）观察，"在博客中不断展示自己的知识和专业，其作用就像是一张现代版的简历"。多克·瑟尔斯（Doc Searls）是一名作家，他以前还当过营销执行官，是《线车宣言》的撰稿人之一，1999年开始写博。2004年在接受《新闻周刊》采访的时候，他说："如果你想通过博客赚钱，那你就大错特错了。你总不会指望你家的后门也能给你带来什么生意吧？"瑟尔斯总喜欢强调，直接用博客赚钱和间接利用博客赚钱是有区别的，前者多数是通过卖广告位的方式，而后者则是利用博客树立你的名声，帮你打通关系。

对那些已经开始采用后者的人来说，这么做有几点好处：直接支出比较少、竞争者不多（例如马宏就可以大胆地说，他是萨维尔街上唯一一个写博的人），而且你不需要任何人的批准和允许，就可以直接同你的潜在客户对话了。这种博客根本不是"媒体商业"，因为在"媒体商业"中，你需要提供一些有创意的材料或"内容"，以吸引人群，然后再将人群的注意力转卖给其他人。这更像是一种低成本的直接营销———一种自卖自夸的行为。

但并不是说以前就没人想过"通过写博来赚钱"。安德鲁·萨利文可能是第一个向读者要钱，并真的筹到款的博客写手：作为一个知名记者，他有一群比较注重精神的跟随者常伴左右，当然有先天优势了。据他自己说，2001年，他的"小费罐"帮他筹到了27 000美元，虽然不能靠它过生活，但数目也不小了。当然，还有其他比较引人注目的例子：每次约书亚·米加·马歇尔要扩张"论战纪要"的时候，都会向他的读者筹款；2003年，一个名叫克里斯·奥布瑞顿（Chris Allbritton）的自由职业记者从他的读者那里募集了14 000美元，以资助他只身前往伊拉克报道。

然而小费终究不是稳定的收入来源。那些在《线车宣言》的启发下写博客的人，可能会仅仅满足于挂上自己的铭牌，用他们的博客宣传他们自己的"品牌"。但总会有那么一些企业家，他们可以从博客中看到一个新的媒体形式，并认定这个新形式是可以用来发财的。博客可以吸引读者和媒体的注意；在博客上打广告的人虽然少，但广告都很有特色，可惜很多人都想不到。　"只有傻瓜才会免费写文章。"这是塞缪尔·约翰逊（Samuel Johnson[①]）非常直率的实用主义信条。　这句话是专业作家极其赞同的，它对初生的博客世界来说，无疑是一种讽刺。

这些博客写手，或者说这群傻瓜有毛病吧？　为什么不好好利用一下博客呢？　我们必须做点什么——于是，2002 年，尼克·丹顿说干就干了。

＊　　＊　　＊

丹顿是一名旅居国外的英国人，以前干过记者，因特网泡沫的时候也赚了一点钱。　最开始他替《财经时报》（*Financial Times*）报道一些硅谷的动态，后来开始自己开公司。　他开的第一个公司名叫 First Tuesday（第一个星期二），专门赞助一些业内交流会；后来又创办了一家整合新闻的公司——Moreover。　就是 Moreover 当初差点收购了陷入财政困难的 Pyra/Blogger。　渐渐的，丹顿迷上了博客；慢慢的，他自己也开始写一些文章了。　漂流在互联网业暗无天日的"后泡沫时代海洋"上，他开始想，这里面说不定会有一些商机哦。

2002 年 8 月，他下"海"创办了一个新的博客公司：

我们在想，到底什么时候写博才能真正成为一门营生，而不是某种浪费时间的活动呢？……但是商业博客媒体产品依然少得可怜。媒体产品——这听起来太不像博客了。但是彼得·罗杰斯（Pete Rojas）和我还是想进行一个小小的商业试验。这个试验品的名字叫 Gizmodo（"小发明"），它是一个竖版排版的博客，专门报道一些轻薄的笔记本电脑、间谍照相机、无线技术和其他各种给大男孩玩的玩具……

最重要的是，这是一个低风险的商业试验。多数媒体公司都很受不了那些过度吹嘘的软文、经常假造开支账目的广告销售团队，和极其复杂的出版系统（维护系统的通常是一群不听话的系统管理员）。而 Gizmodo 就不同了。它只需要彼得每天花几个小时挑选的链接，一些自动生成的 Amazon.com 上的链接，一个 150 美元的 Movable Type 服务就行了。媒体从未如此简陋过。

Gizmodo 就是如今广为人知的"玩意儿博客"的鼻祖。　而且它的时机也抓得相当到位：那正是人们对 iPod、数码相机和超炫手机这类东西越来越感兴趣的时候。　Gizmodo 的创始作家彼得·罗杰斯是一个技术类作家，长得十分清瘦，但对一些电子方面的细节有着不竭的热情。　创办 Gizmodo 的时候，

---

①　塞缪尔·约翰逊，英国历史上最有名的文人之一，集文评家、诗人、散文家、传记家于一身。　——译者注

他找来了一群最铁杆的元老级博客写手。

最开始，Gizmodo 唯一靠谱的收入来源是 Amazon.com，只要在网站上贴 Amazon.com 的链接，就能收到一笔广告费。丹顿既不用租用编辑室，也不用发员工奖金，博客的成本极小。毫无疑问，他的"小商业试验"是非常成功的。鉴于此，他决定趁热打铁，多开几个。12 月，丹顿开了第二个博客 Gawker（"看客"）。这是一个以纽约的八卦为重点内容的博客，主要侧重报道纽约的媒体和职业精英的八卦：这群人既是网站的报道对象，也是网站的目标读者。伊丽莎白·斯皮尔斯（Elizabeth Spiers）是一名愤世嫉俗的金融分析师，她的博客丹顿自己也很喜欢。她的加入为 Gawker 赋予了一点尖刻的声音，久而久之，这种尖酸刻薄竟成了 Gawker 的特色。她还经常从 Suck.com 和英国小报《私家侦探》（*Private Eye and Spy*）那里胡乱拼凑一些零零散散的东西过来。Gawker 的典型风格是大卫·莱特曼（David Letterman[①]）的那种自嘲性的讽刺。作者常常会以一种超然的口吻说："我和你都比这烂东西强，而且我们也都知道自己是在浪费时间，但就待在这儿呗，反正也没什么别的事可做。"但是网友们并没有那么消极，而且他们可不像深夜还在看电视的"沙发土豆"那样专一；要想赢得他们的认可，你必须保证他们每点一次鼠标都能看到有意思的东西。为了吸引读者，Gawker 不得不将这种超然的讽刺，同疯狂的工作热情结合起来，再下工夫描写一些 Gawker 与它的报道对象之间既爱又恨的神经质事情。Gawker 呈现给读者的，就像是一杯苦涩的鸡尾酒，酒里既有自我嫌弃的味道，也有自我吹捧的感觉，而且你很难区分这两种味道。很快，它就获得了纽约媒体界的一致好评。

Gizmodo、Gawker 和丹顿后来开的一系列博客为一种新的商业博客模式树立了标准：这类博客既要有产量，还要有热情，两者并重。Gawker 后来也成了丹顿公司的名字，读者每每读到他公司的博客，都会觉得有股辛辣的味道，但辛辣并不是丹顿的其他博客取得成功的先决条件。例如，Gawker Media 旗下还有一个网站叫 Lifehacker（"生活骇客"），它的语调就要温暖得多。它与丹顿公司的联系在于它的网站宗旨：Lifehacker 目的在于帮助读者更有效率地做事情，这一点几乎是丹顿麾下的所有博客写手的使命。

2004 年，丹顿向《独立报》（*The Independent*）解释了他的开博理念："我的网站的共同主题就是先确定好读者的兴趣方向，例如对小玩意儿的爱好，然后再去满足这种爱好——我们要提供的内容应比读者所梦想拥有的和渴求消费的东西还要多。"在某些物品上，可能有些业余的博客写手会赶在丹顿的博客前面报道，但他们只是为了满足自己的爱好，而丹顿麾下不断壮

---

① 大卫·莱特曼是美国一位脱口秀主持人、喜剧演员、电视节目制作人。莱特曼的充满讽刺意味的荒诞主义喜剧受到了喜剧演员诸如史蒂夫·艾伦（Steve Allen）、俄尼·科沃斯（Ernie Kovacs）和强尼·卡森等的强烈影响。——译者注

大的专职博客写手队伍（按博客篇数付费）则是为了满足其他读者的爱好。这个区别虽说不大——当然咯，罗杰斯自己也很喜欢小玩意儿——但却十分关键。 曾经，个人博客与媒体商务之间是有明确区别的，而丹顿的博客则彻底地混淆了这种界限。 它们既是博客，也是"媒体产品"。 "职业博客"已经不再是一种自相矛盾的说法了。

在"看客媒体"（Gawker Media）工作的博客写手们是有任务的——每周10～12篇帖子。 从理论上讲，Gizmodo 和 Gawker 本应该是在业余时间里弄的东西，"每天只花两小时"；但实际上，它们却要求麾下的博客写手们全身心投入进去。 丹顿对员工的工资是保密的，但据称，Gawker 刚成立的时候，斯皮尔斯每月才挣 2 000 美元。 2005 年的时候，据说"看客媒体"的普通博客写手们的工资有所上涨，但依然不高——只有 2 500 美元，但如果点击量增长任务完成的话，会有奖金。 事实上，刚入行的记者们就算再有才华，收入也普遍偏低；年轻作家不在乎钱多钱少，他们在乎的是发表文章和展示才华的机会。 那些较早的非主流周报也存在这种情况，例如《村声周报》和《波士顿凤凰报》，以及一些小的政治文化类杂志，例如《新共和》和《华盛顿月刊》。 丹顿可以理直气壮地说，嘿，至少我的博客写手们还是赚了一点钱啊。 他们又不是傻瓜。

丹顿还在不断地扩大 Gawker 的博客队伍。 慢慢的，这支队伍里什么样的主题博客都有了：色情、汽车、好莱坞八卦等等。 2004 年 1 月的时候，他启动了 Wonkette（"龌龊政客"），结果又是一炮而红。 "龌龊政客"是一个华盛顿八卦博客，创始人是 Suck. com 的前编辑，名叫安娜·玛丽·考克斯（Ana Marie Cox）。 在博客中，考克斯经常嘲讽那些华盛顿政客举办的低俗社交活动，甚至还奉献了不少带荤的细节。 那些爱假正经的主流媒体记者可不敢这么写。 例如，她曾经关注过一个叫"Washingtonienne"（"华盛顿宝贝"）的匿名博客，这个博客的主人是一个年轻的国会工作人员，在博客里她详细地分享了她超级活跃的性生活（有些还带有卖淫性质）；后来考克斯就揭露了这个博主的身份［原来是参议员麦克·德万（Mike DeWine）的助手杰西卡·卡特勒（Jessica Cutler）］。 继 Gawker 风靡曼哈顿之后，"龌龊政客"也很快征服了国会山。

记者们对整个"看客媒体"都有一种特殊的喜爱——他们既喜欢它旗下的博客，同时也十分排斥。 他们似乎可以在这些博客的镜子中看到自己的未来，所以这常常会让他们退缩。 但是他们又总是忍不住想再上来看看。Slate 的批评家杰克·沙菲尔（Jack Shafer）就曾抱怨说，丹顿的博客内容"就像无聊的性虐待一样，总是千篇一律的招式"——但他也承认他每天都会看好几次"龌龊政客"。 丹顿也似乎从不介意任何批评，只要这些批评能制造知名度，并给他带来更多的新读者，他就无所谓。 面对那些传统记者的鄙视，他也毫不理会。 在博客新世界里，他说："新闻的及时性和幽默性都

123

比准确性重要。"

＊　　＊　　＊

就像许多技术界的起步公司一样，"看客媒体"还没想好该怎么赚钱，就已经有了很多客户（对于 Gawker 来说，就是读者）。由于丹顿本身小有财力，再加上办博客的开支也不高，所以他还能轻松地干一阵子。而不到一年，他心中的盈利模式也渐渐清晰了起来。

博客很少打广告的原因之一，是因为博客体现的都是个人爱好。另一个原因是，虽然从 2000 年 Blogger 面市起，博客数量就开始井喷，但网络广告市场却出现了深度萎缩——而"9·11"事件以后，形势更是每况愈下。当 Gizmodo 和 Gawker 诞生的时候，广告市场仍未回暖。但丹顿见识过第一轮互联网繁荣，所以他知道，这个行业也是有兴衰循环周期的。因此，他坚信广告商一定还会回来。

果然，2002—2004 年间，他们陆续回来了。对博客商业化来说，这段时间有两件里程碑式的事件。第一个尝试打造博客广告网络的，是一个叫"Blogads"的项目，创造者是华尔街以前的一名上班族兼记者——亨利·科比兰德（Henry Copeland）。2002 年，科比兰德开始在博客上放置传统的横幅广告，并收取了一定的费用。最开始业务进展得十分缓慢，但是在 2004 年大选期间，许多活动家组织和本地竞选人开始利用相对便宜的博客广告渠道，作为一个较有效率的筹款工具，因此网站博客的收入也跟着丰盈起来。

横幅广告（网页上显示广告的统称）还不错，但它们从"热连线"时代就已出现，已经存在了近 10 年时间。它们也可以赚钱，但在人们的印象中，它们始终都是网络世界以外的舶来品——它们是纸媒印刷和广播媒体广告的残留品，在网络用户眼中，说好听一点，它是让人分心的东西，说难听一些，就是污染。同时，Google 也开始推出一种新的网络广告模式。在当时，Google 刚推出了一项依旧没有盈利模式的网络服务。但是，2000 年的时候，它开始推销自己的 AdWords ——就是会显示在搜索结果页面上的、"与搜索内容相关的文字广告"（而且明确标为"广告"）。很多时候，如果你要搜一些关于某个产品或某个地方的具体信息的话，那些广告看着一点也不讨厌——甚至有时候你还会很希望看到那些广告呢。其他公司之前也卖过文字广告，但 Google 自己开发了一个系统，对于那些提供广告内容与搜索结果关联性高的，Google 就会予以奖励；对于那些关联性低，还浪费用户注意力的，就会予以惩罚。这样一来，广告的内容其实是越变越好、越来越有用，也不会那么讨人厌了。久而久之，AdWords 竟然成了 Google 的一项巨大的成功业务。

2003 年，Google 推出了一项新服务，名叫 AdSense，这个项目是对 Ad-

124

Words 的扩展，广告投放对象将独立网页发布者也包括在内了。 Google 会扫描你的网站，然后再根据网页上的内容放一些理论上会有联系的广告，而网页主人则可以分得一部分利润。 这个系统并不完美：有些页面就是没法生成有用的广告，所以你有可能会看到一些比较尴尬的组合：例如一则关于警察端掉某卖淫团伙的新闻旁边，可能会出现按摩服务的广告。 但是 AdSense 却对互联网的财政生态环境产生了翻天覆地的影响。 几乎是一夜之间，那些之前不值一文的博客帖子或网页，现在也有了微薄的潜在商业价值了。

但就目前来说，这种潜力仍没有被完全挖掘。 2003 年 9 月，丹顿的公司刚成立近一年，他旗下的两大主力网站 Gizmodo 和 Gawker 每月的利润只有区区 2 000 美元。 当时，他说起他的目标时，态度非常保守，就同他一样谦虚。 "大约在 1999 年的时候，我们的基本商业模式是因特网媒体，"他对纽约的杂志如是说，"把文字和图片拼凑一下后放在网上，看看网络广告的收入预期表，然后，嗯，就做梦呗。 有时候，我觉得我就像那些长崎原子弹爆炸 5 年后还在丛林里作战的日本士兵，还在坚持奋战，全然不知战争早已结束了。"

然而，关于"看客媒体"旗下博客的议论，和它即将通过广告植入的方式盈利的猜测，让不少企业家和掘金者都凭空冒了出来。 并不是所有人都看好这件事。 就像那些博客铁杆粉丝一直坚称的那样，毕竟博客是一种沟通方式：没人喜欢自己在沟通的过程中被商业广告打断。 一些传统的网络广告通常采用窗口弹出技术，用一些动画猴子和拙劣的手段诱骗你去点击一些假窗口，因此在公众中口碑很差。 而博客就能幸免于难。 但那些营销人员也没有那么急不可耐：他们发现在 BBS、讨论版和类似空间上打广告的效果并不好，因为用户太沉浸于他们的交谈了，所以都不会注意这些广告。 因此客户们也非常警惕，不会随便把广告放在那些难以预测的页面上，因为这些页面上的内容都是未经编辑过的"用户自己生成的内容"。 在业内，这被称为"毗邻风险"：你可不想当一些青少年在没能克制住嘴馋毛病，导致饮食过量后进行检讨时，旁边出现你的宝贝速食品牌广告吧？

针对此种问题，人们想出了一种解决办法："狭窄垂直博客"。 这种博客提供的信息通常都是关于一些比较特定的话题，而且这些话题都有一定的商业潜力。 2001 年，一个叫格伦·弗雷施曼（Glenn Fleishman）的技术类作家对一种叫"Wi-fi"的因特网无线新技术产生了兴趣，于是他便开了一个博客专门探讨这个技术，内容包括新闻报道、产品测评以及一些对新用户有用的信息。 不久，弗雷施曼的"Wi-fi 网络新闻"（Wi-fi Networking News）便吸引了很多访问量——在 Google 上搜索 Wi-fi，他的网站在结果中的排名是很靠前的。 慢慢的，他发现那些销售 Wi-fi 硬件和服务的公司都开始很迫切地想要购买他博客的赞助权和广告空间了。

由于弗雷施曼的做法得到了很多人的认可，因此其他人也跟着纷纷效仿

125

起来：2003 年，Metafilter 的马特·豪伊开了一个博客，专门报道 Tivo① 和相关"个人视频录像机"技术。 但是，这些单打独干的创业型博客写手都面临着一个时间问题：如果他们要保证博客所需的帖子量的话，他们白天就没有什么时间来卖广告了。 虽然 Google 的文字广告和一些广告网络（例如 Blogads）可以效劳，但是这些途径所创造的收入，是不足以支持一个"狭窄垂直博客"的作家将博客当作全职任务的。 据弗雷施曼透露，他的 Wi-fi 博客虽然是较早取得商业成功的例子（从 2003—2008 年，他的博客一共收入了 20 万美元），但他却说："这点钱是没法活命的，只够做零花钱。"

如果博客想要有可观的广告收入的话，博客写手光靠等着广告商找上门，或从 Google 那里一点一点地挣是不够的。 博客必须要改革：整个博客界就得做得更大、更快、更强。 其实尼克·丹顿已经开始这样做了。 当他的第一个竞争对手参与进来后，这种改革就进展得更快了。

互联网泡沫时期，杰森·卡拉凯尼斯就从影印时事新闻起家，慢慢将他的《硅谷报道者》（*Silicon Alley Reporter*）做成了一个成功的业界刊物。 当泡沫爆破时，他也不得不开始削减开支、大肆裁员。 最后，卡拉凯尼斯将这本刊物改了名字，然后把剩下的资产一并出售了。 接着，他便开始四处寻找别的事情干。 他虽然心高气傲，但也喜欢与人交往。 他社交起来不知疲倦，吹嘘起来更是不知"廉耻"。 2001 年，他就开了自己的博客，到了 2003 年，他便准备好要大展身手了。 不久，他便和他的商业伙伴布莱恩·阿尔维（Brian Alvey）宣布创办了一个新的博客网络，名叫 Weblogs Inc.。

在风投领域，有一句老话是这么说的：如果有人抄袭你的想法，你应该感到高兴才对。 因为如果不止一个人觉得你的做法可以赚钱的话，那就证明你没有疯。 丹顿的"看客媒体"有"先发制人的优势"——它是最先开始培养访问量和商业关系的。 但直到卡拉凯尼斯的公司参与进来之后，你才可以真正地说，你从事的是"博客出版业"了。

Weblogs Inc. 最开始的设想是推出"B2B"的博客服务。 B2B 是一个"新经济"术语，意思是"商对商"（business to business），而且从表面上看，B2B 的模式要比丹顿的 B2C ["商对客"（business to consumer）] 模式更容易盈利一些。 卡拉凯尼斯曾夸下海口，要启动 300 个博客，并成为"博客界的基夫-戴维斯（Ziff-Davis）②"，基夫-戴维斯曾经是电脑类杂志的头号出版商，卡拉凯尼斯的业内出版物就是跟着他学的。 就像 Weblogs Inc. 的其他方面一样，这些计划几乎一天一个样：只要卡拉凯尼斯发帖子，就会有新

① TiVo 是一种数字录像设备，它能帮助人们非常方便地录下和筛选电视上播放过的节目。《欲望都市》里的米兰达哭着喊着要修好的机器就是它。——译者注
② 基夫-戴维斯（Ziff-Davis）媒体公司拥有 100 多家媒体和子公司，这家公司的经营理念简单而深刻——"构建和发展联系技术市场和因特网经济的内容、社区和商务活动"。——译者注

的改动。 但是有一点是始终未变的——他承诺会提供比丹顿更划算的服务。Weblogs Inc. 会同他的博客写手们分成，如果生意越做越大，他们就越赚越多。

这两个博客发行商曾就如何管理公司和如何对待作者的议题，举行过一次公开辩论。 对旁观者来说，这可是一件新鲜事：在这场出版界的酣战中，两个竞争对手都公开地为自己的商业模式、盈利前景和访问量增长进行了辩护，细节极其详尽。 他们的论战不仅带有资本家的活力，也有管他三七二一的随性，让这场商业论战看点十足。 这场博客间的激烈交战为他俩吸引了更多好奇的主流媒体报道。 卡拉凯尼斯是一个语速超快、善于招揽客户的博客小贩，草草地向大家计算了一下博客商务的美好前景，并号召作家们赶快朝着新的领土进发，各自圈地。 而丹顿则表现得像一个眼光犀利的怀疑主义者：他总是压低博客商务的收益前景，告诫大家这一行是非常有风险的；他对卡拉凯尼斯报出的利润和访问量数据进行质疑，而且一脸愁苦地预测博客商务马上就要开始走下坡路了。

其实 Weblogs Inc. 尚未正式启动，这场舌战就已经开始了。 2003 年 9 月，有谣言说 Gawker 的伊丽莎白·斯皮尔斯准备要跳槽到另一家公司，这个公司也为《纽约》杂志办了一个类似的八卦博客。 最开始，卡拉凯尼斯劝伊丽莎白，说 Gawker 总有一天市值会达到 1 亿美元的，并建议她不要接《纽约》杂志的活。 他还告诉她，她应该让丹顿给她一点公司的股份。 结果没多久，卡拉凯尼斯自己却给她发出了类似的工作邀请。 丹顿对他对手的言论不屑一顾，认为他的话充满了"20 世纪 90 年代的余热"：

卡拉凯尼斯至少也应该等到第一个博客 IPO 的那天再吹吧。还有，如果你是一个朝不保夕的自由职业作家或博客写手，而刚好又有一本杂志愿意给你提供薪水和福利，那就赶紧接这个活吧。

所以一个月后，伊丽莎白便加入了《纽约》杂志。 但接下来的 3 月，一个类似的事情也出现了，结局却大相径庭。 在丹顿从巴西旅行归来后，发现 Gizmodo 的彼得·罗杰斯已经被他的竞争对手"挖了墙角"（丹顿的原话），并开了一个"山寨版"Gizmodo —— Engadget（"瘾科技"）。 卡拉凯尼斯给了罗杰斯他从丹顿那里得不到的东西：公司的股份。 他跟《纽约》杂志说（这本杂志非常热衷于报道那些媒体之间的斗争，尤其是那些有它自己参与其中的故事）："他不能说'跟我干吧，赚的越少越好；我会打造一个有价值的品牌，不过没你的份'。 既然尼克想独占公司的全部股份，那他的员工只好离他而去咯。"

丹顿在他自己的博客上愤愤不平地写道：

127

他们都说我被光荣地欺骗了。我确实感觉受骗了，但还不止这些……今天，《纽约》杂志会在版面上巧妙地放一篇报道，在报道中，卡拉凯尼斯又要大吹特吹他的"500博客计划"了。那就让这场欺骗在今天做个了结吧。第一回合卡拉凯尼斯赢了。第二回合马上开始。

这件事还有什么其他的意义吗？目前来说，我只能总结出一点来。博客对读者来说会越来越棒，但对资本家来说，却未必如此。虽然我很热爱媒体，但是我对博客的商业前景一直持保留态度……

专业博客之间的竞争可能会毁坏它们的盈利潜力，但这种争斗对读者来说却是有好处的。Gizmodo和Engadget会不断警醒对方，也会让对方保持诚实。它们会展开独家新闻争夺战……我们都会像嗑了药的股票交易员那样，在Sitemeter上疯狂地查看网站访问量。一场纳米战争已经打响，敬请观赏。

在美国，几乎多数城市都被垄断媒体控制着，读者们也几十年没见过一场真正的报纸战争了。 通过博客这种小打小闹的方式，丹顿和卡拉凯尼斯开始重新激发起老出版业的原始竞争意识。 在以前，像"赫斯特"（Hearst）和"普利策"（Pulitzer）这样的媒体会互挖墙脚，比赛看谁先抢到独家报道权，并想尽各种花招来争夺读者。

后来丹顿又雇请了一批新人来代替那些"叛逃"的明星（他说他打造的是"品牌"，所以人才是可以换的）。 而且正如他所预料的那样，这两个"玩意儿博客"之间的竞争迅速白热化了。 有些读者巴不得多看一些智能手机详细测评，和对苹果高度保密产品的近乎崇拜的谣言分析，而这种局面无疑是让他们爽翻了天。 但对于博客写手自己来说，个中滋味却很复杂：他们虽然是满足了自己的爱好，但同时也把自己累得半死。 罗杰斯发现他开始每星期工作80个小时了。 "每个人都能开一个博客，而且任何人都能让它变大，"他后来说，"但是想要保持地位呢？ 这简直他妈的太难了！ 我这一生从没这么辛苦过。"

建博客就得实现一些简单特点：要么不断给读者呈现新鲜的材料，吸引他们经常回来看；要么给读者一些好的链接，这样他们也会觉得你的网站有价值。 对于那些先锋业余博客写手来说，这些特点都有浓厚的个人和随性色彩：欢迎光临。 希望你喜欢上面的内容，如果不喜欢，走也没关系。 对于那些新职业写手来说，这些特点便多了一份绝望的色彩：快！ 博主！ 赶快更新！ 更新！

写博运动几经蜕变，如今，博客最本初的特点——个人驱动力已经所剩无几了。 比起那些旧媒体的记者来，职业博客写手或许可以用一种更加急躁、更特立独行的语言写作，但是他们是肯定不会离题十万八千里远，去扯一些个人关系、政治或宠物的事情的：他们的工作，就是每月吸引更多入迷的读者的眼球，而且增幅还得十分明显。 Gizmodo和Engadget的竞争日趋激烈，它们不仅会比赛搜罗谣言、抢先测评新产品，而且还不断地丰富了各种视听内容。 它们所做的一切，都将写博活动带上了一个新的激烈层次。 那些成天坐在办公桌前的公司员工，也按这些博客所期望的那样，发出了自己的回应：他们不断地在浏览器上点击"刷新"，就像实验室里的老鼠一样，不断地敲笼子里的某个按钮，盼望能再被注射一针让它上瘾的药。 按"刷新"已经成了一种不自觉的反应，对有些人来说，更是一种瘾。 而博客写手就成了他们的"毒贩子"。

*　*　*

最后，从他毫不掩饰的大吹大擂中可以看出，卡拉凯尼斯大概在财政方面要更胜丹顿一筹，至少从短期来说是如此。 2005 年 10 月，公司开张还不到两年，他便把 Weblogs Inc. 卖给了"美国在线"，据称售价高达 2 500 万美元。 这次交易让他发了大财；他的投资人——包括泡沫时期的亿万富翁（同时也是达拉斯小牛队①的所有者）马克·库班（Mark Cuban），他后来也爱上了博客——也跟着赚得盆满钵满了。 彼得·罗杰斯也不例外。 他一刻不停歇地发帖，很快也赚了不少。 他更像是在从事新式软件业务，而不是自由职业写作。 这下罗杰斯相信卡拉凯尼斯的话了：拥有公司资产果然好。

卡拉凯尼斯采用了技术业内惯用的退出策略——"公司倒卖"：先将公司像"金牌牛犊"那样喂肥，然后转手卖给一些财大气粗的"大公司"。 但是此次交易却比许多类似收购的代价要高得多：在新东家那里，Weblogs Inc. 并没有什么实质发展，在吹嘘了一阵子说"美国在线"有意培养他做 CEO 之后，卡拉凯尼斯在那里待了不到一年就离开了。

至于丹顿呢，则好像同卡拉凯尼斯干的完全不是一路事——他的业务受硅谷模式的影响较少，受出版业传统的影响偏多一些。 他似乎非常享受迷你媒体大亨的身份。 他会定期对他的编辑组进行大换血，每次出现新媒体八卦专栏大战的时候，他都能泰然处之，应付自若；有时候当他炒掉几个员工后，他甚至还会亲自上阵，填补空缺。 如果某个博客没能赢得读者或广告商，他就会毫不犹豫地将它关掉，然后再整出几个新的替代品来。 他一直保持着低运营成本，慢慢地经营业务，而且人们总能从他那里获得一些真相，戳穿其他博客上的虚假言论。 2006 年，在一次换血过程中，他声称："很显然有泡沫存在……但最好在狂欢结束之前清醒过来。"虽然他总是声称博客市场马上就会崩溃，但他却从来没想过要在博客市场鼎盛时期出售自己的公司。 当《纽约时报》的专栏作家大卫·卡尔（David Carr）问他，为什么

---

① 美国 NBA 球队。——译者注

不学卡拉凯尼斯的样子，也变现退出呢？ 他回答说："因为重新开始太难了。 你需要对网站精心管理、设计，但即便如此，开一个网站还是越来越难了。 这个世界不需要更多的博客……虽然进入因特网媒体的门槛很低，但成功的门槛却很高。"

丹顿有时候管理起来非常细致入微，有时候又十分爱管闲事——这得取决于你处于编辑组织结构图的哪端。 久而久之，他的管理方式便显现出了成效。 到 2007 年的时候，"看客媒体"的员工数和承包商差不多到了 100 人左右；《纽约》杂志猜测它每年的收益能有 100 ~ 120 万美元，不过，这种数据的假设前提是"看客媒体"的广告空间全部按标价售出，然而对于这种说法，多年以来丹顿却一直不予理睬。 短短 5 年间，博客商务已经从最初的投机性试验，发展到现在蒸蒸日上、喧闹不堪的商业生态系统，而 Gawker 和它的竞争对手则一直处于这个食物链的顶端。 在这些高规格、高访问量的博客下游，是各种不同领域的专业类博客：政治、科学、环境、技术、财经、投资、体育、媒体、广告等等。 这些网站想要生存，通常得靠 Google 的文字广告，以及由 Blogads 或其他效仿 Blogads 的销售网络提供的横幅广告。

这些小博客的主人通常都得身兼发行商和编辑的双重身份；他们可不会像媒体世界的老规矩那样，实行"政教分离"。 博客写手们通常也会将他们各自粗暴的道德标准强加在别人身上。 但有一点他们是有共识的，即应该严格将评论文章与广告区别开来，而且要明确标示什么是广告。 其实媒体总会有一些灰色地带，纸媒也不例外——杂志上的"软文"便是一例。

"揭露"是博客写手们的道德图腾，"透明"则是他们的座右铭。 利益冲突是在所难免的，但如果你与人发生了冲突，就应该让世界都知道。 正是由于这种意识形态的存在，所以当 2006 年，一个名叫 PayPerPost 的媒体引发了一场博客商务新转折时，人们才会感到异常愤怒。 PayPerPost 的商业概念十分简单：它主张私下贿赂博客写手，让他们当广告商的托；它建议广告商花钱购买"赞助帖"，即博客写手在发稿前先让赞助商审查一遍。

许多博客写手总是说，他们欢迎能帮他们的博客盈利的"创新手段"。 但 PayPerPost 真正惹恼他们的地方在于，PayPerPost 根本不在乎他们会不会把这种交易泄露出去：如果你收了 PayPerPost 的钱，你可以说，至于说不说嘛，那就由你。 如果 PayPerPost 成功了，博客写手们就会担心这会让人们质疑所有的博客，让人们开始猜测他们到底有没有私下收广告商的钱，进而破坏他们与读者之间建立起来的联系。 PayPerPost 的 CEO ——特德·墨菲（Ted Murphy）拿名人代言为例，替他的业务进行了辩护：

　　……对于广告商来说，这将是一个非常强大的工具；如果博客写手们帮了广告商的忙，他们自己当然也是有好处的。广告商就可以花几百万美元请名人用它们的产品，让他们与自己最爱的饮品一起曝光。如果名人们真的想在他们的粉丝面前保持真我的话，他们就应该穿自己爱穿的衣服，喝自己爱喝的饮料。但如果他们既喜欢某个产品，还可以通过代言赚点钱的话，那岂不是两全其美了。

结果，在6个月疾风骤雨般的批评和嘲讽下，PayPerPost 终于向普世博客道德低头了：它开始要求博客写手明确标出，哪些帖子是受过赞助的（但是它并没有规定博客写手该在页面的哪个位置公示）。但是这整个做法就一直背负着不道德的罪名，而且时间越久，罪名就越重：一小撮 PayPerPost 的签约博客写手开始互相链接彼此的帖子，企图增加他们在 Google 搜索结果中的能见度，因为 Google 的搜索结果是根据导入链接（inbound link①）的数量和质量排名的。结果这种传销行为很快就惹怒了 Google。盛怒之下，Google 将这些网站的 Google 排名全部降为零。PayPerPost 大呼冤枉，称 Google 的行为是网络审查。但是该公司并没有得到多少商业博客先锋们的同情，因为他们认为，让钱来决定你帖子内容的做法（即便你完全公开）是非常不妥的。尽管杰森·卡拉凯尼斯自己很喜欢通过博客赚钱，但对于这种做法，他也相当厌恶："PayPerPost 和真正写博的区别，就好像是嫖娼和与你真正爱的人做爱之间的区别。稍微有半点道德的人都是不会与这些小丑为伍的。"

PayPerPost 的做法伤害了专业博客写手的自尊，因为他们觉得独立是他们的第一大资产。该公司的做法已经完全超过了人们可以接受的底线。但是就在人们的不同底线之间（有时候这种差异极其细微），一个围绕博客商务的新市场正在形成。在高端市场，一些小咨询公司纷纷冒了出来，这些公司由一些真正的专家组成，他们最精通于帮任何网站提高在 Google 上的排名，并在博客写手之间宣传这些网站，而又不至于招致他们的反感。在低端市场则充斥着粗鲁的博客骗子。那些以博客为基础的诱骗邮件让垃圾邮件过滤器应接不暇，几近瘫痪：

每秒钟就有2个新博客诞生！只需5分钟，你就可以开一个能赚钱的博客了！机不可失！想要让你的博客帮你赚钱吗？那就赶快购买 Blog Toolkit 吧！

通常，这类消息下面还会附上一些老掉牙的标签——"全国性电视台均有报道"。有些网站，例如 Bloggingtothebank. com 也会用类似的手段：

---

① Inbound Links = Backlinks, 中文意思即导入连接、外部链接，就是别人的网站有指向自己网站的链接，刚好和导出链接（outbound links）相反，对于搜索引擎优化（SEO）来说，导入连接是搜索引擎衡量一个网站受欢迎程度的一个重要因素，特别是 Google 的 PR 值技术，基本上是取决于导入链接的质量和数量。——译者注

如果想知道通过博客月赚千金的内幕，如果你想了解如何免费利用博客吸引成千上万个目标读者访问你的网站，那么从现在开始，请仔细阅读本页的每一行文字！

这些廉价材料简直就是一种自甘堕落的标志。 看看吧，才过了几年，博客都变成什么样子了——最开始，它是人们畅所欲言、自我表达的天堂；如今，它是期望一夜暴富的小贩的温床。

不过当然，博客的用途并不只这些。 它是所有事情的温床。 大约在2005 年，如果你想在网上发表什么东西的话，毫无疑问，你会选择博客作为你的发布渠道。 博客取代了网络杂志的旧模式、回避了门户网站的老业务，最终成了一种默认模式，一种放之所有网络刊物而皆准的实际标准，不管是链接网站、日记网站、小众出版物、个人或商业出版物，无一例外。 由于开博成本极低，所以商业博客就成了各种新业务的试验场。 你最终看到的业务，都是那些幸存下来的业务：或许是因为它们找到了使用博客的窍门，或许是因为它们想到了一些赚钱的新点子，或者，做这些业务的人，是非常有名或人脉广大或两者皆是的人。

2005 年，一个名叫迈克尔·阿灵顿（Michael Arrington）的硅谷律师不知从哪里凭空冒出来，开了一个叫"TechCrunch"的博客，专门观察新一代网络公司的兴衰起伏。 这种新一代的网络公司也就是我们后来所谓的 Web 2.0。 Web 2.0 的现象是从博客和其他新颖的网络形式中归结出来的，它的一个特点就是其内容主要由用户提供。 最后，Web 2.0 渐渐演变成了一场声势浩大的运动，在这场运动中，那些草根小公司会拼了命地去吸引公众的注意力和投资。 博客试验场的规模越来越大，而 TechCrunch 除了一方面要关注它之外，另一方面，它自己也在这个试验场中摸索。 阿灵顿曾经亲历过互联网泡沫，但没能发财，所以退隐之后在海滩上流连了一年。 等他回来后，他便开始了对互联网业的研究。 但是他没有将他的调查成果牢牢地封锁在自己的硬盘上，而是秉持着 Web 2.0 的精神，将它们发布到了一个博客上，并很快吸引了大批读者。

TechCrunch 采用了当时最普通的博客运作方式：拼命发帖、发布某一特定领域的独家小消息。 但是，他还自己添加了一个新的元素：在阿瑟顿他自己租的房子里（这是硅谷有钱人住的地方），阿灵顿开始在自家院中为读者举办烧烤派对。 很快，TechCrunch 举办的派对就吸引了很多起步公司的创始人、金融业者、工程师等等；他们大口灌着啤酒，满怀创业热情地向他人介绍自己的项目，希望能相互帮忙。 第一次派对只有几十个人参加，但就像他报道过的成功公司的用户数据库一样，以后的参加人数就开始呈几何级数增长了。 但是与网络的无限空间不同，阿灵顿的房子后院最多只能装下 500个人。

132

阿灵顿也会在别的地方举办 TechCrunch 派对。 阿灵顿、派对、办公室、房子——这些因素交织在一起，就像是一曲串烧歌曲，混合了生活和商业、编辑和出版物、业界杂志（及其报道的行业）的种种元素。 按一个管理顾问的话说，TechCrunch 的核心竞争力就是不断模糊不同领域之间的界限。

很快，TechCrunch 就随着 Web 2.0 一起飞速发展起来。 到 2007 年的时候，阿灵顿已经聘请了好几个博客写手和一个 CEO，创办了一个会议业务，每月的利润能达 20 万美元。 TechCrunch 与上一代科技类专业网络出版物（例如 CNET）类似，它的报道质量上乘，但它的内容也非常活泼、敏捷、灵通。 而且，它的经济压力较小，不用像别的网站一样恨不得榨干网页上每一个像素点的利润。

阿灵顿在成为记者之前，本身也是干技术这一行的。 虽然他非常讨厌一些人总是指责博客写手"违背了公共利益"，但是他也会坚定地维护 Tech-Crunch 的威信，并信誓旦旦地保证 TechCruch 立场的公正性。 当杰森·卡拉凯尼斯造谣说阿灵顿的帖子有"收钱说好话"的现象时，阿灵顿义愤填膺地写道："要是我那样做了，我肯定晚上都会睡不着觉的。 但凡是花钱找我写软文的公司，我都一律封杀了。"但是，他也确实投资了很多起步公司，因此也招致了很多不满。 当然，他也公示了他的股份；但随着他的影响力不断扩大，批评家们自然开始怀疑，当阿灵顿自己也扮演起这场创业游戏的裁判时，这个游戏还有多少公平可言。

不过，由于阿灵顿非常专注于这场游戏，因此在与其他技术媒体争夺热点故事的时候，他自然就有了些许优势。 2006 年，当 Google 收购年轻的网络视频巨头 YouTube 的时候，他就是第一个报道这则消息的。 他是如何获得消息的呢？ "某天深夜 2 点的时候，我还在线上，我的一个朋友告诉了我这个消息。"他对一个采访者如是说。

* * *

尽管罗伯特·斯科布的"商业写博"在微软取得了巨大的成功，但其他公司还是对各种博客很看不顺眼。 很多老总们认为，请博客写手写博就无异于是把公司发言权交给一群无法无天、不受管教的员工；而且，他们还担心员工在业余时间私自写博的时候，不会遵守公司规定。 每个博客写手看起来都像是一个定时炸弹，每篇帖子都有可能引发纠纷。 然而，当博客已经成了当下公司最流行的沟通方式时，很多公司觉得可能还是得开一个博客。 结果这些博客都成了一些生硬的胡乱模仿。 如果博客的内容只是一些按时间反序排列的媒体新闻稿的话，自然是没什么看头的。 所以当这些公司的博客点击率极低时，这些公司就会说："那就这样吧。 我说嘛，博客的功能被夸大了！"2008 年，有人问资深技术界专家埃丝特·戴森（Esther Dyson），为什么在信息如此发达的情况下，技术界的精英们还是喜欢亲自参加一些会议？结果他回答说，因为他们"想听听非官方的说法，不想看那些被审查过的媒体稿件，和他们放在网上的公司博客"。 无数个事例证明，博客本应该讲述"非官方"故事，并呈献给公众一张"人性化"的公司面貌的，而现在，博客俨然成了没有灵魂的公关公司推出的又一个没有表情的沟通渠道而已。

当然，从某种意义上讲，TechCrunch 也是在做商业博客，只不过规模更大而已。 有的人（例如罗伯特·斯科布）的作用，是深入大公司内部，替读者观察和打探内部消息；而阿灵顿的做法则更进一层：他的做法与罗伯特·斯科布很类似，不过他还利用了他在整个业界中的地位。 通过 TechCrunch 这个 Web 2.0 的业务，你可以了解到各类独家新闻，同时，你还可以近距离感受一下阿灵顿最真实、狂躁的性格。 那些守旧派可能依然不屑一顾，然而 TechCrunch 抢走了市场却是不争的事实。

鉴于 TechCrunch 为技术类专业媒体带来了变革性变化，许多新公司也纷纷开始尝试着在各自的领域效仿 TechCrunch。 亚利安娜·赫芬顿（Arianna Huffington）是一个有钱的社会名流，以前也是一名保守派，因为经常在有线新闻节目上抛头露面，从而家喻户晓。 2005 年，她开了一个博客，叫"赫芬顿邮报"（Huffington Post）。 主流媒体往往会随便给赫芬顿的网站冠上一个"博客"的名号，但事实上，"赫芬顿邮报"不只是一个博客，它还是一个新闻集——它就像是"每日科斯报"、Salon 或 Slate 和"德拉吉报告"的混合，既活泼又混乱。 为了能让她的博客一炮而红，赫芬顿邀请了许多朋友在她的网站上开博——这些朋友都是好莱坞名人、华盛顿政客和自由派专家。 有些人写了一两次之后就再也不写了，还有些人则坚持下来，为"赫芬顿邮报"增添了不少光彩。

赫芬顿的出版物最新颖的地方，其实是非常小的一点：虽然这个网站是为了赚钱，但它并不会给那些博客写手一分钱（尽管这个网站上大部分的内容都是他们写的）。 有些观察者认为，这种做法就好像是一种"数码剥削"。 然而这种批评却并没有起到什么影响。 因为对那些为赫芬顿写博客的人来说，她的名气和品牌可以为他们带来不少访问量，因此他们也就无所谓有没有金钱补偿了。 这让那些靠写稿赚钱的记者大为光火，因为他们觉得"赫芬顿邮报"的模式威胁到了他们的营生。 然而，他们对她的做法也无计可施，因为她没有用枪抵着名人的脑门，逼着他们写啊。 而一名经济类博客写手菲利克斯·萨尔蒙（Felix Salmon）也替赫芬顿的模式进行了辩护：

……这真是一件两全其美的事情。博客写手们通过"赫芬顿邮报"获得的点击量，是他们光靠自己怎么也无法获得的。这就意味着，如果他们的文章能在"赫芬顿邮报"上发表的话，那么他们就有可能脱颖而出，一举成名。而如果这些博客写手越是卖力地写文章，"赫芬顿邮报"就会越来越受

134

欢迎、越来越有价值。

　　萨尔蒙认为相比起丹顿的"看客媒体"的商务模式来说，"赫芬顿邮报"的模式更有优势，"因为对于前者来说，你必须花钱，才能让人们拼命工作，充实你网站的内容"。　不过，"看客媒体"的模式更为人所熟悉，而且随着21世纪的头十年继续朝前发展，后来涌现的博客出版物，大部分也依然会采取付费写博的模式，例如由《华盛顿邮报》的资深记者们合力创办的全国性政治网站"政客"（Politico），或技术界的明星记者欧姆·马利克（Om Malik）创办的技术新闻博客"GigaOm"。

＊　　＊　　＊

　　盈利博客的兴起可以被视作是一种合理的、自然的发展过程——因为几乎所有的新媒体都会走向职业化。　Pyra/Blogger 的创始人梅格·奥瑞汉在2002年就曾经这样说过："只有摸索出一个财务模式来支持职业博客的创造与维护，我们才有可能看到最棒的、下一代的博客出现。"2008年，杰森·卡拉凯尼斯也说过类似的话，他说，我们"只有让人们尝到写博的好处"，博客才能有所发展。

　　不过，一旦人们开始通过博客赚钱了，那博客的性质也就永远改变了。"玩意儿博客"之争为博客商业树立了一个严苛的、无情的逻辑：即便更多也不够，纵使即刻也嫌晚。　久而久之，这种逻辑使商业博客在数量和质量上达到了一个不自然的极端。　这样的结果与《线车宣言》所提倡的"市场即对话"的概念完全是风马牛不相及；它所触碰到的市场其实还是那个市场，那个可以让一切都加速进化的市场。　一些网站原本是要给读者提供一些新闻，以满足他们对某些事物的热爱，可如今，由于博客写手们为了完成访问量和发帖任务，这些网站慢慢变成了一个让人难以消化的信息喷泉。　而且访问量之争让很多博客写手抛弃了最初的标准：例如，技术类博客写手后来只会写一些琐碎的花边新闻，报道一些产品的发布信息，或者，他们还会发懒，写一些"我也这么认为"的帖子；而还有一些八卦博客写手则专拣别人不要的东西写，直到最后什么都没有，只剩自己的一副臭皮囊。

　　不过还是有些读者意识到了这一点，并开始抵制这种情况。　Gawker 曾经凭着自己活泼、冒失的风格让媒体界为之一震。　可如今，它也渐渐成了众矢之的。　在网络日志"N＋1"上，有一篇文章详细记录了 Gawker 这几年来是如何不断走向低俗和粗鲁的。　2007年，《纽约》杂志发表了一篇封面故事，标题为《Gawker. com 和暴躁文化》，该报道更是将公众对这个网站的抨击推至顶峰。　在这篇报道中，丹顿的员工们都是一群饱受剥削、工资低廉的"创意民工"，每天都要在键盘前长时间工作，很多时候不得不靠一些刺激性饮料和随意的性爱来提神。

针对此文，丹顿也发表了一篇极具个人特色的阴沉回复："任何时代都会经历它自己的文化恐慌。 在这种文化恐慌中，通常会出现一群小瘪三似的人物，给那些美好的、高雅的东西带来威胁。 而媒体机构就会像一个老朽而富有的寡妇一样，将他们从文明社会赶出去。"丹顿依然将他的博客企业视为一支局外叛军，目的就是要改革腐朽的旧秩序——不过他并没有就质量和真实性的问题老生常谈：

> 网络媒体就像是一个"霍布斯环境"。对于绅士、悠闲的美国杂志业来说，更是如此。新兴新闻业是孤僻的、贫瘠的、肮脏的、粗野的、短命的。对于许多纽约的作家来说，Gawker 就代表了这个无情的、竞争激烈的新世界，因为这个八卦网站报道的内容，就是曼哈顿悠久的媒体业临死前的痛苦，而且丝毫不顾忌媒体行业之间互相关照的传统。

Gawker 是在堕落吗？ 这重要吗？ 这个问题，对那些不在曼哈顿媒体业的狭窄棺材里的人来说，没有任何意义。 《纽约》上的那篇文章认为 Gawker 的辛辣调调"对渐成气候的博客文体有着深远的影响"，并赞其为"今日博客的实际声音"。 但这显然是错的。 这篇文章无疑暴露了作者令人惊讶的狭隘视野；作者所描绘出来的景象，就好像是以前索尔·斯坦伯格（Saul Steinberg）画的某期《纽约客》的封面：封面上纽约城被描绘得细致入微，但哈德逊河后面的世界却是一片虚空。 只不过这次，画面的焦点变成了博客。 博客世界如今规模庞大、风格万千、生机勃勃，它的调调不是曼哈顿或布鲁克林公寓里随便几个 20 来岁的作家就能定的。

Gawker 对博客最大的影响不是风格上的，而是经济上的。 丹顿改变了博客尴尬、理想化、不具备市场前景的现状，让它变成了一个能盈利的工具。 同时，他也向世人展示了这种转变所需的代价——许多人在跟着 Gawker 的脚步进行博客职业化的时候，发现他们也必须付出这样的代价。 很多人以为，使用博客工具、采用博客的形式（反序排列、随时更新、随性的调调、读者评论），然后再将博客与传统媒体商业相结合是一件非常轻松的事情。 然而最终却有可能弄巧成拙，甚至导致危险。

2008 年 4 月，《纽约时报》主页的一则标题写道——《面对博客世界无时不有的压力，许多博客写手最终选择放弃》。 这篇文章的作者是马特·里克特（Matt Richtel）。 文中，他将博客出版物比作"数码时代的血汗工厂"，而博客写手则"饱受肥胖、消瘦、睡眠紊乱、疲惫以及其他疾病的折磨，因为他们得保持新闻和信息周期能像因特网一样，永远处于最前沿——这种压力几乎是如影随形的"。 里克特还引用了两个著名博客写手可能因为不堪重压，死于心脏病突发的故事——不过他还是照例申明了一点："当

136

然，没有任何官方诊断说写博容易致死，而且这两个人的英年早逝显然不是什么普遍现象。"这篇文章试着尽可能全面地报道职业写博阶层，但却描述得十分含糊。它承认，"有些"博客写手"是出于爱好"，但是"成千上万"的人是为了赚钱："我不清楚具体有多少人是为了赚钱而写博，但肯定有好几千，甚至是好几万人。"

几千个职业博客写手？可能吧——没人能说得清。不过，博客写手的总量容易统计一些，他们大部分都是业余人士。毫无疑问，这个数字就远不止几千了。

虽然《纽约时报》上的文章也有不少夸张的成分（一些批评性博文就曾挪揄说"写博客会出人命的哦"），但也揭露了一定的真相。对于很多职业写手来说，写博确实已经变成了一种单调、令人疲倦的工作。阿灵顿告诉里克特，因为 TechCrunch，他现在增重了 30 磅，夜晚也不得安眠："有时，我甚至会精神崩溃，然后被送进医院，有时还会发生别的情况……总之，这一行不能干太久。"

但是这篇文章却忽略了这样一个事实，即大部分博客写手从不指望会赚一分钱，因此也就不会面临像阿灵顿那样的压力了。所以这篇文章描绘出的，是一幅极其扭曲的画面。将阿灵顿的遭遇普遍化，就好像是把印第500① 的赛车手的压力说成是一般开车人的压力一样。

这一小群野心勃勃、天赋异禀、动力十足的博客写手能将博客形式发挥到极致，也就说明这个形式是非常灵活、有活力的。但对于世界上大部分博客写手来说，他们并不关心这些拼红了眼的职业博客写手能成功还是失败。他们不会写博写到崩溃，也不会看着阿灵顿及其同类，心里想："有一天，我也会变成这样的！"对于他们大部分人来说，写博是一个令人愉悦的消遣方式，而不是什么痛苦的煎熬。如果写博没有什么意思的话，他们就不会再写了。所以，他们自然也是发不了财的。

---

① 印第 500 英里大赛是美国车坛最重要的赛事，奖金最高，现场观众最多。印第 500 英里大赛是美国方程式锦标赛中的一场，但它又是一场独立赛事，就像欧洲的世界耐力锦标赛中的勒芒 24 小时大赛一样。美国赛车手希望赢得印第大赛冠军，比赢得美国方程式锦标赛更重要。——译者注

137

第七章

博客圈大爆炸
Boing Boing

1989 年，马克·福伦菲尔德（Mark Frauenfelder）和卡拉·辛克莱尔（Carla Sinclair）这一对夫妻搭档发行了他们的首期杂志 *bOING bOING*（波音波音）。封面也说了，这本杂志的内容是"电子乐趣、计算机朋克、大脑玩具、纳米科技"。这本杂志的名字模仿了一种声效，按福伦菲尔德的话说，就是要让人觉得它"好像是在活力四射地东弹西跳"。

福伦菲尔德的正式工作是一名工程师。像很多 20 多岁的人一样，他早就腻烦了自己的工作，因此总在空闲的时候想还有什么别的可干。当时《全地球评论》（*Whole Earth Review*）杂志——美国西海岸一本包罗 20 世纪 60 年代的反文化潮流和 90 年代数码革命的杂志——有一期是专门报道地下杂志的，他读了后就想，为什么我就不可以办一本呢？

在网络还没有普及之前，如果你想将你的想法和你的发现公开发表，方法只有几种，而且几乎每一种方法都需要大量烦人的劳动。要克服这种困难，就必须有某种狂热的性格；而福伦菲尔德刚好就具备这一点。他自己亲自设计了整本杂志，而且在办公室的复印机上复印了 100 本（他的公司在科罗拉多州，卵石市）。

"我是一个机械工程师，工作就是设计 100 种零件中的一种。通常我要花好几个月的时间去设计和测试分配给我的零件，"他后来解释说，"我喜欢杂志，因为我可以对所有 100 种零件负责。"

bOING bOING 实际上并没有体现福伦菲尔德的全部热情，它是有折扣的。但是它的内容依然非常丰富：科幻小说、返低俗艺术（retro-kitsch）、罗伯特·安东·威尔逊（Robert Anton Wilson）的时髦文章、尤克里里琴（键盘乐器的祖先）等。这些稀奇古怪的地下文化背后，是一种怪异的精神——面对可能会变得狰狞的未来，它却好像在对你说："别害怕，快乐一点！"这本杂志的标语对这种阳光的态度进行了一个总结，但行文中竟也掺杂着一

丝极其微弱的讽刺："快乐变种人的心灵鸡汤。"

在其后的 5 年间，*bOING bOING* 在地下杂志圈里渐渐风行起来。 它后来采用了更好的印刷设备，获得了更多的发行渠道，发行量还突破了 15 000 册。 它没赚什么钱，也没赔本。 1993 年，福伦菲尔德在《连线》杂志社找了一份工作，于是便和辛克莱尔一起搬到了旧金山。 在其后的几年里，有两个发行 *bOING bOING* 的发行商相继破产，各欠了这对夫妻一屁股债。 所以他们决定缩小发行范围，只通过邮购出售。 当互联网火起来的时候，*bOING bOING* 就移师到网上，开始不定期出版。 但是福伦菲尔德在《连线》的工作太忙了，而且也失去了对这个项目的兴趣，于是经常会很久都不去更新它。

21 世纪伊始发生了两件事，让 *bOING bOING* 又重获了新生。 第一件事，福伦菲尔德决定放弃杂志名字上怪异的大写风格，所以最后变成了 "Boing Boing"。 第二件事更有意义：他将杂志网站变成了一个博客。 这些年来，他一直在业余时间帮《业界标准》写一些文章［这是约翰·巴特利（John Battelle）在互联网泡沫时期创办的一本专业周刊］，而且他还准备了一篇报道 1999 年后博客兴起现象的文章。 但是，按福伦菲尔德的话说，这个话题对一本杂志来说，"太小了"——博客还不是一个真正的业务，而且也不可能成为一门生意吧？ 所以这个故事一直都没有发表。 （《全地球评论》后来倒是采纳了这个稿子。）但福伦菲尔德对博客是了如指掌的，而且也很喜欢这个东西。 于是 2000 年 1 月的时候，他开始在 Boing Boing 的网站上使用 Blogger 软件发帖。

最初，新的 Boing Boing 就是一个典型的个人博客，专由福伦菲尔德在上面挥洒他孩子般的热情（辛克莱尔并没有管理这个博客）。 他会讨论各种话题：奇怪的游戏、《幽默》杂志、科幻作家鲁迪·卢克（Rudy Rucker）的"UFO 主题绘画"，或幻觉艺术大师特伦斯·麦肯纳（Terence McKenna）之死等。 福伦菲尔德本人留着一头竖直的头发，态度友善，声音里有一点懒洋洋的味道，每当他想到任何惊奇的事情时，他的声音也会带有那么一点惊讶的感觉。 渐渐的，Boing Boing 的帖子也开始呈现出类似的调调。 网站的新标语是"奇闻轶事录"。 福伦菲尔德曾经试过想打造一个类似 Yahoo 风格的目录或门户网站，专门用来检索网上的地下资源。 无疾而终后，福伦菲尔德便将想法实施在了 Boing Boing 上。 在这种情况下诞生的 Boing Boing 传承了以前纸版杂志的风格，而这句标语便是对这种态度最好的体现：它虽然是地下刊物，但也是可以亲近的；虽然离经叛道，但也淳朴率真。

在随随便便地发了一年的帖子之后，2001 年 1 月，福伦菲尔德了解到了一个消息。 一个名叫迪恩·卡门（Dean Kamen）的发明家做了一个秘密项目"Ginger"（生姜、活力的意思）；媒体纷纷猜测，这个项目即将为整个交通业带来翻天覆地的变化。 但是没人知道 Ginger 到底是什么。 在美国专利局的网上数据库上瞎转的时候，福伦菲尔德发现了一张线条画，画中一个女人站在一个好像是竖起来的剪草机上。 他在博客上引用了这张照片，结果引发了一个小规模的网络新闻热潮。 那天晚上，CNN 报道了这个新闻，而且在 CNN 的网站上，还有一个 Boing Boing 的链接。 结果 Boing Boing 访问量陡然剧增：从每天 300 次跃升到 6 000。

这太有趣了！ 但当时福伦菲尔德正准备去夏威夷度假，他知道，除非 Boing Boing 上能有一些新鲜的帖子，否则这群人是不会重复访问的。 于是他邀请了他的朋友科里·多克托罗（Cory Doctorow）作为网站的客座博客写手。 多克托罗是一名加拿大作家，当时他的科幻小说事业正处于蒸蒸日上之势，而且无比热衷于各种形式的网络开源化活动——从开源软件、对等网络文件交换运动（以 Napster① 为代表）到刚开始流行的新艺术（即将以前的老作品重新混合成新作品）。 当时，福伦菲尔德与别人合伙成立了一家开源软件公司 OpenCOLA。 成立之后，福伦菲尔德便在《业界标准》上对公司做了一个简要的宣传，同时还一并提到了多克托罗，结果让公司夹在了好莱坞与 Napster 的知识产权大战中。 事后，这两人便开始了密切的邮件往来，而多克托罗也开始不断给福伦菲尔德提各种关于 Boing Boing 链接的建议。

2001 年年初，在多克托罗临时接管博客的两个星期里，他一直保持着高频度的发帖量；以前福伦菲尔德每天只发一两篇，多克托罗则可能发 6 ~ 12 篇不等。 当福伦菲尔德休假归来时，他发现网站的访问量正在不断攀升。于是他恳求多克托罗继续帮网站写博，同时也开始仔细地招募别的博客写手。 就在多克托罗加入后没几个月，福伦菲尔德便招来了第三个编辑——他的老朋友大卫·培思考维兹（David Pescovitz）。 大卫是一个科学作家，也是《连线》杂志的撰稿人，曾经在旧版纸质 bOING bOING 杂志工作过。 一年以后，杰妮·贾丁（Xeni Jardin）也加入进来。 杰妮是一名科技文化类记者，以前在杰森·卡拉凯尼斯的《硅谷报道者》工作过。 留着一头银白色头发的贾丁为 Boing Boing 的团队注入了一缕耀眼的数码女性魅力；她的到来终结了 Boing Boing 团队的纯爷们状况，使这个编辑团队从此以后变成了一曲四重唱。

同尼克·丹顿的员工以及其他职业博客写手一样，福伦菲尔德后来也汲取了同样的教训：如果你想通过一个博客来吸引观众，那就得抢占先机、狠抓数量。 但 Boing Boing 当时并没有一个商业模式：既没有广告，也没有盈利的计划。 就像那个时代的许多流行博客一样，它并没有取得商业上的成功，不过是打发了创造者的无聊罢了。

*　　*　　*

---

① 这是一款可以在网络中下载自己想要的 MP3 文件的软件名称，它同时能够让自己的机器也成为一台服务器，为其他用户提供下载。——译者注

140

科里·多克托罗的第一部科幻小说《魔法王国的潦倒》（*Down and Out in the Magic Kingdom*）于 2003 年出版了，故事的背景是 22 世纪"后稀缺时代"的世界，那个时候，死亡和物质稀缺的问题都已经被解决了。 人们无需工作，也不在乎钱财。 但是，人类对地位的追求却依然没有停歇；人们还是喜欢拿自己跟别人去做比较。 那时，衡量成功的标准不再是财富，而是你能否凭着你的做事技巧、胆量或慷慨的品质赢得同龄人的尊重。 多克托罗为这种标准起了一个名字，叫"舞菲币"（whuffie）。 "舞菲币"越多，就意味着你越受人尊敬，而不是说你就越富裕；它代表着你的无形资产——声望，而不是物质财富。

多克托罗的网络读者们很快就意识到，他所描述的这种价值观已经以这样或那样的形式，存在于网络的互联语境之中了。 链接就有着某种"舞菲币"的价值。 正面的邮件和评论亦是如此。 "舞菲币"与奉献文化中的"地位"很相似，你的"地位"取决于你奉献的多少。 ［在埃里克·雷蒙德（Eric Raymond）写的一篇著名文章《开拓智域》（Homesteading the Noosphere）里，他认为这种威望就是开源软件开发者所追求的主要内容。］在网上，不计金钱得失的贡献越来越多了；通过"舞菲币"，我们能够好好地思考一下这些贡献背后的动机。 其实，这也是 Boing Boing 自己的驱动力。

多克托罗在一篇名为《我的博客，我的外部头脑》的文章中，就说到了这一点：

作为一个喜欢海量信息的人，我每天都得吃 6 倍于我体重的信息，否则我的头脑就会开始饥饿、萎缩。我从各种渠道搜集信息：纸媒、收音机、电视、对话、网络、RSS、邮件、各种机遇，以及我发现新鲜事物的能力。过去我总会把看到的好东西加入书签，结果我不过是多了无数个再也不访问的书签而已，而且在里面从来也找不到任何东西……

博客给了我获取知识的方向和回报。如果我要写一些有用的和/或有趣的题材，我就必须将某个链接中最醒目的信息提取出来，然后用两三句话呈献给我的读者，他们会不会看某个链接，就在于我能不能将链接的有趣性传递给他们。这种做法可以让我整理脑海中的主题，其道理就像我们在课堂上记笔记一样，我可以在脑海中把这些主题规整清楚，方便我平时调用。

写博会让人一发不可收拾。Boing Boing 的点击量在不断攀升（每月增幅为 10%～30%），我的脑袋也在绵绵不断地收获各种东西……我的博客写得越多，我的收获就越多：出席会议的时候，会有陌生人走过来跟我说，他们非常喜欢某些帖子；我引用过的网站会给我发来感谢邮件，感谢我帮他们宣传他们的宠物项目。

141

多克托罗现在把他的脑子放在了头颅外，谁都可以一窥究竟。如果访问者喜欢他们所看到的东西，他们就会通过关注和感谢（"舞菲币"）来回报多克托罗。他还可以从那些善意的反馈中获得好处，读者们也会向他反馈更多的意见、主意和点子。多克托罗本身就非常博学多才了，但是他还是说，写博可以让他变得更聪明：

> 通过在 Boing Boing 上写博，我不但为我在信息领域的劳动找到了一个集中的存放处，我的收获数量和质量也同时获得了提高。我现在知道得更多、发现得更多、认识得更深刻，全都是因为 Boing Boing……不让我写博，无疑是让我承受大脑损伤所带来的无尽折磨。

到 2002 年年底的时候，Boing Boing 所有的外挂大脑引擎都发动起来了。它追求新奇、崇尚怪异，但同时也决不让自己变得狭隘和晦涩。不管它的内容、作者（他们通过自由撰稿，或多或少赚了一些生活费）有多么小众，这个博客都保持着干净的设计、清晰的文笔、简练的标题。后来，多克托罗认为这个博客之所以取得成功，一部分是因为他对"直接"的追求："人们从 Boing Boing 上点开某个链接，不是为了去看看链接里'到底是什么'内容，而是去看'还有什么'内容。"（这与 Suck. com 以前的链接截然相反，Suck. com 上的文字通常都不是直接反应链接的内容，或带有某种讽刺意味的反应。）访问者们总可以看到一些疯狂的花边新闻，这些都是根据作者的兴趣来的。这里有一个音乐盗版诉讼案的消息！快来看塞尔维亚大选的消息啦！这个热狗烘烤机竟然是克苏鲁（Cthulhu①）的造型（它是霍华德·菲利普·洛夫克拉夫特设计的奇特怪物）！有人竟然自己拔牙！每次我们给你们看这些低俗内容时，我们总会在后面放一些"精神除味点心"——来看一些庸俗的独角兽艺术品吧！

这种组合果然有效——于是编辑们便继续对它进行完善，同时还在不断地探寻拓宽网站话题面的途径。几年内，他们便赢得了一部分特定网民的心：Boing Boing 的中心读者是那些电脑狂，只不过不聊编程技巧而已。它的编辑也渐渐散发出了某种迷人的直爽气质。在音乐界有一种说法叫"独立范儿"，就是那些不靠大牌音乐公司合约而取得成功的乐队所散发出的一种纯正气质；在网上，Boing Boing 的博客写手们就是那些具有"独立范儿"的人。

编辑们说他们都是在用业余的时间做 Boing Boing，他们所言不假。但这并不代表他们就没有野心。他们希望看到 Boing Boing 成功，希望他们的

---

① 克苏鲁（Cthulhu）是美国小说家霍华德·菲利普·洛夫克拉夫特所创造的克苏鲁神话中的一个邪恶存在。——译者注

帖子能被更多的读者看到；但是他们并不会按传统的方法来吸引读者。 通常来说，编辑都会先在脑海中设定一个目标读者，然后再根据这群人的喜好来组织内容。 而 Boing Boing 则更像是一个全天候开放的"稀奇事情"（或怪异、野蛮、有趣的事情）展览馆，它的馆长们只会展出那些他们喜欢的东西。 接着，他们就会欣喜地看到他们第一拨的访问者会喊来他们的朋友，他们的朋友又会喊来自己的朋友，如此反复，直到博物馆人头攒动为止。

对于那些从主流媒体世界的熏陶中走出来的人，大概很少会这样做。 但这种做法又与博客的模式相得益彰。 在逐渐膨胀的博客世界里，Boing Boing 发现，得益于它的链接、增长的访问量，以及许许多多的"舞菲币"，它也渐渐地掌握了核心影响力。

*　　*　　*

"我建议，给我们博客写手占据的网络知识空间起一个名字：博客圈。"2002 年 1 月 1 日，一个名叫威廉·快克（William Quick）的保守派博客写手做了以上呼吁，而且还得意洋洋地为这个词找了一个令人迷惑的希腊语词源——"logos"（"单词"、"原因"的意思）。 最开始，在"后'9·11'战争博客写手群"中，快克的"博客圈"一词受到了同龄人的青睐。 渐渐的，它的用法也传播开来，最终打败了其他同样比较精彩的说法（例如多克托罗就曾经用过"博客斯坦分布共和国"一说）。 后来，"博客圈"一词开始指代随着博客崛起而慢慢形成的全球话语空间。 ［快克自称是"博客圈"一词的发明者，但关于该词的来源却众说纷纭：1999 年的时候，第一代博客写手之一——布拉德·格拉汉姆（Brad Graham）就在他的一篇幽默帖里用过这个词。 但有没有人争这个呢？ 多着呢！］

还没等人们完全适应这个新词的时候，一个问题就出现了：虽然"博客圈"这个词用起来很方便，但它却并不能用来特指，因为"博客圈"不止一个。 网络上有许许多多个博客圈。 你会看到哪个博客圈，取决于你会关注哪个博客小群体。 软件开发师们形成的庞大博客圈，与突飞猛进的政治博客圈是截然相反的两个圈子。 而一些新的、较小的圈子就会以这些大圈子为中心，慢慢聚集在四周，就像星际尘埃一样，慢慢聚拢成一个新的星系。

博客最开始是个人主义者的避难所，是"原始说法"的发声场（这个发声场只有一个固定的网络地址，而且不受任何人制约）。 但是，到了 2002 年，也就是约恩·巴杰创造出"网志"这个词的 5 年后，这些单独的演讲台已经进化成了一个越来越复杂的系统，彼此间交错着令人咋舌的关系。 多亏了博客工具的三次历史性进化［进化的产物都有着很不成体统的名字：Per-

143

malinks（永久链接）、RSS 和"Pinging①"〕，使博客之间越来越容易联系，也越来越容易追踪。

2000 年 3 月，Blogger 开始加入"永久链接"功能。 "永久链接"是单篇帖子的代码，可以允许其他网站或博客写手通过这个代码直接链接到具体帖子。 （以前，人们只能通过链接找到博客的主页，但由于主页网址经常变动，所以人们很难找到某一特定内容。）后来，Movable Type 平台将这种功能进行了扩展：它给每篇帖子建了一个单独的页面作为这篇帖子的永久页面，而且还带有一个固定的地址，这样链接就可以直接指向具体帖子了。 于是，其他博客工具也跟着效仿。 这个小小的软件功能在当时并没有引起太大的注意，但却有着划时代的意义：它意味着网络写作的基本单位可以从"页"缩小到"帖"了。 博客帖子就成了万维网的原子。

这有多方面的意义。 2002 年，梅格·奥瑞汉在一篇文章中指出：博客已经将作者"从字数统计中解放出来了"，而且博客还可以让作家们"将那些小到不成篇的想法写出来"。 "永久链接"的诞生进一步转变了博客写作的对话功能（这种功能只有博客写手才能体会到，而局外人通常难以察觉），即将这种对话从一种抽象的概念变成了一种每天都能触碰的现实。 plasticbag. org 的英国先锋博客写手汤姆·科特斯（Tom Coates）曾如此写道："它有效地将网志从一个'可以轻松发表'的东西，变成了一个纷乱重叠的对话环境。"以前，当一个博客写手引用其他人主页上的某篇潮流帖子时，这个链接没有任何意义——它所指向的网页可能过几天就变了内容，因为新的帖子会顶替原先的帖子。 有了"永久链接"之后，按科特斯的话说："终于，我们可以相对轻松地直接指向某人网站上的具体帖子，并直接谈论它了。"

博客的重点是"最新消息"，因此博客版式强调的总是"即时信息"；而永久链接则偏向于"当时的内容"——每篇旧帖子都会明确标上原始日期和时间。 同时，由于 Google 使网页搜索变得更快更好了，因此那些以前的旧博客存档就有了新的价值。 同博客一样，Google 从 1998 年的无名小卒，一举变成了 2002 年家喻户晓的明星。 Google 的普及就意味着每一个采用了"永久链接"的帖子，都能继续被网友们挖出来，利用它里面的具体信息。

随着博客数量暴涨，多数读者也开始发现，他们经常会无意中看到一些他们很喜欢的博客。 然后你就会通过一个博客发现另一个博客，从某种程度上说，你读的博客越多，就越想读。 直到最后，当你面对博客的汪洋大海

---

① 对博客网站来说，Ping 服务实在是个重要且有效的工具，它可以让你在博客内容更新后自动地通知相应的博客目标网站、搜索引擎等，告知它们你网站内容的更新，以便让它们及时地索引、收录以及传播你的内容。一般而言，在你更新内容时所 Ping 的相关服务网站越多，你的内容在 Internet 上的曝光率便越大，因此，许多人总希望能够尽可能地一一通知到！——译者注

144

时，绝望地一摆手，喊道："太多了！"博客圈内贪心的信息瘾君子会四处搜寻工具，帮他们在更短的时间内看更多的帖子。 其中，最重要的一种工具要数一种软件标准——RSS 了。 RSS 可以将博客帖子变成一个"feed"（源）或数据更新流，用户可以通过 RSS 阅读器或聚合器订阅和跟进博客。

RSS 背后有一个令人费解的故事。 这个传奇故事里有太多的怨愤与不满，至于这些情绪从何而来，别说外人无法理解，就是局内人大多也不记得了。 这个故事不简简单单只是一种痛，它像是一个长期发炎的伤口。 如果你在网络开发者的聚会上提到它，人们大多会摇摇头，脸上的表情仿佛在说"千万别提这茬"。

事情大概是这样的，RSS 最初是从 Netscape 和戴夫·温纳的软件演变过来的。 Netscape 当时想推出一个软件标准，以方便人们分享网页上的结构数据，例如一篇新闻的"标题"、"作者"和"摘要"等。 而温纳也在寻找类似的工具，将新闻标题和网志变成程序能轻松分享和操纵的数据。 还有一些开发者希望这个标准能被应用在一个更复杂的基础——RDF 上（RDF 是由蒂姆·伯纳斯-李的麻省理工大学实验室开发的）。 后来便是一场邮件列表口水战，以及几个跳级发布的版本。 当尘埃终于落定之后，RSS 2.0 已经成了一个被广泛采纳的标准，而且也得到了多数博客工具的支持。

你可能会说，RSS 早期的成功很大程度上归功于温纳的传播功劳，因为他总会在"编辑新闻"上乐此不疲地提到它，而且总是将它嵌入他的新产品中，并用一些新的应用程序来试验它。 但是，你可能还得回到过去，解释一下为什么其他开发者不满意 RSS 2.0 的技术局限性，并自己开发了一个替代方案——Atom 与之竞争（Atom 与 RSS 2.0 的功能相似，却互不兼容）。 你说得越多，这场神秘论战中的两派人就有越多的人站出来，指责你的故事极不负责任，说它漏掉了这点，少提了那点。

所以，或许"别提这茬"是个好建议。

RSS 的全称有多种："Really Simple Syndication"（十分简单的整合）、"RDF Site Summary"（RDF 网站摘要），或"Rich Site Summary"（丰富站点摘要），这取决于你问的人是谁。 人们总是抱怨它的名字听起来技术味太浓了——想想，如果没有"万维网"，而我们只能在"HTTP"上看东西会如何。 虽然公众对 RSS 很难理解，但它最后还是成了许多网站和服务的技术基础，而这些网站和服务通常都是搜集和排列博客帖子，或其他按时间排列的网络数据的。 那些热切的博客写手和博客读者们，很快便满怀激情地拥抱了这个技术。 通过 RSS 阅读到的博客是不带网页设计和话语环境的；帖子变成了长长的一列纯文本内容，而且你顺着列表往下读，RSS 阅读器就会将你读过的项目标为"已读"。 虽然你没有看到材料原来的独特形式，却收获了效率。 没有 RSS，你就得不断访问你喜欢的博客，去看看自从你上次访问后，他们又有没有添加新的内容。 但有了它之后，你就只用在你的阅读器里扫一眼订阅列表，就知道有没有人更新网站了。

在搭建 RSS 架构的同时，戴夫·温纳还在 Weblogs. com 上做了一个"ping 服务器"的东西。 每次他在博客上添加一篇新的帖子，这个博客都会发送一条消息到（或者说是"ping"一下）这个服务器，告诉它有更新了。这时，ping 服务器就会生成一个实时日志，显示哪些博客有了更新；通过这个 ping 服务器，你就可以通览所有更新信息了。 最开始，Weblogs. com 的"最近更新博客列表"能随时告诉你博客圈的实时更新情况。 到后来，由于博客更新数量越来越大，于是这种更新列表对于访问者的人眼来说，就没有什么意义了。 但是，这对其他软件程序来说，依然是非常有用的资源，因为这些程序可以用它来整合一个博客事件实时跟踪表。 因此，ping 服务器只是一个能使 RSS 更有效地工作的插件，它所提供的服务也加速了博客圈的繁荣。 通过它，人们也终于可以集中浏览某一特定突发新闻事件的所有博客帖子了。

对于任何独立博客写手来说，要实现所有这些新的博客功能肯定得付出极其痛苦的努力。 但幸运的是，博客发布工具渐渐跟上了人们的需求，能自动实现这些功能了。 到 2002 年的时候，Movable Type 已经开始赢得许多最有野心的博客写手的忠诚，而且集成了许多功能——这些功能在现在看来，都是非常基本的。 它为每篇帖子都建了一个"永久链接"页面。 它能为你的帖子自动生成 RSS 源。 而且，每次当你添加一篇新帖子时，它还会自动 ping 到 Weblogs. com（或随后涌现的其他 ping 服务器）。

这一切都意味着博客帖子已经不再是人们随手写写的东西了：现在，它们是数据！ 而一旦程序员们看到了有意思的数据，他们都会想要动手处理一下。

现在看来，最早开始挖掘博客写手的帖子，并寻找有趣信息的网站，可能就是 Beebo. org 的 Metalog 了。 Metalog 的运营者是麦克·史迪威（Michael Stilwell），一名住在伦敦的澳大利亚网页开发师。 从 2000 年 9 月，Beebo 就开始对那些博客写手最经常引用的链接地址进行追踪了。 （约恩·巴杰的"机器智慧网志"就以 44 个链接的引用量，排在了这个列表的第 1 名。）当时，Beebo 的 Metalog 全是人工整理的，但随着博客数量的激增，人工就跟不上进度了。 因此这个服务只坚持了 1 年的时间。 2001 年夏天，出现了两个会自动搜集的新网站：Blogdex［由麻省理工大学研究员卡梅隆·马洛（Cameron Marlow）开发］和 Daypop［这是由一个名叫陈丹（Dan Chan，音译）的游戏开发者做的周末项目］。 这两个博客都会四处扫描博客，查找那些引用量最大的网页或博客帖子。 有时候，人们会随便给这些服务起个名字，例如"博客搜索引擎"；后来，这个服务有了一个正式的名字："memetrackers"。 这个名字的灵感源自理查德·道金斯（Richard Dawkins）为一个传染性（或病毒性）概念①起的名字。

博客写手们均认为，这面能反应他们爱好的镜子非常迷人。 但由于运营费极少、计算硬件有限、软件也不完美，因此这两个服务都不完整，稳定性也不高——尤其是当某些新的兴奋点刺激了人们的兴趣，突然使它们的流量猛增时，它们就会出现崩溃、掉线。

2002 年 11 月，在感恩节的那个周末，一个创业型程序员大卫·希福莱（David Sifry）自己做了一个博客跟踪器，名叫 Technorati。 当时，希福莱写博已经有些时日，在他看来，Technorati 是一款让博客写手们搜索关于自己作品有用信息的服务。 Technorati 并不是特别关注链接或 meme 的引用量，而更着重于展现博客之间的联系。 通过它，你就可以了解那些引用你文章的博客都是什么类型了；而且它还会自动为你提供这些博客的实时更新信息（当然，前提得是这个服务能顺利运行，因为很多时候，它都像前两个服务一样容易崩溃）。

这要比你时不时查看引用日志方便多了，因此 Technorati 一经推出，便一炮而红。 而 Technorati 也开始同它所追踪的博客人群一样，开始飞速发展起来，没过多久，希福莱就将它变成了一个有外部投资且不断扩张的公司。 但是 Technorati 的口碑最主要还是归功于一个特性：博客流行度大赛，也就是所谓的"Technoarti 百强榜"。

Technorati 保留着一个母表，只要博客主人在 Technorati 上注册过，都会进入这个表里。 由于这个服务实用性高，因此很多活跃博客写手都愿意注册进来。 接着，Technorati 会追踪这些博客都有哪些网站引用。 而 Technorati 则会根据"新鲜度"（多久前发布的）和"权威性"（与 Google 的评分标准类似，对于那些经常被人引用的高质量链接，它会给予额外的分数）。 最后，它会将数据进行处理，然后发布一份百强博客名单。

Technoarti 的百强榜并不是第一个博客榜单。 2002 年 6 月，一个网名为N·Z·贝尔（N. Z. Bear）的博客写手就编撰过一个博客列表——"博客生态系统"。 这个列表会根据博客的引用链接数，给那些在这个列表上注册过的博客写手们进行分类，有"高等动物"、"调皮的灵长类动物"和"可爱的啮齿动物"三种。 贝尔的列表是从保守的战争博客写手群中产生的，然而却没能在技术博客写手中流行起来（这群人整天都在倒腾更多的博客软件标

---

① 这里指的就是"memetracker"里的"meme"一词。meme 这个词最初源自英国著名科学家理查德·道金斯所著的《自私的基因》（*The Selfish Gene*）一书，其含义是指"在诸如语言、观念、信仰、行为方式等的传递过程中与基因在生物进化过程中所起的作用相类似的那个东西"，为了读上去与 gene 一词相似，道金斯去掉希腊语根 mimeme（原意是模仿的意思）的词头 mi，把它变为 meme，这样的改变还很容易使人联想到跟英文的"记忆"（memory）一词有关，或是联想到法文的"同样"或"自己"（meme）一词。——译者注

准）。 但 Technorati 却成功了。

这就是说，现在博客也有排行榜了。 这个反媒体的媒介如今也有了类似尼尔森排名的东西。 这个自诩人人平等的圈子，如今也有了精细的公共等级之分。 谁的排名上升了？ 谁的排名下降了？ 博客写手觉得这个排名非常有意思，让人欲罢不能，但也非常可怕。 他们担心，Technorati 的百强榜会让他们看起来像"链接党"，让人以为他们是在专门伪造引用数，以提高他们的排名。 但是，他们又还是忍不住会一次又一次地查看这个榜单。

＊　＊　＊

其实博客列表一直就存在，老早之前，杰西·詹姆斯·加勒特就给卡梅隆·巴雷特发过一个。 在巴雷特搁置他的列表后，网上最具权威的列表分类就是布里吉特·伊顿（Brigitte Eaton）的"Eatonweb"。 它是一个手工制作的列表，在 2000 年的时候，里面就已经收录了 500 多个博客。 随着博客数量继续增加，想完整收录所有博客已经是不可能的事了。 但是，大多数博客写手们都保留着自己的一份列表，也就是所谓的"友情链接列表"（就是一些他们比较尊重，或至少从理论上说会经常关注的博客）。 最初的友情链接列表是为了给它们的主人提供方便，因为博主可以像访问书签一样，每天都通过这些链接查看一遍博客。 后来，Google 和 Technorati 为这些友情链接赋予了更多的价值；引用数量越多，博客在 Google 的搜索结果上就越靠前，在Technorati 上的排名就越往上。 "Link Love"（钟情链接）就意味着尊重。它是一种"舞菲币"。 而现在，有了 Technorati 的百强榜之后，它就意味着更高的排名了。

多数博客写手早就知道，他们之间其实并不是完全平等的。 他们会看到某些人的名字重复出现在一个又一个友情链接列表里。 他们知道，当某个大牌博客引用了他们的网站时（例如格伦·雷诺德斯、戴夫·温纳、梅格·奥瑞汉或多克·瑟尔斯等的博客）， 他们就会突然收获一大批的新访客。 后来，许多博客写手开始有了这样一个信念，这也是早期博客传教者们或明说或暗指地向新人反复灌输的信念——他们只需定期写博，那么他们的读者数量和引用数量就一定会不断增加。 当然，在博客兴起之初，如果博客数量能呈几何级数增长的话，那么博客写手们就能分享越来越多的读者和链接了。但凡事都有极限。 因此，Technorati 的百强榜一出，便立即惹怒了许多没能上榜的博客写手，而那些怀疑自己永远也不可能挤上榜的人同样也很不愉快。

最先发难的，是一个多伦多的博客写手，名叫乔·克拉克（Joe Clark）。 他认为博客窝藏了一个精英的、封闭的"顶级名单"。 当《纽约客》记者丽贝卡·米德关于梅格·奥瑞汉和杰森·科特克的报道在 2000 年 11

148

月发表之后，克拉克就写了一个帖子，专门对此文进行了"逐条剖析"，并指责这个"顶级名单"搞小圈子，而且名不副实：

其实，博客写手对网络的批判在"全面性"上都大同小异，但有些博客写手偏偏就是要比别人红一些。

据说所有博客写手都是平等的，因为，在这个伟大的、平等的网络上，我们都可以把自己的本事亮出来，而最好的想法自然会脱颖而出。这种信息自由市场的理论从表面上看，非常具有吸引力，然而事实情况却并非如此。

杰森的评论非常好（梅格的就稍逊一些），但是我读过的许多博客写手写的评论也不差啊……

网页设计能力也并不代表一切。杰森的网站形式多样，但也只是中等编程水准罢了。随便从"顶级名单"中找三个博客，我都能说出一大堆比他们的网站更复杂、更精美的博客来，这些博客的主人可都是在网络上凭自己的能力辛苦耕耘啊。

不管你怎么解释，你都不能合理，甚至是假装合理地解释博客界现在的名气分布状况。名气这东西，就是这样。

"基本上你没有可能进入这个'顶级名单'，"克拉克认为，"如果你现在不是顶级博客写手，那你永远都别想成为其中一员。"

乍一看，至少他最后一句话是不对的。 Boing Boing 就是一个反例。 在克拉克写那些话时，Boing Boing 哪个顶级排名榜都登不上，但是两年后，几乎每个榜单的前几名都有了它的名字。 同样的，很多几年后才出现的专业博客，例如 TechCrunch 都成功地快速跻身了各大博客排行榜；事实上，如今 Technorati 百强榜上的大部分博客都是在 2005 年以后才涌现的。

然而，克拉克这种被排斥在圈外的感觉很有影响力，甚至还非常具有传染性。 在随后几年里，博客写手们都开始抱怨这个顶级名单，而且认为想要跻身这个名单的难度也越来越大。 2003 年 2 月，纽约大学学者、资深网络社群动态研究员克雷·薛基（Clay Shirky）发表了一篇极具震撼性的文章，名叫《幂次法则①、网志与不平等》（*Power Laws，Weblogs，and Inequality*）。 这篇文章为这种被排斥感树立了一个理论框架。 薛基认为，人们不能从普通的角度来猜测博客写手抱怨不公的动机，即人们不能以为他们就像是背叛了自己理想的先锋，或稀释了原有社群精神的新人。 相反，他认为这种不公已经成了博客系统的一种基础数学特性：系统提供的选择自由和多样性愈多，这种不公就愈甚。 "这与道德水平、背叛或其他心理因素没有任何关系，"薛

---

① 幂定律（又称幂次法则）是一种多项式关系。遵守这个关系的多项式，会展现出标度不变性（scale invariance）的性质。——译者注

基写道，"现在人们都懂得，而且也可以自由选择。 而这种情况就决定了'幂次法则'的分布局面。"

　　就像经济学家嘴里的"工资铁律"一样，"幂次法则"也给人一种冷酷的、"现实政治①"般的感觉，听起来十分冰冷、无情。 事实上，"幂"一词在这里是一个数学用词，就是"10的次方"里"次方"的意思。 而"幂次法则"这个词则是指分布曲线的形状。 我们都对"钟形曲线"（bell curve，也称正态分布）非常熟悉，这种曲线会从中间高高拱起，大多数参与者都不能达到顶端，而是分布在顶峰两侧，人数随着曲线的下降而慢慢减少，而曲线两端则通常是一些出局者。 如果你将一群人的重量或高度值做成曲线的话，你就会得到一个钟形曲线。 但如果你通过曲线表示美国如今的财富分布，你就会得到一个复杂得多的图形——一个"幂次分布图"。 （有时候，人们也会称这种分布图为"齐普夫分布图"或"帕累托分布图"，他俩都是这种分布图的发现者，只是研究领域不同而已。）"幂次曲线"也是一个很陡的弧线，就像一个滑板道一样。 薛基很清楚地解释了这条曲线："在任何排名系统里，第 N 名的值就是 1/N。 不管你是按什么指标排名（收入、引用量、访问量），第 2 名的值只有第 1 名的一半，而第 10 名的值就只有第 1 名的 1/10 了。"

　　在博客里，"幂次法则"就意味着，无论谁是第 1 名，不管你的衡量标准是什么（网页浏览量、链接引用量或每日访问量等），你获得的成功都可能是第 2 名的两倍。 而第 3 名获得成功可能就只有第 1 名的 1/3 了。 依此类推。 当然，随着这些分数的分母递增，对应名次之间的差别就越小（也就是说，1/2 和 1/3 之间的差别，要比 1/287 和 1/288 之间的差别要大得多）。这就是为什么当"幂次曲线"一旦过了顶峰之后，就开始呈扁平化了（这就是所谓的"长尾"现象）。 "长尾"就是指幂次曲线的人口稠密的一端，在这一端聚集着许多各类市场中小有成就或稍微失败的参与者。 在《连线》的编辑克里斯·安德森（Chris Anderson）的宣传下，这个理论也越来越为人所熟知了。 （博客写手们曾调侃说，如果你有一条"长尾"的话，那你就还有可能有一个"肥脑袋"，甚至还有一个"大屁股"呢。）

　　"在不加约束的大社会系统中，不公平的现象处处存在，"薛基写道，"这就是为什么在拥挤的道路上，车辆只能停停走走了。 这不是因为人们想这样，而是因为系统在正常运转的情况下，容易出现这种比较稳定的特征。"如果你一开始就认为"每个人都有喜欢某个博客的平等机会"，那么你就会成为长尾的一部分——人人皆是如此。

---

　　① 现实政治主张，当政者应以国家利益作为从事内政外交的最高考量，而不应该受到当政者的感情、道德伦理观、理想，甚至是意识形态的左右。所有的一切都应为国家利益服务。——译者注

150

但是，人们的选择确实会相互影响。如果我们认为，某人选择的某篇博客更有可能被另一个人选中的话，即便几率很小，都会引起系统的剧烈变化。比如说这里的某人指爱丽丝。她在选择博客的时候没有受任何人影响，但是鲍伯比其他人更喜欢爱丽丝的博客的可能性稍高一点。那么，当鲍伯选完后，他和爱丽丝共同喜欢的博客就有更高的可能被卡门选中，依此类推，到最后，一小部分博客就越来越容易被人选中，因为它们在过去经常被人选中。……到了第1001个人时，他就不会随便选择博客了，他的选择会被系统先前积累的偏好值所影响，而且甚至会完全察觉不到这种影响。

　　薛基说，人们为什么会更喜欢某篇博客并不重要；只要他表现出了任何偏好，他就会受幂次曲线所产生的不公平性影响。

　　对于那些反感"顶级名单"排他性的博客写手来说，薛基的话更让他们心凉：在任何时候，名列榜单前茅的博客写手都会比其他人更受欢迎，而且，对此你无能为力。　他还发现，"在'幂次法则'系统中，多数人都在平均值以下，因为这个曲线太倾向于表现最优者了"。　一个老笑话是这么说的：比尔·盖茨随便走进一家酒吧，里面酒客的"平均"资产都会变成百万级。　同理，曲线顶部的少数明星博客自然就会影响博客的平均表现值，结果使系统里的大多数博客都无法达到平均水平，进而痛恨这种不公。

　　但薛基却认为，这是完全公平的。　博客这个公开、准入门槛低、操作简便的系统是非常公平的。　如果处于曲线顶端的博客写手停止写博的话，他们就会从顶端掉下来。　而且，一个博客的受欢迎度就是"广泛认可的结果，而且这种结果很难伪造"：换言之，你很难操纵游戏结果，因为你想赢的话，就必须有大量独立个体的参与。　他说，除此之外，相互不关联的"顶级名单"是不存在的，因为幂次曲线不会出现自然的"中断"或断点，也不会出现明显的断层，所以你就不能说："看，这个断层就是凡人与名人的分界线。"

　　薛基的观点虽然给了人些许希望，但依然还是非常刺耳的。　"重新开一个好的新博客，然后让它变出名也是有可能的，"他总结道，"但是，要达到同样的效果，今年比去年难多了，而且明年会更难。"

　　通过近期对网络理论的学术研究，薛基得出了以上结论，同时也引发了一场广泛而充满仇恨的大辩论。　许多博客写手看了《幂次法则、网志与不平等》这篇文章后，认为这篇文章验证了他们许多愤世嫉俗的感觉，即博客圈被操纵了，而且对他们很不利。　而那些比较理想化的博客写手则认为，薛基的口气就好像自己是神一样，而且他的结论也太过武断了，因为博客的历史还太短。　总之，他的观点都让人很不爽。　他们的写博经历是很鼓舞人心的，甚至是可以改变人生的；博客世界与以前的广播媒体世界大为不同，因为以前只有少数守门人才掌管着通往成名的钥匙。　但遗憾而又可悲的是，这个新世界也会像旧世界一样，日渐潦倒。　戴夫·温纳则撰文批评薛基根本不懂博客，因为他自己压根儿都不写博客。

薛基预测，博客会变成一个等级清晰的圈子，其中，最高阶层是高访问量、高曝光率的名人阶层（与前博客时代的旧媒体行业无异），其次是读者量稍逊的"经典"博客中等阶层，最后便是长尾阶层，他们只在博客上絮絮叨叨给少数朋友和亲戚看。　在接下来的几年里，他的预测被证明是相当准确的。　但是，《幂次法则、网志与不平等》这篇文章还是忽略了写博的几点本质问题。　第一，长尾的存在让不同的博客写手对博客的感觉大相径庭，这种差异在以前的媒体时代是没有的，因为电视和广播不存在"尾巴"，而纸媒也只有很短的一截。　第二，在博客世界里，还有这样一个奇怪的现象，即顶级名单里的"大鱼"和长尾群体中的"小鱼"都差不多，外观相似、功能相近，就连用的软件都是同一款。　这个特点也是以前媒体所不存在的。　好莱坞的电影和家庭电影就像是不同星球来的怪物；你也绝不会将一份高校校报与《纽约时报》弄混。　但是在你的浏览器窗口里，博客看起来都差不多。第三，在博客世界里可以自由移动、自由渗透：或许你永远都不可能看到你的博客跃居 Technorati 百强榜，但有时，你却可以通过电子邮件或评论的方式与一些顶级的博客写手交流，而且如果你真的贴了什么非常特殊的内容，他们也是有可能会引用你的链接的。　（这比登上"今日秀①"要容易多了。）

在博客的长尾群体中，很多人都会亲身体会到老笑话里所说的"15 个人中的巨星"的感觉。　但是，在网上，由于你通常会通过一条链接看到另一条链接，因此在一些罕见的、出人意料的情况下，这种"微名气"就有可能变成一种"15 分钟名人"式的传统大名气。　这种情况下产生的动力，比以前任何媒体环境里产生的动力都要强大、陌生；而且发生的频率和范围要更大、更广。　这就是为什么尽管薛基的"幂次法则"的论断那么残酷，却还是有新手们源源不断地涌进博客圈，尽情挥洒他们的激情，乐此不疲地发帖子。　毫无疑问，大部分人都知道自己从长尾阶层中脱颖而出的可能性极低，但他们还是不放弃希望——写博就像是买彩票。　还有很多人纯粹只是通过名声以外的其他东西寻找一种满足。　几乎所有人都知道，他们是永远不可能看到他们的网址出现在 Technorati 百强榜上的；但却很少有人在乎这一点。

事实上，在薛基的文章发表时——差不多也是这个时候，Google 正在收购 Blogger，政治博客圈也正在琢磨小布什政府匆忙入侵伊拉克的计划——写博人数刚开始呈现出了几何增长的势态。　2003 年 3 月，就在《幂次法则、网志与不平等》发表后不久，Technorati 就表示已经追踪了 10 万个博客。　到 10 月的时候，这个数字更是飙升至 100 万。　一年后，也就是 2004 年 10 月，这

---

① 《今天》(Today)，也被称为《今日秀》(The Today Show) 是美国的一档晨间新闻和脱口秀节目。每个工作日的晨间在美国全国广播公司（NBC）播出，于 1952 年 1 月 14 日首播。——译者注

个数字是 400 万。 2005 年，更是一跃至 2 000 万。 截至 2006 年 10 月，这个数字已经到了 6 700 万。 这个增长速度也有些许起伏，但总的来说，每 5～7 个月，博客圈的人数就会翻一番。 这个数字很大程度上归功于美国以外的国家中博客人口的增长；然而，这些数字也有待商榷：几乎有一半的博客都处于"不活跃"状态（也就是 Technorati 定义的"3 个月无更新的博客"）。很多博客都被它们的主人抛弃了；其他的则纯粹是废物博客——人们纯粹只是想玩玩这些免费的服务而已（例如 Blogger），他们通常是开一个账号，看看博客长啥样后就再也不用了。

即便如此，这个数字还是相当令人咋舌。 博客人数越来越多，那么幂次曲线的两端也就越来越长。 曲线的长尾可以无限延伸，在这条"尾巴"上，有海量的博客，虽然它们的读者很少，但它们对主人的朋友来说，却是至关重要的。 而曲线顶端的少数"赢家"（例如 Boing Boing），则收获了相当数量的读者，这个数量在几年前可是想都不敢想的。

*　　*　　*

2004 年 4 月，马克·福伦菲尔德在 Boing Boing 上贴了一篇文章，公示了"网站爆炸性增长"的代价（当时每月的访问量达到了 350 万）：

我们的宽带费太贵了。如果访问量按照势头继续朝前发展的话，我们很快就会难以维续。这段时间，我们一直在琢磨该如何维持下去。

那时的宽带费是每月 1 000 美元左右——Boing Boing 的作者都是用自己的收入维持这部分费用，四个人每人负责 250 美元——而且，福伦菲尔德认为这个费用不久就会翻番。 不久，他便宣布，他找来了约翰·巴特利帮他探寻"各种盈利途径"。 约翰·巴特利以前在《连线》杂志和如今已倒闭的《业界标准》工作过，如今他是一名热衷于博客的独立撰稿人。 同时，福伦菲尔德还邀请读者通过评论提出建议。

看到这篇帖子，杰森·卡拉凯尼斯便立刻回复，邀请 Boing Boing 加入他新成立的 Weblogs. Inc。 随后，亨利·科比兰德也出来向他兜售 BlogAds。其他读者也纷纷给出建议，例如举办筹款派对、募捐或销售商品等。 有人建议对网页上的图片和 HTML 代码进行修改，以减少带宽。 还有少数人则建议采用廉价的主机服务，其实就是在说："别抱怨了。"

巴特利在研究后告诉福伦菲尔德，如果 Boing Boing 要卖广告的话，那么将广告销售限制在"支撑网站运行"的规模肯定是不行的：任何好的广告销售人员每个月都不止卖 1 000 美元。 似乎，只想保持收支平衡比计划赚大钱要难多了。 于是 6 月的时候，在巴特利的帮助下，Boing Boing 开始采用"赞

153

助式"广告模式，在随后的日子里，Boing Boing 还尝试了不同的广告组合和覆盖量。 与此同时，巴特利——他将 Boing Boing 比作一个乐队，而他则是"乐队经纪人"——也开始考虑，将他的经验更广泛地运用在 Boing Boing 上。 就在他与 Boing Boing 合作一年后，他开了一家新公司—— Federated Media（全媒体）。 这家公司专门提供广告销售和支持网络服务，目标客户就是像 Boing Boing 以及其他成功的、读者群庞大的博客写手这样，既想赚些钱，又不想花时间做生意的网站。

当时，Boing Boing 已经开始有了较为可观的收益。 在这个过程中，也有许多批评家会抱怨说，这个网站看起来越来越商业化了。 "他们就是博客世界中的 NASCAR①。"一个名叫兰斯·亚瑟（Lance Arthur）的资深网页设计师、发布者和博客写手，在 2005 年 3 月的一篇名为《Boing Boing，钱儿响叮当》的帖子中写到。 亚瑟认为 Boing Boing 面临的矛盾，是他所谓的"好的 DIY 精神、独立的摇滚精神和镜影秘密庞克（mirrorshade②cryptopunk）的叛逆精神"的本质和新盈利成功之间的矛盾：

好吧。Boing Boing 确实是有利可图的。可能非常有利可图。但很多"专为我的朋友和家人写的"博客并不需要会计和读者调查啊。

但它总让人觉得不对劲，不是吗？把业务经理称为"乐队经纪人"，这种做法不是非常的奥威尔③范儿吗：我们不是公司！我们是叛逆者！……

亚瑟认为，Boing Boing 最开始的解释——加广告纯粹是为了维持开支——是一派胡言。 "维护网络纯净、呼吁网络透明的人"是绝对不会从一个庸俗的公司接受这样一笔"丰厚而又肮脏的广告费"的。 他说：

关键是，这一切还是出于爱。他们在 Boing Boing 上投入太多的心血，所以是绝对不能看着它倒闭的。这也正是为什么他们得把事情说清楚、解释清楚，不要再找一些冠冕堂皇的理由了。我不关心这个网站有多少广告，也不在乎他们赚了多少钱——我在乎的是他们的理由太误导人、太过时了，简直是荒唐之极。他们做法太像公司了，太像公关人员了（原谅我说得有点过了）。

---

① 全国运动汽车竞赛协会（National Association for Stock Car Auto Racing, NASCAR）是在美国最大、最受认可的赛车竞速团体。——译者注
② 《镜影》（Mirrorshade）是一本"赛伯朋克"（cyberpunk）诗集。——译者注
③ 乔治·奥威尔，英国左翼作家，新闻记者和社会评论家。他在小说中创造的"老大哥"、"新话"、"双重思想"等词汇，被收入英语词典，而由他的名字衍生出的"奥威尔主义"、"奥威尔式的"等词汇甚至成为通用词汇而被广泛使用，由此可见奥威尔和他的作品在英语国家的巨大影响。——译者注

这哪里像 Boing Boing 的样子？

　　亚瑟的批评文章很快被很多人引用了，还有许多人对此发表了评论。　虽然 Boing Boing 的读者对这种做法非常愤怒，但他们并没有通过抵制网站的做法来发泄不满。　恰恰相反：从商业角度来说，Boing Boing 已经从一个小众产品变成了一个主流业务。　自打 Technorati 百强榜诞生起，Boing Boing 就一直名列前茅；但 2004 年 11 月时，它竟然升至第 1 名，而且雄踞榜首达数年之久。　（2009 年 1 月的时候，它是第 5 名。）但在它的发展过程中，它的内容依然十分边缘。　如果你将以前纸质的 *bOING bOING* 杂志同现在任意一周的 Boing Boing 帖子进行对比，你会发现两者之间都有某些共同的联系。　网站加入广告后，难免会招致"背叛原则"的罪名，但任何地下团体在走红后，都是会经历这一关的。　事实上，除了广告之外，这些年来，Boing Boing 的连贯性非常强：它始终保持着原有的风味。

　　福伦菲尔德在一篇关于 Boing Boing 发展的文章中，曾经解释过这种一致性："我没法想象原来有数以万计的人在看我们的帖子。　我只能将他们想象为 40～50 人。　我的大脑容不下更多的人了。"对他来说可能如此，但对 Boing Boing 来说却未必。　这个博客后来的规模惊人，它的读者不计其数，广告量也相当可观——2007 年，《商业周刊》就报道说它当年的利润达到了 100 万美元，而福伦菲尔德则称 2008 年的数字几乎是 2007 年的两倍。　但是这个网站依然没有编辑流程或结构。　它的四个编辑分别在四个不同的城市工作（多克托罗的家还在伦敦），他们从不开会，也不按计划来，更是无组织无纪律。　他们想写就写。　他们每个人都会就一些话题反复说来说去，读者们也很快就熟悉了他们的爱好。　就像尼克·丹顿成功的 Gawker 集团在媒体上说的那样，尖酸刻薄是博客界的主要声音。　但却从没有人告诉 Boing Boing 这一点：它非常热衷于帮骇客、文件共享者、混合艺术家呼吁权利，总是大力宣传一些古怪视频、手工作品和奇闻轶事的链接。　（有没有人喜欢希格斯玻色子①长毛玩具啊？）

　　似乎这都是 Boing Boing 下的一步妙棋。　它一方面保持了它壮大前为读者所喜爱的原汁原味（个性、自发性、创新性），同时还使自己发展成了一个成功的、面向大众市场的博客。　它的编辑总能提供一些读者喜欢看的链接（而且经常是博客界首发的链接），因此他们的声誉也渐渐高涨。　对于他们所犯的错误，他们也从不掖掖藏藏，进而使他们的口碑愈发良好。　（他们会在错误的帖子里补上更新信息，并将以前错误的内容用横线画出来，这样你

————————

　　①　希格斯玻色子（Higgs Boson，或称希格斯粒子、希格斯子、上帝粒子）是粒子物理学标准模型预言的一种自旋为零的玻色子，至今尚未在实验中观察到。它也是标准模型中最后一种未被发现的粒子。这里是一个玩具的系列名称。——译者注

155

就不用猜测他们到底是哪里错了。）

是不是只要保持酷劲与诚实，这种成功就会自然找上门来呢？抑或这种成功是通过精心、老练的"诚信管理"（integrity management）得来的呢？可能两者皆有吧。不管你怎么看待，Boing Boing 都通过高明的手段，与它的读者建立了联系。即便在引入广告、网站访问量稳步上升的情况下，这种联系也丝毫不受影响。正因为如此，2008 年夏初，一起突如其来的争议才显得这般讽刺。

2008 年 6 月 23 日，旧金山的博客写手、《旧金山纪事报》的两性专栏作家弗欧列特·布鲁（Violet Blue）发表了如下文字：

> 我注意到，这一周 Boing Boing 上所有涉及我名字的帖子（除了一篇以外）都不见了。可能早就不见了吧，但我不知道是为什么。你怎么好意思问别人这是怎么回事呢？从我个人来说，我是不会删除任何帖子的，所以我觉得这事很蹊跷。

原来，Boing Boing 这几年写了不少关于弗欧列特·布鲁的文章；她曾经是杰妮·贾丁的朋友，而且这个博客一直将她视为 Boing Boing 大家庭中的一员。但现在，Boing Boing 存档里，任何涉及弗欧列特·布鲁名字的帖子都不见了。布鲁说，她与贾丁曾经是非常"亲密"的朋友，所以她不明白她是哪里得罪了 Boing Boing。

在技术文化博客界，人们一直非常尊崇 Boing Boing。因此此次事件自然引发了不少人关注。是因为某些奇怪的技术问题吗？是不是有什么合理的原因，要重新批量改写博客的历史呢？抑或 Boing Boing 只是在清除一些比较丢人的帖子？通常，当一个网站准备商业化之时，却发现广告商对一些"过头"的内容不太满意，于是网站就会采取删帖手段。但这不可能啊——Boing Boing 早就过了这个阶段了，而且像一些标题为"隔壁的性爱机器"或"针织的飞天面条怪①形状的橡胶阴茎"的文章也并没有吓跑赞助商。

不管是什么原因，正是因为这件事实在太不像 Boing Boing 的风格了，以至于它迅速刮成了一场越来越大的博客风暴。开始几天，贾丁和其他 Boing Boing 的编辑们（有的当时正在家休假）都没有任何回应，结果让谣言越传越

---

① 飞天面条神教（Flying Spaghetti Monsterism，简称 FSM，又名 Pastafarianism），别译飞行拉面神教、飞天意粉怪教或飞行面条怪信仰，是一种讽刺性的虚构宗教，主要针对某些宗教教派所宣称的智能设计论（生物并非出于演化，而是源自某种超自然智能的设计）。该信仰认为"飞行面条怪"创造了世间万物，因而尊奉其为上帝。借助互联网，这个"宗教"现象立刻获得了媒体关注，知名度蹿升，并获得了众多的追随者。很多无神论和不可知论者也借此现象阐释自己的观点。Facebook 上的飞天面条神教脸书中文站近日也蓬勃发展。——译者注

156

凶。 在《洛杉矶时报》网站工作的博客写手大卫·萨尔诺（David Sarno）写了一篇关于失踪帖子的文章后，Boing Boing 终于对此次删帖事件做出了部分说明。 Boing Boing 的编辑们确认说，贾丁早在一年前就悄悄地删除了弗欧列特·布鲁的帖子（大概 70 篇左右），但他们并没有解释为什么。

弗欧列特的行为让我们开始考虑，要不要信任她或与她沾边。这是我们的博客，所以我们从编辑的角度做了一个决定，这种事情我们每天都做。我们并没有试图让弗欧列特安静。我们只是撤销了我们发表过的文章。这与网络审查有着天壤之别。

我们不想公开这个决定的原因，因此也希望你们能尊重我们的隐私。我们了解此事给大家制造了不少迷惑，尤其当我们本身就致力于网络公开与透明时，你们更会迷惑。我们其实是想不着痕迹、不让人为难地做一些对的事情，因为我们不想让有关人员难为情。

很显然，这样做并没有起到任何效果。为了淡化此事的戏剧效果，因此我们又引发了更多的戏剧事件……

谢谢你们关心 Boing Boing 的情况。如果你们还想说什么的话，那就说吧。我们听着呢。

这篇帖子非但没能平息风波，反而让事情愈演愈烈：Boing Boing 的读者们果真放开嗓子说了起来，个个慷慨激昂。 许多读者十分鼓励编辑的做法，并告诉他们不要理会批评者的话（"Boing Boing 万岁。 你们想怎么做就怎么做，我会一如既往地期待你们奉献的精彩"）。 其他人则批评 Boing Boing 篡改历史，并指责他们用了《1984》一书中的"撤销"（unpublish）一词，认为有故弄玄虚之嫌。 〔其实，这只是 Movable Type 发布系统里的一个技术用语，专门用来区分"撤销"（将帖子从公众视线中移除）和"删除"（将帖子从博客内部数据库中永久清除）的区别。〕同时，萨尔诺对这个事件穷追不舍，还扯出了科里·多克托罗发起反盗版软件的活动："Boing Boing 是一个主要媒体，一个商业组织，它可不是 LiveJournal 上随随便便的一个网站，"他写道，"……就算是'个人事情'，也必须得透明。"

这下，Boing Boing 的编辑们终于发现了：他们遇到了危机。 他们的许多死忠读者并不买"不解释"这个账，而网络媒体也开始纷纷猜测个中缘由。Valleywag（"硅谷闲话"，"看客媒体"旗下的博客，专门搜罗技术界的八卦）上的一个标题就是这样写的——《因特网言论自由的捍卫者想要掩盖一件女孩之间的感情纠葛？》。 布鲁还给了 Valleywag 一张她和贾丁拥抱的照片。 为了报答布鲁的这种草率的行为，Valleywag 还暗示，贾丁移除帖子，是因为她发现"她被一个粉丝利用了"。

贾丁和布鲁之间的故事终究也没有被挖掘出太大的意义来，而贾丁也只是淡淡地说她永远不会再谈论此事了。 "钟情链接"并非永恒不变的。 曾经，她非常喜欢引用布鲁的链接；现在她不喜欢了。 Boing Boing 的链接有着很重要的价值——它们可以为你带来巨大的访问量，并提高你在 Google 上的排名。 如果贾丁和她的同事们有权赠出这种好处的话，他们相信，他们也有权收回。 几年前，由于约恩·巴杰关于犹太人的言论，博客写手们便通过对他"去链接化"的手段孤立了他；同理，贾丁也选择了让 Boing Boing 同弗欧列特·布鲁断绝联系。

然而，Boing Boing 对这起事件的反应颇有一种"严阵以待"的意味。 对许多读者来说，Boing Boing 体现了一种博客理念，这种理念源自《线车宣言》、开源世界以及黑客们（也是因特网的建设者）一直以来坚守的传统。Boing Boing 一直都严格恪守着这种理念，坚持用非正式、对话般的、通俗易懂的人类语气说话。 可现在，它突然变成了一种口气平淡、拒绝交流的公司公关口吻。 如果 Boing Boing 想要保住它苦心经营的威望（也就是它的"舞菲币"）的话，这样做很显然是要不得的。

人们可以说（Boing Boing 的辩护者也确实这么说了）：博客毕竟是免费的，如果你不喜欢编辑的内容，你大可找一些别的东西来看。 但是"爱理不理"的态度不仅会损害 Boing Boing 的形象，而且也不符合福伦菲尔德和蔼可亲的性格。 就在第一篇解释帖发布后的第二天——第一天，Boing Boing 的读者就发表了 1 500 条回复——福伦菲尔德和他的同事们便发表了一篇较为详细、更加公开的回复。 这次主要的回复对象是萨尔诺，因为他把他们的一次电话会议的录音节选发到了网上。

编辑们解释说，这个录音节选是真的：他们四个人素未谋面，发帖前从没计划、协调或讨论过任何事情。 其实"撤销"帖子的做法早就存在了，因为有时候其中一人发了一个有趣事情的帖子，继而发现他的同事早在几周前就发过类似帖子了，为了避免重复，就会采用"撤销"的做法。 而弗欧列特·布鲁的事情不过是这类做法的放大版而已。 当时，贾丁并没有告诉她的同事她撤销了一些帖子。 她依然觉得他们是有理由的：

这是我的文章，这是我的博客。这可不是维基百科或什么记录文档。这是 Boing Boing。当我在考虑某些文章适不适合放在 Boing Boing 上时，我有权把它们撤下来。

貌似有理——或者，有吗？ 大规模撤销已发布的材料的做法，似乎触犯了网络行为的一些原始禁忌。 然而，为什么 Boing Boing 的做法会招致反感呢，人们也说不清楚。 如果博客的特质只是一种自我表达，那么"这是我的博客，我想删就删"的说法也无可厚非。 但如果你希望与读者和其他博客写手培养一种关系的话，这种态度就有可能引火上身了。

158

在萨尔诺披露的 Boing Boing 编辑组电话会议过程中，贾丁的同事们是支持她的；但是，似乎他们也在重新思考，在专业与非正式之间，Boing Boing 到底处于什么位置。 大卫·培思考维兹说：

> 对于那些有能力叙述自己个人故事，以及媒体民主化故事的人来说，这确实是个非常核心又基本的问题：对于你自己创作的作品，你是不是可以为所欲为呢？我曾经以为我知道问题的答案。现在，我不确定了。

在 Boing Boing 登出第一篇澄清帖后几个星期，贾丁又发表了第二篇，名为《汲取的教训》。 文中，她对没能更快、更好地沟通表示了歉意。 最开始 Boing Boing 的编辑没有公开回应，因为他们不希望"这件事成为一件会侵犯有关方面隐私的微不足道的、个人的网络斗争"。 但这种做法同样起到了反作用。 "我们搞砸了，很抱歉。"她写道。 但是已经撤销的帖子不会再发表，而且 Boing Boing 也不希望这件事会影响他们的成功团队："Boing Boing 依然是一个共享的个人博客，它由多个编辑共同创作而成，然而编辑之间没有协作，也没有任何编辑过程。 Boing Boing 最初就是这样，我希望以后也继续如此。"但是编辑们也同意，如果他们之中以后有人计划要大规模移除一些帖子的话，应先与同事商量——不过最终要不要移除某篇特定的帖子，还是由帖子的作者自己决定。

福伦菲尔德至今都说他不知道为什么贾丁会移除这些帖子。 "我从没问过她，"他说，"我认为这不关我的事。 我信任她，如果她想删她的帖子，她就可以那么做……不过这确实会让人引起误会。"而贾丁呢，依旧坚决不愿将事情的原委公之于众。 "有时候，说出来并不见得会好一些。"她说。她表示，她宁愿公开承受 Boing Boing 读者对她的不满，也不愿意披露一段个人感情的隐私。

Boing Boing 自己也在与博客圈一道发展。 如果你看看网络理论学者们画的图表——这些图表看起来像星空图，一个点表示一个博客，点之间的线就是博客之间的联系—— Boing Boing 通常会处在这个博客宇宙的中心，它所获得的关注和联系羡煞旁人。 如今，对不同的人来说，他们对"顶级列表的博客写手"都有着不同的标准，但不管你采用何种标准，Boing Boing 都会出现在顶端，或靠近顶端。 在 Boing Boing 的发展过程中，它已经越过了一条关键的界限（在编辑眼中可能不太认同，但读者确实是这样觉得的）。 它不再像一些可有可无的网站那样，价值有限，即便大批文章丢失也无关紧要；它已经成了一个机构，它的一切行为都将受到检查和挑战。 就像"舞菲币"一样，是读者授予了它权威，他们也可以将之收回。

难能可贵的是，经过如此种种，Boing Boing 依旧是四个编辑的业余职业。 它的创始人们似乎有意不想承认他们的网站已经成了一个新的机构，而依然将之视为一个随意的、朋友和家人之间的组织。 这种观点一直无甚大碍，直到弗欧列特·布鲁的事件后，他们才开始改变了想法。

即便 Boing Boing 俨然已是一个拥有亿万用户、价值连城的业务，令人惊叹的是，福伦菲尔德和他的同事依然能坚守当初吸引他们写博的自由精神。同时，人们对这本忠于边缘本质的出版物也越来越信任了，而他们也从不辜负人们的信任。 但是，他们能不能永远拥有自由、信任、"舞菲币"、金钱等一切呢？ 我们可以大胆地说，这只会越来越艰难。

第八章

真实的代价

希瑟·阿姆斯特朗

　　用网上的话说，"被 dooce 了"就意味着你因为写博而被炒鱿鱼了。 这个典故源自一个叫希瑟·阿姆斯特朗的女人，她的博客名字就叫"Dooce"。这个词是她的同事给她起的一个外号，因为她在即时聊天工具里输入"dude（伙计）"一词时，总因为键盘敲得太快，而最后敲成了"dooce"。

　　阿姆斯特朗并不是第一个因网络言论而丢饭碗的人。 要说第一人，可能是卡梅隆·巴雷特。 他是 Camworld 博客的主人。 1997 年，当他的同事在他的个人网站上发现了一篇略带色情的短篇小说后，他就被当时供职的一个小广告公司开除了。 然而，直到阿姆斯特朗遭解雇后，这种令人惋惜的悲剧才有了一个正式的名字。 在网上，如果不谨慎一点，就有可能"被 dooce"。如今，许多博客写手都深谙这一点，那些不知道的人也会很快知道的。

　　2001 年 2 月，阿姆斯特朗开了一个博客。 就像许多处于互联网行业底层的同龄人一样，她用博客来记录她灵光一闪的创意，从每日枯燥无味的工作中寻找解脱。 "真正吸引我的，"她曾如此写道，"是我可以按我的想法来设计东西了。 我能自己选名字、写代码、写文章，最后发布出来。 而且，我还不用担心有人对我说，'客户想要多一些的紫色。 多加一点紫色！'我的网站没有客户。"

　　阿姆斯特朗（当时，她的姓还是汉密尔顿）是一个摩门信徒，从小在田纳西州长大，在犹他州的杨百翰大学上的大学，后来搬到洛杉矶，投入了轰轰烈烈的互联网行业。 她个子很高，而且十分上相；她的幽默感十分古怪，还有一双善于检查细节的火眼金睛。 她的第一篇帖子就为她的博客定了一个调调：语气尖刻、略带消遣、文字低俗。 在第一篇博文里，她抱怨南加州地区雨量太过充沛（"老娘是来这里晒太阳的，我要阳光！"），接着，她又写道：

我突然想起了5年前在大学里读到的一首打油诗①：

康乃馨的牛奶举世无双

拿上一罐坐着感觉真棒

不用挤奶，也犯不着整干草

只要在这王八蛋上插个洞就好

就像很多同类博客写手一样，阿姆斯特朗会在博客里谈论她听的音乐、她喜欢的电视明星等。 不过，她也会用例如"我妈发飙的三大情况"这类的帖子为她妈妈庆生；她还会描写她是如何渐渐疏远了她从小就信奉的宗教的：她把摩门教老人劝诫年轻人不要手淫的话摘了一段放在博客上，然后接着说，"我相信，当摩门教堂的人看了我的博客后，一定会把我驱逐出教的"。

阿姆斯特朗的读者里有一部分是她的朋友，还有一些是网上无意中看到她博客的陌生人，她的尖刻笑话和豪放作风十分符合这些人的胃口。 开博3月后，她给杰森·科特克发了一封邮件，因为她很喜欢他的博客。 科特克看了一眼 Dooce 后，给她回了一封警告邮件。 阿姆斯特朗回忆说，他是这样写的："你应该清楚，你的家人看到你的博客后，肯定会被吓疯的。"而我则说："哦，他们不会看到的——我妈妈连电脑都不知道怎么开，你疯了吗？"

"9·11"事件发生后的第三天，阿姆斯特朗发了一篇帖子，文中"趁着马爹利的酒意，对摩门教进行了大肆攻击"，将摩门教比作是原教旨主义伊斯兰教。 同一天，她的哥哥看到了 Dooce，并把它给她的父母看了。 "我真的很天真地以为这是一个小小的私人世界，"她后来说，"我很快就发现我的想法太愚蠢了。"阿姆斯特朗赶紧撤掉了这篇文章，并发表了一篇告示：

我要向我的家人公开道歉，我让他们受惊，而且受伤了。我应该坦诚地、大方地向他们展示真实的自我。我深爱我的家庭，我也只想同家人分享我们的癖好。

但是，我会继续在 Dooce.com 上，用咒骂的语言表达我对宗教和社会的不满。我就是这样，只不过从现在开始，我不会把我家人牵扯进来了。

渐渐的，阿姆斯特朗这种谨慎的新态度就让她与家人和好如初了。 但当她说到工作时，依然保持着口无遮拦的风格。 她曾经在一家她非常喜欢的公

---

① 加拿大的牛奶品牌——康乃馨牌罐装牛奶计划打开美国市场的时候，举办了一个打油诗大赛，要求参赛者以"康乃馨的牛奶举世无双"开头。结果美国一个老奶农寄了这首自己作的打油诗。康乃馨公司虽然没有采纳，但还是奖给了她1000美元的奖金。——译者注

司工作，后来这家公司因为互联网泡沫的原因而破产了，她也不得不另觅他处。 现在，她发现她很讨厌这个新公司——这是一家软件公司，"办公室昏暗无光，副总遍地"。 她总是坐在办公室的工位上，用幽默而又恶毒的口吻，宣泄她对压抑的工作环境的不满：

才30人的小公司，就有10个副总裁。其中一个嗓门巨大，简直可以盖过F16战斗机的轰鸣声，声音既刺耳又无聊。而且他非常喜欢听自己说话，哪怕是自言自语也乐此不疲。他还喜欢打官腔，比如"错！错！错！该这样做！"、"同志，你错了！你得这样！"因为人家可是副总啊，总得在某方面是专家吧。最近，他又变身为胡子造型专家，也不看看他自己的胡子造型有多白痴。

她也知道，诸如《旋转副总》和《一张嘴就冒傻气的同事》之类的文章，是不会让办公室同事喜欢她的。 不过她认为，她一直在谨遵电脑隐私专家的建议："含糊驶得万年船。"她以为，她讽刺的对象可能永远都不会看到这些。

结果她又错了。 2002年2月，她的一个同事把Dooce的网址通过邮件匿名发给了公司的每位副总。 几个星期后，阿姆斯特朗被叫到了她老板的办公室——她曾经在帖子里嘲笑过这个老板注射肉毒杆菌后的印记——然后被炒鱿鱼了。 那天，她写道：

我想我可以更懊恼一些。我十分卖力地为我自己辩护了，我向他解释说，我从没提到过公司或任何同事的名字，而且在少数几个帖子中，我对一些人物性格的描写可能太过夸张了。

但我一点都不觉得我有什么资格悲伤。就像科特妮·洛芙（Courtney Love）的一句经典名言说的那样，我这是自作孽不可活。我早知道这样做会有危险……

"最开始，我以为可以在我的空间里畅所欲言，而且人们也拿我没辙，包括我的家人和朋友，"阿姆斯特朗后来写道，"当然，到头来，我被家人疏远了、丢了工作，还得罪了朋友。 我过了太久之后才明白，虽然个人发表的文章有很大的力量，同时它也隐藏着很大的危险。 我自以为可以畅所欲言，结果却让我陷入了四面楚歌。 我现在终于弄明白，这太不值了。"

杰森·科特克曾经警告过她，如今，希瑟·阿姆斯特朗也会在她的"关于"页面上，告诫其他博客写手：

我就是那个因为自己的网站而丢饭碗的女孩……我对你们的建议就是：

163

别犯傻。除非你的老板知道，而且允许你在网上谈论工作的事情，否则，千万不要这么做！

现在，阿姆斯特朗的博客非常火爆，但是当她"被 dooce"的时候，她的博客还只是一个相对无名的网站。此次解雇事件让她一举成名了。在此之前，尽管阿姆斯特朗的 Dooce 很有个性，但它也不过是一个网页设计师的普通博客而已，或者说一个长尾博客而已。在当时，它既不是什么媒体业务，也不是名人网站，充其量只是某人自娱自乐，或在一小撮人面前卖弄文采的博客。但是，就算她的博客帖子不是什么正式文体，她本人也没什么名气，然而当灾难来临时，她还是得到了应有的惩罚。

她也承认，她的遭遇一部分是因为她非常顽固、鲁莽，做事不计后果。不过，还有一部分原因就是她涉"网"未深。在她看来，网络作家的最高使命就是畅所欲言，要尽量大胆、华丽、无拘无束。这简直就是贾斯汀·霍尔的遗风。作为早期的网络用户，她被一种幻像吸引了：她以为如果这样写，她就可以赢得人们的赞许，而且永远不用担心会有什么副作用。她也似乎以为，网上发生的事情不会渗透到现实生活中来。结果，她痛苦地了解到，原来网络也不过是现实世界的一部分而已。

多年后，一个记者问她，有没有什么给新博客写手的建议。她回答说："问问你自己，你不想让谁看到你刚写的东西？然后，想象一下，那个人果真就看到了你的网站，并读到了那篇文章。因为这真的会发生。你觉得这样好吗？如果你认为没问题，那就写吧。如果认为不好，可能你就得考虑写私人日记了。"

原来，"被 dooce"就是写博所导致的职业灾难之一，而且阿姆斯特朗很快就有了大批同伴。比如空姐艾伦·西蒙奈娣（Ellen Simonetti）。2004 年她被美国达美航空公司炒了鱿鱼。而原因显然是因为她发了几张自己穿制服露大腿的照片（但是照片完全够不上 PG 级别）。还有参议员副手杰西卡·卡特勒。她有一个匿名博客——"华盛顿宝贝"，里面关于国会山的淫荡故事让她声名远扬。不过在"龌龊政客"揭露了她的名字后，她就惨遭"下岗"了。2005 年年初，马克·简（Mark Jen）刚加入 Google 才两个星期就被解雇了：他在博客里对公司的赔偿制度和员工会议大发牢骚，因而违反了公司规定。

或许老板们应该预先规定好，员工写博客应该注意哪些问题。但是，在上面的大部分案例中，难道员工自己不清楚尺度吗？就像资深博客写手安尼尔·达什曾经说的那样："我断言，没人会因为写博而被炒。你该如何检验这条假说的真伪呢？拿出一个人的文章，然后通过给编辑写信、街角演讲台或驿马快信的方式，把文章的语言和意思原封不动地传达给公众，看看会有什么后果。看他们还敢不敢炒你鱿鱼？"

164

达什说得没错。 但是，博客本身确实有一些特点会威胁到博客写手的工作。 或许，它让人误以为，帖子中的文字有一种特殊的受保护地位，能将文字与剩下的世界隔离开来。 或者，博客容易使人更加反叛、爱出风头，直到某天他们突然发现已经身陷未曾料及的困境。 他们在自曝的时候，追求的是率真而为、实话实说，然而却总是以现实生活中的不幸遭遇收场。

在多数因言获罪的情况下，被炒的博客写手通常会在困境中发现一丝希望：大量的引用链接会让他们的博客访问量激增，随之而来的还会有相应的媒体报道。 这种围观行为通常就拉开了博客写手创业的序幕。 但是在希瑟·阿姆斯特朗被炒之后，她一点也不想将博客做大。 她发现她不断地遭到各个公司的回绝，2002 年 4 月，也就是她被炒几个星期后，她关掉了博客。"我当时没有工作，对自己的状态也非常不满，"她后来说，"我怎么会沦落到让我自己和别人都受罪的境遇啊？"她将 Dooce 暂停了 6 个月，在此期间，她同一名大学时就认识的网页开发师乔·阿姆斯特朗（Jon Armstrong）结了婚，随后与他一起搬回了盐湖城。 "我重新振作起来，"她说，"生活又恢复了秩序。"

一天，乔问她还有没有兴趣写博客，因为他可以帮她安装一个 Movable Type（她以前都是通过人工编码的方式写 Dooce）。 2002 年 9 月，她重开了博客，并为读者们写道：

今年 4 月，在关博之后，我找了些时间睡觉，与我可爱的狗狗玩耍，嫁给了一个很酷的老公，生活境况好多了。在这段时间里，有时候我也会喝得酩酊大醉，但经过这一切，谁还忍心怪我呢。

是啊，谁会怪她呢？ 有过阿姆斯特朗这般遭遇的人很容易就决定，我再也不写任何关于我生活的事了。 不过，换句话说，阿姆斯特朗也可以轻易地利用被炒事件的影响力，将它变成一件轰动一时的案件，使之成为一个个人品牌。 然而，她却回到 Dooce，开始了一段漫长、渐进的作家养成之旅。

"最开始，我想，我是狂野的、未被过滤的、原始的——我想说什么。就说什么。"她回忆道。 现在，她觉得她应该要蜕变了。 她的文章总有一种顽固、辛辣的味道，性格鲜明，也很对人胃口；这种语气几乎贯穿了她所有的文章：关于狗的、关于沮丧的、关于便秘的，等等。 对这些事情，她毫不保留。 要不是她的文风非常风趣，可能读者早就吃不消了。 同时，她一方面得保持这种风格，继续大大咧咧；另一方面，她还得小心不能让它们毁了她的生活。

* * *

165

"真实！"这是资深博客写手经常对新手讲的忠告。他们说，写博，就是展现你的真实生活，或你眼中的真实世界。早期的博客写手或多或少都有一种自曝精神。只要你在写博，不管你是描写性生活的贾斯汀·霍尔，还是讲述工作故事的戴夫·温纳，抑或是像约恩·巴杰那样，在整理某个能反映你兴趣的链接，你都得向世界展示一个真实的自我。

在网络沟通史上，这种对真实自我的追求就像是一个强大的磁极。然而，当人们开始在网上探索自我表达的机会和界限时，他们也察觉到还有另外一股相反的力量在诱惑着他们：他们知道，网络世界允许他们用不同的身份进行各种不同的试验。在博客里，你可以保持"真实"，但也可以用假身份四处忽悠；你可以做自己，你也可以试着假扮他人。令人疑惑的是，不管是哪种类型的博客写手，他们都喜欢拿出一种"真相传承者"的架势来。这就是为什么在博客史上，总是有那么多博客欺诈被揭穿、读者信赖遭背叛的事情。就像金融恐慌或地震活动一样：虽然你无法预测下次类似事件发生的确切时间或强度，但你却知道，这些事情一定还会发生。

凯西·尼可（Kaycee Nicole）是堪萨斯一所高中的篮球明星，2000 年的时候，她就开了一个博客，名叫"五彩生活"，专门用来记录她与白血病的抗争史。至少她的读者是这么认为的。通过她以及她母亲黛比（Debbie）的帖子，读者们了解到：她是一个勇敢的年轻姑娘，"武士"是她的外号，而且随着病情的起伏，她的情绪也会跟着波动。在凯西的博客上，有一些她的照片，她还会与一些给她祝福的人，和通过电话的网络好友在即时聊天软件上聊天。当 2001 年 5 月 15 日，她去世的消息公布在她的博客上时，她的朋友们心都碎了。

但是在凯西突然病逝后，人们便很快将她火葬，并举办了追悼大会。前后速度太快，以至于她网上的朋友没有一人能赶得及参加。于是有些读者便开始在 Metafilter 上互相交流信息。Metafilter 是一个社群博客，最初很多人就是在它上面看到凯西的网站的。慢慢的，他们发现竟然没人真正见过凯西。于是，他们开始挖掘各种前后矛盾和有问题的地方：例如，为什么当地报纸上没有登死亡告示呢？

就在凯西死讯公布后的第四天，有人在 Metafilter 上发起了新一波的讨论。一个网名叫"acidrabbit"的人说："这件事确实很蹊跷。有没有可能凯西压根儿就不存在呢？"于是，一群 Metafilter 用户开始了侦探游戏（他们自称是"史酷比侦探队"）：他们在网上搜寻各种细节，以验证凯西此人到底是真是假。还有一群人则干坐着，张着嘴，一副不可思议的样子。如果凯西的故事这么感人，又怎么可能是假的呢？一个人写道："凯西是真还是假呢？我认为是真的。我看过很多次她的博客，里面的内容太有感情、太令人感动、太吸引人了，绝不可能是假的。"这种反应可以理解，但并不符合逻辑——只要是看电影哭过，或看到小说结尾时心跳加速过的人都能证明。 然而，凯西的支持者对她的故事深信不疑，而且认为那些质疑此事的人不仅错了，还麻木不仁。 Metafilter 有一个用户——"bwg"［其实是一个名叫兰德·凡·德·伍宁（Randall van der Woning）的香港作家］，当初凯西和黛比的博客就是他帮忙建的，他写道：

够了！够了!! 够了!!!

这太可悲了！我简直恶心得不行了！

我同凯西和她妈妈在电话里都通过话，而且不止一次。我可以确切地告诉你们，凯西是千真万确的。

照我看，那些怀疑分子都可以去死了！

然而，Metafilter 的"史酷比侦探队"在经过两天的进一步侦探后，得出了一个结论：凯西确实不存在。 黛比·斯文森（Debbie Swenson）是堪萨斯的一位母亲，所有帖子都是她写的。 她说，这些帖子，都是基于她认识的三个不同的癌症病人的故事编成的。 "我的做法不对，为此我表示歉意。"斯文森忏悔道。 当《纽约时报》的记者凯蒂·哈芙纳（Katie Hafner）采访她本人时，斯文森说她并没有恶意："网络日记的精髓在于记录你想记录的东西，我希望我写的东西能有一些积极的意义。"

斯文森为何要伪造一个凯西，这个问题至今仍是个谜。 尽管她欺骗了大家，但你还是很难将凯西·尼可的故事与传统恶作剧或阴谋等同起来。 斯文森没有骗任何人的钱财；因此这种诈骗不是金钱诈骗，而是感情诈骗。 即便是在真相大白于天下后，还是有一部分凯西的追随者觉得这个戏码并不恶心。 Metafilter 上的一个留言是这么说的："当然，这可能是假的。 但又有什么关系呢？ 不管怎么说，对一些人来说，凯西的去世都是一次非常感人的经历。 这可比好多博客都要强。"但其他人就没那么"宅心仁厚"了："有没有搞错？ 这些天来，不知道有多少人悲痛万分，难以平复，结果他们悼念的那个饱受晚期癌症折磨的女孩，竟然是假的。 这如何不叫人感觉备受冒犯呢？"

不管你认为凯西·尼可事件是一起卑鄙的恶作剧，还是感人的行为艺术，毫无疑问，斯文森都亵渎了读者们慷慨赠予的信任，结果让很多人都觉得自己愚不可及。 往好的方面想，凯西·尼可事件就像是一剂预防针，给未来的网络用户提了个醒，让他们谨防上当受骗。 但实际上，凯西的案例更像是一种新流派的先锋作品——在这种流派里，年轻貌美的女人会在网上敞开心怀，公开自己的生活，等一堆网上的粉丝痴痴地张开双臂去拥抱美女时，扑到的只是一场空气。 2003—2004 年间，网上出现了一个名叫"Plain Layne"的著名博客写手，专门讲述她的双性恋经验，后来人们才知道，原来这只是一个小说家在凯西事件的启发下，凭空捏造出来的。 2006 年夏天，

167

又出现了 lonelygirl15 事件。 一个名叫布丽的女孩用 longlygirl15 的网名，在 YouTube 上用自己的自拍录像迷倒了一大批粉丝。 后来发现，布丽原来是一名演员。 但是 lonelygirl15 却牢牢吸引着观众，最后，lonelygirl15 现象竟然由一个神秘的文化基因（meme），发展成了一个更传统的网络闹剧。

随着写博越来越流行、越来越简单，它也开始成为众多文学试验的试验场，例如最开始的"博客小说"系列、"尤利乌斯·恺撒的网志"（该博客自称"战争博客写手的鼻祖"：作者假扮恺撒，将"高卢前线的战况"通过博客发出来）等恶作剧。 还有人呕心沥血将《萨缪尔·佩皮斯的日记》内容改成博客形式，一篇一篇地发在了网上，让人叹为观止。 但最让博客界兴奋的虚构博客是那些故意模糊自己的性质，在艺术与生活之间灵活游走的博客：它们一边用真实的可能性调戏读者，一边在恣意虚构中纵情狂欢。

博客写手之所以能玩这种把戏，其原因之一是因为除了普通博客、长尾博客、真人真博客之外，还有太多的假博客，以至于你很难回答一个简单的问题，即："这是谁写的？" 当然，网站上可能会写"作者：斯蒂芬·金（Stephen King）"，但你还是会怀疑，这真的是斯蒂芬·金写的吗？ 是那个著名小说家斯蒂芬·金？ 还是其他也叫斯蒂芬·金的人呢？ 抑或是有人冒用了他的名字？ 但许多博客根本就没有任何可信度。 里面的帖子没有署名；"关于本站"的页面也是空的。 这类博客并没有明确地说自己就是匿名博客，但从内容看，作者也没有什么好躲躲藏藏的。 但是当人们看到某篇文字时，通常他们是有权知道谁是作者的。 对于那些不断增加，且只写给朋友和家人看的博客，这种假设通常成立。

当然，在某些情况下，博客作者有理由将他们的名字保密。 检举人、异见分子、满腹牢骚又害怕"被 dooce"的员工等等，他们都有可能利用博客的有限匿名性，用一个笔名在免费博客服务网站（如 Blogger 的 Blogspot）上开一个博客，然后开始写博。 （博客网站可以通过技术手段查到他们的用户，但通常情况下，只有在法律部门的要求下他们才会透露相关信息。）这种行为，也就是后来所谓的"匿名博客"的到来，就意味着早期博客写手的信念已经遭到了扭曲，因为在早期博客写手看来，写博就是应该在网上展现真实的自我。 采用匿名博客模式，就意味着你不可能像别人那样，有很多机会与读者以谈话的方式交换意见；也没有"舞菲币"，或者，只是你不敢站出来接受这些"舞菲币"。 由于很方便写匿名博客，因此博客的读者越多，身份保密的难度就越大。 很可能你在政府部门或公司的某些生活细节就会向你的读者暴露你的身份。 而且，就像 Metafilter 上的"史酷比侦探队"揭露凯西·尼可的方法一样，任何老道的观察家都可以用同样的网络侦探工具（交换信息、对比搜索结果、离线线索等），挖出任何匿名博客写手。

2003 年，在美国入侵伊拉克期间，这种对身份的担忧达到了顶峰。 美伊战争是两国有史以来第一次的大规模热战，两国都有活跃的博客写手在网上分享各自的实时经历。 当美国政府在伊拉克边境部署了大批军队，美国战机开始"震撼与威慑"的轰炸时，美国本土的民众在网上看到了一个名叫"寻找拉伊德"的博客。 这个博客的作者是一个住在巴格达的伊拉克人，网名叫"萨拉姆·帕克斯（Salam Pax）"（在阿拉伯语和拉丁语中是"和平"的意思），"寻找拉伊德"最开始是帕克斯写给正在约旦读书的朋友——拉伊德·贾拉尔（Raed Jarrar）的信。

这个博客始于 2002 年，记录的是随着美国入侵临近，巴格达生活状况不断恶化的故事。 2002 年 12 月 25 日，帕克斯写道："由于这么多次突如其来的断电，这已经是我第三次写这篇日志了。 我总是忘了点'保存'。"他对萨达姆政权的厌恶溢于言表；例如，下面是他看了《纽约时报》对萨达姆的儿子乌代（Uday）的报道后，写下的评论：

除了他的"密友"之外，谁都觉得他是个禽兽。他已经先他爸爸一步，把自己逼进了死胡同。当他走进一家餐馆时，其他人都会悄悄地撤出，而且大家都知道，他曾经让他的一个儿子去"邀请"坐在他们旁边桌上的女人们一同进餐。人们对他的憎恨，就像人们对他父亲的害怕一样深。

同时，对于有美国撑腰的流亡反对党，他也同样非常鄙夷。 他曾用极其讽刺的口吻道：

伊拉克的"反对派"已经私下对后萨达姆时代的伊拉克做了规划。现在我觉得轻松多了。我的未来不是梦啊。不好意思，现在我要载歌载舞地庆祝了。

而且，他还嘲笑了美国媒体关于小布什政府希望这个反对党"在不要太独立的前提下增强威信"的报道：

这也太搞笑了吧！大伙儿也太明目张胆了吧。好歹也谨慎一点啊。没必要啊？他们就是一群愚蠢的阿拉伯人，完全注意不到木偶背后的绳子。

萨拉姆·帕克斯这个现世派伊拉克人用他的黑色幽默和英语，向全世界的读者展示了巴格达在战时的日常景象：从萨达姆倒台前的最后阶段，到美国轰炸，再到沦陷后的无序混乱，一一道来。 美国入侵后，好几周博客都没有更新。 这让读者们非常担心，害怕他被捕或被杀了；后来才发现他只是没法上网而已，而一旦网络恢复后，他就立刻把断网时期写的文章发了上来。

"巴格达写博者"（也就是帕克斯后来的称号）在一夜之间就爆红于网

络了。 正如尼克·丹顿所说，他是"这场冲突中的安妮·弗兰克①（Anne Frank）"，关键的不同点在于他的日记随时都可以查看。 但是一些西方的读者也在想：我们怎么才能确定他就是他自称的那个人呢？ 萨拉姆·帕克斯到底在哪里？ 毕竟"寻找拉伊德"不过是 Blogspot 上的一个匿名博客而已。 ［由于 Blogger 和 Blogspot 很早就开始支持 Unicode 技术标准（可以支持非罗马字符），因此它们就成了美国以外的博客写手的选择。］2003 年 3 月 20 日，就在帕克斯停止写博前不久，杰森·科特克在一篇帖子中写道："除了他告诉我们的信息，我们无法获知他到底是真的在巴格达做现场直播，还是堪萨斯中部的某人在精心策划一场骗局。"保罗·博汀（Paul Boutin）是一个博客写手、技术类记者，曾经还做过 Unix 系统的管理员。 他做了一点调查工作：

就在今天早上美国发起第一轮巴格达袭击之前，我给他发了一封邮件，要他证明他所处的位置。"如何证明呢？"他给我回信说，"你不会指望我跑到街上，然后靠近某个你认识的标志拍张照吧？"

博汀检查了一下邮件的标头，找到了基本上能够证明帕克斯在伊拉克的技术证据。 但是直到几个月后，读者们才最终确认了博客的真实性——记者彼得·马斯（Peter Maass）为 Slate 写了一篇文章，描述了他是如何确定此萨拉姆·帕克斯和他在巴格达执行任务时聘请的翻译就是同一个人的故事。 帕克斯的真名叫萨拉姆·阿尔-雅那毕（Salam al-Janabi）。 这下，他终于浮出了水面。 后来他接到了一本书约，还替《卫报》写过一段时间的专栏。

对于那些所谓见证人写的博客，大家难免会抱着怀疑的态度去看［例如，当初另一个网名为"Riverbend"的伊拉克人写的博客"浴火巴格达"（Baghdad Burning）就受到了同样的质疑］。 但多数情况下，你很难确定你看到的博客是不是就如它自己说的那样真实。 每个不同的案例，验证起来都有不同的麻烦。 例如，你可能很喜欢看一个叫"服务员骂街"（Waiter Rant）的博客。 这个博客是一个餐馆服务员写的生活记录，带点黑色幽默的风格，由于众所周知的原因，他选择了匿名发帖。 2004 年 4 月初，他写了一篇名为《他妈的给我坐下》的帖子，开头是这样写的：

你想要餐厅最好的桌子？谁都想要。在这样一个论资排辈的社会，每个人都觉得自己应该坐在最好的位置上。第一次来本餐厅啊？只准备点一份 10

---

① 安妮·弗兰克，德国犹太少女。15 岁死于贝尔根-贝尔森集中营，她的《安尼日记》成为第二次世界大战期间纳粹残害犹太人的最佳见证。日记中展现了惊人的勇气与毅力。——译者注

美元的沙拉就想坐至尊席位啊？真想一脚把克里斯蒂·特林顿①（Christy Turlington）给踢出去。傻逼！

　　博客以写实的手法、翔实的细节，讲述了大量吝啬的小费和粗鲁的顾客的事情。基本上人们不大可能捏造出某个"医药代表讲妇科疾病的 PPT"的故事来（"我们不得不把剩下的顾客从医生那里转移过来，免得她们把 30 美元的菜都吐出来了"）。但是你却没法保证，你看到的不过是某个小说家在闲暇时间编造出来的假故事而已。在隐藏了四年半后，"服务员骂街"的作者终于也接到了一本书约，并透露了自己的身份，原来他是一个名叫史蒂夫·杜伯蓝尼卡（Steve Dublanica）的纽约人——不过他至今不愿意告诉世界他工作的餐厅是哪家。

　　杜伯蓝尼卡的读者并不在乎他的身份，只管尽情地享受他奉上的餐馆辛辣爆料就行了。但如果你是杜伯蓝尼卡的老板，你可能就不这么想了。有了"匿名"这个保护伞，餐馆服务员就可以肆无忌惮地扯八卦，而且不用太担心会被惩罚；但是对于那些被诽谤，或觉得被诽谤了的人来说，这就不那么好玩了。对一个人来说是揭发者，但对另一人来说，可能就是暗杀者。

　　2005 年 11 月，《福布斯》（Forbes）杂志刊登了一篇文章——《博客的攻击》，作者从一个商人的角度探讨了这个问题。这篇文章的副标题为"博客成了网络私刑暴徒的天堂，他们一面高呼解放，一面喷溅着谎言、污蔑与咒骂"。此文的作者丹·莱昂斯（Dan Lyons）认为博客是"品牌抨击、人身攻击、政治极端主义和污蔑行为的终极利器"，而且还讲述了一些大大小小的公司遭受"博客暴徒"抹黑的故事。面对这种新式的名誉攻击，摸不着头脑的商人们终于发现，那些传统的自卫方法，例如起诉或公关都已无济于事了。"像对付新闻报纸一样告人诽谤的做法，就好像是用 18 世纪的战争策略来对付游击战。"一个法律专家对莱昂斯如是说。要想缓解问题，你只能亲自趟进网络这潭浑水，找一个第三方来攻击那些批评你的人，或找到他们的网络提供商或主机服务商，让他们把污蔑言论撤下来（如今，在美国，在这个问题上，版权法比诽谤法更有用）。

　　《福布斯》的报道不过是对博客的邪恶之处的片面刻画。莱昂斯言之凿凿地称，这种新媒介极其卑劣，因为任何人都可以以匿名的方式对企业领导人进行批评，而且不用担心遭到惩罚。所以，他决定以其人之道，还治其人之身：他自己也开了一个匿名博客，专门用来嘲讽科技界某个偶像级的名人。莱昂斯的博客叫"冒牌史蒂夫·乔布斯"（Fake Steve Jobs），自 2006 年诞生起，它保持了将近一年的神秘身份。在这段时间里，它坚持用一种忏

---

　　① 美国超级名模。——译者注

171

悔式的口吻，以苹果公司的创始人（他是臭名昭著的控制狂，喜欢故弄玄虚）的身份讲述故事，因而深受读者喜欢。 在"冒牌史蒂夫·乔布斯"上，"他"非常狂妄自大，而且总是私下给人起很多侮辱性的外号［例如，微软阵营的人都叫"微蠢货"（microtard），而微软的 CEO ——史蒂夫·鲍尔默（Steve Ballmer）则叫"猴小子"（monkey boy）］。 终于，在媒体的踊跃猜测下，这名小说作家、财经类记者被掀开了神秘的面纱。 于是，他开始用真名在《福布斯》旗下写博客，不久便跳槽至《新闻周刊》了。 当然，对他来说，博客就不再是他以前所说的"滋生谎言、诽谤、谩骂的温床"了，而是变成了一种更友好的环境。

这么多年后，营销者和公关专业人士也终于注意到了博客。 他们看到，博客既可以成为一个以科技为驱动、以口耳相传（或"病毒"）为手段的巨大促销机遇；同时，它也可以是公司品牌形象的一个巨大威胁。 在这片人们所谓的"对话式营销"的新天地里，博客上的评论和博客帖子一样，都能对事物的网络名声产生重要影响。 然而，在博客评论里，匿名抨击的现象更为严重。 这对新接触网络的人来说，有着一种新奇的诱感：如果有人攻击了你或你的公司，你就可以轻松地利用假名，怒气冲冲地与他对质，为自己扳回名声。 人们将这种做法称为"马甲策略"（sockpuppetry），因为博客写手用假名在他自己的帖子下发帖的行为，其实就是自己与自己对话。

在商业世界里，经常发生类似的"马甲"事件。 通常都是一些小盘股或廉价股票的龌龊伎俩：他们故意放出一些安排好的谣言，然后操纵股票。 不过，偶尔有时候，"马甲策略"也能有积极的意义。 例如，2007 年，全食（Whole Foods）连锁超市的 CEO 约翰·麦基（John Mackey）承认他在雅虎的财经论坛上，曾用假名攻击过一个竞争者。 然而，在迄今为止最惊人的一次"马甲策略"中，操纵者不是某个试图保住股价的商人，而是一个为了挽回尊严的文化批评家。

李·西格尔（Lee Siegel）对书、电视节目和艺术的评价向来都丝毫不留情面，简直就像是一个文化拳击手。 但是，自他在《新共和》的网站上开博后（他在这个杂志社当编辑），他发现自己很快就被普通网民的如潮恶评所淹没了。 原来有一部分读者确实非常讨厌他的文章，这部分人虽然不代表全部的读者，但却足够用恶评将他的留言板占满了。

西格尔所面临的考验是每个在网上写作的人都会面临的问题。 读者通常会随意或毫不顾忌地通过邮件或留言的形式，对你的作品发表评论。 而当这些评论向你扑面而来时，就有你受的了。 所以，很多作家干脆不去看读者的评论。 面对泛滥的反馈，有些人能忽略那些幼稚而又愚蠢的评论，只注意那些比较中肯的评价。 丹·吉尔默和无数博客写手都发现，如果他们可以承受住侮辱、谩骂和一些读者的蓄意挑衅的话，他们是可以从读者那里学到很多东西的。

172

但是西格尔一个都没法忍受。 每当有任何评论挑战他的权威、质疑他的观点时，他都怒不可遏。 这都是哪里来的文盲？ 竟然用他们的无知与猥琐来玷污我的文章？ 于是，他开始写一些火药味十足的文章来讨论他所谓的"博客法西斯主义"，他的矛头主要指向了网络越来越庸俗、越来越没有质感的倾向。

于是，有一天，西格尔终于发现了一名拥护者。 这个评论者阔步迈进了西格尔的博客，开始对那些批评者拳打脚踢。 这个新人的网名叫"Sprezzatura"［"Sprezzatura"一词是"轻松"的意思，出自卡斯蒂利奥奈（Castiglione①）所著的文艺复兴自助手册《侍臣论》，用来形容那些极有艺术天分的人］。 Sprezzatura 不仅替西格尔辩护，还对批评者们大举反击。 例如，西格尔曾写过一篇关于乔恩·史都华（Jon Stewart）的作品《每日一秀》的评论，结果顿时成为众矢之的。 于是 Sprezzatura 便进行了反击：

哎哟，当自己最喜欢的节目被一个知名评论家批评后，你们有多生气哦。简直就像 3 岁的小孩。面子也太薄了吧？西格尔不过是批评史都华的作品"是对幼稚品味的曲意逢迎"而已，结果你们这些缺乏安全感的独立思考者就开始把你们幼稚的观点往他身上砸了。我也是史都华的目标观众之一，在我看来，他的笑话就像是某些人在更衣室里用湿毛巾抽别人屁股一样，自以为有趣，其实一点都不好玩。西格尔勇敢、睿智，而且有着史都华难以企及的智商。怎么着啊？你们这一群幼稚、少教的胆小鬼！

对于其他持批评态度的评论者呢，Sprezzatura 则回应说："你们这群骗子，你们说谎！ 你们不过是一群胆小又虚伪的作家而已。 你们连帮西格尔提鞋都不配。"

那些经常在西格尔的评论中留言的人察觉到，Sprezzatura 的口气中那种目中无人的态度有点似曾相识。 他们很快就开始怀疑，没准这个评论者就是作者本人，是他在对自己的作品自卖自夸。 这个问题引起了其他博客写手的兴趣，而《新共和》的编辑富兰克林·福尔（Franklin Foer）则决定要一探究竟。 2006 年 9 月 1 日，福尔宣布，他认为 Sprezzatura 的评论有"西格尔的参与"——这实则是用委婉的口气挑明了，Sprezzatura 就是西格尔本人。 福尔表示，"我们绝不允许我们的作家误导读者"，然后便关闭了西格尔的博客，并终止了他与《新共和》的写作合同。

西格尔怎么能让自己堕落到如此地步呢？ 他是一个专业的评论家啊，接

---

① 巴尔达萨雷·卡斯蒂利奥奈（Baldassarre Castiglione，1478—1529），意大利作家，最著名的作品是对话录《侍臣论》（1528），全书 4 卷，作者虚构了在乌尔宾诺官廷举行的一场怎样成为理想侍臣的争论，用传统的对话体裁详加描述。——译者注

173

受别人的批评，或用自己的名字为自己辩护就有这么难吗？ 后来，他抱怨说，他不过是被那些评论者的"流氓行径"给刺激了，因为那些人经常用一些小学生的话来骂他，例如说他是"蒙古白痴"。 （我们也无法验证这些话的真假，因为他的网站已经彻底从网上消失，现在我们只能从浏览器历史或Google 的缓存页面里寻到只字片语。）Sprezzatura 的名字寓意着优雅与高贵，但是他的露馅让西格尔看起来比那些最粗俗的评论者还要低俗、拙劣。这整个行径不仅欺骗了读者，而且也是没有尊严、相当可鄙的。 这简直就像是西格尔导演的一出滑稽喜剧：本来想要复仇，结果笨手笨脚，非但没达成目的，还让自己编织的一大堆可笑的谎言大白于天下了。

一开始，西格尔还有一丝悔过之意。 "我犯了一个非常愚蠢的错误，对此我非常抱歉，"他对《纽约观察者》周报的记者说，"我中了博客圈的圈套，我把自己的档次降到了与这些评论者相同的高度，我真不应该这样。"但是，他的这种自责很快就演变成了一种受伤后的愤怒。 在事发一年后，西格尔写了一篇巨长的文章——《对抗机器》，对因特网文化进行了大肆抨击，以发泄不满。 在这种情况下，评论家通常应该对自己进行严厉的反省。但是，西格尔非但没有对自己的灵魂进行检讨，反而用了一面多的文字粉饰Sprezzatura 事件，说它不过是一出"恶作剧"、一场"欢快的遭遇"："我想，反正我已经从现实的镜子中跌入了虚假的幻境，那我干脆就好好享受一番这种虚幻，不如让流氓式的匿名写作更流氓一点。"

西格尔不乏才气，但却缺少必要的道德素养。 尽管他受到了公开的羞辱，但他还是不愿意承认。 即便是在博客评论中，也是不能以怨报怨的啊。确实，网络上的人让西格尔的精神饱受羞辱，但是导致他不择手段的最主要原因，还是那些攻击他的"电子暴徒"的隐匿性。 然而，也不是所有的评论者都采用了匿名的形式。 例如最让西格尔火大的"流氓匿名评论者"之一（就是他指出"Sprezzatura 99% 是西格尔本人"），是一个网名叫"jhschwartz"的人。 而这个人其实就是一个纽约的律师，真名是约瑟夫·H·谢瓦兹（Joseph H. Schwartz）。

然而，尽管在此次西格尔的滑稽事件中，那些被他嘲笑过的博客写手算是出了一口恶气。 不过撇开他的自我中心、自我辩护和傲慢态度的因素不说，他的观点确实也有一些道理。 在任何网络空间的匿名用户数和话语质量之间，似乎总存在着一种颠三倒四的关系。 博客，乃至网络的一大必要特点就是能匿名活动——它可以让那些弱势群体发表有用的信息，还可以让我们其他人听到一些之前听不到的声音，例如某个平民对战争创伤的泣诉，或某个餐馆服务员对艰辛工作的抱怨。 但如果匿名者太多的话，那么这场对话中的参与者就会与现世脱钩，而且很容易陷入难以控制的个人攻击和谩骂的漩涡。 2004 年，网络谐星佩妮·阿卡德（Penny Arcade）将这个过程用一个短小的公式进行了总结，这个公式的名字叫"因特网龌龊理论"，即"普通人

174

+匿名身份＋观众＝龌龊"。 《连线》杂志的合伙创始人、作家凯文·凯利（Kevin Kelly）认为，网络匿名就像稀土金属在人类生理系统中扮演的角色一样：

这些元素都是保持一个细胞活力的必要成分，但人体所需的量是微乎其微的。这些重金属元素稍微多一点，对人体来说都是致命毒素。它们会要人命的。匿名身份也是如此。

这个观点既巧妙又合理；网络批评家对这种现象最看不过眼，他们认为博客匿名评论的做法是极其危险的。

如果我们都像李·西格尔那样，难以抗拒戴上面罩回击批评者的天真诱惑的话，匿名对于网络来说，就确实是一剂致命毒药了。 幸运的是，许多成熟的博客写手和网络对话的参与者的道德方向感都比西格尔好，因此即便在网络的丛林中，他也能够保持举止得当。 如今，凭着几十年的经验，我们终于懂得了如何把握网络讨论的势态。 例如：当某篇文章或某篇博客帖子的作者参与到评论中时，整个讨论基本上都能保持在正轨上——但前提是这些作者懂得自制，而且知道在面对重复、故意的挑衅时，能忍住怒火，不去"火上浇油"。 但当有了博主，或往更大一点说，网络上的调停人或网管出来管理评论后，情况就大为不同了。 这些人可以根据网站的具体规定，采用斥责、删帖或禁言等手段来调和网络矛盾。 时间一长，网络调停人也越来越精了：博客写手特里沙·尼尔森-海登（Teresa Nielsen-Hayden）就发明了一个聪明的方法，名叫"去元音化"（disemvowelling），最开始她只在自己的网站上使用这一方法，后来 Boing Boing 也采用了同样的手段来管理评论。 它可以将所有攻击性评论里的元音都消掉，但是整个单词框架还在，最后既可以让那些单词看起来滑稽搞笑，同时还免得被人说是在搞网络审查。 但如果调停者和讨论者在讨论规则的诠释上纠缠不清的话，那么这种网络调停就会变成一场灾难。 （就像西格尔一样，很多论坛上面的言论都是攻击版主或博主的，而西格尔也批评过他在《新共和》的同事，说他们自己都不遵守自己定下的规则。）

比调解更好的，就是讨论者们自觉地遵守讨论规则，这种情况下，管理员或调解员更像是在做园艺栽培，而不是制定什么政策。 但基本上，一个网站的社交习性所反应的，通常就是它的参与者在真实世界的社群交往中所表现出来的习性。 Gawker 上的评论者自然就会在尖酸刻薄上相互较量，因为他们最初就是被这个网站的尖酸风格所吸引的。 同理，如果人们讨论的作品本身就非常尖刻、善辩，比如西格尔的作品，那么它的评论也会呈现出类似风格。

如果匿名行为是一个问题的话，那我们是不是可以用实名制来解决呢？

有些网络空间通常会鼓励用户用真实的姓名注册，甚至在极少数情况下，网站还会去验证用户的身份。 有些网站也认同要求用户使用真名是不可能的，但是通常他们会要求用户坚持用一个名字，而且用它不断累积威望。 这样做是有好处的。 比如，你可能不知道维基百科（开放编辑的网络百科全书）上某个特定作者的名称，但你可以轻松地查到这个作者贡献了多少条目，以及相关记录。 不过，大多网站采用的都是一种"荣誉系统"：你可以用你的真名，这都随你便，就算你不用也没有关系。

在过去 5 年里，随着博客的规模不断扩展，社会评论家对许多博客中任意参与、叽叽喳喳的口水仗越来越担心了。 保守派专栏作家担心，网络的"松绑效应"（disinhibition effect）会败坏社会道德，而自由派则担心网上的仇恨言论和褊狭意识会找到肆意滋长的新空间。 但是那些真正创造了博客世界的作家、程序员和企业家们却并不担心这些。 他们之中大部分人都能通过这样或那样的途径，接受那些不守规矩的留言。 有些人干脆就忍了下来。而剩下的很多人则关闭了他们博客的评论功能；如果你有什么想说的，那就在你自己的博客上说吧！ 还有一些人则采用了铁拳政策应对那些留言。 但几乎所有的知名博客写手都似乎非常乐意看到这种"百花齐放"的局面。 在处理评论的问题上，不需要也不可能有任何统一的方法；就让博客写手们自己探索最适合自己的调解方法吧！

于是，在 2007 年 3 月的一天，当有人在凯西·西拉（Kathy Sierra）的博客上发表了威胁性留言后，几乎是一夜之间，许多观察者都开始思考，他们的这种放任态度是不是该改一下了。

* * *

西拉是一名游戏开发者，她写过多本编程教学手册，2004 年 12 月，她开始写博。 她的博客——"创造激情用户"——介绍了她编写一系列成功的、不同凡响的技术类图书的经验。 这些书里面包含了许多幽默的图表和图形，以吸引那些"视觉型学习者"的兴趣。 她的帖子里包括了许多认知科学和营销智慧。 西拉认为产品开发者和营销者不用担心用户如何评价他们以及他们的作品，而应该关注他们的产品让用户感觉如何：如果你的软件或服务能让用户觉得"一切由我做主"，那你就赢得了一个忠实的用户，而这个人也会帮你或你的公司四处宣传。 西拉还知道，这种被产品激发的热情也有两面性。 "创造激情用户"上就有一篇帖子说："如果人们只是不讨厌你的产品，只能说明你的产品十分平庸。"

西拉性格活泼、思维清晰，一头金发恣意飘扬。 在男性比重偏重的程序世界里，她身上很难找到一般电脑狂的那些特质。 "创造激情用户"吸引了一群热情的看客，这些人分两派：一派人深受西拉睿智的励志话语所启发，

176

另一派人则认为那些励志语言十分腻歪、浅薄。 随着博客的观众越来越多，最后它终于跻身了 Technorati 的百强榜。 它不仅激励了粉丝，也刺激了那些本来就不喜欢这个博客的人，按西拉自己的标准来说，这是相当成功的。 要不是因为 2007 年那场铺天盖地而来的风暴，"创造激情用户"可能至今还是炙手可热的技术类营销博客呢。

3 月 27 日，西拉本来是要在一场技术大会上发表专题演讲的。 但大会前一天，她却发表了一篇痛苦不堪的博文，宣布她准备取消演讲，并关掉博客。

> 我已经取消了所有的演讲计划。
> 我现在连大门都不敢出。
> 我再也回不到从前，也永远不可能像往常一样了。

西拉在帖子中贴出了一系列威胁她并导致了她现状的帖子和评论。 有些是发表在她博客里的评论；有些则是发表在另外两个小组博客（meankids. org 和 unclebobism. com）上的帖子和评论。 有些是用十分粗暴的言语形容某种性暴力手段；其他的则是一些图片，西拉还将其中一幅复制了下来——照片中，她张开的嘴、鼻子以及部分的脸部都用一个红黑相间的女式内裤盖了起来，尽管照片做了模糊处理，但整体上看起来还是非常下流、恶心。 （是寓意着口交还是窒息？ 谁知道啊！）另一篇帖子上还有一张照片，照片上，一个绞索悬在西拉的头旁边。 这篇帖子下面有人评论说："凯西能给我的唯一东西，就是为她脖子量身定做的绳索。"还有一些帖子（署名"Rev ED"）则用暴力、污秽的语言建议"将这些贱人乱棒打死"。

这些连珠炮式的中伤既让人觉得恐怖，又让人不明所以。 要想弄清楚这些威胁留言的作者身份以及此举的原因并非易事。 例如，"Rev ED"留的那些言单独看非常恶心，但它们又不像是专门针对西拉的，而像是评论者们在一旁对话的节选。

西拉写这篇帖子，一方面是发出警告，希望能引起讨论，另一方面也想借此找出到底谁是这些威胁言论背后的主谋。 第一个目的的效果非常成功，但第二个就差强人意了。 对于那些写在她自己博客上的留言，西拉至少可以通过因特网协议地址找到写出如下内容的人： "无聊的骚货，给老子滚开……我真希望有人一刀了结了你……"以上的留言都是一个信箱为"siftee @ yahoo. com"的人写的。 在西拉的帖子中，许多人都留言表示支持和愤怒。 正是这些参与者找到了邮箱的主人：一个网页设计师，"31 岁，是一个侨居在巴塞罗那的英国人"。 3 个小时后，就在同一个评论帖子里，siftee （或者有人冒充是他——谁知道呢）发表了一条类似道歉的留言：

凯西，对不起。我没有要伤害你的意思。

但是，要弄清楚是谁在另外两个博客上发帖，就比较困难了，因为两个网站当时都被他们的所有者撤下了线。在这两个网站的用户中，有几个比较知名的博客写手。其中之一——阿兰·何瑞尔（Alan Herrel）是一个计算顾问，他的网名叫"the Head Lemur"；他的名字似乎与一些最恶毒的评论有关。但是，随着故事一层一层地展开时，他发了一封邮件，说他的电脑以及所有账户都被黑了，因此他也不知道是谁在用他的名字留言。meankids 上的其他知名博客写手无一与此次的威胁事件有直接联系。［而且，他们之中，至少有一人——从 2001 年就开始写博的公关和营销顾问杰妮·瑟撒姆（Jene-ane Sessum）——是女的。］克里斯·洛克（Chris Locke）是《线车宣言》的四个作者之一，这些年来，他一直用笔名"Rageboy"写文章。大家都知道他爱在网上煽动人们去嘲讽他人，但是他也向西拉和这个世界保证，他没有说过任何攻击她的话。弗朗科·佩恩特（Frank Paynter）是另外一个著名博客写手，meankids.org 的博客创办就有他的一份功劳。他解释说，这个网站最初就是"故意设计成无政府状态"的，目的是为了"激发艺术、批评、直率又一针见血的讽刺"——但并没有想过要"营造恐怖气氛"。

西拉是真的非常害怕。但在一些谜团解开后，这起威胁事件的性质却更显得诡异了。"现在，我们差不多可以肯定的是，那些发在 meankids 和 unclebobism 上的图片并非真的要威胁什么。"提姆·奥莱理写道。他的技术类图书出版公司就出版过西拉的书。"但只要幕后凶手没有被揪出来，那我们就没法百分之百地确定。"

然而，西拉的帖子并没有过多地指责 meankids 上的博客写手们威胁她的事情，而是更多地批评他们所营造的环境，也就是对那些不可饶恕的行为睁一只眼闭一只眼的环境：

如果博客圈的文化认为这种行为是可以接受的，那我绝不想成为这个文化的一部分。在这个文化里，如果你想成为一名博客写手，那首先你得脸皮极厚；其次，你的女儿还要十分坚强，当看到妈妈被人 PS 成一个物化的泄欲对象，甚至还有可能被当作某种性迷恋对象的一部分而被窒息而死时，不至于被吓得手足无措。（当然，如果有了更明确的威胁，这些事情自然也会发生。）

如果这件事不是什么随随便便的人干的，而是技术博客界最受人尊敬的一类人（也就是顶级名单上的人）做的话，我也是坚决不愿与之为伍的。

……那些称这种威胁为"社交评论"、"受保护的言论"或只是"批评"的人，我希望大家不要放过他们。我绝不支持言论审查——这些人大可尽情地说一些厌恶女人的、邪恶的、低俗的话——但我们必须坚持我们的底线，

178

不能让言语和图片变成暴力威胁。

西拉的恳求在网上得到了洪水般的支持和同情。 罗伯特·斯科布的妻子也在 meankids 博客上受过羞辱，西拉事件发生后，他便停博了一周，以示声援。 许多亲历过西拉遭遇的人都认为，此次事件说明网上的言论有了针对女性的倾向。 这整个事件表明"网上泛滥着厌恶女人的潮流"，Salon 的编辑琼·威尔什（Joan Walsh）写道。 同时，西拉的窘境也迅速从博客蔓延到了现实媒体上。 报纸上全是相关文章和专栏，而不久西拉也上了 CNN，与克里斯·洛克一起深入探讨了在网络上保持文明有多难的问题。 （后来这个谈话被剪得只剩几秒钟了。）

在媒体报道之后，提姆·奥莱理便带头呼吁出台"博客写手行为规范"（当然是自愿起草了）。 在最开始的草案里，那些条款都是一些劝诫性的句子，例如"不仅要对你自己的言语负责，还要对你博客上允许出现的评论负责"、"别理那些挑拨离间的言论"、"在现实生活中直接对话吧，找个中间人传话也成"、"如果你看到有人行为不妥，请给他们指出来"和"你当着人的面不会说的话，在网上也不要说"等等。 这些都是非常好的建议，但是那些最需要照规范来的人，或许也是最不可能采纳的人。

当然，网上也有小部分持不同意见的人。 有人认为西拉反应过度了，将一些肮脏但比较模糊的文字和图片说成是具体的人身威胁。 还有一些人认为，她一开始就抢先指控 meankids 的博客写手们是此次威胁事件的幕后真凶，这种行为是极不负责任的，因为她后来几乎收回了大部分的指控。 这种情况很难说，因为针对西拉的攻击都是非常生动、有敌意的。 不出所料，戴夫·温纳就是少数最先开口的人之一。 "这次我站在 meankids 的博客写手这一边，"他写道，"因为没有人支持他们。 而我呢，对于那些遭受暴徒攻击的人，不管他们有多么可悲，我都是很同情的。"

但是在网络深处，人们对西拉遭遇的反应要更加无情。 这些人多数是游戏者、幽默大师，他们渐渐形成了一个以男性为主的亚文化，他们的谈话让 meankids. org 看起来像"芝麻街"一样幼稚。 其中，最引人注意的一个观点来自一个名叫理查德·科杨卡（Rich Kyanka）的作家。 他的网站——"龌龊事情"自 1999 年开办起，就一直致力于挖苦网络上昙花一现的事物。

对于西拉的恐惧，科杨卡觉得简直是小题大做。 他问道："有没有人能告诉我，这算哪门子新闻啊？"他将此次风波简单总结了一下：

1. 有人写了一篇博客。
2. 有人读了这篇博客。
3. 读博客的人给写博客的人发了一条信息，说要杀了她。
怎么样，我总结的还算全面吧？没人被杀，也没有罪行发生啊。这种事情在网上存在了 20 年，如今不过是旧事重演罢了。简直就是一群盲目的民众在莫名其妙地丢人现眼……

科杨卡说，他好多年前就开始受到死亡威胁了，而且全是以前他论坛上的一些心怀不满的用户。他完全不把这些敌人放在眼里，而现在，他说这些人转而威胁他 2 岁的小女儿去了。他在网上公布了最近一封邮件的全文，科杨卡在"龌龊事情"的论坛上将邮件的主人给封杀了，一怒之下这个人便写下邮件，说他要飞到科杨卡的家乡密苏里州去骚扰他的小女儿，然后再将她"从桥上扔下去"。

在他公布的信旁边，科杨卡还贴了一张他抱着微笑的小女儿的照片，好像在说："喏，屁事都没有，我才不怕呢。"

从一方面讲，科杨卡是在印证希瑟·阿姆斯特朗曾经信奉的观点：网上发生的事情只会留在网上。人们在网上讲的话、做的事可能都比较疯狂，他们以为他们在网上是另一个身份，所以可以肆无忌惮地满口胡喷，但是这种行为也只在网络的小天地上有效，在我们的现实生活中，它不堪一击。这些年来，科杨卡一直对网上的攻击不屑一顾，而且也没有对他产生什么明显的影响。因此对他来说，这个观点是成立的。但是同样的观点却使阿姆斯特朗丢了饭碗。同样，李·西格尔也错误地认为，他用匿名的身份与那些抹黑者对骂大抵是不会影响到他的现实工作，并破坏他在人们心中的庄严形象的。他不是也错了么。

而凯西·西拉则不同。她异常严肃地诠释了那些针对她的敌意。她没有等着看网上的威胁会不会变成现实的攻击，而是发出了求救信号。由于她至今依然毫发无损（谢天谢地），所以人们很容易说她是否反应过度了。但是，她认为网络和世界相互纠缠、难分难解的观点却是无可厚非的。在科杨卡这件事中，除非是吃了熊心豹子胆，否则是不会有人敢随便掉以轻心的。

*　　*　　*

博客可以让我们袒露心声，也允许我们乔装成他人，而随之产生的问题也总会让我们觉得难以适应。当问题来袭时，我们大部分都会被杀得措手不及。我们总会听人赞扬博客写手们说的话是"真实的"，但我们通常都不知道该如何参透这种赞扬背后的含义。我们所谓的"真实"是指什么？我们该相信谁的现实？所谓"真实"，对有的人来说是"将你的真实生活公之于众"，对有的人来说是"捏造一些关于你自己的故事"给别人看；那么这两种情况怎么可能同时存在呢？在"求真"的名义下，我们又能接受多少反社会的行为呢？虽然我们每个人都有自己不同的答案，但是我们是不是可以先用清楚的、共同的语言来诠释"真实"呢？

180

在《诚与真》（*Sincerity and Authenticity*）一书中，批评家莱昂内尔·特里林（Lionel Trilling）将这两个经常混淆的词进行了仔细的区分。 "诚"一字诞生于文艺复兴时期，它的意思非常简单，即"表里合一"。 换句话说，它是"虚伪"的反义词。 "诚"就是指连那些社会机器的润滑剂——善意的谎言都不要说。 适当的"诚"能让你获得他人的信任，而太过于"诚"则只会造成不和谐的局面。 莫里哀的作品《愤世嫉俗》（*Le Misanthrope*）中的阿尔西斯特就是这种"诚"的极端例子：最后，他选择退出社会，而不是做必要的妥协，然后在社会里生存下去。 网上那些对"讲真话"呼声最高的人，例如戴夫·温纳，就经常有类似的自我流放倾向。

在特里林看来，随着世纪变迁，"诚"已经有些跟不上时代，到了浪漫主义时期，"诚"也就被另一个不同的理念所代替了。 "真"就是用所有的热情，承受所有的痛苦，将自己内心深处最隐秘的生活展示给世界看。 "真"就是尼采（Nietzsche）和弗洛伊德（Freud）时代的"诚"。 真实派艺术不再以"美"来作为衡量成功的标准；性"真"的人不惧于袒露内心的纠葛，也不怕将灵魂中的恶魔释放出来，让它们群魔乱舞。 "诚"强调的，是将个人的正直标准带到腐朽的公共领域去，抗拒团体强加给个人的谎言；而"真"则致力于挖掘自己内心的痛苦，并将它们赤裸裸的现实摆在世人面前。

有了这样明确的区分，我们就可以在写博的"真实"道德原则的核心，找到博客写手们迷惑的原因之一了。 "真诚"的博客写手（这是特里林的说法）追求的，是让博客上的自我与"现实"中的自我或"离线自我"保持绝对的一致。 因此，他们不会虚与委蛇，而总是以同样的姿态面对世界。 在这种情况下，生活和博客是和谐相处的：我本人是什么样，我在博客上就是什么样。 而"真实"的博客写手则将博客视为一种展示自我的渠道，因为在平时，这种自我都被"现实"世界中的各种习俗和约束压抑着。 生活就是一个文字游戏，只有博客才会说真话：你以为你了解我？ 看看我的博客吧！

通过从这种角度剖析写博行为，我们就可以解释，为什么两种不同的人类活动都挥舞着"忠于真实"的大旗，可最后产生的却是完全不同的效果了。 "真诚"的博客写手在面对批评时，常常表现出一种我自岿然不动的镇定；而"真实"的博客写手通常会与你直接进行头脑碰撞，或戴上面具与你沟通。 两种方式都是对世界的挑衅：前者是以拒绝自我审查的方式，而后者则是以高调华丽的风格主导对话方向，或人为制造戏剧冲突。

可以肯定的是，相比起一些对网络行为的区分来说，人们对"真诚"和"真实"的定义要更灵活一些。 但是总的来说，大部分博客写手都有一个共同的特点：态度嚣张、不顾及他人的感受或不计后果的火爆脾气。 由于这种特点在博客圈中太过普遍，以至于它已经成了博客写手的一个基本特征。 所以通常在人们看来，要当博客写手，就要对吵架有一种急不可耐的冲动。

即便是那些最为推崇写博的人也承认，写博以及它所营造的对话通常会沦落成一种极端粗鲁、从个人喜好出发来攻击他人的文化。可不，李·西格尔就用一个词语总结过：匿名施暴文化。但是，匿名也只是这种粗鲁化的众多原因之一。要说原因，还有一点也是网络交流长期存在的弱点：网络交流过程中缺乏一些面对面交流的信号，例如表达、语气、肢体语言和目光交流等。在网络社交生态中，还根植着许多其他的缺陷：例如"沃诺克困境"（Warnock's Dillemma）。这个现象是指，当某篇帖子缺少回应时，人们不知道该如何解读的问题。如果你发在某个论坛的帖子无人问津，或你的帖子无人回复时，它可能意味着大家都认同你的观点。但也有可能是没人在乎你说了些什么，所以懒得回答。或者因为他们觉得你的观点太白痴了，他们连反讽的激情都没有。也还有可能是网上刚好没人在线。关键是，这种沉默可能是由以上某种原因引起的，也可能是好几个原因同时引起的。而你也根本无从得知。

正是因为"沃诺克困境"，博客写手们才有理由用更极端的方式来表达自己，以期引起读者的反应。他们的想法是："如果我戳你戳得够狠，你总会有反应吧？"特里林式的真实主义也会促使博客写手以"释放心中的恶魔"为理由，变得更粗鲁或恶毒。而在这种情况下，他们的想法则是："我越是惹人们生气，我就越觉得真实，他们也越会觉得我真实。"

毫无疑问，那些"大炮"或"挑衅者"们通常会从这种自我辩解式的情绪中，获得攻击的力量。但是，如果你认为那些展示真我的博客写手都难逃被孤立的命运的话，很不幸，你就大错特错了。当然，在网上还有许多故事的结局是非常激励人心的——比如某个博客写手在网上倾诉了自己的脆弱和无助，后来便收到了网友们的鼓励和支持。希瑟·阿姆斯特朗便是其中之一。

* * *

2002 年年底的时候，阿姆斯特朗重新开始在 Dooce. com 上写博。得益于她丢饭碗的短时网络轰动，以及她机灵、火爆的幽默，她的读者也慢慢多了起来。2003 年，当她怀孕的时候，她稍稍考虑了一下，是不是要再次关闭博客。她将整个过程记录下来的做法算得上是一种应对机制，而后来也证明，这一做法对她来说，相当有价值。2004 年 2 月，当她的宝贝女儿莉塔（Leta）降生后，Dooce 上面便开始母性泛滥了——但她却不入俗套，坚决不写一些温馨的家庭趣事。例如，下面便是阿姆斯特朗写的一篇初为人母的唠叨：

我怀疑我看到的各种关于母乳喂养的书，都是没奶子的男人写的，因为书上总是说，只要婴儿的姿势正确，母乳喂养是不会有痛感的。现在我要告诉你们的是，当一个8磅重的怪兽咬你娇嫩的乳头时，你是不可能不觉得疼的。要想男人能体会这点，我只能建议他把老二放在砧板上，然后拿一个订书机往他的龟头上订。前两针肯定非常疼，但是之后就麻木了，等到了第88针的时候，心里可能就会想，（宝宝）还没吃饱啊??但是我马上又发现这个比喻不恰当，因为男人不可能有两个老二，婴儿一般在咬完第一个奶子后，就会转移到第二个奶子上去，这时，我就要重新体验一遍这样的"快感"了。

有时候，阿姆斯特朗也会带着初为人母的兴奋，记录她的新生宝宝斜眼看人的窘态，或可爱的小脚丫。 但对于照顾婴儿的疲倦、身体上的痛楚和精神上的紧张，她也会毫无遗漏地记下来。 她也一如既往地用疯疯癫癫的幽默来展现她拿捏得当的表现癖：她曾用了一个彪悍的标题来描述某顿不同寻常的晚餐后给婴儿换尿布的事迹——《超级便便神童的天才杰作》（"乔和我都被尿布的颜色和材质迷住了，我们的宝宝就好像毕加索转世，在她的尿布上肆意挥洒了亮黄色和绿色的大便块块"）。 但是你也能看出，她原本希望通过讲述一些有趣的故事来分散她的注意，或让她开心起来，但实际效果却越来越差。

在连续几个月的失眠、焦虑和失败的自我疗养后（这一切都记录在了Dooce上），她和她的读者都愈发清楚地意识到，她已经患了产后忧郁症。8月26日，她写道：

在接下来的几天，你们不会看到任何关于我的消息，因为这个早上，乔会开车送我去医院，而我也会住进精神病房。我非常害怕如果我不这么做，我的精神会崩溃。

……我必须弄清楚这些乱七八糟的东西，要不然我想我可能会伤害我自己。我简直不敢相信我的情绪没有半点好转。简直难以置信，这都过了两个月了，我还是没有快乐起来！

在医院，阿姆斯特朗接受了一系列对她有效的治疗。 "不到两个小时，我就开始感觉出变化了。"她后来写道：

如果你问乔，他就会告诉你，那天下午，当他带莉塔到医院吃午饭时，他终于看到了7个月以前的希瑟，而不是那个会拿钥匙砸他头的疯女人。我真的相信医院的医生救了我的命……我是精神健康医学的成功治愈品。

毫无疑问，这件事有它的积极影响，但是它传递的信息却并不像"博客救了我的命！"这样简单。 写博让阿姆斯特朗有了感情宣泄的出口，但它并不能治愈疾病。 然而，这个宣泄出口本身对她也是非常重要的：

……有人说他们不敢相信我对这种事情竟如此开放，我当时就反问，为什么不呢？生病了寻求帮助有什么丢脸的吗？

阿姆斯特朗对她遭受的折磨没有丝毫保留。 这件事情最大的意义在于，她发现这次再也没有隐姓埋名的恶棍或惹是生非的混蛋嘲笑她了。 非但如此，她还收到了如潮水般涌来的支持邮件。 当时她写下了如下文字：

当时，我就像是一个在演唱会上疯疯癫癫的小孩，一时脑袋发热，一个燕式跳水，便从舞台上大幅度纵身跳了下去。是你们接住了我。我漂浮在你们伸出的双手上，被你们手臂传送到人群的各个地方。感谢你接住了我，因特网。

不过，这也不是说她与所有读者的关系一直都非常和谐；她总是调侃说，要把那些恶心的邮件打印出来，铺在车道上，然后开车碾过它们。（她说她只这样干过一次。）但是，当她用一种既"真"且"诚"的态度，将自己的痛楚赤裸裸地展现在世人面前时，那些找茬分子就不见了。 取而代之的，是一群热情支持她的人。 如今，阿姆斯特朗会说："我相信，我的读者就是我的救命恩人之一。"

经过阿姆斯特朗这次的危机，Dooce 也开始空前火爆起来。 当访问量越来越大时，她便开始尝试着放一些广告了。 最开始，广告的收益按阿姆斯特朗的话来说，"还不如在麦当劳兼职炸薯条赚的钱多"。 但是，到了 2005 年，Dooce 的收入已经足够支撑这个家庭企业了：阿姆斯特朗的丈夫辞掉了网页设计的工作，开始全职投入到网站的技术和商务运营中。 如今，Dooce 已经成了一个让任何个人博客艳羡的成功企业：现在，它每个月的访问量已经超过了 300 万，而且网站还进入了 Technorati 百强榜。

渐渐的，阿姆斯特朗还成了"妈咪博客写手"新运动的领军人物。 起这个带有挖苦意味的名字的人，语气中颇有一种居高临下的味道。 但是妈咪们却骄傲地接受了这个名字，为此，阿姆斯特朗辩称道：

有些人想用这种名字来贬低女人写"妈妈经"的做法。简直太嚣张了！他们算什么东西？妈咪博客写手，没人爱听你小孩的那点破事！对，他们就是这么说的。但其实呢，爱听的人多着呢！你听到了没有？妈妈经可以将人们聚到一起来，它能改变人们的生活。所以你就尽管去鄙视、忽略那些妈咪写的博客吧。我现在就坐在我的笔记本前写博客，要是谁觉得我有资格成为他们阶层的一员，我一定会受宠若惊。怎么着，老娘我就是一个妈咪博客写手！

妈咪写博客，不过是博客在发展过程中逐渐分化出来的众多亚文化中的一种而已：网上不仅有工艺品博客写手，还有编织博客写手、纺织博客写手；不但有美食博客写手，还有啤酒或寿司博客写手。 网上有素食主义博客军团，也有"以肥为美"的博客写手；有的博客写手可以帮你克服厌食症和纵食症，还有一些博客出的馊主意只会加剧你原本混乱的饮食。 每一种亚文化都有自己的行为规范。 毫无疑问，妈咪博客写手要比政治或技术类博客写手更能够起到鼓励作用。 有些旁观者可能会对"激励团"营造的氛围不屑一顾；但是很多妈妈们也确实需要这种支持与鼓励。 但是，即便是妈咪博客界，也会发生一些普通网络上常有的冲突。 它里面也会有竞争对手、对骂和挑拨离间等等。 有些妈咪博客写手会用真名写博，比如阿姆斯特朗；而其他人则选择匿名写博，以免受到言语攻击，或希望保护他们家庭的隐私。 不管怎样，几乎所有人都非常注意塑造一种诚实的个人形象，只要他们暴露的隐私在可接受范围之内，只要他们懂得巧妙安排措辞，他们就会尽量说真话。

在阿姆斯特朗看来，Dooce 是一个"忠实记录历史的回忆录"。 自莉塔出生后，每月她都会给她的女儿写一封信。 如此积累下来，这些信就成了一本记录小孩成长的亲子编年史书——当做父母的把这种礼物送给他们的子孙时，一定会备感骄傲。 但同时，这些信也是一种公共作品，是一个盈利公司的一部分，所以也有人指责阿姆斯特朗或多或少利用或侵犯了莉塔的隐私。几乎每个成功的自传作家或回忆录作家都有可能受到类似指责。 他们是在分享隐私，还是在贩卖隐私呢？ 读者们总可以嗅出其中的不同来：即便是在网上，"说真话"和"推销隐私"的做法也会留下可被追踪的气味。

与 Boing Boing 一样（虽然两者性质迥异），Dooce 上面公开的商业内容也越来越多（例如上面每天都会发一篇讲"造型"的文章，顺势推荐一些商品）。 但是，它的读者群和威信却从未衰减。 阿姆斯特朗曾经是互联网自我毁灭的典型代表人物，如今她也学会了在保持语言风格的同时，尽量谨慎选词。 原来，你不用忍受地狱的煎熬，也不用异化自己，就可以讲笑话、做戏剧效果，或吊读者的胃口啊。 阿姆斯特朗的转型过程比较漫长，但如今她也非常谨小慎微：对于一些比较棘手的话题，换做是以前的她，一定会冒冒失失地张嘴就来；但如今，在发表意见前，她一定会斟酌再三，反复思量。如今，Dooce 依然能一针见血又不失风趣幽默；可如今，你却再也不用为阿姆斯特朗的精神或生命担心了。

今天，阿姆斯特朗会说："碰到我的人都会跟我说，'我了解你的一切，这太奇怪了'。 不，你不了解！ 博客上只记录了我5％的生活。"

不管是谁的自传，只写5％的生活哪里能算完全自曝？ 就连轻度的自我表露都不算。 但是，阿姆斯特朗却用她高超的平衡技巧告诉我们，要保持诚实与魅力，5%就足够了。 比起以前博客界信奉的"要么就不说，要说就说全部"的理念，阿姆斯特朗的模式有一个非常重要的优点——它是可持续的。

第三部分
博客干的好事!

第九章

记者与博客写手之争

2003 年的时候，不管是熟人还是陌生人，都开始纷纷劝《纽约时报》的资深硅谷记者约翰·马尔科夫开一个博客。 从 20 世纪 80 年代初起，他就开始报道电脑行业的各种新闻，所以对这种刚刚兴起的狂热，他并没有那么兴奋。 "行业里的各种潮流的兴衰起伏我看多了，"他说，"在网络上参与表达的形式总在变化。"当马尔科夫的朋友伊藤穰一（Joi Ito，他是一名日本的社交媒体企业家，也是一名资深的博客写手）敦促他赶紧开始写博客的时候，他的回答十分刻薄："我已经有博客了啊，就在 www. nytimes. com 上。你不看《纽约时报》啊？"

在接下的几年里，无论谁跟他说"你该开博客了"，他都会搬出这句话当回应。 他的这种讽刺的态度总会让那些博客的忠实拥趸火冒三丈。 "我当时就是在自作聪明。"马尔科夫现在承认说。 不过他对博客媒介的迷惑，其实是所有以写作为生的人共有的迷惑。

写博对他们来说，并没有什么了不起的。 从很多年前，人们就已经开始在网上发布个人文章了。 这么多年来，读者也一直在与作者进行网络沟通。杂志和报纸上也一直都有"记者笔记本"、"日记"和其他的固定专栏，专门用来发表一些简短的、闲聊式的文章。 如此一来，博客还有什么新意呢？又有什么好值得我们兴奋的呢？

这个态度看似合理，却忽略了一个非常简单的变化：所有对于职业作家来说习以为常的经验和机会，如今几乎所有人都可以获得。 以前，你得费老大的劲才能发表一篇文章；现在呢，想发就可以发。 这就是许多新手最喜欢博客的原因。 但是，对于那些已经有了发表渠道的人来说，博客有什么新鲜的呢？ 大部分记者都很想当然地认为，他们就是应该有演讲台；这就是为什么普通人民对没有话语权的愤怒总让他们觉得莫名其妙的原因。

而正是这种对媒体的敌意推动了博客的发展。 戴夫·温纳要把他自己的和技术界的历史从媒体中间人手中夺回来。 左翼和右翼政治博客写手则通过"事实核查"的手段，抗议媒体上无数的错误和偏见。 无论你看什么类型的博客，他们在抱怨媒体的时候，说的都是差不多的话：你不懂。 或者，你错了。 或者，你得说清楚。 就好像那些未获发表的稿件，在压抑了一个世纪之后，突然在网上爆发，顿时所有的愤怒和怨言都喷涌而出一样。

但一开始，媒体的反应相当平淡。 新闻和杂志分别于 1999 年和 2000 年才首次发表了一些关于博客的文章（包括丽贝卡·米德在《纽约客》上发表的那篇文章）。 这些文章大多都是对网络非常在行的技术类记者写的，它们都报道了这种新网络形式的到来，有的表示支持，有的则纯粹是当笑话在看。 例如，在《芝加哥论坛报》上，茱莉亚·凯勒（Julia Keller）就认为网志是"最有前途的新事物"。 同时她还补充说，她觉得"网志世界里面有一些轻微的吹牛现象，不过并不讨厌"。 但是在 Slate 上，罗伯·渥克（Rob Walker）就写道，尽管他很喜欢网志，但他是不会因为网志而放弃阅读"报纸或'真正的'新闻网站"的。 有些博客写手可能对媒体颇有微词，但职业作家也没有什么理由好警觉的——因为，说实话，又有多少人在看博客呢？人们看不看还说不定呢。

但这个逻辑有一个很大的漏洞：因为这些专业作家自己早就爱上了这种新的写作形式。 从 1999 年年底往后，你看看美国任何编辑部电脑上的网页浏览器里的书签列表，就会发现，职业记者圈内越来越多的人开始迷上了吉姆·罗门尼斯科（Jim Romenesko）的网志"MediaNews"（媒体新闻）。"MediaNews"始建于 1999 年 5 月，最开始的名字是 mediagossip.com，几个月后，波恩特学院的网站将其收归名下，并给它起了这个更严肃的名字。 但是，大家一般都叫它"罗门尼斯科"。 它就好像是职业新闻的虚拟水冷机。它其实是一个非常简单的网志，喜欢每天收集一些关于媒体的故事或专栏的链接；除此之外，罗门尼斯科还会发布少许他的个人邮件，内容千奇百怪：有关于加工编辑的议论，也有关于商业战略的争议。 当一些心怀不满或有意搅局的员工把一些敏感话题（如预算和人员裁减）的新闻纪要的拷贝发给他时，他就会把它们原封不动地公布出来。 如此一来，任何业界的人都觉得非看不可了。

也就是说，以前记者们都觉得他们可以忽略博客写手对媒体的愤怒，因为"没人看博客"；但现在，他们自己也开始从博客中获得大量关于媒体的信息了。 迫不得已时，很多人都会承认他们其实非常痴迷"罗门尼斯科"——在工作的时候，一有时间他们就会上这个网站查看更新。

这是完全可以理解的。 记者们都喜欢抢在别人前面了解信息。 不断地刷新"罗门尼斯科"就意味着下次你的编辑向你提到某个专栏时，你就可以说："哦，这个我知道，我昨天就看过了。"但问题是，大多数记者都没有意识到，他们自己的行为已经预示了一个更大转变的到来，即网络信息消费时代的到来。 他们没法想象，如果罗门尼斯科也成了其他领域的模范报道网站会怎样。 因为这个网站太"专"了。 它只不过是媒体的"内部参考消息"而已。 它上面链接的也都是别人的网站。 用一个网络媒体的新词汇来说，它就是一个"整合器"，而不是"原创内容"的制造者。 在编辑文化中，"整合"是一种很没地位的活动。 是的，很多记者都将罗门尼斯科加入了书签。 通常大家都希望自己的故事能被他的网站提到或引用到。 但很少会有人想干吉姆·罗门尼斯科的活。

最开始，职业记者对博客的态度，以及他们对它的报道都带有一种围观的味道。 后来经过很长的时间，他们才开始慢慢积极地对博客进行诋毁和贬低。 在新闻界面临前所未有的压力时，这种立场的转变就绝非偶然了。 21世纪伊始，发行量长期慢速下滑的趋势开始突然加速，以前互联网泡沫所带来的丰厚广告收益现在也突然消失了。 与此同时，记者的职业尊严也受到了一连串的打击，而且还是自己造成的。 杰森·布莱尔（Jayson Blair）的欺骗行为也让《纽约时报》的威信受到了损害；而愤怒的读者更是责怪整个华盛顿媒体公司竟然轻信小布什政府的鬼话，认为萨达姆·侯赛因真的有大规模杀伤性武器，并支持立刻入侵伊拉克。 然而，正当报社开始将他们的盈利希望寄托在他们的网站上，以弥补不断下滑的传统发行量造成的损失时，编辑和记者们却发现，他们的权威竟然遭到了博客写手的质疑，而他们的文章也受到了相应的挑战。

在他们眼里，这群自以为是的土匪竟然趁着记者行情看低的时候落井下石。 那么很多记者和编辑自然就会对他们产生敌意了。 结果，他们带有戏谑和轻视的忽视态度便引爆了一场旷日持久的大辩论，即"记者与博客写手之争"。 即便到了现在，这场辩论的硝烟也还没有完全散尽。 就像老话说的那样，"永远不要向买成桶墨水的人（指媒体）挑战"。 但这次的情况却有点不一样：这是一场大挥纸墨的记者与不费纸墨的博客写手之间的斗争。也就是说，基本上这场争斗可以一直持续下去。 在博客写手杰夫·贾维斯和《纽约时报》的编辑比尔·凯勒（Bill Keller）的一场公开较量之中，凯勒明显被贾维斯顽固而详尽的回复激怒了——他用简单的话总结了"记者与博客写手之争"的永无止境给他带来的挫败感："似乎在你们的世界里，任何争端都可以无休无止。"

当然，编辑们都是大忙人。 因此，编辑总有一个特权，即他们可以宣称，"这个争论到此为止"。 而新闻编辑的工作就是要在这个时候说，现在我们该谈这个了。 但是如今，新闻的周期变了。 每个人都可以转移话题。问题是，博客写手们没有义务去照顾人们转移话题的秩序。 如果你的博客专门跟踪油价起伏和女性裙底的高低——或者，同样的，关注博客写手与记者之间的争吵的话——那么，没有什么可以阻止你继续谈论以前的话题。 你可以决定你自己的新闻周期，就像约书亚·米加·马歇尔和他的同伴们一样。

191

当时，所有的报纸和电视台都已经不再关注特伦特·洛特的故事了，可他们却继续关注了很长一段时间。 但博客的这种特性却深深地刺激了编辑们，因为他们太习惯于左右公众话语的节奏了。 现在博客写手们说了自己想说的，编辑们也回应了，那是不是可以说点别的了？

在记者和博客写手们之间你来我去的拌嘴过程中，双方阵营里很多人开始把彼此当作不共戴天的敌人。 但是，尽管他们各自的身份和所做的事情之间有着很多的不同点，但相同点也很多。 他们更像是为了争夺家庭遗产而争红了眼的亲戚：谁有资格称自己为记者？ 读者该信任谁？ 到底哪一方能按民主的要求，提供可靠的公共信息？ 如果网络干掉了报纸，这个新媒体能不能独挑大梁？

新闻题材不过是博客写手涉足的众多写作形式之一。 但是职业记者最关注的也正是这一方面的题材，而且就像其他人一样，职业记者们会根据他们自己的经验来看待博客所带来的机遇。 当新闻和电视台开始报道博客，并将之介绍给那些对之闻所未闻的普通民众时，他们肯定会受自己的顾虑和害怕的影响，做出一些带有主观色彩的报道来。

博客算得上是一种新闻形式吗？ 通常会这样问的肯定不是博客写手阵营里的人，而是记者圈里的人：他们无数次地在专栏和新闻学院的小组讨论会上讨论过这个问题。 而且每次的答案都非常简单、相当明显：写博与是不是记者没有关系。 只要写博客的人选择记者的写作方式（记录当天发生的事情并进行评论，问一些问题并探讨答案，核实一下事实并纠正一些错误），那写博就算是一种新闻形式。 同理，如果记者选择用博客来记录他们的文章，那么记者也能成为博客写手。

但是在族群忠诚观念的影响下，人们通常看不到这一点。 "博客写手"和"记者"本应该只是一些做简单活动的人的统称而已；然而在太多情况下，它们都成了一种宣誓效忠的标志。 表面上看，这场争论是关于表达准确性、客观性和类似特性的争议；但矛盾的实际焦点却是地位、权力和尊重——身份的问题。 当博客写手们开始有了一群以获得信息为目的的跟随者时，记者们就会质问他们："是谁给你这种资格的？"而博客写手则会反唇相讥，问道："那又是谁给你们资格的呢？"

一直以来，新闻工作都带有作坊和职业的双重性质。 在殖民时代喧嚣的边境地区以及在整个19世纪里，不管什么人，只要自己或老板能办印刷媒体，那么他们就可以称自己为记者。 在过去的50年中，新闻学院在美国遍地开花，但新闻编辑室里的人多数依然是一些边上岗边学习的人，而不是从学校里学好了再来工作的人。 《第一修正案》为媒体提供了政府法规保护，但是也阻碍了美国记者综合性资格认定机制的发展。 相反，我们现在得到的，只是一些分配稀有资源的特别规定——这里的稀缺资源最主要是指对权势人物和重要事件的采访权：例如，那些主要媒体的政治记者就能够拿到报

192

道总统出行和新闻发布会的媒体通行证，而小地方的报纸和博客写手则通常没这个资格。 因此，面对"谁给了你们资格"这样的问题，记者们通常也只能回答说——"我的老板"。

大部分记者通常都认为自己是多才多艺且学习能力超强的人；而且这个职位吸引人的地方之一，就是你总可以学习一些新的东西。 好的新闻工作需要多方面的才能，例如快速调查、资源评估、采访技巧和解释性叙述等。 因此，这些技能都成了资深记者和顶级调查型记者的宝贵优势，可以直接压倒那些能力稍逊的竞争者。 但是，这些技能也不是什么分子物理那样的高深学科。 而现在，不管是谁，只要开个博客，而且自己也愿意，就有机会实践这些技能。

这就让法律系统也陷入了左右为难的困境。 在以前鉴定记者身份的时候，它通常会采用省事的方法：如果你的薪水是某个新闻机构发的，那么你就是记者了。 现在，这种方法在乔什·伍尔夫（Josh Wolf）这样的人身上就不灵了。 乔什·伍尔夫是一个旧金山的博客写手，他曾经拍过一个反全球化的抗议活动的录像，在活动中，还有一个警察受伤了；2006 年，由于伍尔夫拒绝把他拍的录像带交给大陪审团调查组，因而被判入狱 6 个多月。 法院认为伍尔夫是一个活动家，或者，就像一个美国检察官说的那样："他不过是一个拿着摄像机，刚好录下了一些公共事件的人而已。"但伍尔夫却坚称自己是一名记者，因此同其他记者一样，应该受《第一修正案》的保护，可以不用将文件或线人的身份交给刨根问底的法官。 "他们说我只有与主要媒体签约，才能算做是记者，这太可笑了。"他对《旧金山纪事报》的记者如是说。 像"美国新闻出版自由记者委员会"和"美国职业记者协会"这样的组织最终站在了伍尔夫身后以示支持，而美国报业公会还给他颁发了一个媒体自由奖。 （讽刺的是，他最后也只有通过妥协才换回了自由：他虽然没有把那些录像带交给法院，但却将录像公开发在了网上。）

在另一起"什么样的人才能成为记者"的争议中，2005 年，苹果公司起诉了一个哈佛大一新生尼古拉斯·西亚莱利（Nicholas Ciarelli），指控他的博客"Think Secret①"（秘密情报）泄露了一些商业机密。 每个不同的案子中所涉及的法律问题都各有不同，但是从根本上说，都是一个问题：现在每个人都可以做新闻，但是谁又能像记者一样受到法律的保护呢？

博客的兴起让人们看到，原来"记者"与"非记者"之间的界限竟然如此模糊。 有些观察家开始使用"公民新闻"（citizen journalism）一词，来指代新的业余报道形式所推动的新闻传播现象，以及搜集社群信息的试验活动等。 记者和一些教育家（例如丹·吉尔默和杰伊·罗森）对这个说法非常认

---

① 这个名字是借鉴了苹果公司以前的一则广告宣传语"Think Different"（不同凡想）的创意。——译者注

193

可。 杰伊·罗森是纽约大学的一名教授，他是如此定义这个说法的："当观众用他们所拥有的媒体工具来互相传播消息时，他们就构成了'公民新闻'。"沃尔特·莫斯伯格（Walt Mossberg）是《华尔街日报》的一名颇受欢迎的个人技术类专栏作家。 他非常喜欢取笑公民新闻，并将它比做是"公民手术"，而且这个笑话也总能引发一阵嘲笑之声。 但是，这个类比是非常不恰当的。 它将新闻工作同医疗领域等同起来，可医疗行业是需要精细的培训体系和严格监管的职业标准的。 但新闻业显然不是这样的。 如果真是如此，如果我们生活的质量真的由记者工作的质量决定，那么最近几年，这个行业不知该遭受多少起"行医不当"的指控。

＊　　＊　　＊

虽然是博客写手们最先点燃了人们对美国媒体的愤怒，但他们并没有接着火上浇油。 其实人们对媒体的愤怒由来已久：政治党派对媒体的偏见早有不满，商人也因很难让自己的产品获得新闻报道而怨气十足，至于人民大众嘛，最觉生气的就是每次对记者说了一个多小时的话，结果最后出来的报道中只用了其中的三四句（而且还经常扭曲引用）。 对有些人来说，记者就像一群俯视众生的精英；而对另外一些人来说呢，他们不过是一群总是出错的白痴罢了。

以上这些方面原本只是人们对媒体的基本不满而已。 但是，在 2000 年后的头几年里，由于美国国内的伊战大辩论，这个"基本"的标准突然高了起来。 小布什政府为了给自己入侵伊拉克找理由，于是从 2002 年的春夏开始，在各大新闻媒体上四处宣传，称萨达姆·侯赛因和基地组织相互勾结，并认为这个伊拉克独裁者秘藏的化学、生物和核武器不久就会给美国人民带来威胁。 这个铺天盖地的宣传在 2002 年的秋冬时节更是猛烈。 其实，只要稍下工夫，你就可以在外媒、一些小的新闻网站以及一些专题网站上（例如约书亚·米加·马歇尔的网站），找到充分的、合理的证据来推翻美国政府的说法。 但是，美国各大新闻媒体以及它们的记者基本上都只是重复并增强了美国政府的说法，这在新闻史上尚属罕见。 而最为网民所诟病的，莫过于《纽约时报》的记者朱迪思·米勒（Judith Miller）对伊拉克试图获得大规模杀伤性武器的错误报道。 但是，失败之处远不止这些。

最终美国军队也没有找到任何大规模杀伤性武器，所以这场战争的理由便不存在了。 如此一来，不仅小布什政府名声扫地，那些助纣为虐的媒体也一并被拖下了水。 如果说，在民主社会，记者的职责是在公众及其领导者做出生死攸关的决定时，提供有用的信息，那么这场伊拉克战争大辩论就是美国新闻业的一次大范围系统宕机事件。 下面是一段发表在女性主义博客"荡妇"（Jezebel）上的聊天记录，对话人是"荡妇"的博客写手之一梅根·卡

194

朋迪尔（Megan Carpentier）和"龌龊政客"的创始人安娜·玛丽·考克斯。她们的对话精辟地总结了这起事件：

> 梅根：我的天啊，安娜，什么时候博客写手的职业道德能达到真正记者的水平呢？
>
> 安娜·玛丽：等我们同记者一样，有权力将国家引入一场愚蠢的战争泥潭再说。

美国记者对自己的评价，几乎同那些最愠怒的博客写手的批评一样严苛。 比如2008年哈佛大学的"尼曼基金会"的一次研讨会报道中就这样总结过："伊战前的辩论可是我们时代最重要的故事之一啊，而我们国家的那些顶尖记者和编辑竟然给搞砸了，而且还砸得不轻。 对于政府漏洞百出的说法，他们不仅轻信，而且还照本宣科地做了报道，结果使自己成了这场出师无名的战争的帮凶。"尼曼学者们做了一个调查报告，调查报告的结果显示，记者们在伊战报道上的表现评分为"D"（非常差）。 在调查报告中，一个参与者如是说："全国性媒体机械地、不加分析与鉴别地报道了这个国家的领导人要做的事情。"

但是，伊战后，人们对媒体信任的瓦解还有一个政党的因素在里面。 那些反对小布什总统及其战争的人，自然觉得自己是最被出卖的人。 本来很多自由派民主党人士就认为，2000年大选中，正是媒体对阿尔·戈尔（Al Gore）的一点人生小污点穷追猛打，才使得乔治·W·布什（George W. Bush）最终得以入主白宫；而这次，他们更是觉得媒体连基本的舆论监督作用都抛弃了。 对此，博客写手格伦·格林沃尔德（Glenn Greenwald）进行了一个非常精辟的总结："在我们这样一个民主社会，政府的宣传铺天盖地——或者说遍地开花——的原因有许多，但最主要的原因就是我们没有敢于揭露它的记者。"

但这也不是说所有的右翼分子都对媒体非常满意。 其实，相比起他们政治对手的各种信念来，保守主义者对"自由媒体偏见"的信念最为根深蒂固。 对许多保守主义者来说，他们对媒体的彻底失望还不是因为伊战大辩论，而是2004年大选期间的"拉瑟门"事件。 2004年9月8日正是美国政治运动的高峰时期，那天在一档名为《60分钟》的节目上，CBS的明星新闻主持人丹·拉瑟（Dan Rather）讲述了总统乔治·W·布什于20世纪70年代初期在得克萨斯国民警卫飞行队服役的故事。 这个故事似乎验证了民间的一个广为流传的谣言，即小布什总统在服役期间没有尽到服役责任。 这个故事的材料源头是一些备忘录，CBS称这些备忘录都是布什服役期间的指挥官写的。

右翼博客写手，以"电源线"和"小小绿足球"为首，立刻在博客上报

195

道了此事，认为这个在他们看来一直偏自由派的电视台披露了一个极其劲爆的消息。 为了平息争议，CBS 在网站上公布了一组备忘录的扫描件。 但不出几个小时，保守派论坛"自由共和党"上，就有一个叫"Buckhead"的人发帖子称这些扫描件系伪造证据：这些备忘录上的字体十分现代、字符间隔均匀，而且还带有一些花样排版，完全不是 20 世纪 70 年代初办公室打字机的风格。 "Buckhead"并不是什么中间派人士，他自己也从不以此自称；他是亚特兰大的一名律师，名叫哈里·麦克道格（Harry MacDougald）。 他有一点共和党的背景，因为他曾经帮忙起草过一封致阿肯色州最高法院的呈堂诉状，要求比尔·克林顿（Bill Clinton）下台。 他的分析文章从"自由共和党"流传到保守派博客上，然后又传到了"德拉吉报告"上；其余的媒体在"德拉吉报告"上看了这篇分析后，便争先恐后地开始报道此事了。 而其中最要命的一个证据，便是"小小绿足球"博客上的查尔斯·约翰逊（Charles Johnson）制作的一个简单动画：CBS 公布的原始备忘录和现在用微软 Word 的默认设置打出来的备忘录的对比动画。 约翰逊的动画生动地验证了 Buckhead 的猜测，即这个备忘录不过是一张刚做的、通过反复复印制造出了模糊效果的伪造文档而已。

CBS 采用了新闻编辑室通常的方法应对此次危机：死不认罪。 他们称，这些备忘录都是经过独立专家"仔细检查"过的。 这个继承了爱德华·R·莫罗（Edward R. Murrow）和沃尔特·克朗凯特（Walter Cronkite）衣钵、德高望重的电视台觉得，他们没有必要向一群在网上挥舞干草叉的民众解释什么。 CBS 的前执行官乔纳森·克莱恩（Jonathan Klein）对这个动画的评价，充分反映了保守势力在面对"暴发户的挑战"时的怀疑态度： "还有什么对比能比'高收入记者'与'穿着睡衣坐在卧室里写文章的人'之间的对比更强烈的？"

但关键是，这次，穿睡衣的人对了，而 CBS 则错了。 最开始，就像一些丑闻缠身的政客一样，CBS 采取了妨碍策略。 CBS 显然更在乎它的威望，而不是事实真相，所以它拒绝展开对文件的独立调查。 在事发后一个星期的后续播出中，拉瑟终于说："如果这些文件真是假的，那我就要查个究竟。"但现在已经为时太晚了，因为网上早就展开了轰轰烈烈的调查行动。 随着更多的细节不断被披露，不仅博客圈的人，就连 CBS 的记者在内都形成了一个共识，即 CBS 这次翻船了：CBS 信赖的专家并没有认真验证过那些备忘录，而且《60 分钟》栏目组也轻信了一些信息的来源，简直让人不堪回首。 就我们所知，拉瑟对乔治·W·布什服役的其他报道可能都是准确的，但是由于 CBS 太过轻率地力挺了这份可疑文件，结果不仅它自己的名声受到了损害，就连整篇报道也失去了公信力。

虽然慢了批评者一步，但最后 CBS 还是与他们达成了一致共识。 那年 9 月 20 日，CBS 总裁安德鲁·海伍德发表了一篇声明，承认"CBS 新闻台无法证明文件的真实性……我们当初不应该用它们"。 海伍德解雇了这篇报道的制作人玛丽·玛普斯（Mary Mapes），以及其他几个与之相关的员工。 6 个月后，拉瑟本人也退休了——这个时间比他原先计划的提前了一年，而且退休时地位也一落千丈。 2007 年，他起诉 CBS，称该电视台损害了他的名声，并要求 7 000 万美元的赔偿。

时至今日，拉瑟和玛普斯依然坚称没人能证明他们的文件是假冒的。 但对于这个总是吹嘘自己部门之间能相互制衡的电视台来说，这样的标准显然太低了。 很显然，在故事播出之前，电视台就应该事先核实清楚的。 难道这不应该是记者和博客写手之间的区别吗？ 拉瑟和玛普斯竟然辩称该故事并非 100% 失实，这哪里像是一个模范职业新闻工作者的态度啊——一个模范职业新闻工作者应该是一个坚定的怀疑主义者，他们的座右铭应该是："就算是你的妈妈说她爱你，你也得检验一下是真是假。"相反，他们反倒像是那些蜗居在地下室、不负责任的博客写手一样，从来不会让事实动摇他们坚信不疑的信念。

在做大型报道的时候，任何人都容易犯一些硬伤错误，或达不到预期效果。 在此次"小布什文件"事件中，CBS 的错误更多地暴露出它内部流程的问题，反映出它所谓"自我调剂式的部门相互制约机制"的缺陷——这是它引以为豪的一点，也是它自认为比穿睡衣的网络游民更优越的证据。 但 CBS 更大的问题却出在它制度的封闭性上。 当可信的外部声音对某个故事提出合理的质疑时，一个健康的新闻机构应该采取负责任的态度，对这些质疑进行评估。 但 CBS 则不然，按它的一个前执行官的话说，它的反应态度却是"令人难以忍受的傲慢与自以为是"。

伊拉克事件让自由派确信，保守的白宫控制了媒体；而"拉瑟门"则让保守派更加坚信媒体有意宣扬"自由派政纲"。 在政治角力中，媒体两边不是人。 但这种情况也让许多资深新闻工作者下定了决心：他们可能会想，每个人都对我有意见，那么我必须得做出点正确的事情来。 不过，他们还可能有另一种合理的想法：何苦呢，可能我横竖都是错。

对于那些有志献身新闻事业的记者来说，这种可能性想起来都让人心痛。 但你越是观察 2005 年左右的新闻业，你就越是发现这种可能性果然存在。 不管你是报道什么话题的新闻记者，只要你定期讨论某个话题，你就必须同网络上乱七八糟的声音竞争。 有些声音的消息来源不准，所以不大可能会影响到专业记者的地位。 但还有很多人要么是这方面的专家，要么就是因为极感兴趣而自学成才的人，他们常常夜以继日地发帖子，而且写出来的文章要比任何商业刊物都要深刻。 并不是所有这类博客的动力，都源自一种追星的冲动（例如对《哈利·波特》或"美国偶像"的狂热）。 在法律、健康、技术、经济、语言学、古典音乐收藏、屠宰、烘烤，甚至是蜡烛制造业里，都有很多这样的重量级专家。 任何可以想出来的神秘领域里，都有这样

197

的传道者公开展示自己的专长。 有些希望借此提升他们的专业声望或推销产品，但还有很多人则纯粹是出于对各自专业的喜爱。 这些专家中，有的隐藏于他们各自的领域里，稳定地供职在某个学术机构或私营行业［要论专业资格，你肯定比不过美国上诉法庭的法官理查德·波斯纳（Richard Posner），他本人就在海量写博］；其他人则是自封的。 无论何种情况，最重要的就是他们文字里透露出来的专业气息。 由于他们的作品都公之于众了，所以他们的资历便一帖一帖地得到了证明。

许多记者十分满足于他们供职的媒体给予的尊敬与采访的特权，因而顺从地接受了"按辈赋权"的"江湖规矩"。 但现在，在一个新的环境中，他们的职权受到了令人不安的挑战：在这个环境里，重要的不是你的雇主是谁，而是你文章质量的好坏，而且谁都可以评价你文章的优劣。 "一个兴趣盎然的业余作家总可以打败一个毫无兴趣的职业作家。"克里斯·安德森写道（他是《连线》杂志的职业编辑）。 当然，你总可以发现一些充满激情的职业选手，那么这些人自然就非常难能可贵了。 至于那些丧失了兴趣的职业选手呢，他们则突然发觉自己已经处处落入下风了。

例如，如果你是一个对2008年大选稍微感兴趣的美国选民，你的心情就会像以前一样，跟着报纸、杂志上的短消息，或电视和广播上的新闻标题一起，随着统计票数的起伏而上下波动。 但如果你是一个对大选、每日、每周的选举结果几近疯狂、无比感兴趣的美国选民，那么现在你就可以在互联网上看到各种详细信息，要多少有多少。 这个趋势从2000年就开始了。 当时的超时竞选推动了"论战纪要"的发展，而2004年，随着一个名叫Electoral-vote. com的网站的崛起，这种趋势便真正开始了加速的过程。 Electoral-vote. com的创始人是一个旅居荷兰的美国计算机科学家，它专门搜集"小布什—科里惊险选举战"的投票结果，每天都会跟踪各个州的民意倾向。 2004年9月，还有一个名叫"神秘民调者"（Mystery Pollster）的博客［其主人是资深民意调查人马克·布鲁曼（Mark Blumenthal）］也开始对选举结果进行深度分析。

2008年，随着一个名叫"Fivethirtyeight. com"（538是美国选举团的总票数）的博客的到来，这类选举信息网站的进化便齐齐来了一个"大跃进"。 Fivethirtyeight是奈特·希弗尔（Nate Silver）智慧的结晶。 奈特·希弗尔是一个体育数据统计迷，他曾经协助发明过一个复杂的、以选举情况为基础的建模方案，专门用来预测垒球赛季的结果。 2008年年初，他突然决定将这种分析方法运用到美国大选上去。 Fivethrityeight提供了大量的选举数据，刊载了各类投票评论，而且每天都更新好几次。 希弗尔对他的分析方法从不保密，而且每当别人的数据中存在局限性或漏洞时，他都会毫不留情地指出来。 如果你想快速看懂美国瞬息万变的政治选举，那么这个网站无疑是最好的选择：它既免费又兼具娱乐性。

198

2008 年夏秋两季，但凡是每天都看 Fivethirtyeight.com 的人，再也没法用老眼光去看每天报纸上的投票新闻了。 类似的变化在整个媒体界都在悄然发生：在各个领域，那些以博客为根据地的专家都开始对主流媒体的报道提出批评，这种批评有着毁灭性的效果，有时甚至无懈可击：在它们看来，就算最好的媒体报道也只能用"肤浅"来形容，而有些比较差的，更是完全不值得信赖。

对于各类报纸文章或记者采访中出现的错误，大家已经见怪不怪了。 戴夫·温纳对这些错误已经抱怨了许多年；就像他在 2004 年说的那样："无论我们亲爱的记者同志们有多努力，他们就是没法正确表达。 这太明显了。"在以前，被混淆的信息和被扭曲过的故事都只是独立存在于各个领域：我们都只知道自己的专业领域里有多少这类粗糙的报道。 而现在，我们则可以把这些独立的例子连起来了。 我们可以将这些令人丧气的失败例子拼成一幅全面的"媒体万象图"，让它充分地暴露出媒体的平庸与错误。

由于很多博客写手不仅提供了自己的新闻报道，而且还提供了批评记者文章的渠道，所以博客在媒体专业人士之间声名狼藉也就不足为奇了。 《名利场》（*Vanity Fair*）的评论家詹姆斯·沃尔科特（James Wolcott，他从 2004年就开始爱上了博客）就曾经幽默地评价说，博客已经成了"潮湿霉菌与污言秽语的代名词"。 记者有很多理由憎恨博客写手，但他们最讨厌博客写手的一点，就是博客写手的毫不留情。 《纽约时报》的凯勒就说过，博客写手们说话太没有分寸了。 编辑世界是一个资源有限的世界：他们的记者有限，每天的工作时间有限，但专栏空间却是无限的。 因此编辑们也只能在有限的工作时间里，从有限的资源中进行选择。 但博客写手就没有这些限制了。他们似乎有用不完的时间，可以尽情地追求他们喜爱的东西。 他们给读者提供的细节信息是传统刊物做梦都无法提供的。 有的记者指责博客写手只会发表一些意见和评论，却从不懂得写原创报道。 对于这一点，博客写手们也开始反击了。

2007 年 1 月，副总统迪克·切尼（Dick Cheney）的副手斯科特·利比（Scooter Libby）被送上了法庭，因为他泄露了 CIA（美国中央情报局）员工维拉瑞·普拉姆（Valerie Plame）的绝密信息。 在华盛顿法庭上，熙熙攘攘的记者群中，还来了一小群博客写手。 自由派博客写手最先在网上引起了大家对这次风波的兴趣，而新闻报纸和广播媒体上偶尔发表出来的简短摘要显然无法满足人们的胃口。 于是 Firedoglake ["火狗湖"，是一个由好莱坞前制作人简·哈姆希尔（Jane Hamsher）创办的自由派博客] 派遣了 6 个志愿者前往法庭，两人一组，轮番报道。 结果，在对这次全国性事件的报道中，最好的现场报道竟然不是出自专业媒体，而是出自志愿者的博客，这种情况尚属首次。 正如杰伊·罗森所言："如果想即时跟踪案件情况，或需要一种与实况脚本类似，带有一点分析内容、法律知识、出庭感受，又带有人性化叙述的文章，Firedoglake 无疑是你最好的选择。"《纽约时报》对博客报道审判内容的事情进行了报道，但他们所看到的东西，那些比较关注案件的读者也看出来了，即主流媒体的记者也得根据 Firedoglake 上的报道来写稿。

虽然目前来说，这起利比庭审事件只是一个特例，但是越来越多的事实却证明，网络上的业余选手所提供的综合信息比传统职业记者要多得多。渐渐的，记者们发现，一旦他们无意中报道了某个博客圈非常重视的话题时，博客圈一定不会对他们随意总结和过度泛化的报道善罢甘休。其实长久以来，记者们一直都是这种德性。

乔·克莱恩（Joe Klein）是《时代》的资深政治分析家，他对这种后果深有感触。2007 年 11 月，他漫不经心地写了几句关于国会谨慎讨论一项议案的事情，而这项提案的目的，便在于使小布什政府装秘密窃听器的行径合法化。这个议案有多个版本，他在报道其中一个版本的时候，将一些条款细节弄错了：这个版本是民主党支持的，强调窃听项目要受《外国情报监视法》监督。结果，博客写手格伦·格林沃尔德（他是一名律师，对这种文字战争非常感兴趣）在发现这一问题后，便在博客中将它们点了出来。于是克莱恩也在《时代》网站的博客上发表了一系列的回复，口气一次比一次愤怒。很显然，通过这些回复我们可以看出，克莱恩认为这个博客写手是一个会让他分心的难缠角色——或者说，是一个一根筋的动物，咬住了就不肯松口。难道格林沃尔德不知道，他还有很多别的故事要写，新闻发布会要参加，演讲要报道么？政治领域的内容又不是只有《外国情报监视法》一项。怎么能要求他对自己报道的每一项都了如指掌呢？

但克莱恩最终还是承认："我这个新闻报道得不仔细，这是我的错。"接着，在博客写手们开始穷追猛打之前，他又追了一句话："我既没时间，也没法律背景来判断孰对孰错。"他的这句话，就好像是代表疲惫不堪的专业写手们做了一个投降总结。不过后来，他又对刚才这句话进行了修正，添加了几句说明，最后完整的话是："我既没时间，也没法律背景来判断，到底谁对议案中的这个小细节的理解比较正确，况且这个议案是无论如何都无法被通过的。"克莱恩坚称，由于这项民主党的议案没有前途，因此他犯的小错误就无关紧要了——但是，它们对他和格林沃尔德博客上的评论者来说，却是非常严重的问题。而他这种垂头丧气的服输行为，更犹如是直接将他们职业记者安身立命的公信力割让给了他们的对手。

*　　*　　*

和许多同事和同行一样，克莱恩也是在 2005 年以后开始写博的，因为他的老板希望他们的博客能增加网站的访问量。后来发现，那些更新频繁、带有评论和链接的博客，要比那些单纯只是把纸媒上的文章搬到了网上的网站，更能吸引网友的目光，提升在搜索引擎里的排名。当时网上流行着一种疯狂的实验行为——什么都做，看看最后哪些能成功。别人都开始实验了，新闻报纸才姗姗来迟地过来凑热闹：它们开始向编辑社的员工摊派博客任务。2003 年，只有一个《纽约时报》的作家〔专栏作家尼古拉斯·克里斯托夫（Nicholas Kristof）〕勉强算做是在写博客；到了 2008 年，仅《纽约时报》就有 70 多个博客了。（讽刺的是，在《纽约时报》的要求下，约翰·马尔科夫也在一个技术博客组里开博了。这下他的笑话变成了现实；他果真在 nytimes.com 上写博客了。）

对这些记者来说，写博简直就是一个累赘——本来任务就多，还要再写博客？而且，他们的竞争对手是那些自我驱动力超强的博客写手——他们惊人的战斗力是源自个人的喜好，而不是什么机构下的命令。有些职业记者愉快地接受了他们的博客任务，并开始享受博客上的自由、随意，以及有时近乎为零的编辑工作。但是，其他记者憎恶博客也是情有可原的：写博只会让他们的工作难上加难。

新闻机构纷纷拥抱博客的做法，与其说是出于热爱，倒不如说是出于绝望。博客兴起的十年，也是整个美国媒体业，尤其是报纸业走向萧条的十年。其实报纸发行业已经慢速下滑了好几十年了：在网络出现以前，报纸的发行量就开始慢慢下跌了。虽然利润一直起伏不定，但基本上也得依赖报纸在本地的垄断权（大部分报纸都在各自的城市有专营权）。报纸的盈利模式是集合各种不同形式的信息：新闻报道、评论专栏、艺术评论、电影列表、股票价格和体育比赛得分等，然后再将这些信息卖给订阅者和广告商。

而网络的出现，使将这些信息绑在一起的"绳子"散开了。股票价格、比赛得分、电影列表等再也不需要蜷缩在报纸的豆腐块版面上了；网络上的相关信息不仅更加即时，而且查看方法也比报纸方便得多。网上的分类广告的效果也比纸媒上好了不知道多少倍——而且广告商的成本可能还要更低一些。随着行业的加速下滑，从业人员再也不能假装这种情况只是新闻媒体的一种结构性的历史转型了。报纸虽然不会一夜之间消失殆尽，但目前也只有老人们才会出于习惯去看它，因此报纸的大限也快到了。

其实，从 20 世纪 90 年代中叶网络成为主流开始，人们就很容易预测出纸媒的命运了。（1995 年，我的同事们大多不相信这种趋势，还死死地抱住他们的工作不放，好像这个工作是什么金饭碗似的。而我则决定辞掉在《旧金山观察家报》的工作，转投网络。在我作决定的过程中，这种趋势对我的影响很大。）据《纽约时报》的一篇文章记载，1999 年 4 月，当英特尔公司的主席安迪·葛洛夫（Andy Grove）对"美洲报业编辑协会"说，他们还有 3 年的时间，要么转行，要么死亡时，编辑们不以为然地翻了翻眼睛，好像在说："又鬼扯！"但 10 年后再看，虽然葛洛夫当年的"3 年"之说太悲观，但总体预测还是没错的。

对新闻出版社来说，从某些方面讲，网络是一个很有魅力的新发行渠道：它可以让出版社减少运输成本和印刷成本。 他们希望，在形势变绝望以前，在他们砍掉太多业务以至于无法运营之前，日渐上扬的网络收益能够超过慢慢下滑的纸媒收益。 但是，媒体公司想在蓬勃的网络广告市场中分一杯羹，也不是很简单的事；而且网络广告环境更倾向于 Google 搜索引擎带来的广告效果，而不太在意传统的广告投放模式（这种模式以前是媒体的利润来源）。 就目前来说，在不断进化、更具挑战性和竞争性的网络上，传统广告发布模式所带来的收益完全无法与以前丰厚的垄断性收入相提并论。 而且现在许多分析师（以及报纸股票的投资者）也开始勉强承认，可能以后也都无法超越了。

新闻行业发展的速度越来越快，而资深编辑和他们的同仁们也发现，他们已经落伍了不止一条街了。 报社的执行官们开始意识到，他们不得将"有用信息的获取渠道"的身份，拱手让给那些大型的、综合类的网络门户网站了（例如"美国在线"、Yahoo 和 MSN）。 20 世纪 90 年代，就在那些传统媒体还在争论是否要办网络版时，这些新媒体就已经抢占了先机。 到 2000 年的时候，传统媒体再想夺取网络江山，已经为时晚矣。 所以，当 2000—2001 年间，网络泡沫破灭时，有些新闻网站曾试着向网络用户收过订阅费。许多业界人士一直都担心说，新闻网站不收取访问费的做法，犹如是"将门面免费让给了网络"［这个说法被很多人都用过，但本文中的这个是《洛杉矶时报》的商业专栏作家大卫·拉撒路（David Lazarus）说的］。 按《纽约时报》的资深作家约翰·丹顿（John Darnton）的话说，这种"自相残杀"简直就是"自找的"。 在当时，由于互联网行业已命悬一线，网络广告也出现了暂时的低迷，所以有人就提出应该降低收费门槛，将记者们搜集的宝贵信息的那部分成本从费用中砍掉。 但是，无独有偶，试图为网络上的报纸内容收费的做法又失败了：不仅访问量和广告收益大跌，而且新的订阅费也没有弥补多少。 网上从来不缺信息和娱乐内容，你要收钱，我就换别家看。 随着选择越来越多，读者们的忠诚度也越来越低，不管网站是专职人员做的，还是那些出于爱好的业余人士办的，他们都一视同仁。

许多记者都不敢相信，他们的竞争者竟然愿意义务或廉价出卖劳动。 这群新生的竞争者中，有"赫芬顿邮报"的作者、公民记者、博客写手，以及其他所有媒体公司所谓的"用户生成内容"的提供者。 他们现在的迷惑和厌恶不仅仅是"这群傻蛋为什么要免费写作"，他们还觉得，这群义务劳动的竞争对手不仅愚蠢，而且还影响了他们的收入：因为这些人情愿在不公平的待遇下工作，进而危害到了他们稳固的高薪职位。 ［"'公民记者们'其实就是'免费的自由职业者'，只不过称呼好听些罢了。"2007 年，新奥尔良的记者凯文·奥曼（Kevin Allman）在给罗门尼斯科的信中如此抱怨道。］

其实这种"劳力运动"的类比也还算恰当。 当时，整个报业都在经历一场浩大的技术转型，正是这场转型带来了真正的"劳力危机"。（虽然危机先从报业开始，但杂志发行商、广播执照拥有者也明白，下一个可能就是他们了。）随着网络信息消费量越来越大，报纸的发行量也愈发低迷。霎时间，行业里下岗裁员、收购、合并此起彼伏。骄傲的记者们发现自己竟然沦落成了19世纪英国的纺织工人，被可恶的新机器挤掉了饭碗。就像克雷•薛基写的那样，或许他们就像修道院里的抄写员，"古登堡"牌打字机一来，他们就下岗了。不管如何比喻，记者都是受害者，而许多记者也确实这么认为。由于编辑室的传统是"政教分离"——新闻收集的工作与报社运营是完全独立的两块，因此记者们也没有什么创业能力。于是，这些被报社抛弃的人开始尝试"超地方"（hyper-local）①写博，而那些被主流媒体忽视多年的小地方，也渐渐开始受到了一些小的新闻网站的关注。但基本上，这些老编辑们至今都不肯承认，他们沦落到现在的地步，自己也有一定的责任。他们只是坐在一旁，眼睁睁地看着他们自己的行业土崩瓦解而已。

* * *

慢慢的，媒体发现它在公众（也就是消费者）心中的威信和受欢迎程度已经大不如从前，它的盈利前景也乌云密布，而它的领导和员工更是垂头丧气、萎靡不振。"新闻行业——也就是当新闻发生时，我们过度激动的记者要跟进报道的行业——快不行了。"2008年，麦克•沃尔夫（Michael Wolff）在《名利场》上略带夸张地说道。然而，这种持续的危机环境却滋生了一种记者的新亚种——"编辑室恶魔"（newsroom curmudgeon）。

这群"恶魔"中大多是老编辑，但也有别的职位的人。他们虽然坚信网络正在摧毁他们的事业，可是也提不出什么实际的建议来遏制这股博客风潮。他们对网络新闻的观点还停留在10年前的概念，但每次说起来都好像他们的观点是什么最新看法似的。他们愤愤地说，博客缺乏严格的标准。NPR（美国国家公共广播）的知名记者丹尼尔•肖尔（Daniel Schorr）自觉与他们同病相怜，于是写道："像我这样相信做新闻需要规矩的人，面对现在这样一个不需要规矩，只需要键盘的时代，也只能摇头叹息了。"他们认为，博客只会像锅里的老鼠屎一样，破坏记者的事业。彼得•汉密尔（Pete Hamill）也对纽约大学的新闻系学生说过，"别把你们的时间浪费在博客

---

① 平常所谓的"地方新闻"就是那些贴在大楼公告栏上面，一些琐碎的公告、活动通知，甚至是邻居自发性的创作，或是东家长西家短，譬如这星期某处新开了一间早餐店，谁要举办大型烤肉活动，周末进香团之类的。这类的新闻由于太琐碎，不合经济效益，一般的新闻媒体当然不会去报道的。但现在，许多全国性媒体开始对各个地方的本地新闻进行报道了，因此这种新闻便被称为"超地方新闻"。——译者注

上"。 博客写手与职业记者不同，他们没有严格的编辑规则，因此也就无所谓职业道德；你没法信任他们。 博客身上吸引读者的特质，如随意性和个性都让"恶魔"们觉得恶心，因为他们觉得这些特质是对新闻的"中立态度"的背叛。

"恶魔"们的观点是源自美国 20 世纪中叶的职业新闻信条：政治上客观，凡事分两面性，口气要正式。 这些"客观"的特质——也就是杰伊·罗森所谓的"不带立场的观点"——深深地印刻在了新闻学院的教材中。 虽然人们说这些特质都是永恒的真理，但事实上，它们也不过是近来才有的特色而已。 它们都是按照出版和广播行业的具体商业需要制定的。 当媒体开始合并市场，售卖面向各类消费者的广告时，这些新闻小贩发现，他们谁都不想得罪。 因此只有保持中立，才能保证多赚钱。 然而，带有鲜明态度的新闻早就存在了，它们没有任何客观的色彩——例如，17 世纪晚期和 18 世纪的英国和殖民时期的美国的小册子文化（pamphlet culture），19 世纪晚期到 20 世纪初期，美国城市里，党派报纸之间声嘶力竭的竞争等。 而且，这种带有鲜明态度的新闻却也是更适合生存。

这些"恶魔帮"的行为，就好像是在捍卫一种信仰。 他们是"无态度主义"的信徒。 而且他们的行为总能获得其他记者的赞许。 一些行外人士对他们的态度也赞赏有加：在加利福尼亚公共电台的一次讨论报纸衰退的节目中，一位嘉宾就说道："只要有一台笔记本电脑，任何白痴都可以在网上胡言乱语。 没有人编辑他们的内容。 这正是报纸美丽的地方——报纸有编辑！"但由于"恶魔"们的报道经常有硬伤，所以他们的观点也就不攻自破了。 《洛杉矶时报》的一篇评论文章就讨论过这个问题。 在这场备受关注的辩论中，新闻系教授、普利策奖得主迈克·斯库比（Michael Skube）将罪魁祸首指向了博客圈。 他写道，我们社会最需要记者提供给我们的，是"对事实仔细地过滤，是承认他人的观点并不能作为证据使用，是对真实生活的描绘（最后一点也是所有优秀作家的共同观点）"；但我们从博客写手那儿只能得到喋喋不休的评论和意见。 为了支撑他的观点，斯库比还列举了一系列知名的博客，其中就包括约书亚·米加·马歇尔的"论战纪要"。

2007 年 8 月，在斯库比发表这篇文章的时候，美国首席检察官阿尔贝托·贡扎勒斯也在准备辞职，因为他卷进了一场美国联邦检察官办公室的政治丑闻。 这个新闻之前媒体早有报道，但最透彻的还属马歇尔的博客。 他的博客在报道该新闻的时候，就"对事实进行过仔细的过滤"，但美国政治新闻机构对他的报道置若罔闻。 在斯库比看来，引用"论战纪要"上的材料这种做法并不是一个好的选择，说得严重一点，那不是承认他自己对自己夸夸其谈的话题一无所知吗？

想不到别人批评自己作品中缺乏的东西，正是他最引以为豪的东西，马歇尔顿时怒不可遏，决定去找斯库比理论。 最开始，马歇尔举报了这篇文章，但斯库比却发表了一篇复杂无比的声明，称自己没有在文中提到过马歇尔的名字。 后来，他又承认他确实提到了，但却辩称那不是他的问题，因为那一段文字不是他自己写的：文章中提到的博客列表是编辑自己插进去的！

"这就是教新闻的人写出来的文章？"马歇尔写道，"我同意你的观点，博客圈确实需要更好的博客写手。 但是，我们更迫切需要的，其实是更优秀的批评家。"

不管这些"恶魔"们想说出什么样睿智的观点，他们都非常喜欢搬起石头砸自己的脚。 2008年4月，一名资深体育记者巴兹·贝辛格（Buzz Bissinger）参加了HBO（美国家庭影院频道）上一个由鲍伯·科斯塔斯（Bob Costas）主持的谈话节目，辩论的对手是威尔·莱奇（Will Leitch，"看客媒体"旗下的体育博客的编辑）。 正当科斯塔斯和蔼可亲地采访莱奇的时候，贝辛格插了进来，不耐烦地丢了一句："我觉得你讲的都是屁话。"接着，他又开始用一些强烈的词来贬低博客写手，说他们文章的质量"惨不忍睹"、语气"没有教养"。 "我认为博客追求的就是残忍、谎言和速度，"他说道，"我最他妈烦这个。"后来，贝辛格又就此事道了歉，因为很显然，在他激动过后，他也发现他满口胡喷的话在粗鲁程度上，比起他所谓的博客写手的粗鲁有过之而无不及。

"恶魔"们的言语攻击没能得逞，一方面是因为他们自己进攻的方向不对，但更主要的原因，是他们对自己的核心信念也没有完全弄明白。 这些记者就像一群受害者一样，在被人取代后，四处寻找可以怪罪的人。 20世纪90年代，他们的先辈们就将报业的所有问题都归咎在了美国在线或Yahoo身上；现在，他们又想怪罪博客写手了。 但是，这些"恶魔"们却发现，他们很难将报纸发行量的下跌归咎于博客的兴起。 事实上，尽管这两种情况几乎是同时出现的，但又各走各路，毫不相干。 如果"恶魔"们能一挥魔棒，就让所有的博客消失的话，他们自己可能会感觉好一些，但他们的员工依然不会好过到哪里去。

对于"恶魔"们来说，"写博算不算做新闻"这个问题已经没有什么好讨论的了；对他们来说，答案肯定是"不算"。 他们现在比较喜欢强调的，是"博客永远无法取代真正的新闻！"许多新闻界泰斗都在深度专栏里，对这个问题进行过专题讨论。 而2005年后，他们才猛然发现，博客的烈火已经烧到自家后院来了。 2006年，哥伦比亚大学新闻学院的院长尼古拉斯·莱曼（Nicholas Lemann）在《纽约客》上发表了一篇文章，文中如此总结道："就目前来说，网络新闻还没有达到一个新闻文化的高度，因此它们没法与传统媒体相抗衡，只能作为一种对传统媒体的补充，而无法将之取代。"这个观点看似有道理，但其实只是虚张声势罢了。 莱曼并不知道，大部分的博客写手既不想取代记者，也从不妄称自己可以取代他们。 大部分博客写手都发自内心地认为，他们不过是参与到了一个复杂的信息生态系统

205

里。 在这个系统中，他们与传统媒体的关系是一种共生关系。 或许他们就像森林中漫山遍野的藤蔓植物，一方面他们必须依附着大树营造的环境，但同时又不得不为了自己的生存而争取斑驳的阳光。 又或者，当庞大的新闻机构倒下后，他们就会像白蚁一样，啃空媒体之树的躯干。

最终来说，"博客写手能取代记者吗"——这个问题问的其实不是"媒体的防御之势能不能出现大规模的逆转"，因为这种可能性不大；这个问题反倒更像是被逼上绝路的记者由心而发的一种求救声音。 在他们没法控制的外界力量的攻击下，他们惶恐不安，因此迫切地希望听到谁能言之凿凿地对他们说，他们是无可取代的。 但是，几乎没有什么博客写手愿意说出这样的安慰话来。 他们可能并不想去抢记者们的饭碗，但他们也不准备去伸手拉他们一把。 博客写手们对新闻业风雨欲来的劫难漠不关心，而且他们也并不认为这会是一场悲剧或公民灾难。 这种态度大大地激怒了"恶魔"和他们的同行。 难道这些博客写手不知道势态很紧急吗？ 难道他们看不到，如果美国媒体垮了，那美国的民主和文化就会步入黑暗时期么？

答案显然是否定的。 如今，那些捍卫新闻传统的人只能独自去描绘媒体崩溃后的末世景象了。

*　*　*

守旧派提出了三个观点来支持传统的新闻方式。 第一，他们问，如果没有媒体公司的财力支持，谁来资助那些既昂贵，又容易引发政治危险的调查新闻呢？ 第二，他们认为网络新闻来源的散播和党派博客圈的繁荣，只是"回音室"的胜利，因为在"回音室"里面，我们只会了解到我们已经知道的事情，也只会听到我们早已认同的观点。 第三，他们称，大媒体公司的倒塌会导致我们的统一文化分崩离析，最后整个国家的生活只剩一片蛙鸣鼓噪，而没有核心的声音。 这三个观点与"恶魔"们怀旧性的吹毛求疵不同，它们是严肃的、有实质内容的，而且每个观点都在网上引发了广泛的讨论。

调查新闻的前途确实堪忧。 但是，早在报业加速崩塌以前，这种情况就已经发生了。 调查记者们通常任务繁多，但却很难保证会有成果。 干得好，他们可以揭露丑闻，赢一两个新闻大奖；干不好，他们可能会奔波几个月，却毫无所获。 从社会责任角度来说，他们的工作非常伟大，他们的成果是一个民主社会里独立新闻机构存在的理由；但从商业角度来看，他们不仅人力成本高，而且带来的法务开支也非常庞大，因此在困难时期，他们通常都是最先被砍的一块。 这并不是说传统媒体模式不愿意拉飘摇欲坠的调查新闻一把。 关键是，低利润或零利润的网络世界愿不愿意支持调查新闻？ 他们可能不会支持传统模式：让一群薪水极高的资深记者随心所欲地花几个月的时间四处探寻消息。 可能只有那些非盈利性行业愿意采用这种模式吧，例如 ProPublica（这是一个新的记者组织，其中大部分都是被《华尔街日报》赶出来的记者。）当然，如果要进行原创新闻调查，网络世界有更适合自己的模式。 "论战纪要"上就出现了这种调查新闻的萌芽，而其他收益小但志向高的博客也开始考虑走调查新闻的小众路线了。

不管调查新闻对美国的健康有多重要，它的命运也只有新闻工作者才会关心。 而广大人民更关心的，则是网络新闻消费会不会将我们锁进"回音室"里。 像法律学者卡斯·桑斯坦恩（Cass Sunstein）和社会学家罗伯特·普特南（Robert Putnam，《一个人打保龄球》的作者）这样不喜欢网络的人，一直都认为网络交流会产生"孤立"和"思想狭隘"的副作用。 新闻消费已经开始从一种被动模式向主动模式转变：以前，编辑们会定期将一堆有新闻价值的故事呈献给我们，现在我们只看我们感兴趣的链接，每天从各种新闻来源中组合属于自己的新闻版面。 这让一群悲观主义者非常担心我们以后会再也体验不到那种不经意间看到某篇小故事的乐趣了（这种乐趣是新闻爱好者最津津乐道的）。 然而这些最初的顾虑很快便烟消云散了，因为当批评家们上网时间长了以后，他们便发现网络上不仅不缺这种偶遇的惊喜，而且还提供了非常多的新鲜、新奇的事物。

但是另一批冥顽不灵的悲观主义者就不这么容易说服了：他们认为网络的设计模式会让一些反馈意见在想法相近的人之间循环传播，自动增强，进而导致这些人看更多的类似新闻，以不断强化他们既有的观念。 心理学中有一种现象叫"同质性"（homophily），是指人们对那些与自己相近的人有一种自然的偏爱；统计学里还有一个词叫"确认性偏见"（confirmation bias），是指我们总是倾向于相信那些能再次验证我们看法的信息。 这两个词都可以用来总结上面的现象。 不管你如何总结它，它都是十分危险的。 早期的网络爱好者非常推崇一个叫"个人日报"（Daily Me）的概念——你可以自定义你的网络资源，让网络只给你呈现那些你感兴趣的信息。 但是批评家们对它却唯恐避之不及：对他们来说，"个人日报"简直就是一台制造"个人回音室"的机器。 他们担心，如果我们不看新闻编辑们为我们呈上的新闻，只看我们自己选择看的消息，那么我们的"信息偏食症"永远都不会治好。 我们不会接纳那些与我们的观点相左的信息，进而永远孤立在我们自己的偏见中。

在 2000 年以前，在网上，除了少数像 FreeRepublic. com 这样的党派论坛以外，很少有"回音室"的现象。 但政治博客出现之后，情况就变了。 政治博客将链接盘根错节的网络世界划分为了左右两派，这一点从各派的友情链接里就可以看出一二来：两派的链接几乎没有重合的。 喜欢"每日科斯报"或 Atrios 的人不大可能会喜欢"电源线"或 Instapundit，反之亦然。 但这并不是说，支持一方就会被另一方孤立：左翼博客写手和右翼博客写手之间也会相互引用，即便只是为了同对方吵架，或嘲笑对方。 而且就算网络增

207

强了某些领域的回声，同时，它也大大满足了异教徒的好奇心。 让一个自由派偶尔看一个《国家评论》的专栏作家的网站，比逼他买一份《国家评论》要轻松得多——而且他还不会为买了一份与自己政见不同的刊物而懊恼。

学者们已经开始研究博客圈的相关数据了：他们要看看"回音室效应"是否真的存在。 2005 年，拉达·阿达米克（Lada Adamic）和娜塔莉·格兰斯（Natalie Glance）合著了一篇论文——《人们因想法不同而写博》，结果引起了广泛的探讨。 这篇论文的观点并不稀奇：它认为网络上有两个非常清晰的博客圈，这两个圈子是按意识形态自动生成的，它们圈子内部的互动要远远超过了圈子之间的交流。 阿达米克和格兰斯分别用红色和蓝色的网络图表来指代两者的区别，这些图表看起来就好像是两个势不两立的银河舰队，双方都只派出了很小的一个谈判队。 但是，这两个阵营的存在，以及两者之间交流甚少的情况，哪个更新、更明显呢？ 早在网络和博客出现以前，严重的党派分歧就已经存在了。 那以前我们是如何相互沟通的呢？ 在博客写手的努力沟通下，意识形态之间的对话是增加还是减少了呢？ 《人们因想法不同而写博》一文没探讨这个问题就戛然而止了。

即便我们知道，我们可以从那些我们不认同的作家那里学到更多的东西，但我们还是更倾向于那些与我们想法相近的作家：这是人的本性。 有关"回音室"的争论指出，博客的到来使我们愈发地放纵我们的这种偏好了，它让我们加速坠向了一个意识形态的孤岛。 但是，伊斯特·哈吉坦（Eszter Hargittai）、杰森·戈洛（Jason Gallo）和马修·肯恩（Matthew Kane）于 2007 年写的一篇关于"政治博客写手之间跨意识形态交流"的文章，却并没有找到支撑此种说法的证据。 就像阿达米克和格兰斯一样，哈吉坦和她的同事们也认为，博客写手们的观点（和链接）大多徘徊在党派分界线附近；他们也发现，"左右翼政治博客写手都大量提到了对方的文章，有的表示赞成，有的表示反对"。 但最值得注意的是，双方阵营的彼此隔绝程度并没有像"回音室"理论的鼓吹者说的那样，越来越高。 虽然博客写手之间有党派之分，他们彼此之间的交流也十分有限，但他们的思想却并没有变得越来越狭隘。

就同许多关于媒体的观点一样，"回音室"的鼓吹者们似乎总是过分想要将这些复杂问题的原因归咎在技术身上。 确实，2000 年后的几年里，美国政坛出现了极端化倾向。 但这又是谁造成的呢？ 是网上的那些唇枪舌剑造成的吗？ 其实，它们只是反映出了美国人在一系列事情上的深刻分歧：例如克林顿总统弹劾案，2000 年众说纷纭的大选结果，小布什政府的反恐策略以及美国入侵伊拉克等等。 在这些事件的压力下，最能反映美国民众政治心态的媒体又如何能心平气和呢？

2004 年，霍华德·迪恩在网上发起了一轮角逐民主党总统候选人的竞选活动，但最后以失败告终。 看到这种局面，那些批评因特网的人的幸灾乐祸

208

之情溢于言表：他们说，看吧，这就是把自己同一群神经质的博客写手关在"回音室"的下场！ 那些"迪恩迷"们用虚幻的反馈信息满足了各自的幻想，这下自食其果了吧？ 其实这种说法并不完全准确；换个角度说，要不是因为网络，这个籍籍无名的佛蒙特州州长可能连最开始的几场胜利都得不了。 然而，在4年后的大选中，奥巴马汲取前人的经验，用网络战术一举扭转局势，使不可能变成了可能。 这次，网络世界最先释放出了自己的力量，这股力量帮他筹到了有史以来最多的竞选基金，激发了大量的新选民，并最终将这个名字怪、皮肤黑（尤其是这一点）的黑马候选人送进了白宫。 没准"回音室"也能帮着赢得大选呢！ 更有可能的是，"回音室"的概念让人们对微妙、错综复杂的网络政治文化生态有了些许的了解。

文中的最后一个观点是网络和博客对美国政体存在着极其负面的影响。其实这种观点不过是"回音室"理论的扩大版而已。 持这种观点的人是这样想的：曾经，我们全国上下只有一种对话模式。 我们早上看报纸，晚上看仅有的三个电视频道，所有当天的信息都是从这些渠道获得的。 而现在呢？哎！ 虽然因特网可以让我们每个人都组合出自己的"个人日报"，我们却从此失去了"集体日报"。 人们对所有突然消失的黄金年代或丢失的共同文化都有相同的感情，因此上面提到的这种情结一方面带有传奇色彩，另一方面也带有怀旧意味。 我们总会怀念我们年轻时深爱过的媒体形式。 （我敢打赌，再过几十年，如今这一整代人都会怀念、渴望一种年少时存在，现在却丢失已久的共同文化——也就是今天我们的社交网络所营造的文化。）然而，这种多愁善感的观点却深深地影响了网络批评者。 他们担心，由于互联网的开放性和博客的支离性，美国从此以后便再也没有一个统一的故事了。

在2008年的一期《纽约客》上，埃里克·埃特曼（Eric Alterman）发表了一篇文章，精确地分析了当今媒体业震荡的原因。 他的观点就典型地反映了这种怀旧情绪。 埃特曼是一个自由派记者，从2002年开始写博。 在文中他写道，网络和博客文化将新闻报纸扯进了一个党派之争的漩涡："以前，新闻业的使命是做客观的报道；而今，新闻业也分化为了一个一个的团体，每个团体都说着自己版本的'新闻'，每个团体在辩论或讨论时，都有自己的一套'真理'；这就意味着对某件事情，从此再也没有一个全国统一性的说法了，而我们的政府在制定政策时，也不知道该参考哪个版本的'事实'了。"

"全国统一说法的缺失"这个情况听起来确实比较恐怖，但当你认识到，这种"统一说法"（如果真有这么个东西的话）不过是美国历史上的一段极短的插曲时，你就不会觉得恐怖了。 埃特曼也承认，19世纪的美国是"被厚颜无耻的党派报纸统治着"。 后来，随着广播新闻的崛起，和20世纪中叶美国报纸合并浪潮的发展，媒体纷纷抛弃了党派之争，转而追求"不带主观色彩"的中立态度，进而也笼络了大批的观众。 20世纪60年代被公

209

认是"全国统一说法"的鼎盛时期，然而，如果我们仔细研究这段时期的话，我们会发现社会并没有因此而变得太平；相反，这10年却充斥着党派冲突和赤裸裸的暴力。 相比之下，如今的21世纪的媒体环境看起来竟然像是一堂"公民教育课"，环境井然有序，个个彬彬有礼。 就算沃尔特·克朗凯特真能左右美国的话语内容，他也没法左右美国的极端化趋势。 事实上，虽然20世纪的媒体权威十分集中，十分推崇"全国统一说法"，而且公民公共辩论的气氛也相当浓厚，但这两种现象与20世纪的喧嚣一点关系都没有。因为当人们带着怀旧的感情回望过去的时候，总会忽略它的一些糟粕。

＊　　＊　　＊

当非媒体人士听到记者们的这些观点时，总难免会觉得他们的话中有一种特别的哀求意味。 记者们在探讨争议问题时，很难保持中立色彩；当他们自己的生计和权威都面临危险时，他们是不可能"不带主观色彩"的。 有人认为，网上数以万计的不同说法正在瓦解"全国统一说法"，这种说法显然是把问题简单化了；即便如此，那也是因为记者的影响力降低，而普通人的影响力相应提高了。

此时此刻，不管你站在谁的那边，我都希望你不要吵了。 我建议你从一个高度来俯视这场口舌之争。 如果你亲历过这些口舌之争，你当时一定会有如下选择：第一，你可以关注传统媒体对这些争议问题的定期报道，看看专栏或新闻杂志对这场战争是如何总结的。 但这样的话你只能抓住问题的皮毛。 第二，你可以一头扎进那些拌嘴的帖子里去。 你可以顺着链接钻进讨论这个话题的新博客丛林里，这个丛林里会有这些博客："重振记者界"（Recovering Journalist）、 "新闻报纸的相关新闻"（News After News-papers），以及"新闻怪兽的倒影"（Reflections of a Newsosaur）。 它们都是由与之相关的记者、下岗记者、有抱负的记者和以前做过记者的人写的。 看看那些教授、业内分析师、知名编辑、激进记者对网络的炮轰吧，他们都在绞尽脑汁，想找出一个将他们的职业从技术旋风中拯救出来的方法。

如果你关心新闻的命运，以及新闻在民主社会和文化中的作用，那么你就只能选择第二种方案了。 而当你意识到这一点时，你会发现争论已经不复存在了：因为就在你做出这个决定时，你就已经消弭了这个分歧！ 同如今发生的很多风波一样，在这场风波之中，如果你忽略了博客写手，你就会错过整个事件。 不管博客有何种缺点和局限性，它都是如今我们文化中不可或缺的公共场所。 博客所代表的不是一种"统一说法"，它是一个喧闹的竞技场，谁都可以参加，并同大家一起解决旧矛盾，构思新点子。 如今新闻行业都在努力自救，不让纸媒将自己拖下水。 就在它重新思考它的数字未来时，那些最有学识的从业者和最具创意的学生们已经开始在博客上开动脑筋了。

210

第十章

人手一博

你能从因特网上了解到的最重要的信息之一是：网上没有"他们"，只有无数个"我们"。

——道格拉斯·亚当斯（Douglas Adams），1999

蒂姆·伯纳斯-李和马克·安德森是互联网最主要的两个发明者，我说的互联网，指的是如今我们所接触到的互联网。 在这两人的设想当中，互联网都是一个巨大的集体仓库，其中蕴藏着海量的人类信息和言论。 他俩也均为博客普遍采用的反序时间排列格式的标准化做出了自己的贡献。 但是在最开始很长的一段时间里，两人谁都没开自己的博客。

2005 年 12 月，伯纳斯-李终于也开了一个博客。 他高度赞扬了博客，认为博客实现了他早期对网络的设想，即"一个任何人都能创造、任何人都可以贡献内容的空间"。 但是他也承认，对他来说，自己似乎永远也不需要博客。 他的博客托管在麻省理工大学里，作为"语义网络"（Semantic Web）——这个由他牵头许多年的项目的一部分。 他的新博客一经发布，立刻就吸引了数百条访问者的留言。 对于伯纳斯-李发明了网络的基础架构，这些人都感激不尽。 但是博客对他来说，从来都不算重要—— 3 年里，他只发了几次帖，大部分都是在谈深奥的技术问题。

而安德森呢，则一直在用一种礼貌的怀疑态度看待博客；当 2003 年一个记者问他是否写博时，他回答说："不，我有正式工作。 我没有时间，也不需要写博。"但是，当 2007 年 6 月，他开始写博的时候，却很有一股新鲜劲：他大段大段地记录一些硅谷的内部工作情况，分析风投市场的性质，以及他自己对商业和技术的看法。 当他渐渐上手后，他的言语中开始洋溢出对博客各种可能性的兴奋之情。 开博 5 周后，他写道：

我应该几年前就开始写博的。

有谁说博客没什么人看，那他就大错特错了。我很快就发现有大量、且各式各样的人在看博客，这让我惊叹不已。

毫无疑问，至少在能上网的行业里，博客是最好的沟通和互动方式。

博客最开始只是技术行业边缘上少数人喜欢的东西，可如今，它已经成了网上的主宰媒体模式，这前后的跨度不过 10 年。 如今，不管你想在网上做什么或说什么，最后你都极有可能是借助博客实现的（或部分实现的）。伯纳斯-李和安德森即是如此。 不管你想寻找什么信息、参与何种辩论，或需要哪些娱乐内容，最后能满足你的，都极有可能是这种或那种的博客。

当然，只有在回顾以前的时候，才能看出这种趋势来。 即便是现在，有时候人们也需要花好一段时间才能反应过来：等等，你是说有一个介绍它的博客？

前段时间的某个晚上，当我照着一本我最爱的中国菜食谱做菜的时候，突然遇到了一个困难。 食谱上说要加一种食材，一种中国四川产的干芥菜——芽菜。 我不知道我在亚洲蔬菜店里买的是不是正宗的芽菜：我买的是脱水后的棕色菜条，装在玻璃纸里面，上面的标签写的是"脱水卤芥菜"。但食谱上也没有相应说明。 就算是维基百科，这个由志愿者根据自己的知识编撰而成的大型百科全书，也没有给出太多的信息。 但是，在 Google 上搜索后，我找到了一个美国人写的美食博客，名叫"美女私房菜"（Kitchen Chick），主人名未知。 她的菜也是照着同一本食谱做的，而且用许多文字详细介绍了分辨、购买中国腌菜的知识：她不仅介绍了如何根据中文分辨芽菜，而且还教你如何区分另外两种极其相似的腌菜：榨菜（原料是芥菜茎，而不是芥菜叶）和酸菜（罐装腌芥菜）。

不管你要搜什么，总会有某个博客写手能告诉你。 如果出于某种原因还真没有的话，你还可以自己想办法，然后把你的发现记录下来，以便读者们贡献自己的知识，改正你的错误。 这种包纳一切知识的过程虽然稍显随意，但却为网络带来了相当丰富的信息，就像风带着种子恣意播种在某片野外草地上一样。

人们对博客的这种散播特质有一个共同的解释：博客的低成本性和易用性——也就是经济学家们所谓的"准入门槛低"。 我们也可以说，博客方便了你沉溺在你的喜好之中。 如果你对某些话题非常关心的话，只要你想谈论它，不管这个话题有多么晦涩，你总可以找到一个供你发挥的博客。 由此一来，博客就给了你一种分享知识财富的方式，让你可以接触到那些从前私密的，或只有少数人能接触到的信息。 实际上，它拓宽了你的视野，让你可以看到更多他人的激情和怪癖。

举个例子，有一个博客名叫"'滥用'引号的'博客'"，它是一个不可思议，又有一点冷笑话意味的图片集，里面搜集的都是一些滥用引号的例子：

墨西哥"食品"

或者

"家长们"，你们要为你们"孩子"的安全负责

这个博客的主人是贝桑妮·克莉（Bethany Keeley），她是佐治亚州阿森斯市的一名毕业生。 这个名字源自一个家庭笑话，而她开这个博客则纯粹只是为了自娱自乐。 在每个滥用引号的例子下面，她都会愤愤地写上一段搞笑的评论，稍带点儿嘲讽的意味。 其实例中引号的使用者只是想强调某几个字，结果却产生了歧义或讽刺意味。 最开始，克莉只发那些她自己发现的例子，但不久后，她就开始收到读者们精心挑选，并发给她的例子——这些例子都是读者们在发现存在滥用标点的情况后，用相机拍下来的。 随着人们开始口耳相传、互相链接，她便渐渐开始在网上小有名气了，网站访问量也开始增加。 她的网站现在还有一个 FAQ 页面（常见问题页面），在上面，你可以看到如下一段她对某个读者留言的回复：

这个博客完全是在浪费我的时间……
答复：哪个更浪费时间一些？是在博客上写一些你认为有趣的东西呢，还是告诉一个博客写手他/她的博客非常白痴或无聊？我也不敢相信会有人喜欢我的博客。我只是出于好玩才写的。

单独来看，像"'滥用'引号的'博客'"这样的博客纯粹只是消遣而已。 但当它们达到一定规模时，就会让人叹为观止了。 它们所谈论的话题要比我们以前在媒体上看到的任何话题都要广——它们之中既有一些极其琐碎的内容［例如一些超级搞笑的猫的照片，照片下面的字幕写着'能我咪西（吃的意思）一个芝士汉堡吗？'①］，也有对当前全球紧急问题的分析，例如气候变暖等。 了解了这些话题的范围后，我们就可以有的放矢地关注特定的信息，根据我们自己的喜好选择阅读的内容了。 我们在其中看到的是萧条还是混乱？ 博客的玻璃杯是半空还是半满？
在媒体上，大多是"半空"的论调。 媒体在讲到博客时，通常都是不屑

---

① 本应该是"我能吃一个芝士汉堡吗？"但为了凸显猫的憨态，给图片配字的人故意设计了一点语法错误在里面。——译者注

一顾或冷嘲热讽，目的是要划清写博和"真正"写作之间的界限。 如果你想为网络上的新生作家找找问题，而且你也能一针见血地指出来，那么会有大批记者来引用或放大你的批评观点。 举个例子，下面这段评论既充满了鄙视，又描述得非常形象，中伤指数满分："因特网就像孟买城外的垃圾袋。但最不幸的是，上面密密麻麻地爬满了人。 或许他们可以从中找到一铜半铁或者其他可以卖的东西，但里面大部分还是垃圾。"

这段话是 1999 年，计算机科学先锋约瑟夫·魏泽堡（Joseph Weizenbaum）说给《纽约时报》的记者听的。 魏泽堡出名的原因有几点：1966年，他设计了一个聊天机器人"艾丽莎"（Eliza）——这个神奇的小程序可以模仿人类进行聊天，大多数情况下，你跟它说话，它都会回复你一个问题。 结果轻轻松松就糊弄了人们，而且人们也傻乎乎地相信了这个机器。这让他惊讶不已。 惊讶之余，他写了一本杰作，名叫《计算机性能与人类理性》，从人类的角度出发对技术大肆嘲讽了一番。 2007 年，当魏泽堡去世的时候，几乎所有的讣告都引用了他那句贬低因特网的话。

但问题在于，媒体并没有完整引用他的话。 当那篇引用了他言论的报道出现后，魏泽堡给编辑写了一封信。 他在信中肯定了引言的准确性，但同时也表示，他后来还说了一段话："在垃圾堆里也有金矿和珍珠，但只有善于问问题的人才能找得到。"这就让他的论断有了不同的含义。

魏泽堡认为我们与机器之间的互动少得可怜。 鉴于他曾利用艾丽莎轻松地忽悠过用户，所以他也担心，人们可能会不加反抗便拱手向机器交出自治权。 他认为网络是个人与一堆庞大、无序的垃圾数据偶然相遇的结果。 对于一个 1999 年的计算机科学家来说，这种看法确实非常透彻——那个时候，Google 还没有开始帮我们在网络的信息汪洋中寻找方向呢。 但是，在其后几年里，我们许多人对网络都有了完全不同的看法。 我们在网上看到的多数文字都不是由机器生成或组织的；我们在屏幕上看到的，也是其他人打出来的内容。 机器不过是让我们之间的互相联系成为可能而已。

但大多数将网络描绘成垃圾袋的人，却并不如魏泽堡那样谨慎，他们非常随意地流露出了自己对网络的鄙视。 1997 年，麦克尔·希尔奈克就宣称网络已经成了"一片广袤的荒地"；10 年后，媒体评论员麦克·沃尔夫又将网络形容为"无数个白痴一起胡言乱语的地方"。 在媒体大佬们的眼中，尽管网络上自我发布的模式正在成形，但网络却依然是垃圾遍野。 网上的宠物照片和"曼陀思 + 可乐"的爆炸视频还算不上一场自我表达的革命。 而且那些在网上生成"内容"的"用户"，大部分人连单词都拼不完整，也写不出什么通顺的句子。 这些批评家们一点也不在乎他们对网络的唱衰会让他们背上"反民主"的名声，或者戴上"保皇派"的帽子——这个称呼是"美国生活"博客的创办人伊朗·格拉斯（Iran Glass），在一场关于新闻网站上读者评论价值的讨论会上，一怒之下给这些批评家起的。 但这些批评家则自认为

214

是在捍卫一种岌岌可危的传统——重视文章质量的传统。

从一定意义上说，他们是对的。 通常在网上逛不了多久，或在博客的链接中看不了几条就会看到一些污秽不堪的东西。 就像走在任何熙熙攘攘的街道上一样，你必须得时刻当心脚下。 但是，批评家们对网络的整体看法又太有失偏颇了。 没错，网上确实有很多的垃圾，但是他们却忘了网络的前身同样也是垃圾遍野啊。 博客不过是延续了以往任何一个媒体形式的垃圾性。确实，在网上，名人八卦比经济政策辩论更能吸引眼球——但是在纸媒和电媒上，又何尝不是如此呢？ 每年，媒体业都会生产出大量的媒体产品——好莱坞、图书出版业、广播电视和有线电视业——其中也是失败多、成功少。而且在质量（不管你怎么称呼）和大众诉求之间，从来都没有什么必然联系。 这些行业能实现的，是让它们的每个产品都达到某一最小技术标准，例如图片质量、文章错误量或事实准确性（然而，对于日渐飘摇的新闻行业来说，即便这么低的标准都很难达到）。

那些不断遭到"写作标准过低"的指责的博客写手，通常会搬出"史特金定律"（Sturgeon's Law）来。 "史特金定律"是科幻作家西奥多·史特金（Theodore Sturgeon）提出的一条原则，专门用来反驳传统作家的精英主义式的批评。 史特金说，毫无疑问，90% 的科幻小说都是垃圾。 那是因为世上的所有东西中，90% 的都是垃圾。 谁敢说不是呢？

* * *

2002 年，我当时供职的 Salon. com 差点没能撑过互联网泡沫破灭后的创伤期和"9·11"事件后的经济衰退期。 在网络行业里，尸横遍野。 但是，同许多对网络不离不弃的人一样，我照样如饥似渴地读着博客。 它们是财政赤字汪洋大海中的创意孤岛。

当时，Salon 没钱做任何新的东西。 但是我想，一个博客实验反正也花不了多少钱，说不定还能悟出点什么东西来呢。 Salon 有着一群聪明、思维清晰的读者。 其中有人可能会抓住机会，开始在我们网站旗下发表自己的文章（虽然他们的文章与我们网站的关系不大）。 而有些人可能会借着 Salon的名气，吸引其他博客写手来看他们的文章。

在资金紧张的日子里，我们公司规定，如果想要尝试一个新的想法，都必须保证这个想法能立刻带来收益。 当时 Blogger 已经可以让人免费开博了；这很好，但这也将 Blogger 排除在了我们的合作范围之外。 （在当时经济低迷的情况下，就连广告收入都没了。 别说是我们，就是博客写手也不可能指望靠广告盈利。）但是戴夫·温纳的公司 Userland 当时刚推出它的 RadioUserland 软件，售价只有 40 美元。 Radio Userland 极具创意地将博客发布工具和 RSS 阅读器（或整合器）结合起来（通过 RSS 阅读器，你就可以跟踪他

215

人的帖子了）。 在当时，温纳正在准备将 Userland 交给其他人去经营——他刚做了一次心脏手术，因此正在重新思考他的人生。 但是，我很快就与新管理团队达成了协议：Userland 和 Salon 将共同推出一项新的博客服务；Userland 负责服务器，Salon 提供用户并管理用户社群；我们按比例分享用户支付的 40 美元。

我从没指望过 Salon Blogs 会赚大钱，但实际结果却比我的最低预想还要差。 由于当时 Userland 管理混乱，因此最终停止了对 Radio 软件的进一步开发；而我们本身也没有太多资源（除了我的业余时间以外）去支持或宣传我们的服务，所以我们的情况很是糟糕。 在最开始猛地涌入了几百个热心的早期用户后，后面的注册量就微乎其微了，而且一直没有改观。 虽然从商业角度来说，Salon Blogs 没什么意义，但是它却让我惊讶地看到，原来博客还有这么大的市场潜力可供挖掘。 当我们刚开始做的时候，我担心我们可能已经晚了：没准博客市场已经饱和了呢。 那些年，从博客诞生起，我便一直在关注博客；而等我们推出 Salon Blogs 的时候，我担心可能那些有话想说的人早就有了自己的博客了。

我其实不必担心这个。 没过多久，一组"孢子"便落进了我们的"博客试验皿"，并开始生长出奇异的形状。 最开始，得克萨斯州的一个小镇上的牧师戈丹·阿特金森（Gordan Atkinson）以"现世布道者"（Real Live Preacher）的网名开了一个博客，讲述的全是他社区里一些有趣人物的故事，以及他内心关于疑惑和信仰之间的矛盾。 纽约皇后区有一个名叫茱莉亚·鲍威尔（Julia Powell）的女青年，为了消除一整天办公室工作后的无聊，她开始按照茱莉亚·蔡尔德①（Julia Child）的经典法国菜食谱尝试做每一道菜，并将最后的成果记录在了博客上。 ［她的故事开始被写成了一本书，后来又被拍成了一部电影，主演就是梅丽尔·斯特里普（Meryl Streep）。］有一个名叫大卫·波拉德（Dave Pollard）的活动家，他每天都会写一些建议，告诉大家"如何拯救世界"。 还有一个网名为"渡鸦"（The Raven）的匿名博客写手，每天都会用阴郁的笔调写一些新闻分析，其水平同我们 Salon 上"专业栏目"里的文章不相上下。

这么多年后，我之所以还能清楚地记得他们，不是因为他们都是在博客里报道新闻，或保持着稳定的高文学素质，而是因为他们的博客都发出了非常特别的声音。 并不是每个博客用户都会让人记忆深刻，但是，在几年里积累下来的 1 000 多个固定博客里，你几乎可以找到所有的话题：当然会有政治博客，但也有科学博客、笑话博客，或者还有一些纯粹是很奇怪的博客。 例

---

① 茱莉亚·蔡尔德出生于美国加州的帕萨迪纳市，是美国的知名厨师、作家与电视节目主持人。曾登上 1966 年 11 月 25 日的《时代》杂志封面，2009 年这个故事被翻拍成电影《朱莉与朱莉娅》。——译者注

如有一个博客里全是侏儒的照片，还有一个博客的名字叫"油炸绿色基地组织"。 我们的网站上，有一个页面会列出最近更新了的博客，以及过去一天访问量最高的博客，这样用户们就可以彼此查阅了。 它虽然不是我们后来所谓的"博客圈"，但也算得上是一个博客圈了，这个圈里的人彼此访问、互相鼓励，偶尔还会相互掐架。

* * *

Salon 的读者群里有很多思维清晰的怪人，他们总会提供一些奇怪的点子，而这些点子促进了我们业务的发展。 但是，由于博客群体当时正在遍地开花，所以我们也不是唯一的失败个例。 然而，博客繁荣的过程从未停止过，而且在新一代博客软件公司掀起了软件军备竞赛后，这个博客的发展便愈发快速起来。

从 2001 年开始，那些经验丰富或野心十足的博客写手都会选择 Movable Type，而且它后来也开创了一系列的新颖功能（这些功能在博客写手日后看来，都是必备的功能）。 这个程序的创造者是一对夫妻搭档：本·特洛特（Ben Trott）和梅娜·特洛特（Mena Trott）。 他们以前也是 Blogger 的用户，后来因为不满 Blogger 的局限性，决定自己做博客。 2002 年，他们开了一家公司 Six Apart，主要产品就是 Movable Type。 很快，他们就以低廉的成本推出了博客服务——TypePad。 Movable Type 从来都不是开源软件，但特洛特夫妇也从不收取用户任何费用。 2004 年，Six Apart 开始认真地思考起盈利来。 于是他们宣布，对将 Movable Type 用作商业用途的博客征收一定的费用（但对个人用户来说，依然免费）。 这个举措并无不妥，但是他们在宣布的方式上并没有拿捏得很好，于是引发了一系列的慌张。 许多网络开发师和博客写手聚集在 Metafilter 上，愤怒地吼道："Movable Type 剥削网民！"

那些准备搬家的博客写手后来发现了 Wordpress。 它是一个开源程序，诞生于 2003 年，其开发工作的领导者是一个 19 岁的程序员，名叫马特·穆伦维格（Matt Mullenweg）。 穆伦维格非常欢迎从 Movable Type 阵营投奔过来的难民，并借机扩大了 Wordpress 的用户基础和开发者团队。 最初，从功能上，Wordpress 还难以与 Movable Type 匹敌；但那些转投它门下的博客写手却非常喜欢它的开源模式，也就是说它的代码属于公共资源，而不是什么私有财产。 如果 Six Apart 垮台的话，Movable Type 的未来也会受到牵连；然而像 Wordpress 这样的开源项目就不用担心这一点了：只要有程序员愿意，他们就可以一直维护并修补这个程序。 久而久之，这两个主要博客平台之间的差别便越来越小了：如今，Movable Type 也成了一个完全开源的程序，而 Six Apart 则通过帮大客户安装程序，替高端用户提供博客服务等方式实现盈利。 同时，尽管 Wordpress 继续走免费和开源的道路，穆伦维格也以它为中心成立

217

了一个公司，并提供了许多免费的博客（笔者写稿时，已经有 490 万个了），并通过向博客写手和商业客户出售额外服务的方式赚钱。

Six Apart、Wordpress 和 Blogger（前两个博客服务的启蒙老师，现为 Google 所有）的兴起，让开博变得越来越简单了。 开博后，人们还可以用它发挥更大的用处。 就在那几年，还有一组结构不同但内容相似的软件工具（例如开源软件包 Drupal）取得了突飞猛进的发展。 这些软件可以让人们开创并管理一组一组的附属博客，同我们的 Salon 十分类似。 有了它，你只用花比开博多一丁点儿的工夫，就可以创建你自己的博客圈了——你需要的只是一些服务器空间、软件和一群用户。 同时，随着博客人数的不断增加，其他新服务也随之一同涌现了，两者相辅相成。 由此一来，用户就能更方便地在博客里嵌入其他媒体，例如音频、视频；同时还可以通过不断丰富的移动设备直接发帖，例如手机摄像头和智能手机。 YouTube 这个专门集成网络视频的网站之所以能获得快速的发展，其中的原因之一，就是它的创始人允许博客写手在他们的帖子中直接嵌入某个单独视频。 如此，视频嵌入这个本来需要大量技术知识、格式压缩技巧、带宽限制，以及其他深奥知识的事情，在 YouTube 的推广下，竟一夜之间变成了小菜一碟。

在 21 世纪的头 10 年里，所有的这些进步都一起推动了博客用户数的突飞猛进。 2008 年 3 月，优势麦肯（UM）公司发布了一篇研究报告，指出全球已经有 1.84 亿人开了博客，其中有 2 640 万在美国。 也就是说在美国成年人中，平均每十人就有一个人有博客；在年龄介于 18～34 岁的美国人当中，有 20% 的人在写博客。 而且世界上 77% 的活跃网民都会阅读博客。 Technorati 最近一份关于博客圈的报告（发表于 2008 年 9 月）指出，自 2002 年起，该网站一共收录了 1.33 亿个博客。 虽然这个数量中，只有很小一部分是活跃博客——在调查的前 4 个月里，只有 740 万个博客更新过——但是这些博客写手还是可以一天发表将近 100 万个帖子。 当然，由于一些比较常见的原因（例如对统计方法、博客定义的质疑等等），这个数字可能还存有争议。但即便是保守统计，这些博客数量也是相当惊人的。 你想想看：10 年前，"博客"这个词根本都不存在，而且网志数量之少，用 10 个手指就能算清楚啊。

在博客研究方面，数量固然重要，但也只是基础而已。 毕竟，博客的可取之处在于它给了个人表达的途径。 如果我们只是笼统地看待博客，那么我们就会忽略博客现状中的重要细节。 你可以告诉我世上有无数个博客，我也可以点头称是。 但是，随便从博客中拎几个出来，它们的个性都会让你大开眼界。 这比单纯几个数字要有意义得多。

知道许多政客和商界明星开博是一回事，但知道伊朗总统穆罕默德·内贾德（Mahmoud Ahmadinejad）和投资巨贾卡尔·伊坎（Carl Icahn）也开了博就是另外一回事了。 （伊坎一直都在定期地发表一些对经济形式的分析；内

218

贾德自从 2007 年年底之后就再也没更新过了，在最后一篇帖子里，他说他正在"每周花 15 分钟写新帖"和"每周花 15 分钟回复读者评论"之间纠结。）

知道人们正在博客里谈论美国房地产的崩盘是一回事，但是看 Iamfacing-foreclosure. com 这个博客就是另外一回事了。这个博客的创始人是凯西·薛其（Casey Serin），按他自己的话说，他是"一个 24 岁的准房地产大亨"。他外债太多，于是将自己的痛苦全部发泄在了博客上。其细节之丰富，引得无数围观他破败人生的批评者们纷纷表示鄙夷。（CNET 更是问道，他是不是"世界上最招人恨的博客写手啊？"）

大概知道博客写手会在他们的社群里揭露丑事是一回事，但读彼得·肯尼（Peter Kenney）的博客就是另外一回事了。彼得是马萨诸塞州雅茅斯市的一名木工，年逾 60 岁。他的博客名叫"了不起的牛虻"（The Great Gad-fly），他在博客上发布了一系列的独家新闻，详细揭露了一个美国印第安人部落企图开赌场的诈骗案。

知道博客写手可以自封为"公民记者"是一回事，但发现简·诺瓦克（Jane Novak）的博客则是另外一回事了。简·诺瓦克是新泽西的一个专职妈妈，以前干过销售经理，膝下有两个孩子。她竟然是美国人民了解也门地区冲突的最好途径之一。她的博客始于 2004 年，当初的目的是为了号召人们支持一个受迫害的也门记者，后来便一直坚持写了下来。

有些人可能大体听说过伊拉克的"军队博客写手"，他们是一群穿着军装执行任务的美国军人。有空的时候，他们便在博客上倾诉他们的苦闷与懊恼，记录他们的点滴胜利、恐惧与怀疑。但如果你阅读过安德鲁·奥姆斯德（Andrew Olmsted）的博客，那就是另外一回事了。安德鲁·奥姆斯德是一名美军少校，2001 年 10 月开始写博，2008 年 1 月殉职于伊拉克萨迪亚地区附近。奥姆斯德是一名非常自负的军人。他总喜欢在美国两党支持者之间和稀泥，而且有很多写博客的朋友。在他殉职前，他给他的一个朋友（他是一名自由博客写手，用"Hilzboy"的网名开了一个名叫"黑曜石翅膀"的博客）写了一封信，里面是他撰好的"遗帖"。奥姆斯德告诉他，万一他遭遇不测，就将这篇帖子发出来。这篇帖子里引用了大量《巴比伦 5 号》里的黑色幽默和台词：

同许多博客写手一样，我的个性也非常鲜明，比较自大，所以我完全没法忍受在我死的时候竟然没有遗言……我已经死了，如果你正在看这篇帖子，那说明你还活着，所以赶紧庆祝一下吧……不管你相信与否，我死后最怀念的事情之一就是写博了。我觉得将我的想法写在（虚拟的）纸上，并公布出来供人阅读和回复的感觉太奇妙了。即便多数看过我文章的人都不大赞同我的观点，我也觉得很值。民主能否长期存在，取决于人们是否愿意倾听并试

219

着去理解与他们政见相左的人，而不是一味地想去攻击对方……

你可以随意评判我的生和死，如果你认为我在浪费我的生命，我会告诉你，你错了。人固有一死。我死在了我最心爱的岗位上。当你的大限将至时，我希望你也和我一样幸运。

当你开始用这种方式来看待博客时，你就会觉得，用"史特金定律"来诠释博客就不太恰当了。从某种程度上说，"90%的博客都是垃圾"这种说法就同"90%的人都是垃圾"一样，未免也有点太愤世嫉俗了。

＊　　＊　　＊

不能说博客完美地反映出了人性，但它确实越来越能反映出人性的内容了。如今美国的男权意识已不如从前那么根深蒂固，种族歧视也减轻了很多。随着网络成为家庭的标准配置，写博的人群也越来越向普通大众倾斜，其中可能只有老年人写博的比例偏小一些。（即便如此，只要你愿意去发现，你也是可以找到相当数量的"老年博客"的。）在美国之外，尽管各国情况不大相同，但有一个趋势是一致的：即写博的人群越来越广了。日本、韩国、巴西、伊朗、意大利、印度等国都各有自己不断发展的博客圈；仅中国一国，2008年的博客数量就达到了4700万，其中包括世界上最受欢迎的博客——演员兼导演徐静蕾的博客。受各国的技术和法律限制，这些国家的写博浪潮可能会呈现出不同的形态，但它们都有一些共同的基本特点：输入简便；职业与娱乐、公众与私人之间的界限模糊；能绕过各种信息障碍（例如网守①和信息审查等）。每个国家的博客运动都能轻而易举地写成一本书。

如今全世界都在写博。它是"人类史上最大的一次话语权延伸运动"（克雷·薛基语）的核心驱动力。当然，人们对这种延伸的利害自有不同的说法。一方面，有像博客写手多克·瑟尔斯这样的理想主义者，他认为网络是对惠特曼式民主②模式的实现：

我相信，我们今天的网络世界是人类建造的（或能建造的）最接近乌托邦的世界。爱默生曾说过，如果繁星的光芒一生只能穿透层层云霄一次，那

---

① 网守是对网络终端（如电话）网关等实行呼叫和管理功能，它是Voip网络系统的重要组成部分。——译者注

② 沃尔特·惠特曼，美国诗人。惠特曼的民主主义思想有两个主要来源，少年时代，他多次聆听了他家常客托马斯·潘恩的谈话，后者激进的民主倾向和空想社会主义的思想给他留下深刻影响，使他从小就立志成为一个潘恩式的民主斗士。成年以后，适逢超验主义运动兴起，他为爱默生的学说所迷醉，更加热爱大自然和普通的劳动人民，强化了自己的民主立场。——译者注

么它们的美丽就会成为一种传说。不可思议的是，我们就创造了那些星星和一个可以让它们璀璨的天空。我们就是这些星星。

但另一方面，我们也会听到一片唱衰之声，例如在 internetisshit. org 上，就有一个人用幽默的口吻写出了下面这段话：

给猴群一堆打字机，连猴子都能打出莎士比亚的作品来。但很不幸的是，我在网上看了这么久，却一篇莎士比亚级别的文章都没有看到。

由于博客太成功，数量太大了，因此在网上，任何极端看法以及极端看法之间的中和观点都有丰富的例子可以印证。 而博客的成功也使得关于"博客影响力"的老话题不断受到了新的讨论。 以前，记者和博客写手之间的矛盾主要集中在新闻精准性和职业地位上；如今，更多人讨论的是文章的质量和心理影响力方面的问题。 而且，问题也已经从"博客如何改变世界"变成了"博客如何改变我们"。

2007 年，多丽斯·莱辛[①]（Doris Lessing）在诺贝尔领奖词中确定了这个问题的主题：

我们身处于一个正在分裂的文化中。在这个文化里，几十年前我们还非常确信的东西如今却遭到了质疑；在这个文化里，受过多年教育的年轻人却对世界一无所知，他们从不读书，只有一些这样或那样的专长，例如电脑。

我们所接触到的，都是一些奇妙的发明——电脑、互联网、电视。这是一场革命。但这并不是人类经历的第一场革命。印刷革命并不像网络革命这样发生在短短的几十年间——它的过程更漫长，但却深刻地转变了我们的思想和思考方式。我们人类是原始的种族，发生任何事情我们都会默然接受，因此，我们从来不去思考印刷术的发明会给我们带来什么？同样，我们也没有问过自己，互联网会给我们的生活、我们的思维方式带来怎样的变化。互联网用它的疯狂吸引了近乎一整代人，就算是非常理智的人也会承认，一旦他们被互联网吸引住了，便很难自拔。有时候，他们会发现原来一天的时间已经在写博或其他网络活动中悄然逝去了。

莱辛的观点颇有一点老生常谈的味道：一个世纪以前，"我们的文化正在分裂"和"你什么都不懂"这类的话就开始被人反复唠叨了。 然而，她劝诫我们应该意识到当前正在发生的改变，这一点确实值得我们注意。 像我们

---

① 多丽丝·莱辛，英国女作家，代表作有《金色笔记》等，2007 年获诺贝尔文学奖。她是迄今为止获奖时最年长的女性诺贝尔获奖者。——译者注

这些沉浸在"写博或其他网络活动"的"疯狂"中的人尤其如此。 至于其他人，例如莱辛她自己，本身还没有被这些事物所吞没，所以相对就好一些。

那些担心写博会让我们的生活越来越糟的人，常常会为这个问题而忧虑。 他们害怕写博的人太关注于"新颖"，而忽略了经典的东西。 他们担心博客会将所有的东西分解得支离破碎，让我们失去思考大局的能力。 他们还担心，当博客增加了人类表达的内容时，那些个人的、独特的表达会淹没在闲言碎语当中。 其实，这些担忧都是很值得我们思考的。

毫无疑问，博客的版式给了"现在"至高无上的地位；如今"新颖"当道，而过去的事情则统统退居于一系列"旧帖子"链接和档案页面之中。 但如果你认为博客从此就抛弃了过去，你就大错特错了。 事实上，许多博客写手要比其他网站类型的经营者更注重保存过去的资料。 他们对过去的文章都了如指掌，而且经常会从中找出一些链接来支持现在的观点，为某个提到的内容作注释，或仅仅只是想强调一些让他们快乐的东西而已。 有了"永久链接"，现在的博客软件就可以将每个帖子都变成一个降落页面，让那些从其他博客或 Google 搜索结果中链接过来的人可以直接降落访问；这些降落地点可能会随着时间渐渐模糊，但它们却绝对不会消失。 要是没有博客，很多博客写手就不会将突然想到的东西记下来，因此他们的帖子绝不代表着忘却：它们是能抵御忘却的个人档案馆。

当然，对于博客这样一个按时间反向排序的媒介来说，人们有理由怀疑它并不是一个人们可以寻找"永恒"的地方。 但另一方面，博客写手们也非常关注哲学话语和转瞬即逝的流行文化：他们不仅记录一些个人的创伤，也会记录一些公众风波。 他们追求信仰又鄙视信仰，他们会记录那些可怕的疾病，也会为难以想象的损失而悲恸欲绝。 其实，博客对"永恒"是有无限承载能力的，只是尚待人们发掘而已。

有人担心博客这种细碎的媒体会把我们变成狭隘的思考者。 其实这不过是历史上众多文化恐慌中最新的一次而已。 当一个新的沟通媒介出现时，这种文化恐慌总是会有的。 电视和电影更强调用眼睛去思考，而不是抽象地论证。 收音机和电话则会完全颠覆我们所谓的"文盲观"。 我们甚至还对书写产生过怀疑呢：理查德·鲍威尔斯（Richard Powers）就曾说过，在《对话篇·菲德洛斯》①（Phaedrus）中，苏格拉底就曾"滔滔不绝地讨论书写是如何让记忆退化、损害威信，甚至篡改原文意思"的。 （鲍威尔斯接着又说：讽刺的是，我们也是通过柏拉图真假难定的手稿，才知道原来苏格拉底还说过这样的警告。）

而现代版的苏格拉底则是一个商业作家兼评论家尼古拉斯·卡尔（Nich-

---

① 这是哲学家柏拉图的著作，收录的是他与弟子苏格拉底之间的对话。——译者注

olas Carr）。 他认为花太多时间阅读网上的那些豆腐块文章会阻碍我们大脑的发展。 从 2005 年起，卡尔就开始了一场精心策划的博客抹黑行动，但他大部分的抹黑行为却又都是在他自己的博客上进行的。 一方面对博客厌恶无比，另一方面又将博客玩得炉火纯青，他可真是一个自我矛盾的博客写手啊。

卡尔曾说，充斥着博客的网络会"重新编排"我们的大脑，并"改变人类智能的性质"。

思考型的人是那些逐字逐句了解世界的人，如今这样的人已经为数不多了。取而代之的，是闪烁型的人。他们常常从一个链接冲到另一个链接，从一组不断刷新的独立像素中变出了一个个虚幻的世界来。线性的思辨正在逐渐模糊成非线性的概念；在经历了五个世纪的不眠不休之后，我们终于慢慢进入了梦境。

这段文字描述的是一幅多么迷人的景象啊，竟让我的眼睛流连忘返。 在它的暗示下，我也开始思考，是否我的人生也是如此。 但我很快便猛地惊醒过来——不，我不是这样的人。 我依然是一个会逐字逐句阅读的人，不管是读书、看文章还是看博客。 我不是一个闪烁型的人，虽然在我认得的人中有几个可能是这样的，但就算是没有网络，这些人也可能依然是闪烁的人吧。而凯文·凯利（Kevin Kelly）则用他自己的实用主义观点，一下子戳破了卡尔吹出的绚丽肥皂泡：

网上之所以存在不计其数的短篇文章，是因为——正像卡尔担心的那样——我们的思想变得越来越无聊，而且愈发不能专注地看完长篇文章了呢，还是因为我们终于为短篇文章找到了新的记录方式和市场了？因为在过去，短篇文章是没有利润可图的。我认为前一种说法并不正确，而后一种说法比较可信。

显然，心理学家和认知学专家有必要在接下来的几年里好好研究一下卡尔的理论。 或许，博客帖子的短小篇幅确实会削弱我们的关注持久度，让我们沉迷在"零食文化"里。 乔治·W·S·特罗（George W. S. Trow）认为电视的"下面来看这样一条新闻"（Now，this！①）话语习惯中存在着一种"没有语境的语境"。 或许博客就是这种"没有语境的语境"的最终实现形

---

① "Now…this"这句话通常用在电视和广播新闻播报中，意在提醒观众（或听众）接下来将会听到的内容与刚才的内容没有半点关联。"Now…this"是要提醒观众，你已经对刚才的那条新闻思考了足够长的时间，就不要再思考了，关注下一条新闻或广告吧。——译者注

式。 但现在，我们只有掌握了足够多的传闻证据①，并拥有了极强的自我意识，才能在这种"没有语境的语境中"把握住方向。 然而我们在这方面的素质仍不尽如人意。 如果你已经将本书一路看到了这里，那么就说明你还是能阅读长篇文章的。 而且，如果你一直坚持看到了现在，你甚至还会觉得，即便在看了十年博客，发了十年帖子的情况下，我依旧没有丧失写书的能力。

人们关于博客的最后一点担忧就是：博客文章的庞大数量会让任何个人的文章变得微不足道。 这一点其实是最不容易察觉到的，因为人们很少直接讨论它，但又经常在许多关于网络的讨论中提到这一点。 从根本上说，这就属于一种职业危险意识。 通常大部分博客写手不会抱怨这一点，因为能有机会将自己的文章放在博客这样的平台上，并被大批读者看到（虽然几率不大），他们就已经很满足了。 倒是作家，例如记者、学者或小说作家在面对网上各类滔滔不绝的文章时，会感到一阵晕眩，进而产生这样的顾虑。 就好比小孩看到一张巨大的地图，而自己在地图上所处的位置被标注了"你在这里"的字样，他就会觉得在浩瀚的宇宙空间中，自己竟然就像一粒世俗的尘埃一般，如此渺小。 同理，面对浩瀚的文章海洋，作家们会既感敬畏又觉畏惧：那我还算老几呢？

如今大部分作家在年轻的时候都没有什么机会发表文章，而一旦有了机会，那么他们就可以保证自己的文章被相当数量的读者看到。 但这都是以前的事了。 在网上，发表文章的机会不再是稀缺资源，而是一种高效的、无限的资源。 克雷·薛基已经向我们阐明了可能的后果：当发表机会很稀缺的时候，我们会先过滤一番，根据文章的内容和质量，决定要不要将它发表在我们有限的报纸上，放到我们昂贵的运输货车上，搬到我们稀缺的广播和电视频道上。 但网络的顺序却相反。 我们先发表，然后再过滤。 先畅所欲言，然后再提出问题。

稍后再问问题与完全不问问题是两码事。 哪篇文章说的是实话，哪篇文章是在企图操纵读者？ 哪篇会让你笑，哪篇会让你哭？ 哪篇会帮你保住工作或抚养小孩？ 哪篇会给你的周末提出最佳的观影建议，又有哪篇会告诉你，一场你无法收看的垒球比赛的赛况呢？

网络给了我们一个多产的环境，但目前的博客过滤机制（即从海量文章中筛选出"好东西"来的机制）还只是停留在"让我们试试看"的阶段。 网站的访问量信息是最简单的过滤器：哪些网页和帖子的点击量最高？ 但这个参数十分粗糙，而且时效性也不强——它只能告诉你其他人过滤后的结果。 Google（和 Technorati）的过滤原则要更具有前瞻性一点：它们会根据帖子被引用的数量和质量进行过滤。 但是我们大部分人还是最看重人工过滤的结

---

① 《美国联邦证据法》中对传闻证据的定义是：传闻证据是用来作为证据证明待证事项的真实性的陈述，但它不是陈述者在审判中或听证中作证时所作出的陈述。——译者注

果，这个做法是由博客写手开创的。 他们会用自己的博客或书签服务（例如 Delicious）或其他工具指向某些链接，并告诉你，在这个垃圾堆里有一颗珍珠！ 如今，网上有各种各样的实验性混合过滤器：例如像 Digg 这样的社区，它们会发动网民一起当编辑，用投票决定某篇文章的排名；还有像 Techmeme 这样的网站，它们的编辑者不是人，而是软件程序——它们会随时监视网站主人指定的一些博客，将博客上某些特定故事的关注度反映出来。 这些过滤器都各有不足，但它们却进步神速。 在它们不断改进的过程中，我们可以预见，不管我们以后要找什么我们所谓的"好东西"，其过滤的潜能与效率都一定会大大提高。

是不是说比起以前"先过滤后发布"的模式来，现在的文章更难被看到，更不容易起作用呢？ 这要看你问的是谁。 有些博客写手拼命想吸引伙伴和顶级博客写手引用自己的文章，以期增加自己博客在 Google Rank 上的排名，或挤进 Techmeme 的版面。 对于他们来说，这种模式可能会让他们备感失望。 但至少他在仅有的 15 个朋友中是名人，而且文章也会被这 15 个人看到。 可以前的作家也只能把他们的稿件扔在出版商的案头上，然后祈祷某个实习生会读到他的文章（而且不是在宿醉之后读到）。 所以我并不认为以前的作家会比现在的博客写手强到哪里去。

那些在过去名声斐然的作家，在新世界的新形势面前，显然无法适应。就比如说巴里·迪勒（Barry Diller）吧。 迪勒是一个资深的电视台执行官，曾在任职期间给有线电视和互联网业带来过翻天覆地的变化。 因此在媒体界同行眼中，他是一个很有技术眼光的人。 1994 年，他就率先用上了苹果公司的 Powerbook 系列笔记本电脑，并发现了电子邮件这个好东西。 因此《纽约客》在介绍他的时候，总喜欢讨好地将他说成是一个电脑技术狂。 （我想，在他的圈子里，他也确实是一个电脑技术狂。）过去几年里，迪勒成立了一个网络巨头公司 InterActiveCorp，并一直负责它的运营。 但是，他的世界观还是好莱坞的那一套。 "才华平庸的人自我发布的内容是没有看点的，"2006 年他对《经济学人》杂志这样说，"才华成了新的稀缺资源。"那年，在一场技术大会上，他宣称："世界上的人才其实并不多，而且是金子总会发光的。"

迪勒的观点也代表了许多自鸣得意的媒体执行官的想法，与这种想法类似的，还有安德鲁·基恩（Andrew Keen）在《业余爱好崇拜》（The Cult of the Amateur）一书中公然抛出的精英主义观点——人才是定额供应的资源。出版和广播机构在寻找人才方面向来都是不遗余力的，而且找到人才后都会给他们一个发挥的空间。 那网络上喷涌而出的博客、播客和视频录像算什么呢？ 它们不过是一些废物残渣，只会淹没真正人才的作品而已。

这种观点不仅相当傲慢，而且也从多方面体现出了对网络的误解与低估。 他们认为人类的创造力是一种有限的自然资源，就像矿石一样，等着世

225

界去开采。 显然这种想法荒谬至极。 创造力更像是一种基因，只需要适当的点拨就能开窍。 在迪勒之流的眼中，网络只不过是一个新的发布渠道，发布的内容还是老东西；他们认为人类表达只是一种恒定物质，无论表达的媒体如何变化，或表达的社会环境如何改变，这种物质都不会受到影响。 他们只关注各条表达的市场价值和潜在吸引力，却常常忽视这些表达对表达者本人来说有何意义。 而且他们还坚信，即便是过滤的环境已经发生了天翻地覆的变化，以前的过滤方法也是永不过时，一直够用的。 这种想法可谓狭隘之极！

这种狭隘注定会导致失败。 但即便这种想法漏洞百出、傲慢之极、食古不化，它在许多媒体公司的执行层里还是非常有市场的。 他们担心，在新媒体世界里按老一套的方法工作，并保证利润不会下滑会越来越难。 这无可厚非。 但他们竟然相信自己有各种选择的余地，这就太幼稚了。 如今的网络世界早已不是迪勒所熟悉的模样。 虽然对人才创造的成果进行奖励的公认机制正在瓦解，但网络却让人们的才华得到了更多的展示机会。 这些变化也为音乐行业带来了毁灭性的破坏。 年轻的消费者们已经迫不及待地拥抱了新世界，而那些唱片公司却还在磨磨蹭蹭。 同样，电视、电影、图书出版等行业也都面临着类似的危机——在这些行业里，物理商品都能被数字文件取代。而且，在民主潮流的攻击下，传统的人才甄选模式也渐渐被可以随意发布文章的网络颠覆了。

迪勒这样的执行官非常擅长于发掘那些能倾倒大众市场的人才。 也正是因为他们在这方面的成功，才让他们对数以万计的网民中的有才人士视而不见（网上的这些人才与传统人才不同，他们太喜欢唠唠叨叨了）。 当然，人才还是有限的，而且分布也不平均。 但世上的人才绝对要比迪勒用狭隘的眼光看到的人才要多。 在网上，才华能通过更多的途径得到展示，而且人们会有更多的机会来培养自己的才华。 在网络的新世界里，没有统一的才华衡量标准，你和我都会在不同的方面看到人们的才华，也会按不同的标准来衡量人们的才华。 无论如何，人才总归是有的，而且幸运的是，无论他人怎么抹黑，金子的光彩都是遮不住的。

*　　*　　*

由于网络是通过屏幕呈现在我们面前的，所以我们常常会误以为网络就是电视进化的方向。 对有些观察者来说，博客就好像是真人电视节目的最新变异版，因为真人秀节目也是在大众舞台上剖析普通人的生活。 但是真人秀和博客之间却有一个本质上的差异：在真人秀上，只有少数人能有机会参与，而且参与的权利依然由电视制作人决定。 当一些文章讨论博客是如何将私人的生活全盘暴露，将个人的隐私公之于众时，它们总会提到一部电影

《楚门的世界》（*The Truman Show*）。 这是一部 1998 年出来的电影，片中的主人公后来发现，他自己的生活竟然是一出精心策划的电视节目。 片中的男主角楚门·伯班（Truman Burbank）是这个节目的受害者。 实际上，他就像是一个犯人，完全不能决定自己的生活。 但是博客写手却是自愿的；他们可能无法决定读者数量，但是他们却能极大地控制自己的表达内容和表达限度。 在你自己的博客地盘上，谁都没有资格赶你走。

我们总是说电视是网络的鼻祖，却忘了还有电话的存在。 当 19 世纪末期到 20 世纪初期，电话开始进入美国的家庭和商业的时候，人们并不是非常清楚到底该如何利用电话，以及电话会给人们的生活带来怎样的改变。 一些社会评论家担心，家本来应该是躲避世界压力的港湾，而响个不停的电话会不会破坏家的功能？ 还有人担心电话会侵蚀我们社群的共享公共空间，打断我们的社交生活。 在电话里头说的话既不私密也不安全。 电话合用线和电信运营商的存在，就意味着你的电话有可能会被监听；而且一些狡猾的骗子还会利用这个新技术来诱骗一些心眼少的人。

如今，电话已经成了我们最信赖、最保密的日常沟通形式了。 如果我们不希望自己的对话留下任何电子痕迹，我们不会发邮件，而是直接打电话。当商家需要核实我们身份的时候，也会直接给我们打电话。 当我们刚开始接触网络的时候，电话总能给予我们慰藉与亲切感。 如今，网络同样也带来了隐私与匿名身份等新问题。 而此时，电话就会让我们愈发地感受到实时通话的亲密感，以及人的声音所带来的温暖感。

在《美国的呼唤：1940 年以前的电话社会史》（*America Calling: A Social History of the Telephone to* 1940 ）一书中，社会学家克劳德·S·费舍尔（Claude S. Fischer）认为，我们对新科技的习惯看待方式会让我们误入歧途，因为我们总认为是技术在唱主角，而用户只是受害者而已。 我们不应该探究电话的"影响"或"效果"，费舍尔说："这是一种错误的、机械的想法，它会让人误以为人类的行动是由外界力量所驱动的，但实际上，人类行为是行动者在一定条件下做出的有目的的选择。"

这对网络的批评者也有启发意义。 就像之前的电话一样，人们使用网络时所做的选择会决定网络的性质，而且人们在使用网络时，也会受技术性质的限制（而不是决定）。 自从 20 世纪 90 年代中期，网络开始流行起，我们集体做出的最有意义的选择，就是选择了双向交互式沟通模式，而不是被动接收广播式信息的模式。 一些大的媒体曾尝试过用网络来推送一些老掉牙的单向产品，结果不是失败就是不尽如人意。 我们花在网络社交上的时间——电邮、即时聊天、博客、SNS 社交网站等等——都远远超过了被动消费商业媒体的时间。 换言之：商家总是高估了网络与电视的共同点，而低估了网络与电话的共通之处。

博客火爆的原因之一，是因为博客能灵活地集众家之所长：它集合了不同沟通方式的特点，而且，其侧重点会根据不同博客写手的风格进行变化。有些博客只是朋友之间对话的工具。有些是专门给公众讨论的地方。但还有很多博客写手充分挖掘了博客的潜能，灵活地在私人和公共话语之间转换身份。一个原本只写给少数朋友看的帖子可能会"被病毒式传播"，并吸引成千上万的读者；某个公众人物的炮轰言论也有可能引发评论中的唇枪舌剑。博客的这种可塑性有着相当惊人的威力，但也有可能产生巨大的破坏力。不管怎样，每当我们见识到博客的威力或破坏力的时候，我们都知道这种事情也只有以博客的形式、通过博客这种媒介才能发生。也就是说，这种事情是博客式的、独一无二的。

一旦我们承认网络从电话和电视那里继承了同样多的特性时，我们就能够理解为什么人们会抱怨网络内容泛滥的"问题"了。詹姆斯·麦克格拉斯·莫里斯（James McGrath Morris）是一名新闻史学家。2007年他在一篇文章中指出："当博客达到一定数量的时候，博客就会出现泛滥之势。如今网上共有3 000万个博客，我想我们的博客已经泛滥了。"他既不是第一个，也不是最后一个提出"博客泛滥论"的人。2008年11月，《时代》杂志的麦克·金斯利（Michael Kinsley）写道："这个世界到底需要多少博客呢？因为如今已经出现了博客拥堵的状况了。"乍一看，这个问题（它代表了网上的众多质疑之声）似乎很在理。可如果他写的是："这个世界到底需要多少通电话呢？"情况会如何？有谁对金斯利说，他需要看完世上所有的博客吗？博客的增长又碍着谁了？

斯里纳斯·斯林瓦森（Sreenath Sreenivasan）是哥伦比亚大学新闻学院的教授。他曾说过，大多数博客都只有"作者的母亲和他自己在看"。如果他是对的——而且毫无疑问，在某些情况下，他说得确实没错——是不是说这些博客就毫无价值了呢？如果博客的唯一用处就是提醒更多的人通过网络，给家中的妈妈"打电话"，那其他人有什么好说三道四的？博客的庞大数量让一些观察者非常反感，就好像喷涌而发的博客帖子都是针对他个人的一种当众羞辱。这些胆大包天的博客写手竟敢指望我们的注意！他们不会真的以为有人会听他们说话吧？

当然，有的博客可能没有半点存在感——博客的主人一帖接一帖地发，却从来没有半个访问者或半条评论。但是如果真是这样，我们大部分人是不会继续写下去的。除了自己的爸爸妈妈以外，大部分的博客写手都会有一些观众，只是数量可能不多而已。那这些观众又是从何而来呢？通常情况下，他们都是其他的博客写手。那些满脑子全是广播世界价值观的观察者会认为这是一种失败：看，那些关注你的成果的人，也不过是你圈子里本来的那几个人而已。但事实上，就像软件行业的人所说的那样，这种相互性根本不是什么漏洞——它是一种特性。

那些没写过博客的人通常无法理解写博的社交本质。写博是一种社交行为。 博客写手通常都喜欢聚群写博，有的博客群比较正式，例如我们的 Salon，有的则只是随意链接而创造的小组环境。 在这些博客组中，你的文章显然是非常重要的；但你的关注焦点也同样的重要。 在写博活动中，写博与读博同等重要，就好像听和说一样，密不可分。 这就是为什么很多博客写手会说，"写博是一种对话"：并不是说每篇帖子都会引发激烈的讨论，但是每篇帖子都存在于一种"发帖—回复"的话语关系中，并通过这种话语关系，经过一个又一个链接、一个又一个博客慢慢延伸到网络的其他地方去。

克里斯汀·基尼利（Christine Kenneally）写过一本关于语言起源的书，名叫《第一个字》（*The First Word*）。 在这本书中，她讲了一个故事：当两个经过手势语训练的猿猴初次见面时，双方都是连比画带喊叫，都不听对方说话。 但凡是经历过网络对骂战的人，都能体会这种感受。

不管你想展开什么形式的沟通，倾听都是必需的。 懂得倾听是延续博客的一个重要手段，现实生活中与他人交流也是如此。 对于博客写手来说，倾听可以有多种形式，包括关注其他博客写手（或者订阅他人的 RSS 源），读自己博客上的评论以及查看哪些人引用了自己的链接。 当这些渠道都畅通的时候，博客写手就会觉得自己身处于一个关注、支持和争论的中心。 当然，反过来说，如果这些渠道被关闭了，博客写手就会觉得自己被抛弃、被背叛了。

大部分博客写手都是靠自己的力量在进行自我表达，因此他们几乎是世界上最独立的作家——他们不需要依赖别人来发表自己的文章。 （这就是个人博客与集体维基网的核心区别——维基网络是另一种以网络为基础的写作形式，也获得了巨大的成功。 在博客上，只有你自己能编辑你的文章；在一个典型的维基网上，有账户的人都可以修改任何东西。）同时，在所有的作家类型中，博客写手与读者的联系最密切，情绪也最容易受到关注度的影响。 他们既是孤胆侠客，也是群体动物。 他们的孤独会让他们放纵在自我表达之中；他们的社交欲又会引诱他们做出一些利己的迎合之举来。 但时不时地，他们也会平衡一下这种自相矛盾的做法，让他们的博客焕发出持久的魅力。

"每个博客，"詹姆斯·沃尔科特（James Wolcott）在 2002 年写道，"都像是一个新兴的、喋喋不休的超级大脑的电路上该死的神经细胞。"这个震撼的比喻可以有两种不同的解读结果。 一方面，你很容易以为自己是在通过网络，参加一场宏大的"谷仓建造"（barn-raising①）"活动——在博客写手中树立一种集体意识。 另一方面，你也会觉得怪异：这样会不会让你失去你的一部分独立身份呢？ 这种感觉也就是尼古拉斯·卡尔所谓的"自我的

---

① 这是美国乡村里的一种庆典。当一家人要建个新农屋时，邻居们也一起过来帮忙凑热闹，场面很喜庆。——译者注

229

迷失"——它会让你觉得"正在慢慢地被掏空"、"自我的边缘开始渐渐模糊起来"。

这当然是有可能的。任何当众表达的行为，任何"袒露心声"的行为（包括你的政治观点、你的创意，或者你的个人故事）都是一场赌注。我们将自己的东西奉献出来，还要祈祷我们的贡献不会被忽略、嘲笑或盗用。有时候，我们会惊讶于我们的收获；有时候我们也会觉得自己被利用了。

但无论如何，我们都不会放弃写博。不管我们个人赌注的结果如何，我们都能清楚地看到，我们的集体行为已经造就了人类历史上前无古人的奇迹：一种新的公共话语圈。这个话语圈既是昙花一现的，也是持久永恒的。它既包含了我们对话的特点，也体现了我们思考的特性。写博可以让我们把自己的想法大声地讲出来。而我们一旦开始，就绝无可能打住。

第十一章

未完待续

第一次看到新事物时，人们总会问："假的吧?"后来，当人们发现新事物的真实性已无可争辩时，他们又会说："它没什么用处。"最后，当他们发现它的重要性也无可抹杀时，他们就会说："那又怎样，反正它也不是什么新鲜东西了。"

——1998 年，此段文字出现在了埃文·威廉姆斯的主页上，

原文为威廉姆斯·詹姆斯于 1896 年所写

2008 年 7 月 11 日，杰森·卡拉凯尼斯发帖说他正准备"戒"博。"写了 5 年的博客，"他写道，"如今我都不知道除了博客，我还有什么别的存在方式了。但有时候人就是得学会放手。我知道这对我和我的家人来说，都是正确的决定。我们将博客发扬得非常光大，对此我备感自豪。就算从此停博，我也没有太多遗憾了。"

卡拉凯尼斯的这篇告示写得像明星运动员退役时召开的记者发布会一样，满口陈词滥调。所以很多读者都怀疑，他的这篇恶搞告示到底是在要宝还是在开玩笑。谁知他竟然是认真的。

我决定试着同少数几个人建立更深厚的关系——试着回到本源上去……我想要听到真正的人的声音，接触真实的人，做一些更个人的事。博客太大、太公开化了，它缺乏能吸引我的亲密感。"顶级博客名单"的压力、Techmeme 领导版上的辩论，以及不断抛出的"骗链接"的指责都让我烦不胜烦……如今，博客圈已经物是人非，太极端、太暴戾了。它不值得我留恋。我宁愿站在局外旁观，也只想同少数几个朋友进行更私人的对话。

那么，他所谓的"更深厚的关系"和"更私人的对话"是什么形式呢？卡拉凯尼斯说，从今以后，他只会将自己对技术业的一些想法通过私人邮件发送给少数人。 换言之，2008 年的杰森·卡拉凯尼斯开始变得很像 1995 年的戴夫·温纳了。

最开始，卡拉凯尼斯说他只准备将邮件名单限制在 750 个订阅者以内（"这么多人足够展开一次对话了"）。 批评者讽刺他说，这种"小圈子"的伎俩纯粹只是想吸引观众而已。 到 2008 年 11 月的时候，卡拉凯尼斯已经将这个名单扩大到了 10 000 人，所以我想那些批评者说的还是很有道理的。而且，他还开始将很多邮件文章发到了他的半休眠博客上（"这样我就不用理会那无数向我发邮件求文章的人了"）。

但无论如何，卡拉凯尼斯曾经相当活跃、访问量极高的博客如今已经名存实亡了。 他说，写博已经成了一种负担。 或许卡拉凯尼斯真的是厌倦了专业写博的竞赛压力——当初可是他首先开创了 Engadget 和 Gizmodo 之争的啊。 或许他认为博客已经如此主流，不再符合一个科技界创新者的边缘形象了。 又或者，他的"戒博"事件不过是他漫长炒作生涯中最新的力作而已。

不管是出于何种动机，卡拉凯尼斯的告示都引发了一场博客祭奠潮。 在《连线》上，保罗·博汀就告诫人们不要开博了，而且还奉劝那些活跃的博客写手赶紧"金盆洗手"。 为什么呢？ 因为博客"2004 年时就过气了"：

博客圈曾经是一潭清泓，里面只有无拘无束的自我表达和睿智的思考。如今，它已经被商业海啸搅得浑浊不堪了。那些业余文字大师发出的真挚声音已经完全被廉价的记者和地下营销活动所淹没。如今，除了一些找茬的，基本上没人会注意你。

毫无疑问，任何关于博客之死的文章都有"骗链接"的嫌疑——博客写手们最讨厌这种东西，所以总会忍不住批评，最后反而增加了原文的知名度和访问量。 不管博汀是真的认为博客气数已尽，还是纯粹在骗链接——或两者皆有之——他的文章也确实代表了某一特定博客圈的普遍疲倦心态。 这个博客圈就是那些技术类博客写手组成的：Web 2.0 兴起之初他们就已经开张写博了，后来又在咖啡因和代码的帮助下，打造出了一个新的专业博客业。有些人确实相信网络有能力改变世界；其他人不过是一些改头换面的"机会主义者、投机主义者和骗子"而已。 这段话是博客写手莫林·曼恩（Merlin Mann）于 2008 年在他帖子中说的。 由于他的话表达了他对当时博客现状的失望，因此让人记忆深刻。 像曼恩一样，很多人如今也在重新思考博客社群的价值，因为这个社群现在普遍存在着"不重质量重数量、不看内容看速度"的现象。 曼恩哀叹道，专业博客写手们大部分都是在伪造浏览量，装腔作势地写文章，不做修改地乱发文章等，所以他们的行为"也会让我们很掉价"。

于是，曼恩以此为契机，重新思考了他的写博计划，并决定要走一条更具思想性的道路。 但是对于这种现状，更多人选择了像博汀一样，宣布退出。 对于那些追求新颖的早期博客写手来说，有这种想法是难免的。 但是，这批博客写手同之前的戒博潮一样，都犯了自以为是的错误：他们以为自己不写博了，博客就会跟着一同消失。

实际上，自打博客诞生之日起，就不断有人在戒博。 杰西·詹姆斯·加勒特可能是第一个退出"江湖"的知名博客写手：1999 年 11 月，他换了一份比较繁忙的新工作，写博的时间就更少了。 同时，他还表示，反正他也学到了最初开博时想学的东西，所以也就无所谓了。 于是，就在全世界刚开始探索博客是什么新鲜玩意儿的时候，他只身退出。 从此，几乎每股新的博客热潮退却后都会留下一部分的"罹难人员"和"隐退者"；2004 年，"连线新闻"上发表了一篇极具代表性的新闻——《博客写手激情不再》。 这篇文章说明，在"9·11"事件之后，人们的写博激情已经出现了周期性衰退。 有些人隐退时并不张扬，只是悄悄地关闭了博客；其他人则会大张旗鼓地摔门而出——比如马特·韦尔奇，在他退出时，他还对战争博客写手大骂了一通。 要知道，"战争博客写手"这个词可是他自己创造的，而且他和这些人以前还交往甚密呢。

每一组博客写手都会经历自己的自然周期：从新手上道时的兴奋，到年轻时的焦虑，再到中年危机，最后便是老年时的疲倦。 安尼尔·达什是一名早期的博客写手，后来成了 Six Apart 的首名员工。 2005 年达什发了一篇帖子——《博客周期》。 在文中，他剖析了大部分博客社群的发展阶段，发现几乎所有的博客社群都有着类似的发展轨迹：它们最开始会问"什么是博客"，接着便宣称"我们的社群才是博客的发明者"，而接下来就会出现"博客 VS 新闻"的争论——一旦博客写手们开始觉得自己是一个特殊群体时，那么，几乎所有的普通话题讨论到最后都会回到这个争论上来。 达什并没有抱怨说这些循环往复的争论是个亟待解决的问题，相反，他却认为这是每个社群发展历程上的必经阶段。

博客是不是真的就在 2008 年终结了呢？ 当然，2008 年的金融危机和随之而来的广告市场萧条确实打乱了技术界专业博客写手的创业梦，其中也不乏穷途末路者。 但是，在每次的激情消退之后，博客圈都会迎来大量的新手，而且个个激情满怀。

博客不会消失。 但是，就像网络世界上所有的最新热门发明一样，它也会有过时和过气的时候。 只要博客能整出一些新内容，它就能获得大批媒体的关注。 比如史上第一例博客求婚，第一例博客离婚。 看，竟然有博客写手通过自己的博客找到了真正的工作！ 看那边，有人拿到书约了！ 曾几何时，这些层出不穷的"首例事件"为记者们提供了源源不断的新闻素材。 但

233

大约到 2006 年的时候，在那些专门负责网络相关新闻的主流媒体记者眼中，博客已经开始落伍了。 也就是说，他们觉得现在应该报道一些新东西了。

最新、最火热的网络现象是"社交网络"，它的代表网站是 MySpace 和 Facebook。 本来，网上就有专业和个人的社交网站——例如 LinkedIn 和 Friendster——可以让你收集一大堆联系人名单，并跟踪他们的网络活动。但 MySpace 和 Facebook 一方面集合了这些前辈的"添加好友"模式，另一方面还借鉴了传统博客的个人发布模式。 MySpace 成立于 2003 年，2005 年被鲁伯特·默多克（Rupert Murdoch）的"新闻集团"（News Corporation）收购。 它可以让青少年、各大品牌及其粉丝在网上构建自己的家园。 这个家园一部分是博客，还有一部分就同以前的"主页"一样，可以放一些个人信息。 用户在选定好友之后，这些好友的页面便会相互链接起来。 Facebook 于 2004 年创立于哈佛大学，最开始只在大学生中传播。 它与 MySpace 的模式差不多，但版面更干净，而且还可以对那些非好友的用户隐藏你的帖子。2006 年，当 Facebook 取消了大学学籍要求，并对社会免费开放注册后，便迅速发展成一种"网中网"，俨然成了潮版"美国在线"。

如果说博客是一种混合了少许电话交互模式的个人发布工具，那么 Facebook（以及类似网站）就正好相反：它更像是朋友之间在煲电话粥，不过是偶尔写上两个字而已。 对于新一代的网络用户来说，Facebook 就是朋友之间在线沟通的默认模式，一个分享个人新闻和照片，毕业后与校友保持联系的地方。 而对于更加中规中矩的上一代网民来说，Facebook 则是他们回顾昨晚喝得烂醉如泥的照片的地方。

MySpace、Facebook 以及他们的效仿者让用户能更轻松地在网上分享自己的生活，因此又再一次引发了人们对这种由技术导致的自恋行为的声讨。 对此，博客写手们创造了一个新词——"自恋系统"（narcissystem），用来指代那些鼓励用户上传个人信息的网络服务（例如 Facebook）。 当然，这里就又涉及了一个"先有鸡还是先有蛋"的问题：到底是 Facebook 向新一代网民灌输了自恋主义思想，抑或 Facebook 不过是自恋主义者刚刚找到的一面新镜子而已？ 对此，人们进行过大量的研究，但至今仍无定论。

当然，不少自恋行为都是出自年轻人之手。 那些为此焦头烂额的大人不明白的是，其实 Facebook 的用户本身并没有太严肃地对待这个网站。 他们觉得这个网站的主要功能是可以放一些有趣的东西给朋友看，而不是发现自我。 爱丽丝·马西亚斯（Alice Mathias）是一名刚毕业的大学生。 2007 年，她在《纽约时报》的一篇专栏文章中专门"教育"了一下大人们：Facebook 是一种"在线社群剧场"，里面上演的全是戏剧——让朋友开怀一笑比发一些关于我们自己的"有用更新"更重要。 这就是为什么在大人们加入进来以前，Facebook 上的用户都流行写虚假个人信息的原因。

社交网络就是一个剧场，当这些网站的程序员为它们添加了一些额外功能后，这些功能就会像新的特效一样，给剧场锦上添花。 Facebook 上一个比较新颖的功能就是"状态更新"——这个功能在个人档案页面上，可以让你用简洁的文字描述一下你当下正在做的事情。 Twitter 是埃文·威廉姆斯的公司于 2006 年推出的一款新服务，它会邀请用户通过网页、手机以及其他移动设备分享自己的状态。 Twitter 用户一次只能发 140 个字的短消息，这种短消息就被称为"推"（tweet）。 人们可以通过 Twitter 描述一下他们干了什么、在哪儿或他们在读什么内容；但用户也可以发一些链接、笑话和闲言碎语。 每个用户都可以自己选择"跟"（follow）哪些好友，与 RSS 源订阅模式十分类似；而朋友更新的信息也会以反序时间排列的方式，出现在用户的浏览器窗口或移动设备的屏幕上。 与 Facebook 的"状态更新"不同的是，Twitter 上的"推"在默认模式下是对外公开的，而且每个用户都有自己唯一的网站地址。

　　Twitter 从很多方面上都跟博客很像，只不过短很多而已。 140 个字的限制确实比较烦人，它就像是一个拿着弯钩的综艺节目主持人，随时准备好要将节目的超时部分给砍掉；但是这个限制也保证了你不会浪费太多的时间在查看你朋友的状态上。 2007 年，当 Twitter 在技术博客圈中率先火热起来后，网上便涌现了许多山寨版本。 这些版本连同 Twitter 一起，被称为"微博"。 就算漫不经心地打理一个传统博客，都需要一些时间和脑力；但在社交网络上与朋友交换简短信息却只需要几秒钟的时间。 博客曾经是人们在网上草率地发表一些想法的地方，现在与敏捷灵巧的 Twitter 相比，它就像是一头笨拙、年迈的野兽。

　　这是保罗·博汀所谓"博客已死"的另一个证据，也是一个让相当一部分博客写手真正往心里去的论点。 杰森·科特克从 20 世纪 90 年代后期就开始写链接式的博客了。 后来他成功将博客转型为个人商务网站，同时还保留了他发帖的中庸风格。 2008 年他写道："我心中的博客已经日薄西山了。现在，网民可以做各种事情，例如为 Gawker 这样的在线杂志写文章、上 Tumblr、Twitter 和 Facebook。"觉得网上的新玩意儿抢了博客风头的，并不只有科特克一个人。 "我怀疑 10 年后还有没有人知道'博客'这个词。"科幻小说家布鲁斯·斯特林（Bruce Sterling）在 2007 年的"西南偏南大会"上如此预言。 这个悲观的论调也呼应了格雷格·劳斯在 1999 年做出的预言：那年，格雷格·劳斯在一篇名为《网志算个屁》的专栏中曾错误地预言：博客撑不过 10 年。 但斯特林的"博客衰败论"也反映出了大批资深博客写手中的新一轮自我怀疑浪潮。

　　难道持续了 10 年之久的博客大爆炸只是一时的风潮？ 对于注定要长大的网络来说，博客只是它短暂的青春期？ 2000 年，丽贝卡·米德在《纽约客》上发表的那篇关于 Blogger、梅格·奥瑞汉和科特克的文章就称博客是"大卫·艾格斯（Dave Eggers）这一代人玩的民用广播"。 而尼古拉斯·卡

235

尔则将博客圈比做是广播时代初期的业余广播潮。 卡尔说，那些由"人民制作"的广播花了大概20年的时间才被主流广播公司吸纳。 而现在呢，在专业写手的强势排挤下，业余选手已经出局了，所以民间广播的命运也正在博客写手身上重演，而且上演速度会比以前更快。 在说这些话的时候，他言语中几乎察觉不到半点遗憾。

在历史上，媒体形态和技术的接续都遵循着一个可以预料的模式：每个新发明到来的时候，都会嚣张地宣称自己会接替前任。 但当尘埃落定之时，人们才发现，多数情况下，新的发明并没有消灭它的前任：它只是重新定义了前任而已。 广播并没有灭掉电报。 ［但电报现在确实已经消亡了——2006年，西联公司（West Union）就停止了电报业务，取而代之的是因特网传输业务。］电视既没有灭掉广播，也没有取代报纸。 电影也没有终结那些现场演出的剧场。 而家庭录像带也只能与电影院并存。 虽然网络给报业带来了巨大的灾难，但它也不可能将所有的纸质媒体都统统清扫干净。

同理，虽然现在都流行Facebook、MySpace和Twitter了，但人们还是会继续写博客、读博文——但人们写博的模式可能与以前不同了。 现在人们发现，人们可以在社交网站上随便写一些消息给朋友看，而且操作起来更简单、更快捷。 如果你想对世界说的内容不到140个字的话，你大可选择在Twitter上讲，而不是在博客帖子里说。 于是，世界上有一些博客也开始慢慢改变了：它们在内容上多了一份严谨，在性质上少了一份电话的随性。

但就目前来说，还没有任何大规模的停博迹象。 在以后很长的一段时期内，还是会有很多人觉得博客才是他们最称心的在线沟通方式。 与报纸和广播这类旧媒体身上的传统和克制相比，博客显得更加无法无天、转瞬即逝、粗陋浅薄。 但是再同Facebook上人头攒动的社交网络或Twitter上的叽叽喳喳相比，博客则更有内涵、更独立、更强大。 在博客上，你可以定义你自己的形象，但在社交网络上，更多的时候是别人定义你。 当然，博客的读者可以留言，但博客写手也可以删除留言、修改留言中的元音，或干脆直接关掉评论功能。 确实，博客得依靠你引用的链接和你被别人引用的链接，但它也有自己独立的存在方式。 这都是社交网站上的在线消息、聊天和互动无法比拟的。 博客不见得一定比Facebook上的档案页强，也不见得一定就差——它与社交网站完全是不同的东西。

虽然2005年后，人们对Facebook及其同类网站的热情已经超过了博客，而且还从媒体那儿抢了博客写手的不少风头（以前博客写手们认为这些关注和热情都是理所应当的），但社交网络的崛起也让人们更清楚地认识到了博客长盛不衰的原因——博客的独特个性。 当初让博客先锋为之一振的也正是这些个性。 博客可以让你自由地表达，而且谁都不能让你闭嘴。 就像新闻学者杰伊·罗森说的那样，它就像"一台小型的《第一修正案》机器"，为言论自由提供着动力，在个人自治与族群压力之间发挥着强大的杠杆作用。

236

博客既能写又能读，既可以是私人的也可以是公开的，既能独处也能合群，其中分寸，由博客写手自己把握。 它不是你在网上重塑形象的唯一途径，如今，它也不是最简单的途径。 但它却依然是最有趣的渠道。 没有什么媒介能像博客这样，既能让你表达自己的思想，还能让你与别的思想相互激荡了。

＊　　＊　　＊

在过去的几十年里，著名的摩尔定律——电脑微型芯片的性能会定期翻倍——不断推动着个人电脑业和因特网的发展。 2008 年，Facebook 的年轻创办人马克·扎克伯格（Mark Zuckerberg）也为社交网络下了类似的预言：他说，人们在网上分享的信息量每年都会翻一番。 他的意思并不是说现在的网络分享者都在翻箱倒柜地把自己的生活暴露出来，而是指网络会源源不断地从大部分人身上汲取更多的内容——人们现在分享的东西其实还很少。 不管怎样，在"扎克伯格定律"（人们很快就为这个预言起了一个恶搞的名字）所描绘的未来里，会有不计其数的电子数据——它们记录的全是个人的自传。 闻之，尼古拉斯·卡尔深表不屑："真是屁过留推（tweet）啊！"

本来现在的网络世界上就存在着信息超载的问题，可未来人们还要分享更多的生活，这种新局面着实让人望而生畏。 电脑能高效地处理海量数据，但我们的大脑却不行，而且一天也只有 24 个小时。 庞大的网络已经摧毁了很多人的信息处理器；而博客只会加剧这种状况。 按评论家马克·戴利（Mark Dery）的话说，我们快被"唠叨淹死了"。 过滤互联网的博客可以缓解这种问题，但很多读者现在却发现博客本身就是问题的原因之一。 谁还看得了更多的帖子、照片和视频？ 谁还有精神关注更多的朋友啊？ 网络就像是一个长满水草的池塘，那么它会不会面临"马尔萨斯人口论"式的危机呢？ 因为当个人媒体分享的信息过度时，人们就会畏缩而不再关注任何信息，进而从根本上断绝了人类分享的欲望。

这种危机不大可能发生。 以前就不断有人发出过"信息过载"的警告，每一个警告都急如星火，每一个警告都让我们有几欲爆发的冲动。 但即便如此，这种情况也从未发生过。 我们通常会认为，我们这个时代的信息过剩是前所未有的问题，让人不知该如何控制。 但如果从长远的角度来看，你就会有所启发了。 让我们以文艺复兴和"古登堡印刷术"引发"大爆炸"作为历史的基点向前看，我们就会发现我们人类正处在一个迅速扩张的信息宇宙中，而且这个宇宙已经成了我们赖以生存的条件。 在我们的一生中，每次媒体界出现新的技术转型时，媒体都会自己判断一下会不会出现信息过载的危机。 对于那些首次接触电视和广播的人来说，电视台和广播站里 24 小时无休止的广播让他们觉得信息量大得不可思议。 接着有线电视更是来势汹汹，

237

最开始只有几十个频道，到后来增加到了几百个——频道之多，足以让人看瘫在沙发上。 在公众还没有听过因特网和万维网以前，考虑周全的社会评论家理查德·索尔·威曼［Richard Saul Wurman，《信息焦虑症》（*Information Anxiety*）的作者］、尼尔·波兹曼（Neil Postman）和比尔·麦克基本［Bill McKibben，《遗失信息的时代》（*The Age of Missing Information*）的作者］就分别在各自的书中警告过信息过剩的后果。 下面一段是波兹曼在 1990 年谈到"信息至死"（Informing Ourselves to Death）时说的一段话：

……一开始慢慢释放出的涓涓细流后来竟变成了如洪水般的喧嚣。如果用我自己的国家作比喻的话，我们的情况就是这样的：在美国，一共有 26 万块广告牌、11 520 份报纸、11 556 份期刊、27 000 个音像出租店、3.62 亿台电视机，以及 4 亿多部收音机。每年都有 40 000 本新书出版（全世界则有 30 万），每天美国都会产生 4 100 万张照片，每年都有 600 亿封垃圾广告邮件涌向我们的信箱。从 19 世纪的电报和照片，到 20 世纪的硅片，这些东西都极大地丰富了信息的数量，以至于今天，对于普通人来说，过量的信息已经完全无法解决任何问题了。

这还是"当日酷站"这样的栏目出现以前的情况！ 如果在"前网络时代"，信息就如此过剩，那么在千禧年左右，我们信息负荷表早就该破表了。 但是我们却发现，就算实际信息的数量还在不断攀升、批评家们的警告之声也一直偏高，但这种声音还是控制在了一个让人可以承受的限度内。 在网络时代早期，博客和社交网络的分享活动还没有开始之前，我们就已经收到了关于"数据烟雾"［它与大卫·申克（David Shenk）在 1997 年出版的书同名］的警告。 博客的登场和后来社交网络的崛起又一次引得人们惊叹，原来人类竟然制造出了这么多的媒体材料。

我们似乎永远都淹没在信息之中。 这个危机永远存在，以至于人们都开始怀疑，它到底还算不算危机了。 就像克雷·薛基说的那样，我们不应该再认为"信息过载"是一个亟待解决的问题，而应该将它视为一个我们能够适应的新情况。

即便如此，适应起来也绝非易事。 我们利用科技制造信息的速度似乎永远都比我们消费、解释或使用信息的速度快。 RSS 的故事就是一个生动的例子。 如果你对谁的文章感兴趣，你就可以通过 RSS 来订阅。 这似乎是一个解决博客消化不良的完美方案。 然而，用户们却利用它给自己订阅了无数的阅读材料。 每天，他们都发现自己的 RSS 上面有无数条更新信息：你今天的未读信息甚至比昨天的还多。 你永远都读不完。 赶紧撞墙吧！ 戴夫·温纳推广起 RSS 来，比谁都带劲，但他却一再劝说用户不要将 RSS 源视为收到的邮件，而是应该将它看做是一种"新闻流"，因为收到的每封邮件你都得看。 你订阅的 RSS 源会把那些有趣的东西源源不断地送到你的面前，你可以随意地扎进信息流里，想看就看，不想看就不看。 2007 年，有一段视频曾短暂地在博客圈中流传：视频中，罗伯特·斯科布神采飞扬地向大家介绍了他是如何同时管理 600 多个 RSS 源的，而且还向观众解释了"信息流"的工作原理。 但是很少有人采纳这个意见。 RSS 最终也没能在普通用户中获得应有的流行度：很多人认为 RSS 并不是解决信息过载的方法，而是自我折磨的工具。

毫无疑问，博客的发展为那些最初为之兴奋的人带来了麻烦。 有时候，你不得不砍掉一些友情链接或 RSS 订阅列表，否则你每天除了读博，其他什么事都做不了了。 博客在有些行业非常盛行，例如政治和网络行业。 因此对于身处这些行业的人来说，由于他们关注的只是朋友和同事，所以在精简的时候往往不知道该如何取舍。 有些商界人士就会宣布"邮箱崩溃"了，然后清空收件箱重新开始；而有些不胜其烦的博客读者干脆就放弃了通读的想法。 2005 年，大卫·温伯格（《线车宣言》的作者之一，早期的博客倡导者）发表了一篇名为《好吧，我再也不跟进你的博客了》的文章，他写道：

事实是，我可能有好几周都没有看过你的博客了。可能好几个月吧。而且，我也不指望你会看我的。

我再也不想撒谎了。我再也不想觉得内疚了。那么，就允许我直说吧：我喜欢的博客和喜欢的人太多了，所以我总觉得我应该跟进他们……我会偶尔看你的博客，可能是因为我在想你，或者有事情让我想起你来了……但是，在这里，我要告诉你，我不再期待你跟进我的博客了，我也会先你一步放弃跟进你的博客。这样我们两不相欠，无拘无束。

否则，我们彼此都会觉得读博是一件枯燥的任务。我们是这么好的朋友关系，怎么忍心走到这一步呢？

温伯格并没有明确表示要放弃写博或读博。 他不过是说出了许多博客爱好者的心里话："跟进博客"的压力实在太大了。 不管你是期待别人跟进你的博客，还是觉得有义务跟别人的博客，这种事情都会让你筋疲力尽的。

然而这种日渐广泛的觉醒和可怕的博客数量似乎并不能浇灭博客新手的热情。 面对海量的博客，人们一边挑选一边摸索。 通常，抱怨"博客数量太多"的人有两种，一是职业记者，他们有着稳定的工作，因此总是抱怨博客带来的竞争；另一种人则是从来没有长久跟进任何博客的人。 网上的"好博客"太多，即便是博客狂热分子也看不完。 这种情况算得上是一个好"问题"。 对于大多数博客写手及其读者来说，虽然博客的泛滥容易让他们气馁，但相比之下，还是如今出版业制造出来的诱惑更让人觉得挫败一些。 单就美国来说，你每年都会看到成千上万本新书——据某一业内调查机构统

239

计，2007 年就有 276 000 本。 虽然时不时会有人出来抱怨这种泛滥的情况，但大多数情况下，我们都兴奋地视之为文化繁荣的象征。 想想看，如果这个数字下跌了，该有多少人要为文化的死亡而哭泣，为文明的即将坍塌而咬牙切齿啊。 然而事实却是，我们每个人都只可能读其中极小一部分的书。 这并不丢脸。 每年出版的书——即便只论好书——都多到我们读之不尽，这应该不算什么危机吧？

那么，是不是只有对那些觉得自己有义务"跟进"的人来说，信息过载才算是一个问题呢？ 还是说，即便没有人逼着我们多选一些博客看，但多种选择本身就是一个问题？ 这就是心理学家巴里·施瓦茨（Barry Schwartz）在他的知名著作《选择的悖论》（*The Paradox of Choice*）里提出的问题。 根据施瓦茨的理论，许多博客圈里让人眼花缭乱的选择早该把人给逼疯了。 施瓦茨认为西方社会信奉通过选择最大化来增强个人的自由，但这种信念既无法给我们满足感，也不会让我们觉得幸福；它"不会带给我们解放，只会让我们画地为牢"。 当我们面对太多选择的时候，我们就无从取舍了。

这么说吧，当一个消费者站在百货商店里，看着货架上各式各样大同小异的牙膏时，他是什么感觉？ 如果我们能理解他的感受，我们就能明白施瓦茨的意思了。 在处理信息收集的问题时，"选择悖论"理论也同样适用：如果我们脑海中有一个明确的问题，例如"火箭引擎的工作原理是什么"或"电影什么时候演出"，我们需要的是不用应对上千种选择，就可以用最高的效率找出最合适的答案。 （Google 的制胜法宝就是满足人们的这种需求。）

但是写博的意图总是比较特殊的。 选择跟进某人的博客与在电话本或百科全书上找信息不同；它更像是决定要看哪本书。 就像是把我们的注意力提前承诺给那些会不负所托的人，或他的生活或工作让我们感兴趣的人。 换言之，这种选择过程更像是在挑选朋友，而不是在买牙膏。

我们在做社交选择的时候，都具有一些与生俱来的能力，这一方面得益于人类几千年进化的基因遗传，另一方面，也得益于我们在各种实践场合的磕磕碰碰中学到的直接经验，例如在交际训练营里或操场上的实践。 这颗星球上有几十亿人口，但我们知道，在这一生中，我们可能只会碰见几千个人，与其中几十或几百个比较熟，而真正能做朋友的也只有十几个。 世界上可能成为朋友的人数与最后的实际朋友数量之间存在着巨大差距，这让人有点难以接受。 不过，我们既不用面临让人头昏眼花的繁多选择，也不会因此而绝望，最后与世隔绝。 相反，我们的性格会决定，在我们的朋友中，几成是计划结交的，几成又是偶然遇见的。 然后我们会根据各自的交友比例做出合理的选择。 在我们的社交活动中，偶然与必然相互交织；我们会有意或无意地去接触其他人，最后只与其中少数几个成为熟人或朋友。

随便问哪个博客写手或博客读者，看他们在关注谁，又是如何做选择

240

的，你会发现他们给出的选择过程都大同小异。 他们不会被各种选择吓倒。他们会根据自己的个人关系（"那是我弟媳的博客，写的都是关于她生意的东西"）、他人推荐（"吉姆给我发了一个微型啤酒厂的博客，很不错"），以及不经意看到的东西（"昨晚我一时兴起，看了一个链接，结果竟然发现了这一家出国旅游的故事"），边看边选择。 就像一个朋友圈子总有人进进出出一样，他们也会不断地添加或删减关注列表。 他们觉得这是非常自然的过程——因为它确实如此。

＊　　＊　　＊

在媒体的报道中，博客崛起得非常神速。 在 10 年的时间里，网络新技术的普及成就了博客这一新的沟通方式。 博客融合了传统的文章发表功能和电子信息的随意记录功能，因此很快就赢得了大众网民的喜爱。 时至今日，博客的用户之多，是早期零星的几个博客狂热者完全不曾料到的。

速度太快，就必然招致反感。 在本书的许多故事里，博客都是一个造反的暴发户，容易惹是生非的新发明。 那么它必然会招致许多作家和读者的抵触和愤怒，因为他们认为这个新东西改变了作者与读者之间的关系，而且改变的方式相当出人意料。 情况也确实如此。 有人担心博客会加速文学文化的灭亡，这也未免太杞人忧天了。 在网络出现以前，大家都认为文学文化的最大威胁是电视这一最初的"广袤废墟"。 在电视的第一轮热潮兴起时，批评家担心电视会完全吞没我们的阅读文化（几个世纪以来，阅读文化都是我们社会文明和道德的脊梁）。 80 多岁高龄的寓言家雷·布莱伯利（Ray Bradbury）最近向读者澄清，他于 1953 年写的著名小说《华氏 451 度》（Fahrenheit 451）不是像人们普遍认为的那样，强调对麦卡锡主义以及集权思想控制的控诉，而是在警告人们，广播电视会让美国人民从独立的读者变成千篇一律的被动观众群，进而毁掉美国。

与布莱伯利持相同观点的人不在少数，他不过是领军人而已。 20 世纪六七十年代的时候，每个人都人心惶惶：电视会同化我们的社群，给我们的孩子洗脑，腐蚀我们的大脑。 电视也确实这么做了！ 然而我们不都挺了下来？ 如今，我们应对的是一个全新的文化力量，它与电视不同：电视是一个由少数人创造的媒介，旨在提供大众消费品；而博客则是人民自己创造的大众媒介。 现在，有人开始抱怨网络及其衍生物——博客正在毁坏我们的文化。 尽管这两种媒介之间的差异巨大，但这种抱怨与当时人们对电视的谴责几乎完全相同。 社会上似乎存在着一个"集体免疫反应"现象，一个维护旧媒体、排斥新媒体的社会抗体；每当有新的东西注入社会时，不管它们合不合群，这个抗体都会进行同样猛烈的抵抗。

因此，批评家就忽视了一个比较关键的事实，而且这个事实一定躲不过电视台高层的注意：有连续的数据表明，美国人花在写博、留言、发照片和视频上的时间是从看电视的时间中挪出来的，人们并不会因此而占用读书或其他自我启蒙的时间。 从最坏的角度看，我们也不过是在用一种思想垃圾换另一种思想垃圾而已。 但更有可能的是，注意力从电视转移到网络代表了一个真正的行为变化：个人文学和社会参与的复兴。 这种复兴意味着民主的延续，也印证了网络先锋最初的设想。 在这个新世界里，博客写手的功能与批评家们所说的完全相反。 他们非但不会毁灭文化，还会让文化万古长青。

在网络兴起之初，批评家和许多技术爱好者都有一个共识，即"人们是不会在网上阅读的"。 在网上比较适合看一些闲闲散散的东西，并不适宜看长篇文章。 这种想法有一定道理，但久而久之，就再没人反对在线阅读了。在大部分接入了宽带的电脑上，长长的网页也能很快加载。 如今，往下滚动窗口已经不是什么高级技术了。 带一台笔记本电脑——或现在的电子书——并不比带一本硬皮书麻烦，却绝对要比带三四本书更轻松。 人们经常会说："你总不能躺在浴缸里在线阅读吧？"这个说法依然成立（不过 iPhone 和黑莓手机正在突破这种限制）。 但泡澡时，人们对防水消遣物的需求并不大，因此无法阻挡读者从纸质书转投电子书。

如今，显然人们是会在网上阅读的。 人们不仅愿意在网上看博客、读长篇文章，阅读量也在不断攀升。 现在，越来越多的人，开始相互传阅自己写的文章，其规模比史上任何时期都要大。 当然，在这些文章流中，不乏"我操！ 我的天！ 快看！"之类的语言，但同时也有大量富含哲理的思辨、政治辩论和个人忏悔。 那些不喜欢电报式聊天、喜欢深度探讨的人，也开始跟进一些他们喜欢的博客。 这种更新、更快、更随意的网络沟通方式俘获了我们的"芳心"，也让我们清楚地认识到了博客的优点。

尽管博客身上有很多新鲜的功能，但写博从根本上说还是一项文学活动。 博客写手会选择一些信息或经验，然后将它变成单词和句子，最后呈现在公众面前。 虽然链接会改变阅读的某些特性，屏幕上也会充斥着评论、永久链接和 RSS 源，但从本质上说，博客还是一种写作形式，先后继承了罗塞塔石碑①、莎士比亚、《纽约客》（以及《世界新闻周刊》）的写作精神。虽然就目前来说，相比起其他文学形式来，博客更强调"当下"，但它的内容也同样是写给后来人看的。 这就是为什么这么多博客写手都如此痴迷于维护他们的博文档案的原因；他们不辞辛苦地重新编排老帖子的格式，为的就是能让这些文章顺利地从一个发布平台转移到另一个发布平台。

---

① 罗塞塔石碑（也译作罗塞达碑），是一块制作于公元前 196 年的大理石石碑，原本是一块刻有埃及国王托勒密五世（Ptolemy V）诏书的石碑。但是，由于这块石碑同时刻有同一段文字的三种不同语言版本，使得近代的考古学家得以有机会在对照各语言版本的内容后，解读出已经失传千余年的埃及象形文字意义与结构，而成为今日研究古埃及历史的重要里程碑。——译者注

现在的博客会不会长期存在，以至于后代们都不敢忽视呢？ 我们多数人都很清楚数码数据的脆弱性：如果你的电脑被盗，或硬盘崩溃又没有备份，那么你积累了一生的信息都会随之消失。 许多早期的博客，如今要么已经从网上彻底消失，要么只留下了零星痕迹。 如果你用的是你自己写的博客软件，那么很有可能你死后你的文章也会立刻消失；如果你用的是像 Blogger、Typepad 或 Wordpress. com 这样的博客服务，那么你的文章就只能与这些公司同命运了。 我们有理由担心，网上的文字会转瞬即逝。

但另一方面，网上的数据又有一个异常持久的半衰期。 电脑的任务就是复制字节，按科里·多克托罗的话说，它们就是"复制机器"。 自 20 世纪 90 年代末期开始，大部分发在网上的内容都以某种形式存在于网络的某个角落，其中很多都保存在非盈利的 Internet Archive 网上，除非作者有意不让人复制，基本上那些内容都在（即便不让复制，也还是有一些内容被保存了下来）。 数码存档主义者的至理名言就是"复制多多，安全多多"。 当某篇文章在网上被大肆传播后，即便你想去制止，而且也有权制止，都无济于事。

纸会掉色，字节也会被抹掉。 磁盘会崩溃，图书馆也会着火。 不管何种介质，都无法永久保存。 这不要紧：博客写手可能希望他们的文章能被自己的孩子或孙子看到，但很少有人会奢望它们能永存于世。 他们写博的目的是为了自娱自乐、发泄不满，或记录某个重要时刻；他们的目的是向朋友通报自己的状态，让同龄人佩服自己或给一些至今不识的人留一封瓶中信。 要想如此，他们得借助一种非常古老的技术，这个技术异常强大，却至今仍是个谜。 就像小说家威廉·吉布森（William Gibson）曾经说的那样："我在一块白色的表面上留下了黑色的印记，其他地方的人看到这些印记后，经过分析和解读，脑海中会浮现一艘宇宙飞船或其他东西的形象。 这太神奇了……它是一个非常古老、出神入化的魔法。"不管这个白色的表面是纸还是屏幕，魔法的效率依旧不减：它能将思想、想法和经验穿越时空，从一个人传递到另一个人。

不过，它们并不会被原封不动地传递下去。 它们都会被浓缩。 不管写什么，即便是随意的博客帖子也好，一个人都得选择要说什么、不说什么。虽然网页的画布似乎无边无际，但作者的时间是有限的，读者亦是如此。 网络让我们可以写得更多、浓缩更多、消费更多，而最后留下的呢，在怀疑者看来，不过是一些模糊的、业余的、平庸的东西罢了。 由于那些博客批评者实在太看不惯博客与以往文学形式之间的区别，所以他们往往也看不出来，博客能以何种方式将文学价值传递下去。

一些辞藻华丽的作家和失宠记者一心想要烧死博客写手这样的文学叛徒。 由于他们太想拱起快要熄灭的火苗，结果却忽视一个现象：一场更加剧烈的媒体转型即将来临。 现在，便宜的摄像头、无线网络和廉价的大容量存储器到处都是。 正如日渐庞大的未来主义者所预言的那样，这些基础设备让人们不费吹灰之力，就可以记录、存储和分享生活的点滴，而且细节之详尽，是现在的人无法想象的。 在未来，最终你看到的、听到的、读到的，你与他人的每一段对话，吃的每一顿饭，看到的每一张网页或每一部电视剧，都会被自动记录下来，留作未来的参考。

现在，一些勇敢（或说鲁莽）的人已经开始探索相关的实现形式了。"Lifeloggers"（生活记录者）这个网站可以记录个人数据——照片、录像、文档，任何可以数字化的东西，这些数据既可供自己使用，也能当作遗产留给后人。 戈登·贝尔（Gordon Bell）是一名资深计算机科学家，也是微软的研究员。 他已经拿自己做实验，进行这种"生活记录"项目将近十年了。"Lifecasters"（生活播送者）这个网站也提供类似的服务，不过它还可以让其他网友通过 RSS 源关注用户的人生。

在那些热衷于"生活记录"的人眼中，这项服务犹如为我们加了一颗"体外大脑"（这也是科里·多克托罗以前用来形容博客时的说法），给了我们一个认知寄存处，这样我们就可以释放过载的大脑记忆，再也不用记一些太过详尽的东西了。 一些个人生产率培训大师，如大卫·阿伦 [David Allen，《尽管去做》（*Get Things Done*）的作者] 一直在呼吁将那些细节记忆交给记录系统去做，将我们的大脑释放出来，多做一些有创意的、重要的工作。 凯文·凯利非常看好个人数据存储这项业务：

保存每封邮件、每篇网页、键盘的每一下敲击有什么用？……虽然，最开始这些随处监控的做法没什么意义，但过后，那些越是琐碎的活动记录，往往却是最有价值的。现在看来，你每晚的睡眠模式可能分文不值，但以后，如果因为一些疾病而睡不安神的时候，它们就可以作为极有价值的参考基准。

科幻作家查理·史乔斯（Charlie Stross）则认为这对未来的史学家来说，是无上珍贵的：

这个世界，我们会见识到，"永不忘记任何事情"有何意义。我敢肯定的是，我们的后代与他们的历史之间的关系，会大大不同于我们与历史的关系，因为他们了解历史的深度和精细度是我们今天无法企及的。

多年来，总有人批评博客写手不该把一些平日鸡毛蒜皮的小事都记录下来。 而 Facebook 和 Twitter 上的"状态更新"更会让我们在这种鸡毛蒜皮的小事中越陷越深。 但比起"生活记录者"和"生活播送者"的打包式自传行为来，Facebook 和 Twitter 简直就是小巫见大巫。 不管它们最终是有用还是无用，这些修复式的记忆都让写博的行为看起来既落伍又古怪，因为博客写手会耐心地、一字一句地记录有趣的东西和事情。 博客写手们会有选择性地记录，而"生活记录者"的"摄像"指示灯则永远都是亮着的。 "生活记录者"的想法是，先记录下所有东西，然后再去整理（或让软件帮他整理）。这种方法要更简便一些，因为它不像写博那样，还得费力地去选题、编辑然后过滤；你需要做的，只是在你生活中的语言和图片全被记录下来后，按一个输出，便全部打包抽出了脑海。 轻松地将我们的生活永远保存的想法还是比较诱人的。

但是，"忘记如何去忘却"也有它的不足。 质疑者和"生活记录者"自己也想知道，将生活完整记录后，这些记录会对社会和个人造成什么样的后果。 戈登·贝尔曾经说过："50年后的今天，你还想不想知道，呀，那天我还看过一个黄色网站？"除此之外，还有其他不易察觉的问题。 丹纳·博伊德（Danah Boyd）是一个专门研究社交网络的人。 他问道："想象一下，要是你一生都得面对以前发生的每一次不愉悦的约会，每一次尴尬的分手，每一次可怕的相亲，每一次恐怖的互动，那你还有没有欲望继续约会？"

只要是读过豪尔赫·路易斯·博尔赫斯①（Jorge Luis Borges）作品的人，都会记得他写的一个凄惨的故事——《博闻强识的富内斯》（Funes the Memorious）。 故事的主角是一个记忆力超强的年轻小伙子，他的大脑就像"生活记录者"的记录仪器一样强大。 但他发现，这种过目不忘的本事非但没有让他快乐，反而让他备受折磨。 博尔赫斯还描绘过别的形象［出自《论科学的严密性》（Of Exactitude in Science）这篇故事］，它更能让人反思生活记录的行为：这个形象是一张地图，它与真实的版图一样大。

测绘学院（College of Cartographers）绘制了一张"帝国地图"，其面积与帝国的面积一样大，而且两者完全吻合。结果他们的后世并不关注其中的绘图技巧，反而觉得这么大的地图十分笨拙，最后极其鄙夷地将它抛在了户外，任凭风吹日晒。

如果每个瞬间都保存下来的话，那谁有这个时间和空间去翻阅读之不尽的记录呢？ 当然，我们可以让机器帮我们做一些过滤的工作，而且毫无疑问，能处理庞大数据的搜索和整理工具也会不断得到改进。 但让你找到某人的号码，甚至回忆起某人的长相是一回事；把少数相关的记忆找出来，并拼接成一个故事，就完全是另外一回事了。 其实，这才是我们想要，且需要记住的东西：不是我们和他人生活中的琐碎事情，而是那些有意义的故事。

那些有开始、发展和结尾的故事；那些有跌宕起伏的故事；那些有意义

---

① 豪尔赫·路易斯·博尔赫斯，阿根廷作家。他的作品涵盖多个文学范畴，包括短文、随笔小品、诗、文学评论、翻译文学。其中以拉丁文隽永的文字和深刻的哲理见长。——译者注

的故事才是我们的长期记忆应有的模式。 我们可能不记得两年前在我们家中发生的某件事的具体日期和确切地点，但我们，或者我们的兄弟姐妹会记得这件事发生在"当时"。 在岁月的流逝中，我们的大脑会将那些原始的记忆慢慢概括为更浓缩的故事。 不过任何个人文章都有类似的功能，个人博客也不例外。 一篇帖子就是一个共享的记忆，与生活记录中的原始材料不同的是，它是一个更有价值、更引人入胜的形式。

就算某人不是自传作家，而是其他领域的专家；或者某人只是就某个话题找了一堆加过标注的链接，他们做的事情也与讲故事的性质类似。 当然，每个人都可以通过 Google 找到某条链接。 Google 就像是一个生活记录册，所有的东西都记录在案，供你查阅。 但如果你的心中并没有一个明确的问题，你只是想了解某个知识（例如社会保障制度，或客户定制），那该怎么办呢？ 在这种情况下，一个好的博客写手就应该是一个专家朋友或故事讲解员。 现在和将来的读者如果想要了解 2005 年社保私有化的故事，约书亚·米加·马歇尔在当时写的帖子显然是最好的资料；而如果你想了解现代的"定制着装"的专业知识，那么托马斯·马宏的博客就是你最好的去处。 那些专门挑选链接的博客写手其实也是在讲故事。 如果你想了解互联网泡沫经济鼎盛时期，科技界是什么情况的话，你只需翻阅"编辑新闻"在那一时期的档案，就会对当时的情况有一个较为全面、大致的了解（不过它的观点可能有失偏颇）。 如果你想了解过去 10 年中爆发的"电脑狂文化"的话，Boing Boing 上搜集的帖子就会一一告诉你。

质疑者总是喜欢强调博客的散乱风格，进而贬低博客记录的价值。 布鲁斯·斯特林就曾经说过，读博客时的感觉"就好像自己快被面包屑砸死了"。 但是，这种仅仅因为博客的组织结构就贬低博客的行为，无疑是犯了"只见树木，不见森林"的错误。 确实，博客是由一个一个的碎片组成的，但对于一个好的博客来说，它的碎片可仅仅是指一些随意的材料。 每个像样的博客都有自己的观点。 1994 年的时候，网络和博客都还没人知道，当时的未来主义者保罗·沙弗（Paul Saffo）就预言："在一个信息内容过剩的世界里，观点会成为最稀缺的资源。"

博客的帖子都是一些小的文章。 但是，在一个优秀的博客上，这些帖子都能体现一个人的观点，而且都有一定的组织原则。 它们绝非散落一地的碎片，用 T·S·艾略特（T. S. Eliot①）的经典名言来说，它们是"矗立在废墟上"的碎片。 艾略特本身也是一个喜欢收集碎片的人：在他的诗里，全是他从古典神话、伊丽莎白一世的诗歌和梵文书籍里摘来的破碎语句，然后他再为这些语句加上自己的注解。 这些碎片都是点点滴滴的文化残骸，是人们在

---

① 英国著名现代派诗人和文艺评论家。——译者注

一场毁天灭地的战争后，从废墟中抢救回来的。 一个世纪后，我们见识了一层又一层的废墟，而如今，碎片已成了残留文化的通常形状。

历史既已如此，如果还要可怜的博客写手为老形式的破碎和真理的崩塌负责，那就显得太无知了。 文化并不是被博客写手打碎的，相反，博客写手们其实是在废墟中耐心地拾掇文化的残留碎片，找到一片便拿在手上敲敲，看哪片依然有用，或比较有意思。

那些充满敌意的观察者总将博客写手形容成一群围攻文化城门的野人。有些博客写手并不排斥这个画面，因为他们喜欢入侵者的粗犷装束，也享受那种烧杀抢掠的权利。 但空想终归是空想。 博客写手其实是一堆坐在电脑前的作家，他们一个字母接一个字母地打，一个单词接一个单词地编，日复一日，逐渐用他们的碎片建起了一个又一个的记忆和公共记录的大厦。 在这个建造活动中，他们并不是文化城门外吵吵闹闹的莽汉，倒像是城中勤勤恳恳的抄书员。 从个体来说，他们是自己人生的管理员；但从整体上讲，他们却是我们集体历史的保管员。 比起他们的先辈来，他们的文章可能略为粗糙、稍显业余。 但他们却更有激情、更为庞大、更加兼容并蓄——它们显然更有助于人们记录重要的事情。

尾声

犬儒主义者的终曲

在 1974 年那会儿，如果你家地下室里有一台电脑，就好像你的车库里有一个机器人或后院里停了一架 UFO 一样：你家一定会热闹非凡。

那年，一台如冰箱那么大的"迪吉多①"牌 PDP-4 系列降临在了我的同学马修·迪勒的家里。 他家住在皇后区，这台机器是他家人的一个朋友雷·库兹韦尔（Ray Kurzweil）慷慨赠送的。 雷·库兹韦尔这个年轻人（他后来成了传说中的发明家和未来主义者）以前就给过迪勒一个玩具电脑套装，作为节日礼物。 而且，他还和迪勒一起组装了这个玩具。 但装起来后，库兹韦尔却觉得这个玩具太垃圾了，于是便将礼物收回，并承诺会给迪勒一台更好的东西。

几个月后，这个初露头角的电脑企业家便再次出现在了我朋友的家门前，同时还带了一拖车的设备。 PDP-4 需要专门的房间，所以迪勒一家便把它放在了洗衣房隔壁。

在库兹韦尔的监督下，迪勒费了好大的劲才为这台机器编写了一个西洋跳棋的程序。 我对这个并不感兴趣。 但是这个系统的其他东西却吸引了我的注意。

PDP-4 读程序的方法是将长长的、打满圆孔的黄色纸带慢慢吃进"肚里"。 电脑旁还有一台一米高的电传打字机，它会根据你的输入指令给纸带打孔，然后吐出来；接着你就可以把它撕下、卷起来，然后塞到电脑的处理器里面去。 但是，就像自动钢琴会自动重复音乐一样，电传打字机也可以读取它自己生成的纸带，然后重新把纸带上的内容（电脑程序或任何文字）打在不断滚动的空白纸带上。 换言之，如果你愿意的话，你可以绕过这种珍贵

---

① 迪吉多（Digital Equipment Corporation，简称"DEC"）是成立于 1957 年的一家美国老牌电脑公司，发明了 Alpha 微处理器，后于 1998 年被康柏电脑收购。——译者注

数字机器的大脑，将这台庞然大物变成一台印刷媒体。

当时，我和我的朋友正在计划创办一本我们自己的杂志，专门主持邮递式游戏①《强权外交》（Diplomacy）。《强权外交》是一款棋类游戏，要求有 7 人参加，下完一局要花好多个小时。但是玩这款游戏的人不多，所以那些爱好者就开始通过邮件的方式玩游戏，他们的游戏步骤差不多每隔三个星期会在杂志上公布一次。这样虽然可以解决游戏人数的问题，却大大延长了游戏时间，有时一玩可以玩两年。

大部分《强权外交》的游戏杂志都是在油印纸或类似的纸张上印刷的。那时，我们还买不起印刷设备——因为我们才 15 岁啊。但现在，我们竟然有了一台可以帮我们出版杂志的电脑。

如今，万维网问市都有 15 年之久了，当初小孩、大人为了发表他们的文字付出了多少努力已经很难记起。当时，我认为这种困难都是理所当然的。我坐在迪勒昏暗的地下室，在电传打字机上敲着一条一条的纸带。（打错了是没法修改的。）接着，我得将这些纸带放到电脑里一遍一遍地运行，耐心地用手托着纸带，生怕脆弱的打孔带被扯断了。就这样，我们一直坚持到最后印完 50 册杂志。

尽管出来的杂志油污满面、粗糙简陋、排版凌乱，而且所有的单词都只能大写，但这一切我都无所谓。我高兴就好。

* * *

1994 年的夏天，我开始迷上了网络，那时候网络才刚起步，我还不能像技术预言家一样做出一些关于科技的预测来。我只是爱出版文章罢了。个人电脑里巧夺天工的微芯片，以及将这些芯片串联起来的神奇因特网技术对我来说，不过是一台更大、更好的电传打字机或油印机而已。但这也够有趣的了。于是我辞掉了报社的工作，同 Salon 的一帮朋友和同事一头扎进了这个新媒介里。

由于本人一直都在出版一些小的期刊，所以在网上办出版物对我来说也不是什么难事。通常来说，你只需一个封面、一个目录和几页文章就可以了。链接模式虽然比较吸引人，但也算不上什么革命性的新发明。网络真正的伟大之处在于，你终于不需要出版社和运输卡车就能办报纸了。甚至连

---

① 邮递式游戏的产生，是建基于地理层面上被分隔的游戏者希望一起进行玩乐的想法。这种游戏方式特别适用于一些居住于不同地区，而游戏的口味比较独特的人们。例如两个游戏者在实体邮递式游戏中下棋，游戏者会轮流互相传送自己的行动给对方。多人实体邮递式游戏如 Diplomacy，由一个中央游戏管理者主持游戏。他收到玩家的行动并会把各玩家的行动在游戏刊物，例如游戏杂志中公布出来。当然这些刊物的内容不只是单纯包含着游戏。——译者注

以前办杂志用的油墨、纸张、订书机、印章等出版必需品都不用了。 以前，印刷物品的原子是链接作者和读者的桥梁，现在，我们连这座桥都可以不要。 似乎网上出版就是我们这一生能做的最接近魔法的事情了。 因为在你的文字和你的读者之间，根本不存在任何物质（例如原子），只有纯粹的思想。

就目前而言，这个说法尚无不可。 但是由于我本身对出版有些许了解，因此也限制了我对网络出版人的能力与责任的认识。 网络还有很多伟大的地方，而对这些伟大之处深有体会的人，一方面是出版局外人或小孩们——因为他们就算缺乏出版经验也没关系；另一方面是一些天马行空、敢想敢做的人——在他们看来，没有什么是不可能的。

1999 年，戴夫·温纳造访了我们的 Salon。 他跟我说，我们应该给每个记者开一个网志。 之前我曾碰见过他几次，也读过一阵子"编辑新闻"，所以当时并不认为他的话有点异想天开。 但那时，我们正在卖力地将传统编辑室的运营模式（以及高成本）搬到网上，所以没空采纳他的意见。 如雨后春笋一般冒出来的网络创新，让我们应接不暇，因而很难看清博客到底会有什么前途。 起码在当时，像这种由各种链接、篇幅短小的豆腐块文章堆砌起来的页面看起来是非常微不足道的。

从一开始到现在，"微不足道"这个词就一直贯穿着人们对博客的评价，时不时被人拿出来贬低一番。 即便是埃文·威廉姆斯的 Blogger 团队曾经也担心，他们的产品会不会太微不足道了，以至于完全没必要做成一个产品。 2000 年，凯文·凯利在《全地球评论》上发表了一篇文章，专门介绍了马克·福伦菲尔德对博客的看法，他在文中说道："我们很难判定，博客到底是对科技的深入应用，抑或只是沾了点皮毛而已？"当越来越多的人开始写博的时候，媒体的评论人士便接过了炮轰博客的重任：在他们看来，这个新兴个人发布工具上的内容都是一些纯鸡毛蒜皮的小事，简直不值一提。

我想，现在大家应该知道凯利问题的答案了。 这不仅仅是因为博客的流行度：因为即便是再微不足道的东西，也有可能被成千上万的人追捧。 博客之所以赢得了现在的地位，不只是因为它所达到的规模，还是因为它帮万维网实现了它最初的使命：成为一个汇集人类知识与智慧的网络。 博客有很多作用，其中之一便是实验室：在博客这个实验室里，许多作家试验了各种在网上表达自我的可能性。 不管后来人们采取了何种表达形式，也不管一年后的今天我们还能不能称这种表达形式为"写博"，这些试验都为后人留下了极其宝贵的试验资料。

现在，至少我们稍微知道了，当我们准备畅所欲言时，会有什么情况发生。 对于个人来说，这种冲动常常是由个人的自我表露欲引起的，而最终则会以某种崩溃收尾。 要在公共场合发表文章，就首先要分清哪些是不能说的私生活——这并不是什么行为规范，而是因为只有保证了一定的隐私性，这样的个人生活才是成熟的个人生活。 对于群体来说，畅所欲言绝对是一件好事：当人们都参与到讨论中时，这场空前盛大的活动就能让各种思想、故事和辩论得到广泛的传播。

在斯波尔丁·格雷的一段幽默独白中，他讲述了自己曾经弄丢一个电视剧角色的故事。 格雷回忆说，当时导演是这样解释此事的："他说，每当我表演一个动作的时候，他都能看到我脸上会掠过一丝'若有所思'的神情。"对于演员来说，这显然是不可饶恕的"罪行①"。 电视是我们这个即将终结的时代的主宰媒介，它有许多优点，但却对思想异常排斥。 但网络正好相反：网络欢迎各种思想、争论，提倡人们整合各种支持自己观点的数据，也鼓励人们相互较量。

我的写作生涯是从戏剧和电影评论开始的。 有时，在一出剧或一场电影结束之后，人们会问我有何感想。 通常情况下，我什么都不会说。 "我不知道，"我会这样回答，"我还没有来得及写剧评呢。"为公众写文章可不是简简单单地把精心构思过的文章直接敲进电脑就可以了。 构思要比写作困难，而写作的难度更会加深思考的难度。 本来，只要受过教育的人都是应该有机会写作的，但到了现在，发表文章的机会竟然变成了稀缺资源。 而博客则让这样的机会变成了家常便饭，进而从根本上改变了我们文化中的某些基本因素。 公开写作能让你明白你真正所想的是什么，因为你需要将你的思想转化为文字，并把你的观点放在陌生人面前，"任由他们评判"［克里斯托弗·拉希（Christopher Lasch）语］。 现在，只要你愿意，谁都有机会体验这种被审视的感觉。 当然，并不是所有人都会这么做，但做过之后，也一定会对自己的思想有一个更全面的了解。

有时，通过写作将自己的真实思想表达出来的过程，有一个很有益的副作用：你会发现，你的想法在写作的过程中已经发生了改变。 在博客历史的最近十年里，发生过很多有思想的人改变自己观点的事情，数量颇为壮观。其中，最著名的要数安德鲁·萨利文的事情了。 安德鲁·萨利文一直是一个特立独行的保守主义者，曾在 2000 年大选中力挺过乔治·W·布什。 "9·11"事件后，小布什政府的态度相当强硬，后来还大举入侵了伊拉克，这其中，他都曾为之摇旗助威过。 但后来，小布什政府却纵容美军的虐囚行为，在关塔那摩监狱和阿布格莱布监狱留下了不良记录，在处理伊拉克战后问题和卡特里娜飓风的救灾行动上更是表现出来他的无能。 这一系列事情让他对这届政府的看法发生了巨大变化。 在那几年里，他发了许多帖子，也开始逐渐转变阵营。 到 2008 年的时候，他已是巴拉克·奥巴马（Barack Obama）最坚定的支持者之一了。 他也承认，这种公开转变立场的行为"有时候也不甚

---

① 在有些导演看来，演员是不允许思考的。——译者注

光彩"，但他却从不试着去掩饰自己的前后矛盾。 每当有人质问他时，他都会向人解释自己转变的原因。

公众人物在处理自己的立场转变时，通常会采取掩盖或否认的策略。 如今，政界领导面对的问题更加高深莫测、纷繁复杂，因此领导人只能给出比较灵活的回复。 但是那些主流的政治准则又会让他们的观点看起来愈发僵硬；即便是一些随着形势变化而做出的合理转变，也会招致对手在攻击广告中指责你见风使舵。 而博客写手也常常参与到这种野蛮的猛烈攻击中去。但萨利文的做法就不同，他建议：不要否认任何自己做过的事情，把自己观点里的变化记录下来，让读者了解你的心路历程。 在接下来的几十年里，当越来越多的公众人物携博客登上政治舞台的时候，萨利文的这种做法会被更多的人所采纳。

如果你不是什么公众人物，那记录一下你政治观点的迂回变化，你个人生活的起起伏伏又有何妨呢？ 我们也知道，了解自己的想法是一件很有裨益的事情。 与那些偶然看到你帖子的人沟通沟通也能有所收获。 但是这种观点听起来可能会让人觉得极其烂俗，从通俗心理学角度上说可能还有点浅薄。 对这个观点，那些媒体界的顽固派们更是极尽讥讽之能事，口沫横飞地搬出了一些陈词滥调，说网路沟通不过是面对面交流的低级代替品而已。 他们也一定会对萨利文的观点嗤之以鼻——谁需要在网上与人沟通啊？

其实这些陈词滥调说得也对。 但它们之所以沦为陈词滥调，就是因为不断有人重复，却从未获得过重视。 对于很多博客写手来说，他们有足够的理由继续记录一些濒临危机的婚姻、确诊为癌症或痛失家人的悲剧。 就算要克服再多的道德难关，就算人们觉得他们的作品微不足道、业余之极，他们也要写。 或许他们的文章能给你带来一些快乐、让你若有所思，或给你些许慰藉。 又或许写博会让他们感觉不那么孤独。 不管怎样，只要写博能起到一些作用，别人就不应该对它指手画脚。

*　　*　　*

我在本书中所讲到的故事也引发了理想主义者和犬儒主义者之间一场旷日持久的口水战，争论的焦点便是博客的价值与重要性。 在网络崛起的15年里（我从头到尾都关注过），这场相互较劲的争论就从未消停过：理想主义者不停地鼓吹这个新媒介的优点与潜力，而犬儒们则满腔怒火地讽刺博客的缺点和冗余、低俗的内容。

在网络经济的黄金时期，带有不少泡沫成分的市场利润勾起了不少人的发财梦，就连那些思想比较保守的人也动了心。 而在其他时期，那些对网络的唱衰之声则一直占据着上风。 我也不止一遍地听人说，网络的那些特点（也是最初吸引我的特点）——公开性、多样性、多种可能性和自由性——

最终都不会长久，而一旦网络开始成熟起来，这些幼稚的特点都会烟消云散。 各种商业模式最终会相互融合，职业选手会一脚将有天分的业余选手踢开，而媒体世界也会回归它的自然轨迹：由少数人来决定多数人该接受什么样的信息。 虽然这个奇怪的新媒介在一开始的时候看起来与它的前辈们截然不同，但终究也会安分下来，变得跟前辈一样。

这个观点在20世纪90年代中期的时候最为强烈。 那时，网络广告和电子商务刚刚诞生，人们发现原来网络既可以是一个爱好，也还能带来这么多商机。 后来，在互联网泡沫经济最疯狂的时候，风投资本家和IPO将网络变成了一个能反映出人类贪婪的镜子。 而此时，互联网的唱衰之声又开始甚嚣尘上了。 自然，当泡沫破灭的时候，这个声音便又一次响起，因为媒体公司觉得自己终于可以大胆地忽视那些网络暴民，重新做回老大了。 21世纪第一个10年中期，网上又涌起了第二轮淘金热，大家都开始纷纷算计如何将关注度和点击率变成真金白银。 也是这个时候，我们再次听到了讽刺的声音。有些人对网络的喜欢是发自内心的，而不是因为网络可以生钱或者网络大有可为。 那么对于这部分人来说，那些嘲讽之声听起来都是一个意思：赶紧享受吧，好景不长了！

而每次听到这样的声音，我都会问我自己，这些犬儒的话有道理吗？ 我多年的评论工作让我也养成了质疑的习惯。 我大部分的工作时间都泡在网上，我所经历的每一件事都告诉我，相比起那些犬儒和专业选手来，理想主义者和业余选手对网络的本质要把握得更加精确一些。 简单战胜了繁琐。个人打败了集团。 链接击垮了高墙和铁门。 多年来，我一直在想，这些犬儒者的观点——在否定网络的同时，还夸耀自己是经验智慧的化身——是不是代表着旧秩序在灭亡前的愤怒呢？ 最后我发现，果然如此。

博客看起来微不足道，听起来滑稽可笑。 但事实却证明，它是举足轻重的。 而经过时间的洗礼，那些看似知道自己在干什么的网络投机者，最终也只能看着自己吹出的肥皂泡化为泡影。 （如果时代华纳公司的Pathfinder，或迪斯尼公司的Go. com对你不再有任何意义，那就证明我的结论是对的。）这种情况还将继续存在。

我从15年前就爱上的这个无法无天、充满活力的网络，至今依然生机勃勃。 对于那些资历尚浅、钱仓未丰的人来说，网络就是一个家，专门收容他们天马行空的点子和不可能实现的创意。 他们的点子还会源源不断地，从四面八方涌向这个家。 而他们在念出自己创意的名字时，依然会有一种傻乎乎的感觉，就如同"博客"曾经给人的感觉一样。

当然，还是会有人忍不住想嘲笑这些创造。 而且有些时候，这种冲动还会得到极大的纵容。 有思想的怀疑态度还是有它的市场的。 但是，网上如洪水般涌出的人类表达也值得我们用更热切的态度予以回应。 而且，我们也一定会喜欢。

253

后记与致谢

虽然我力求精确，但也无法做到详尽周全。 在任何关于博客崛起的史料中，本书所提到的先锋、创新者，以及他们的故事都有着举足轻重的地位。至于我提到的其他相关的、有价值的例子，你也可以轻松地找到很多与之相类似的故事。 我曾经想从博客的当代史中挑选一些故事：它们必须是第一次在本书中得到完整的概述，同时也还要兼具教育意义。 但是网上的博客圈太多了，每个圈子里都有说不尽的好故事，而一本书能讲述的内容却非常有限。

本书横跨了前后 15 年的网络发展史。 这段历史汇集了网络所有的精粹，并将以一种美丽而又强大的链接网络的形式呈现在我们面前。 其中有些链接依然存在。 （在 http：//www. sayeverything. com 上，你可以找到许多与本书有关的注释，我对里面涉及的链接进行了合理的编排。）由于一些链接和页面已经失效了（尤其是 20 世纪 90 年代的链接和页面），故本书所记录的很多历史都难以考证。 为了摸清楚一些逐渐被人忘却的老故事，我翻阅了很多 Internet Archive 上的资料，这个网站实在太了不起了！ Internet Archive上收集的那些老网页是一种宝贵的社群资源，其价值只会与日俱增。 我对它及其创始人布鲁斯特·卡尔（Brewster Kahle）的高瞻远瞩深表敬佩——在人们还没有意识到自己有朝一日会需要它们的时候，布鲁斯特·卡尔就已经开始为这些网页拍快照了。

很多人我都没有在本文中一一历数：他们有的坐下来接受过我的长时间采访，有的与我分享过很多旧的文件和其他信息，还有的通过电话或邮件帮我核实过一些比较复杂的事实。 这些人不下数百个。 我衷心地感谢他们贡献的每一分钟。

我还有幸请到了几位极具思想的朋友和同事帮我审阅书稿，他们是：Josh Kornbluth（同时还是眼光犀利的审校人），Andrew Leonard，Jay Rosen，

254

Dan Gillmor，Matt Haughey，Ducky Sherwood 和 Mike Pence。

我还要感谢我那位充满智慧的经纪人 Stuart Krichevsky（以及他的同事 Shana Cohen 和 Kathryne Wick）；我的金牌编辑 Rachel Klayman（她不仅积极支持了本书的写作，还对本书给出了很多指导意见）和 Lucinda Bartley（她用她的火眼金睛仔细审查了全书）；我的王牌公关 Penny Simon；以及 Crown 的其他团队成员：Patty Berg，Stephanie Chan，Tina Constable，Maria Elias，Kevin Garcia，Kyle Kolker，Donna Passannante，Annsley Rosner，Patty Shaw，以及 Jay Sones。

我要感谢我的儿子 Jack 和 Matthew，在过去一年里，他们默默地忍受着我每天夜以继日地工作；我的父母 Jeanne Rosenberg 和 Coleman Rosenberg，他们给了我莫大的鼓励和支持；最后是我一生感激不尽的妻子 Dayna Macy，她是本书的第一个读者。我要将此书献给她：这是我对她的爱，也是我对她的睿智和机敏的无尽感激。

图书在版编目（CIP）数据

说一切/（美）罗森伯格（Rosenberg, S.）著；曾虎翼 译. —北京：东方出版社，2010
ISBN 978 -7 -5060 -4030 -3

Ⅰ.①说… Ⅱ.①罗… ②曾… Ⅲ.①互连网络—传播媒介—研究 Ⅳ.①G206. 2

中国版本图书馆 CIP 数据核字（2010）第 208415 号

本书版权由安德鲁·纳伯格联合国际有限公司代理

中文简体字版版权属东方出版社所有

著作权合同登记号　图字：01 -2010 -1747 号

说一切

作　　者：［美］斯科特·罗森伯格
译　　者：曾虎翼
责任编辑：姬　利　燕霜玉
出　　版：东方出版社
发　　行：东方出版社　东方音像电子出版社
地　　址：北京市东城区朝阳门内大街 166 号
邮政编码：100706
印　　刷：北京印刷一厂
版　　次：2010 年 12 月第 1 版
印　　次：2010 年 12 月第 1 次印刷
开　　本：710 毫米×1000 毫米　1/16
印　　张：17. 25
字　　数：311 千字
书　　号：ISBN 978 -7 -5060 -4030 -3
定　　价：38. 00 元
发行电话：(010) 65257256　65246660（南方）
　　　　　(010) 65136418　65243313（北方）
团购电话：(010) 65245857　65230553　65276861

版权所有，违者必究　本书观点并不代表本社立场

如有印装质量问题，请拨打电话：(010) 65266204